高等职业教育铁道运输类新形态一体化系列教材

电气化铁路牵引供电系统

王庆芬　霍俊仪　主　编
杨　爱　主　审

中国铁道出版社有限公司

2025年·北　京

内 容 简 介

本书为“高等职业教育铁道运输类新形态一体化系列教材”之一。全书按电气化铁路牵引供电系统构成，共分成了电气化铁路牵引供电系统认知、牵引变压器施工与运行维护、牵引变电所主接线选择和配电装置布置、牵引变电所一次设备施工与运行维护、牵引供电系统二次设备运行维护、牵引供电系统防护方案选择，共 6 个项目 31 个任务。本书主要介绍了电气化铁路牵引供电系统组成、供电方式，牵引变压器接线、施工、运行与维护，牵引变电所主接线选择、配电装置布置、电气设备选择与控制、设备施工与运行维护，牵引供电系统的不良影响及防护方案，以及牵引供电系统相关的阻抗计算、短路计算、电压损失计算等内容。

本书是高等职业教育铁道供电技术专业教学用书，可作为职业技能培训教材，也可供从事电气化铁路牵引供电的相关人员学习参考。

图书在版编目(CIP)数据

电气化铁路牵引供电系统 / 王庆芬，霍俊仪主编. 北京 ：中国铁道出版社有限公司，2025. 2. -- (高等职业教育铁道运输类新形态一体化系列教材). -- ISBN 978-7-113-31655-6

Ⅰ. U223.6

中国国家版本馆 CIP 数据核字第 20244571K6 号

书　　名：电气化铁路牵引供电系统
作　　者：王庆芬　霍俊仪

责任编辑：尹　娜　　**编辑部电话：**(010)51873206　　**电子邮箱：**624154369@qq.com
封面设计：刘　莎
责任校对：安海燕
责任印制：樊启鹏

出版发行：中国铁道出版社有限公司(100054，北京市西城区右安门西街 8 号)
网　　址：https://www.tdpress.com
印　　刷：河北宝昌佳彩印刷有限公司
版　　次：2025 年 2 月第 1 版　2025 年 2 月第 1 次印刷
开　　本：787 mm×1 092 mm　1/16　**印张：**19.25　**字数：**480 千
书　　号：ISBN 978-7-113-31655-6
定　　价：59.80 元

前 言

随着现代交通技术的发展，尤其是高速铁路技术的飞速发展，电气化铁路作为高效、环保、节能的交通运输方式，已经成为世界各国铁路发展的主要方向。电气化铁路牵引供电系统将电能转化为电力机车的牵引力，实现了列车的清洁、高效运行，对推动社会经济发展、改善人民生活都具有重要意义。因此，学习并掌握电气化铁路牵引供电系统组成、供电方式选择、主接线方案选择、阻抗计算、短路计算、电压损失计算、防护方案选择，以及一次和二次电气设备施工、运行和维护等，对培养铁路高技能人才，保障电气化铁路安全可靠运行具有重要意义。

电气化铁路牵引供电系统是铁道供电技术专业的一门专业核心课程。本书总体设计思想是以一个实际工程案例（常用高速铁路牵引变电所供电案例）为线索，串入课程教学全部内容。从牵引变电所主接线入手，逐步将牵引变电所的施工与运行维护相关理论知识和技能融入课程内容，体现工学结合的职业教育特色。

本书具有以下特点：

(1)采用理实一体化模式，突出实用性，内容涵盖了电气化铁路的重要知识点和技能点。

(2)以实际工程案例为主线，按照牵引供电系统由一次到二次，由简到难，由浅入深的顺序依次融入课程知识点和技能点。

(3)采用任务驱动方式，以工程案例为主线，精选课程项目，并将课程项目依次分解成各个小任务，利用每个任务依次解决项目中的每个具体问题。

本书将以某高速铁路牵引变电所工程项目的主接线案例为背景展开，共分成了电气化铁路牵引供电系统认知、牵引变压器施工与运行维护、牵引变电所主接线选择和配电装置布置、牵引变电所一次设备施工与运行维护、牵引供电系统二次设备运行维护、牵引供电系统防护方案选择等 6 个项目，共 31 个任务。

本书由石家庄铁路职业技术学院王庆芬和霍俊仪任主编，中国铁建电气化局集团第五工程有限公司陈川、石家庄铁路职业技术学院袁长明、李正广和李磊，以及河北轨道运输职业技术学院李艳龙参与编写，中国铁建电气化局集团第五工程有限公司杨爱主审。具体编写分如下：王庆芬编写项目1，霍俊仪、陈川、李正广和李艳龙编写项目2，王庆芬和陈川编写项目3，王庆芬、霍俊仪和陈川编写项目4，袁长明和李磊编写项目5和项目6，全书由王庆芬统稿。

本书编写过程中得到了中国铁建电气化局集团有限公司和中国铁路北京局集团有限公司石家庄供电段的大力支持和帮助，在此表示诚挚的谢意。

由于编者水平有限，书中难免有疏漏和不足之处，恳请广大读者批评指正。

编　　者

2024年6月

目录

高速铁路牵引变电所主接线

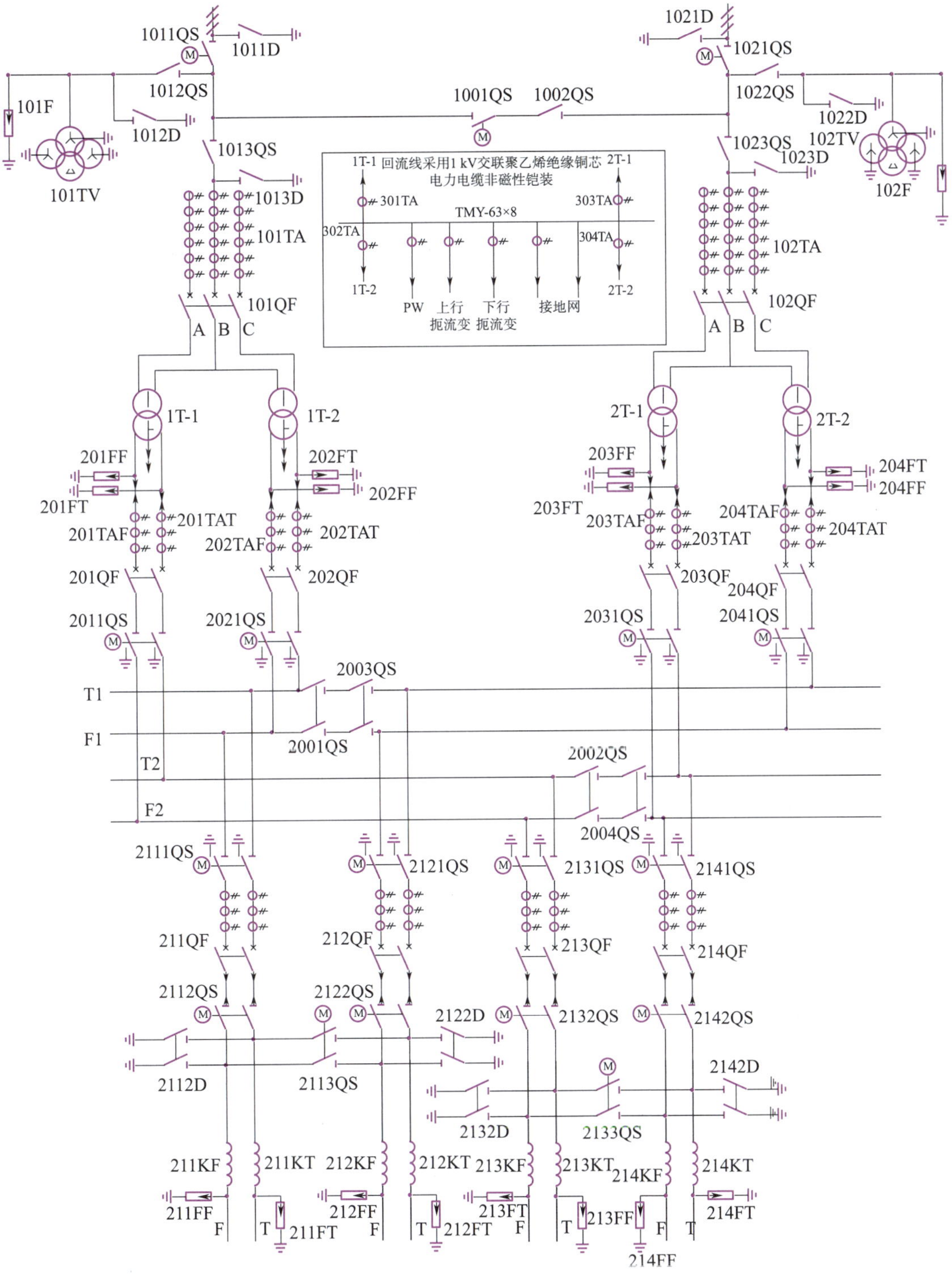

项目 1 电气化铁路牵引供电系统认知

项目描述

电力系统与牵引供电系统连接点是电气化铁路牵引供电系统的接口，牵引供电系统要保障机车正常运行，离不开电力系统安全可靠优质的供电。为了给牵引供电系统提供优质的电能，电力系统需要根据牵引供电系统的需求和位置，选择合适的供电方式和计量方式。同样牵引供电系统需要尽量降低对电力系统的不良影响。因此，本项目的重点是介绍电力系统向牵引供电系统供电的供电方式，计量方式，以及电能质量监测等内容。

无论是进行牵引供电系统施工，还是进行牵引供电系统运行与维护，电力系统与牵引供电系统都是绕不开的。

项目知识点和技能点思维导图

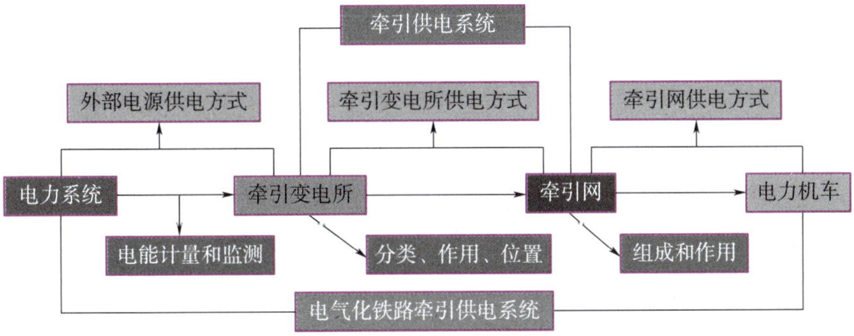

图 1-1　项目 1 知识点和技能点思维导图

任务 1　电气化铁路牵引供电系统认知

学习目标

知识目标

1. 了解电气化铁路牵引供电系统的组成和基本要求；
2. 熟悉广义牵引变电所的分类和位置；
3. 掌握电力牵引的电流制式和电压水平。

技能目标

1. 能够识别电力系统向牵引供电系统供电的供电方式；
2. 能够明确牵引供电系统电能计量方式。

素质目标

1. 具备查阅文献资料的能力；
2. 具备良好的安全意识和责任担当意识；
3. 增强文化自信和民族自豪感。

预习任务

1. 搜集《铁路电力牵引供电设计规范》(TB 10009—2016)中电气化铁路牵引供电系统的有关规定；
2. 收集各类牵引变电所和牵引变压器的外观图；
3. 查找铁路线路相关动态、前沿技术和知识。

任务导入

电力机车运行能源由外部电源(公共电网或者发电厂统称电力系统)提供，经牵引变电所和牵引网将电能供给电力机车，机车在获得能源后使牵引电动机旋转，从而驱动车轮借助钢轨牵引列车运行。

知识链接

一、电气化铁路牵引供电系统

视频

走进电气化铁路牵引供电系统

电气化铁路牵引供电系统是由外部电源(电力系统)、牵引变电所、牵引网和电力机车(除特指电力机车外，均包含动车组，下同)组成，具体结构如图 1-2 所示。

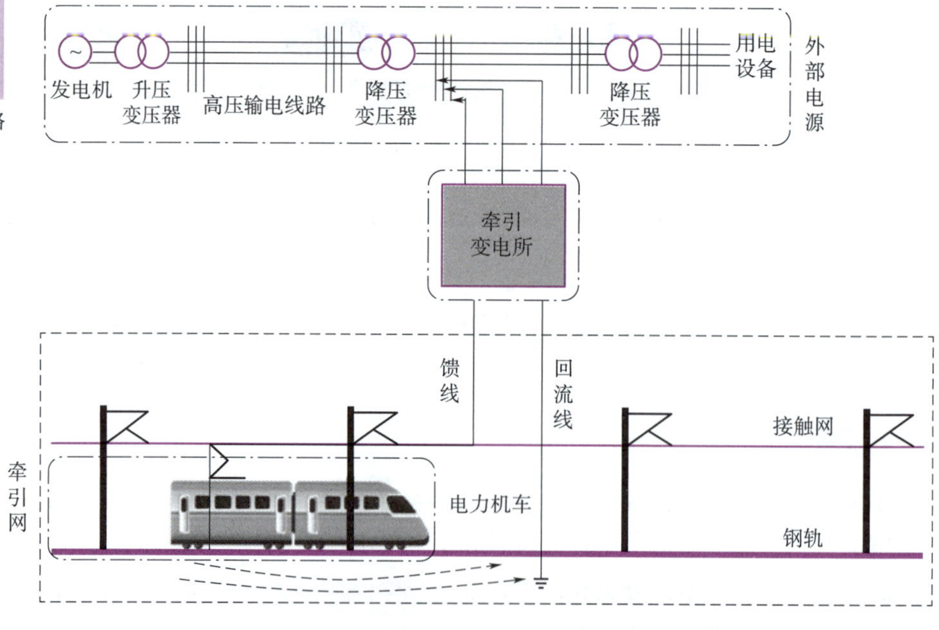

图 1-2　电气化铁路牵引供电系统示意

外部电源也就是电力系统，是由发电厂、变配电所、输配电线路和用电设备组成，实现发电、输电、变电、配电和用电的有机整体。牵引变电所的核心部件是牵引变压器，牵引变压器主要是将 110 kV(220 kV 或 330 kV)三相交流高压电变成电力机车使用的 27.5 kV 或 2×27.5 kV 的单相交流电。目前普速列车所需能源主要由 27.5 kV 电压直接提供，而高速列车所需的能源主要是由 2×27.5 kV 电压提供。牵引网为电力机车受流提供所需路径。电力机车是运行在铁轨上能够载货或者载客的运输动力车辆。

练一练

机车是如何获得能源的？

____

____

____________________。

二、牵引供电系统

1. 牵引供电系统的组成

牵引供电系统由牵引变电所和牵引网构成，为电力机车运行提供所需的电能，实现电能的变换和传输。

2. 牵引供电回路

牵引供电回路是由牵引变电所引出，经馈电线、接触网、电力机车、钢轨和大地、牵引变电所接地网、回流线回到牵引变电所，形成的闭合回路。牵引供电回路示意如图 1-3 所示。

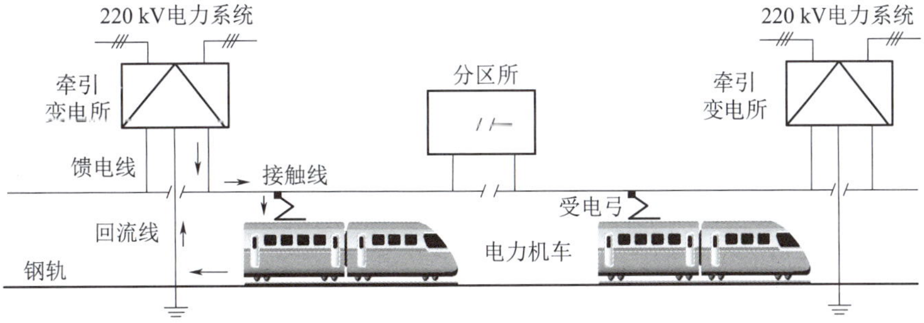

图 1-3　牵引供电回路示意

3. 牵引变电所

广义牵引变电所包括含有牵引变压器的变电所、不含有牵引变压器的开闭所、实现 AT 供电方式的自耦变压器所，以及位于两相邻牵引变电所中间的分区所等。狭义牵引变电所仅指含有牵引变压器的变电所。牵引变电所的有关内容将在后面详细介绍。

4. 牵引网

牵引网主要是由馈电线、接触网、钢轨、大地和回流线等组成。不同供电方式的牵引网结构也有所不同，比如 AT 供电方式的牵引网一般是由馈电线、接触网、正馈线、钢轨、大地和保护线等组成。接触网能够直接与电力机车受电弓接触摩擦，给机车供电。

三、电力机车

根据牵引方式不同，机车可分为蒸汽机车、内燃机车和电力机车，电力机车是指使用电力能源的机车。

目前电力机车类型主要有直—直型、直—交型、交—直型和交—直—交型四种类型。

1. 直流供电方式电力机车

直—直型电力机车采用直流电源供电，直接供给直流牵引电动机来拖动电力机车运行，该机型现在已基本退出历史舞台。

直—交型电力机车采用直流电源供电，供给交流牵引电动机来拖动机车运行，目前主要用在城市轨道交通运输系统中，我国常用的直流供电电源有 DC 750 V 和 DC 1 500 V 两种。

2. 交流供电方式电力机车

交—直型电力机车常用交流电源供电，经机车内部整流环节整流，供给直流牵引电动机拖动机车运行，该类型列车是曾经风靡世界的列车，目前使用量在逐步下降。

交—直—交型电力机车采用交流电源供电，经机车内部变流器环节变流，将单相交流电变换成直流电，再经逆变后提供三相交流电，供给三相交流异步电动机拖动机车运行，该类型电力机车是目前我国高速列车的主要车型，正在全世界盛行。

四、电力牵引

1. 电力牵引的特点

(1)电力牵引的优点

①拉的多，跑得快，运输能力大。

相比于蒸汽机车和内燃机车，电力机车能够满足重载、高速、大运量和大陡坡的需求。

②节约能源消耗，综合利用各项能源。

蒸汽机车消耗的煤炭资源，内燃机车消耗的柴油，而且这些机车使用的能源转换效率低下。电力机车使用的电能是由一次能源转换而来，一次能源可以是煤炭，也可以是柴油，还可以是太阳能、风能、水能等清洁能源，而且电力能源的转换效率高。

③易于实现自动化和远动化，经济效益好。

相比于蒸汽和内燃机车，电力牵引不需要携带能源，易于实现自动化和远动化，大大节省了人力和物力，虽然电力牵引的基础建设投资大，但是成本回收快，总体经济效益好。

④对环境污染小，乘坐条件好。

蒸汽机车燃煤会产生 CO、CO_2 等气体，内燃机车燃油会产生大量油烟，污染环境，而电力机车不会产生对环境有污染的气体，而且乘坐安全、舒适、快捷。

⑤有利于铁路沿线的电气化，促进了工农业发展。

牵引供电系统除了给电气化铁路供电外，还可以向铁路沿线的工农业供电。

(2)电力牵引的缺点

①电力牵引会对电力系统造成负序电流和高次谐波污染。

由于电力机车是单相负荷，而且电力机车需要经过变流驱动牵引电动机，因此会对电力系统产生负序和谐波污染。此外由于牵引电机引起的功率因数低，还会产生额外的电压和电能损失。

②对铁路沿线的通信系统会造成干扰。

由于电力机车运行时部分电流需要经过大地回流，因此会产生电磁干扰和静电干扰，对铁路沿线的通信系统造成影响。

③接触网检修需要"天窗"时间。

由于接触网是给机车供电的唯一通道，没有备用输电线路，因此接触网检修时需要停电。

2. 电流制式

电力牵引的电流制式目前用的主要有三种：直流制、低频单相交流制和工频单相交流制。

(1)直流制是最早的一种电流制式，由于直流制供电电压低，输送距离有限，发展受到了一定的限制。但是直流牵引电机调速性能好，随着电力电子技术的发展，目前直流制主要用于城市轨道交通和工矿企业。

(2)低频单相交流制频率主要有两种 50/3 Hz 和 50/2 Hz，也就是 $16\frac{2}{3}$ Hz 和 25 Hz，这种电流制式的损耗比较小，但是供电时需要变频，发展也受到了一定限制。

(3)工频单相交流制能够实现大运量、重载、高速的铁路运输，在全世界得到了最广泛的应用，目前我国采用的就是这种工频单相交流制式。

练一练

电力牵引的电压水平

根据我国铁路电力牵引供电设计规范规定，试回答以下几个问题。

(1)接触网和(电力机车、电动车组)受电弓的标称电压为是多少？答：________

(2)接触网和受电弓的短时(5 min)最高电压是多少？答：________

(3)高速铁路、城际铁路接触网最低工作电压是多少？其他铁路接触网最低工作电压是多少？答：________

(4)牵引变电所牵引侧母线额定电压是多少？答：________

(5)牵引变电所进线电源应是多少电压等级？答：________

(6)我国牵引变电所进线电源电压有哪些？答：________

五、电力系统与牵引供电系统

牵引供电系统与电力系统通过公共连接点(PCC)或供用电协议规定的电能计量点连在一起，如图 1-4 所示为牵引供电系统与电力系统连接示意，以保障电力系统通过公用电网向牵引供电系统提供安全、可靠、优质的电能，同时尽量减少牵引供电系统对电力系统公用电网的不良影响，从而实现电能质量的相互约束。

1. 对牵引供电系统的基本要求

牵引供电系统需要向牵引负荷提供安全、可靠、优质、经济的电能。因此对牵引供电系统提出了一些基本要求。

(1)保证向牵引负荷提供保障人身和设备安全的不间断电能。

(2)提高供电电能质量,保证必需的电压水平。

(3)提高功率因数,减少电压和电能损失,降低工程投资和运营费用。

(4)尽量减少单相牵引负荷在电力系统中引起的负序电流和高次谐波。

(5)尽量减少对邻近通信线路的干扰。

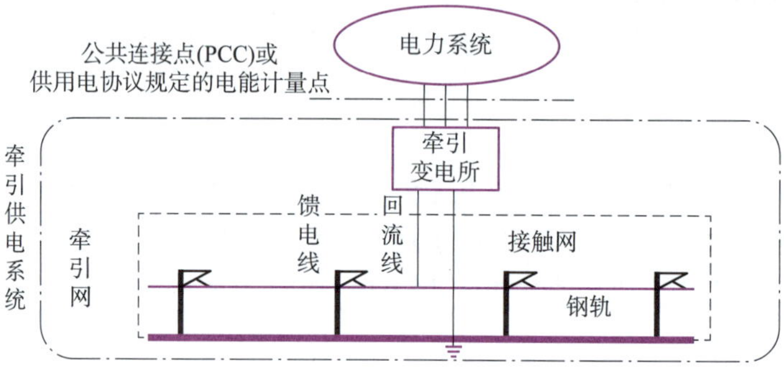

图 1-4　牵引供电系统与电力系统连接示意

2. 对电力系统的基本要求

电力系统需要向牵引供电系统提供安全、可靠、优质的电能。因此对电力系统提出了一些基本要求。

(1)保证向牵引供电系统提供保障人身和设备安全的不间断电能。

(2)保证供电电能质量,供电电压、频率和波形必须符合国家和铁路行业用电标准。

3. 电能计量

在电力系统与牵引供电系统的连接点,需要进行电能计量,电能计量用于供电企业向电力用户收缴电度电费(又称用电费用,在一定时间内所耗费的电能电量所产生的费用)。企业电费采用两部电价制,一个是基本电费(又称容量电费),一个是电度电费。

(1)基本电费

基本电费是根据用户变压器容量或最大需量和国家批准的基本电价计算的电费,是固定费用,并在《供用电合同》中进行明确。基本电费的计算公式如下:

$$基本电费=变压器容量(或最大需量)\times基本电价$$

其中,变压器容量包含不通过变压器接用的高压负荷。按最大需量的用户必须安装最大需量表,按需量表指示的数据计算最大需量值。

①最大需量值由用户和电网企业共同确定,每月按约定值计收基本电费,如果用户最大需量值超过核定值的 5%,超过 5%部分会加倍收取。

例如:某用户按最大需量计收基本电费,其牵引变电所合同约定最大容量是 10 000 kV·A,而实际是 12 000 kV·A,则容许 10 500 kV·A,超出部分 1 500 kV·A 加倍计收,即 1 500×2=3 000(kV·A),总计容量是 13 500 kV·A,若基本电价为 27 元/(月 kV·A),则该用户本月基本电费为

$$13\ 500\times27=364\ 500(元)$$

②低于变压器容量和高压负荷容量总和的 40%时,则按容量总和的 40%核定最大需量。

例如:某用户按最大需量计收基本电费,其牵引变电所合同约定最大容量是10 000 kV·A,而实际是3 000 kV·A,则计收容量为40%×10 000 kV·A,若基本电价为27元/(月 kV·A),则该用户本月基本电费为

$$4\ 000\times27=108\ 000(\text{元})$$

③按最大需量计费的两路及以上进线用户,各路进线分别计算最大需量,累加计收基本电费。

例如:某用户按最大需量计收基本电费,其牵引变电所采用两路进线,两路进线最大计收需量分别是13 500 kV·A、4 000 kV·A,则计收总容量为13 500+4 000=17 500(kV·A),若基本电价为27元/(月 kV·A),则该用户本月基本电费为

$$17\ 500\times27=472\ 500(\text{元})$$

④已委托转供用户时,计算基本电费应扣减被转供用户的实际用电容量(或最大需量)的基本电费。

例如:某用户按容量计收基本电费,其牵引变电所合同约定最大容量是10 000 kV·A,转供用户容量是3 000 kV·A,则计收容量为10 000−3 000=7 000(kV·A),若基本电价为30元/(月 kV·A),则该用户本月基本电费为

$$7\ 000\times30=210\ 000(\text{元})$$

⑤备用变压器属冷备用状态并经供电企业加封的,不收基本电费;属热备用状态的或未经加封的,不论使用与否都计收基本电费。用于调整功率因数的专用设备,如电容器、调相机等,不计收基本电费。

例如:某用户按容量计收基本电费,有2台容量均为10 000 kV·A的变压器,运行方式为一台运行,一台冷备用。若基本电价为30元/(月 kV·A),求该客户本月基本电费。

解:基本电费=10 000×30=300 000(元)

答:本月基本电费为300 000元。

⑥在受电装置一次侧装有联锁装置互为备用的变压器(含高压负荷)按可能同时使用的变压器(含高压负荷)容量之和的最大值计算其基本电费。

例如:某用户按容量计收基本电费,有2台容量均为10 000 kV·A的变压器。在一次侧装有联锁装置,互为备用。某月其运行方式为一台运行,一台退出,同时使用变压器容量之和的最大为10 000 kV·A。若基本电价为30元/(月 kV·A),求该客户本月基本电费。

解:根据《供电营业规则》第八十七条规定:"在受电设施一次侧装有联锁装置互为备用的变压器(含不通过变压器的高压电动机),按可能同时使用的变压器(含不通过变压器的高压电动机)容量之和的最大值计算其容(需)量电费"则

$$\text{基本电费}=10\ 000\times30=300\ 000(\text{元})$$

答:本月基本电费为300 000元。

(2)电度电费

电度电费是按照电力企业在用户处安装的电能计量装置中有功电能表读数为基数计算的,是按实际用电量计算的电费,属于变动费用。当电能计量装置中装有电流互感器和电压互感器时,还要分别乘以电流互感器和电压互感器的变比。电流互感器(或电压互感器)的变比为一次绕组与二次绕组的额定电流(或电压)之比。

高电压用户的电能计量装置装在变压器低压侧时，若执行高压侧规定的电价，应把用户变压器铜损和铁损中的有功损耗并入用电量范围内，计算出电度电费。

全国电气化铁路牵引变电所众多，牵引负荷巨大，由此可见，基本电费加之电度电费是铁路运营企业的一笔巨大成本支出，因此，提高牵引变压器容量利用率，降低安装容量，减少资源占用，可降低基本电费，节能减耗是人类社会持续发展的重要组成部分，是全人类共同的责任和义务，这既是企业应当承担的责任，也是企业生存和发展的需要。

4. 电能质量监测

为保证电力系统向牵引供电系统提供安全、可靠、优质的电能，同时尽量降低牵引供电系统对电力系统公用电网的不良影响。在电力系统与牵引供电系统的连接点，一般装有电能质量监测设备，主要用于监测负序分量、谐波分量、功率因数等，同时保障用户和供电企业的电能质量。

六、电气化铁路发展史

1. 世界电气化铁路发展史

电气化铁路牵引功率大、节能环保，能大幅度提高运输能力和速度，具有技术、经济、环保多方面的优越性，是各国铁路优先发展的牵引动力方式。

1879 年在德国柏林举办的世界贸易博览大会上，由西门子和哈尔斯克公司展出了世界上第一条电气化铁路。

19 世纪 80 年代，电气化铁路多为电压较低的直流电气化铁路，主要适用于运输距离比较近的城市交通和工矿线路。

20 世纪以后，工业发达国家开始在城市之间建设电气化铁路。

20 世纪 50 年代以后，工业发达的西欧(法国、德国等)、日本(建成世界上第一条高速电气化铁路——东海道新干线)及东欧国家都在大规模修建电气化铁路。

20 世纪 80 年代以后世界电气化铁路又出现一个新的建设高潮，以法国、德国和日本为代表的发达国家大力发展高速铁路。一些发展中国家，如中国、印度、南非等电气化铁路发展也很快，铁路建设突飞猛进。

2. 中国电气化铁路发展史

1958 年，我国第一条电气化铁路——宝成铁路宝鸡至凤州段开工，1961 年 8 月正式通车，标志着中国电气化铁路的起步。

20 世纪 80 年代，我国电气化铁路进入稳步发展阶段，主要干线京包线、陇海线等部分区段实现电气化。20 世纪 90 年代，京广铁路、京沪铁路等主要干线逐步完成电气化改造。

21 世纪，我国电气化铁路进入快速发展阶段，和谐号高速动车组穿行大江南北，秦沈客专、京津城际、京沪高速铁路、京广高速铁路等相继开通运营。电气化铁路已成为主流。

目前，我国电气化铁路正在进入智能化和绿色化发展阶段。2019 年，我国第一条智能高速铁路——京张高速铁路开通。2021 年，京雄城际智能高速铁路开通。2023 年，我国首条跨海智能高速铁路——福厦高速铁路开通。高速铁路建设大量使用清洁能源，助力低碳交通发展。

截至2024年底，我国铁路营业里程达到16.2万km，其中高速铁路4.8万km。我国建成世界最大的高速铁路网和先进的铁路网。截至2023年底，我国铁路复线率60.3%，电气化率75.2%。复兴号产品谱系化发展，时速600 km高速磁浮交通系统成功下线。我国高速铁路运营里程居世界第一，是世界上唯一实现时速350 km商业运营的国家，树立了世界高铁商业化运营的标杆，向世界展示了“中国速度”，高铁已经成为中国一张亮丽的名片。

我国电气化铁路从无到有，经历了从起步到快速发展的过程。在技术上，我国经历了学习、引进、自主创新阶段。从学习和遵守西方标准，到建立自己的标准，我们走过弯路，付出过代价，如今我国电气化铁路拥有了以自主创新为主的自主化产业生产线，目前正在向智能化、绿色化高速铁路迈进。

技能训练

确定图1-5所示右侧牵引变电所供电回路。

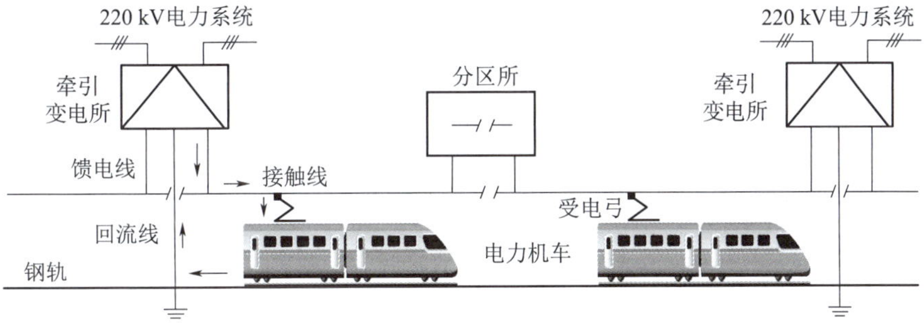

图1-5 供电回路

____

____

____

____。

任务评价

学生评价：________________________________

____

____

____

____。

教师评价：________________________________

____

____

____

____。

任务2 外部电源供电方式认知

学习目标

知识目标

1. 了解电气化铁路牵引供电系统的供电方式；
2. 掌握外部电源向牵引变电所供电的供电方式。

技能目标

1. 能够判定外部电源向牵引变电所供电的供电方式；
2. 能够正确选择外部电源供电方式。

素质目标

1. 具备良好的安全意识和责任担当；
2. 具备良好的沟通和表达能力；
3. 具备文献搜集能力和主动学习意识。

预习任务

1. 搜集输配电系统中，电力线路常用的接线方式；
2. 搜集电气化铁路牵引供电系统的供电结构。

任务导入

电力机车运行的能源由外部电源（公共电网或者发电厂统称电力系统）提供，经牵引变电所和牵引网将电能供给电力机车，机车在获得能源后方可运行，那么外部电源是如何给牵引供电系统供电的呢？

知识链接

一、电气化铁路牵引供电系统供电方式

所谓供电方式是指电气设备之间进行电能传输时的接续方式。根据电气化铁路牵引供电系统结构可知，电气化铁路的供电方式有外部电源向牵引变电所供电、牵引变电所向牵引网供电、牵引网向电力机车供电等三级，如图1-6所示。

电力系统进行电能输送和分配时，电力线路的接线方式直接影响着供电的安全性、可靠性、灵活性和经济性。

搜一搜

在输配电系统中，电力线路常用的接线方式有哪些？

____

____

______________________________。

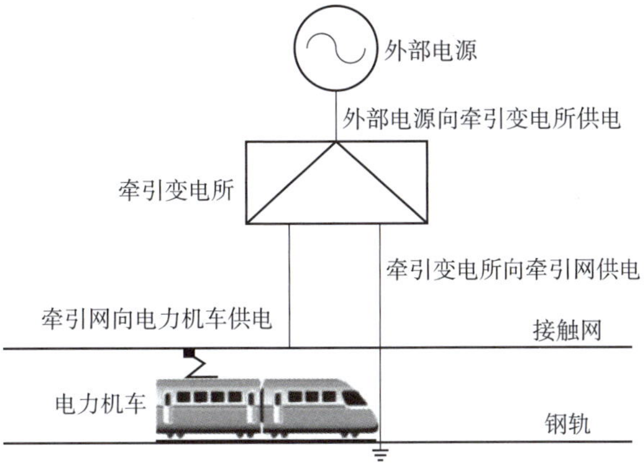

图 1-6　电气化铁路的供电方式

二、外部电源向牵引变电所供电的供电方式

外部电源向牵引变电所供电的供电方式指电力系统与牵引变电所的连接方式。外部电源向牵引变电所供电的供电方式主要取决于牵引负荷的用电等级，以及电力系统的分布情况。

牵引负荷属于一级负荷，对供电的可靠性要求很高。根据《铁路电力牵引供电设计规范》(TB 10009—2016)规定，每个牵引变电所应有两路电源供电，每路输电线要有各自独立的杆塔和走线，当一路故障或停电检修时，另一路仍应正常供电，而且每路输电线应能承担牵引变电所的全部负荷。

根据电力系统的分布情况，外部电源向牵引变电所供电的供电方式主要有：单侧供电、双侧供电、环形供电和放射供电四种供电方式。

1. 单侧供电方式

单侧供电方式是牵引变电所电能由电力系统中同一个方向的发电厂或者公共电网输送。

单侧供电方式如图 1-7 所示。从图 1-7 中可以看出电能是从左侧发电厂不同母线上的两路输电线给牵引变电所供电的。

2. 双侧供电方式

双侧供电方式是牵引变电所电能由电力系统中两个不同方向的发电厂或者公共电网输送。

双侧供电方式如图 1-8 所示。从图 1-8 中可以看出牵引变电所电能是由两侧的电力系统通过两路输电线路提供的。

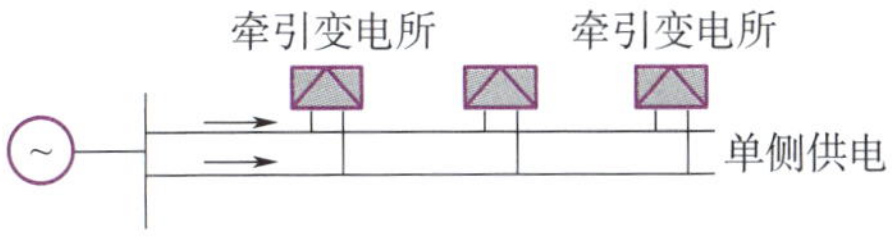

图 1-7　单侧供电方式

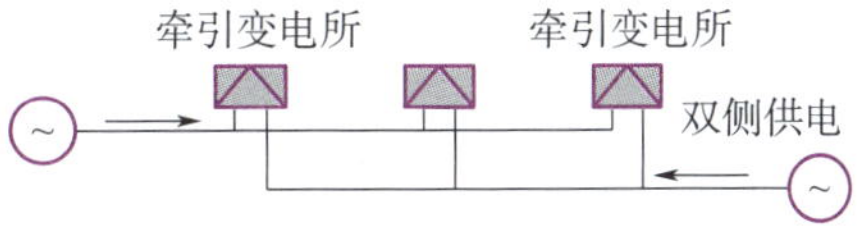

图 1-8　双侧供电方式

3. 环形供电方式

环形供电方式是若干个发电厂、地方变电所通过高压输电线路连接成环形的电力系统，牵引变电所处于环形电力系统的一段环路之中。

环形供电方式如图 1-9 所示，从图 1-9 中可以看出牵引变电所处于环形电力系统的一段环路之中，牵引变电所可以从两侧的环网中获得电能。

4. 放射供电方式

放射供电方式是当几个牵引变电所距离电源较近，并且比单侧供电方式更经济时，可采用的供电方式。

放射供电方式如图 1-10 所示，从图 1-10 中可以看出牵引变电所直接从附近的地区变电所或者发电厂通过两路独立输电线路获得电能。

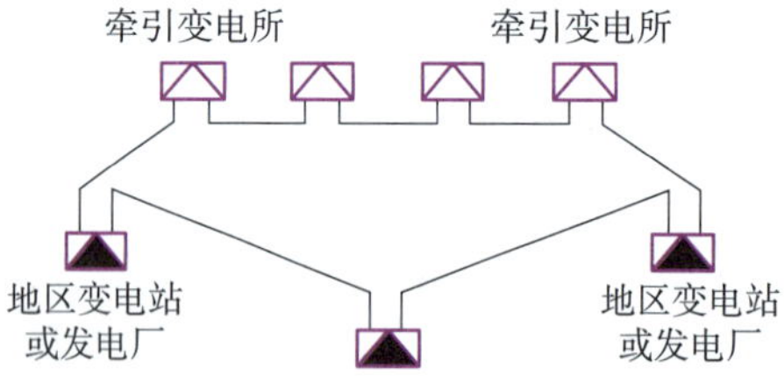

图 1-9　环形供电方式

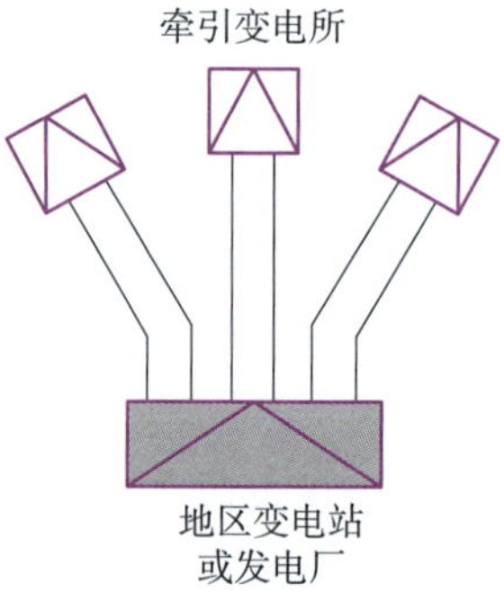

图 1-10　放射供电方式

练一练

如何选择外部电源向牵引变电所供电的供电方式？

____

____

____。

技能训练

确定图 1-11 所示电气化铁路牵引供电系统采用的外部电源供电方式。

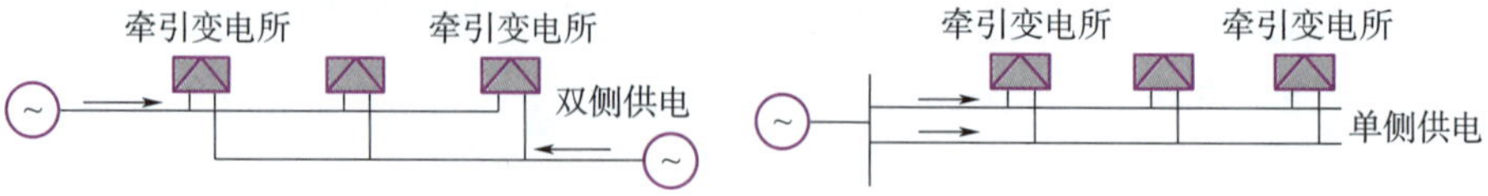

图 1-11　外部电源供电方式

____

____。

任务评价

学生评价：____

____

____

____。

教师评价：____

____

____

____

____

____。

任务3　牵引变电所供电方式认知

学习目标

知识目标

1. 熟悉单线铁路、双线铁路、多线铁路和电分相的概念；
2. 掌握牵引变电所向牵引网供电的供电方式。

技能目标

1. 能够区分单线、双线铁路和多线铁路；
2. 能够正确判定单线、双线和多线铁路牵引变电所向牵引网供电的供电方式。

素质目标

1. 具备良好的安全意识和责任担当意识；
2. 具备良好的沟通和表达能力。

预习任务

1. 查找单线铁路、双线铁路、多线铁路的有关知识；
2. 查找站场、上行与下行线路的有关知识；
3. 搜集上行线路和下行线路的规定。

任务导入

根据电气化铁路牵引供电系统的供电结构可知，电力机车的能源是由外部电源经牵引变电所、牵引网供给电力机车的，那么牵引变电所如何向牵引网供电的呢？

知识链接

牵引变电所向牵引网供电的供电方式是电气化铁路牵引供电方式中非常重要的一环。

一、与牵引变电所供电方式有关的基础知识

1. 单线铁路

单线铁路是指铁路运输区间内只有一条正线的铁路线路，上、下行为同一条线路。对向列车的交会和同向列车的越行只能在车站或避让线内进行。如图 1-12 所示为单线铁路线路。

(a) (b)

图 1-12 单线铁路

2. 双线(复线)铁路

双线(复线)铁路是指区间有两条正线的铁路线路，分为上行线路和下行线路。在同一区间或同一闭塞分区的一条正线上，同一时刻只允许一列列车运行。同向列车的越行只能在车站内进行。如图 1-13 所示为双线(复线)铁路。

(a) (b)

图 1-13 双线铁路

练一练

如何识别上行线路和下行线路？

____

____

____。

3. 多线铁路

多线铁路是指铁路运输区间内有三条以上数量平行轨道的铁路线路。

4. 供电分区和分相绝缘器

供电分区是指从牵引变电所供电出口的接触网首端到供电接触网末端的供电线路，又称供电臂，通常指牵引变电所一侧的接触网（包括上行线路和下行线路等）。由于牵引变电所左右两侧的供电臂电压相位通常不同，需要用分相绝缘器分开。分相绝缘器（中性段）是指串接在分区所或变电所出口接触网中，将不同的供电分区分开，又称电分相。从图 1-14 中可以看到，电分相一般安装在分区所、变电所、开闭所出口，以及锚段关节处。

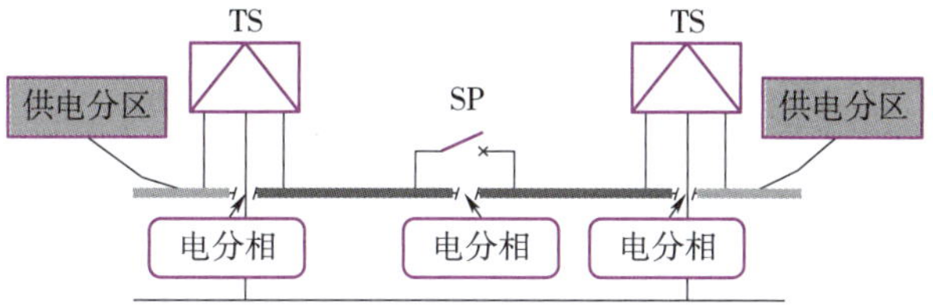

TS—牵引变电所；SP—分区所。

图 1-14　电分相和供电分区示意

5. 机车运行时的受流过程

机车运行时的受流过程如图 1-15 所示。外部电源→牵引变电所→馈电线→接触网→机车受电弓→电力机车→钢轨＋大地（接地网）→回流线→牵引变电所→外部电源。

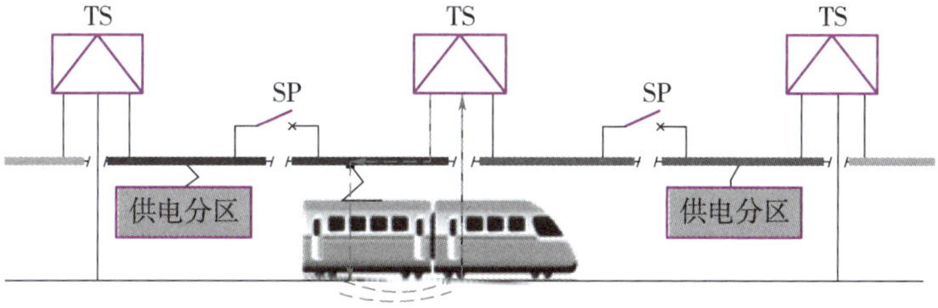

图 1-15　机车运行时的受流过程示意

二、牵引变电所向牵引网供电的供电方式

单线、双线和多线铁路不同，牵引变电所向牵引网供电的供电方式也不同。其中单线铁路供电方式有单边供电、越区供电、双边供电等。双线铁路供电方式主要有单边分开供电、单边末端并联供电、单边全网并联供电和双边供电等，多线铁路供电方式与双线铁路供电方式类似。

1. 单线铁路牵引变电所向牵引网供电的供电方式

（1）单边供电方式

单边供电方式是供电分区接触网仅从一个牵引变电所获得电能的供电方式。

如图 1-16 所示为单线铁路单边供电方式，这时机车只能从一个方向的牵引变电所获得电能。由于单边供电方式的每一个供电分区只能从一端的牵引变电所获得电能，当某一供电分区接触网发生故障时，只影响本供电分区，而不影响其他供电分区的正常供电，从而缩小了故障范围，继电保护也较简单。

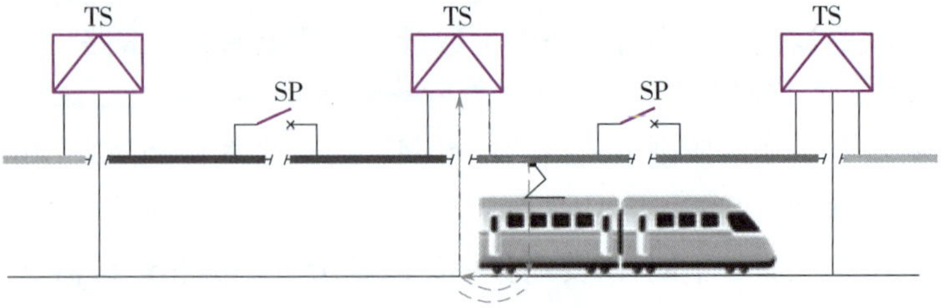

图 1-16 单线铁路单边供电方式

(2)越区供电方式

越区供电方式是在单边供电方式下，牵引变电所发生故障或需要停电检修时，该变电所通过闭合两个相邻分区所开关，实现本所接触网供电的供电方式。如图 1-17 所示为单线铁路越区供电方式，此时该变电所处于故障或检修状态，两供电臂的电能只能分别通过闭合两相邻分区所开关，由两个相邻牵引变电所提供。

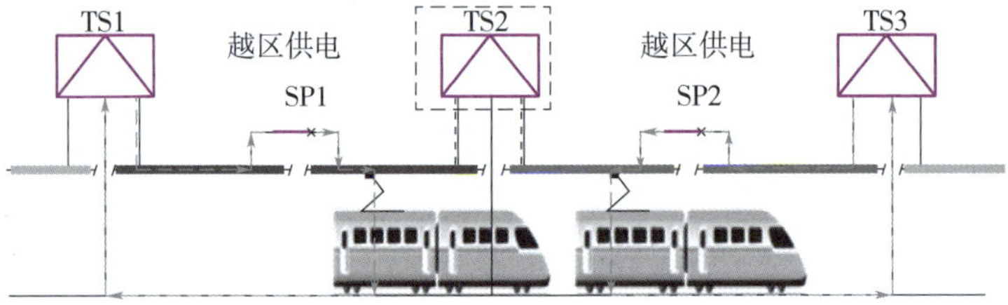

图 1-17 单线铁路越区供电方式

(3)双边供电方式

双边供电方式是指供电分区由相邻两个牵引变电所供电，通过分区所中与分相绝缘器并联的断路器合闸实现。如图 1-18 所示为双边供电方式，机车可以从本牵引变电所和相邻牵引变电所两个方向获得电能。

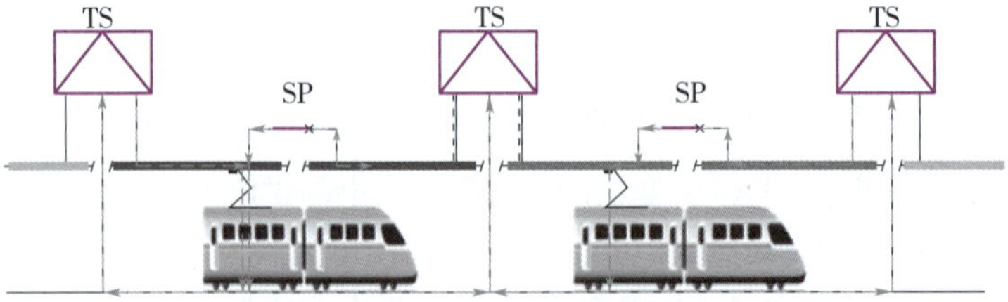

图 1-18 单线铁路双边供电方式

双边供电方式的优点是机车的电流来自两个及以上的供电点，减轻了牵引网输送电能的负担，牵引网上的电压损失和电能损失都能减少，接触网电压水平也能得到改善。其缺点是牵引网的复杂程度增加，对继电保护提出了许多特殊要求，使得继电保护更复杂。

2. 双线铁路牵引变电所向牵引网供电的供电方式

双线铁路牵引变电所向牵引网供电时，在我国同一条铁路线路的上、下行都采用同相供电方式。双线铁路牵引变电所向牵引网供电有同相单边供电方式和同相双边供电方式两种方式,以下简称单边供电方式和双边供电方式。

(1)单边供电方式

根据上、下行接触网连接方式不同,双线铁路单边供电方式分为单边分开供电、单边末端并联供电,以及单边全网并联供电等供电方式。

①单边分开供电方式

单边分开供电方式又称上、下行独立供电方式,是同一供电分区末端上、下行接触网之间的断路器采用断开方式,实现上、下行分开供电的方式。如图1-19所示为单边分开供电方式。单边分开供电方式的继电保护简单,但是牵引网电压损失和电能损失较大,牵引网电压波动大,而且上、下行接触网会出现较大电压差。

②单边末端并联供电方式

单边末端并联供电方式又称末端并联供电方式,在同一供电分区末端上、下行接触网之间断路器采用闭合方式,实现上、下行并联供电的方式。如图1-20所示为单边末端并联供电方式,我国广泛采用这种供电方式。

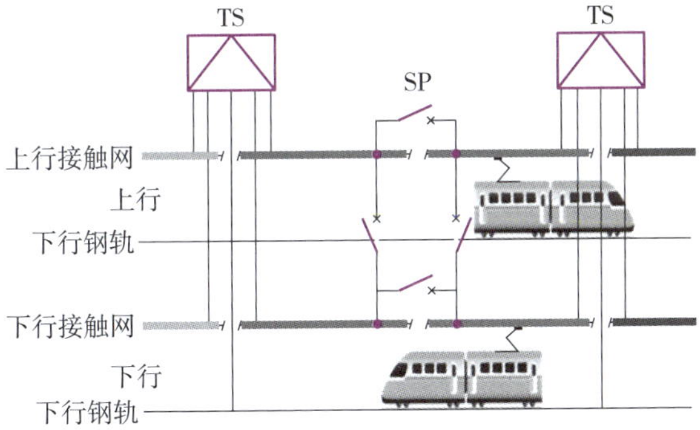

图1-19 单边分开供电方式

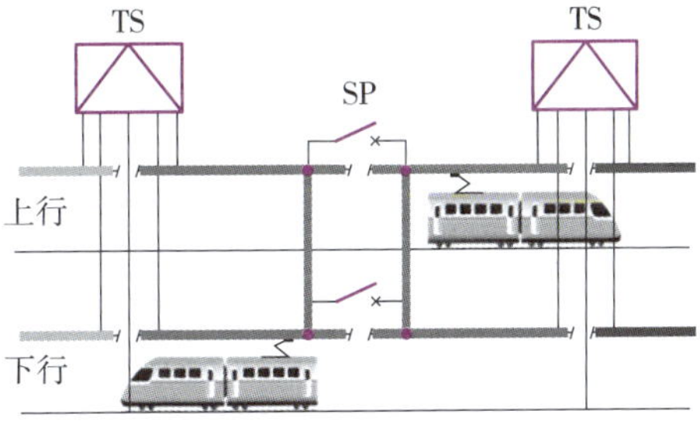

图1-20 单边末端并联供电方式

单边末端并联供电方式的继电保护较复杂,但上、下行接触网负荷均匀,能降低牵引网电压损失和电能损失,提高牵引网供电电压水平,由于接触网末端设置有并联开关,运行方式也比较灵活。

③单边全网并联供电方式

单边全网并联供电方式又称单边全并联供电方式,一般是在站场和分区所(亭)利用负荷开关将上、下行接触网并联。如图1-21所示为单边全并联供电方式。

单边全并联供电方式继电保护更复杂,上、下行接触网负荷比较均匀,能降低牵引网电压损失和电能损失,提高牵引网供电电压水平,但是接触网故障时停电范围也大。

(2)双边供电方式

双线铁路采用的双边供电方式主要是纽结式供电方式,在同一供电臂末端采用断路器将上、下行接触网并联,在相邻的两个供电臂之间采用断路器或隔离开关进行串联的供电方式。如图1-22所示为双边纽结式供电方式,其特点是继电保护复杂,上、下行接触网负荷均匀,能降低牵引网电压损失和电能损失,提高牵引网供电电压水平,并能减轻对沿线通信线路或设备的电磁干扰,运行方式比较灵活。

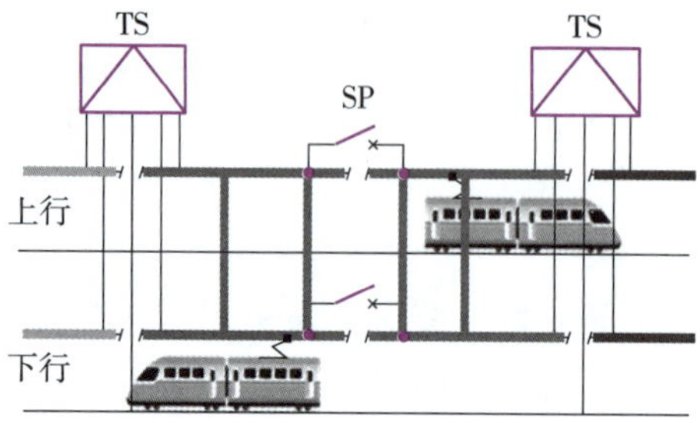

图 1-21　单边全并联供电方式

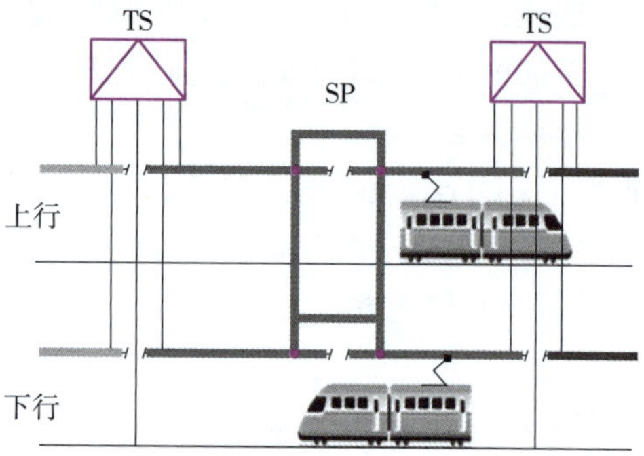

图 1-22　双边纽结式供电方式

技能训练

如何选择牵引所向牵引网供电的供电方式?

____

____

____。

任务评价

学生评价:____

____

____

____。

教师评价:____

____

____

____

____

____。

任务 4　牵引网供电方式认知

学习目标

知识目标

1. 掌握直接供电、吸流变压器供电、带回流线的直接供电、自耦变压器供电和同轴电力电缆供电方式的结构组成、特点,以及适用的场合;

2. 了解半段效应的概念和短段效应的概念。

技能目标

能够正确判定牵引网向电力机车供电的供电方式。

素质目标

1. 具备良好的安全意识和责任担当意识，养成规范做事的劳动习惯；
2. 具备良好的沟通和表达能力；
3. 具有环境和需求分析能力，以及构建合适方案的能力。

预习任务

1. 查找普速铁路和高速铁路牵引网供电方面的有关知识；

2. 搜集《铁路电力牵引供电设计规范》(TB 10009—2016)电气化铁路牵引供电系统的有关规定。

任务导入

电力机车运行的能源是由外部电源提供的，经牵引变电所和牵引网将电能供给电力机车，机车在获得能源后便可运行，那么机车是如何从牵引网中获得电能的呢？

知识链接

牵引网向电力机车供电主要是用来构成机车工作的电流回路。为抑制牵引网对邻近通信系统干扰，降低牵引网电压损失和电能损失，牵引供电系统在直接供电方式的基础上，发展了带回流线的直接供电方式、吸流变压器供电方式、自耦变压器供电方式和同轴电力电缆供电方式等。

一、直接供电方式

1. 结构组成

直接供电方式中接触网直接与馈电线相接，机车电流通过钢轨和大地流回变电所，直接供电方式结构如图 1-23 所示。

2. 供电能力

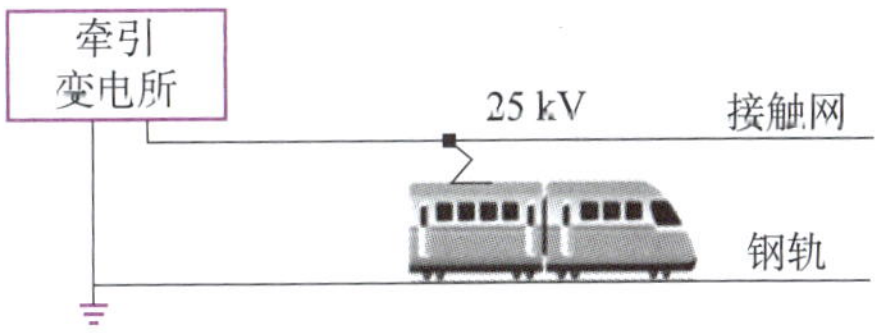

图 1-23　直接供电方式

钢轨是钢材质，阻抗大，牵引网电压损耗等于牵引网阻抗与牵引电流乘积($\Delta U = ZI$)，机车牵引电流通过钢轨时会产生很大电压损耗，导致钢轨电位升高。由于接触网电压约等于牵引变电所供电电压与牵引网电压损耗之差($U \approx E - \Delta U$)，因钢轨电压损失的存在，导致供电臂末端电压水平偏低，为了保证机车电压水平(20～29 kV)，致使牵引变电所的供电距离缩短；最终导致牵引变电所和电分相数量增多，外部电源投资增大，所以这种供电方式供电能力很差。

3. 干扰性

直接供电方式机车电流需经大地和钢轨回流，由于大地分走了钢轨中的一部分电流，导致地面以上的接触网电流和钢轨电流相量和不为零，因此产生较大的电磁干扰，对铁路沿线的弱电系统产生较大干扰影响。

总之，直接供电方式具有结构最简单，牵引网投资最少，运行维护费用低，钢轨电位较高，对弱电系统的电磁干扰较大，供电能力较差等特点。目前主要在车站货物线、专用线、机车进出库线或机车整备所等局部接触网线路采用。

二、直供加回流供电方式

1. 结构组成

直供加回流供电方式中，接触网直接与馈电线相接，钢轨每隔一定距离经吸上线与回流线并联[一般每隔一个闭塞分区通过吸上线(铝芯或铜芯电缆)与信号扼流变压器中点连接]，直供加回流供电方式如图 1-24 所示，因此机车电流经过回流线、钢轨和大地流回到变电所。

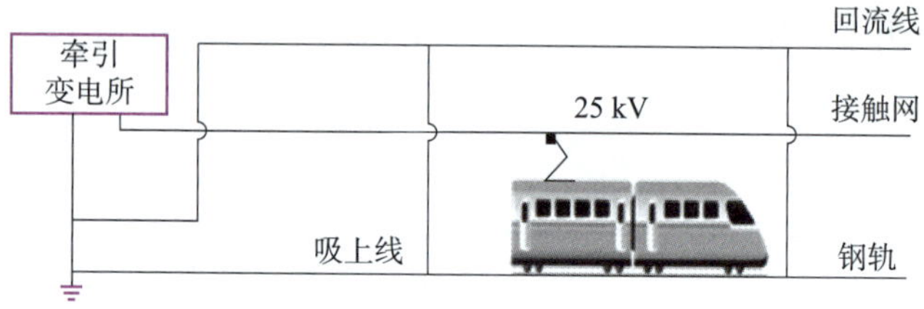

图 1-24　直供加回流供电方式

2. 供电能力

由于直供加回流供电方式机车电流经过回流线、钢轨和大地回流，在整个供电回路内，大地中都会流回一部分机车电流，因此接触网电流与回流线和钢轨电流之和不相等，会存在电磁干扰。由于钢轨每隔一定距离通过吸上线与回流线并联，而且回流线一般采用金属绞线，与接触网同杆架设，流经接触网的电流和流经回流线的电流虽然大小不等，但方向相反，且安装高度比较接近，因此对铁路沿线通信设施的电磁干扰影响可部分抵消，致使直供加回流供电方式较直接供电方式电磁干扰小，轨道中电流减小，钢轨电位降低，具有更强的供电能力(牵引网电压损失和电能损失更小)，变电所数量减少，电分相数量减小，并兼顾了直接供电方式的简单可靠。

3. 应用

鉴于直供加回流供电方式比直接供电方式阻抗低、供电能力强、投资小等优点，目前我国在防干扰要求不太高的区段中应用比较多。虽然这种供电方式防干扰能力差，但随着通信线路电缆化和光缆化，对防干扰需求逐渐弱化，这种供电方式得到了广泛应用。

三、吸流变压器供电方式

1. 结构组成

吸流变压器(BT)供电方式是在回流线和接触网中串入变比为 1 : 1 的吸流变压器，回流线每隔约 1.5～4 km 经吸上线与钢轨并联，吸流变压器供电方式结构如图 1-25 所示。

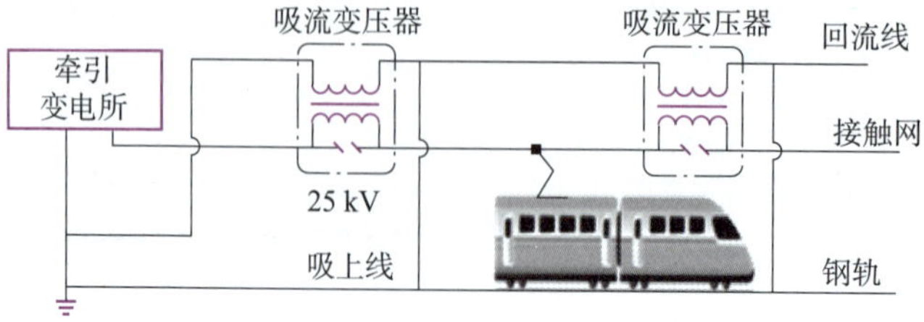

图 1-25　吸流变压器供电方式

2. 半段效应

吸流变压器供电方式是在机车所在的BT间隔内，机车电流经大地和钢轨回流后，由电源侧吸上线引至回流线上，此时接触网与回流线中的电流并不相等，而在其余BT间隔内两者的电流大小相等、方向相反。因此在机车所在的BT间隔内，机车在靠近供电牵引变电所一侧的半段内（机车位于BT间隔内的BT与牵引变电所侧吸上线之间），机车电流经大地和钢轨回流，存在电磁干扰，称为正半段效应，正半段效应接线如图1-26所示。

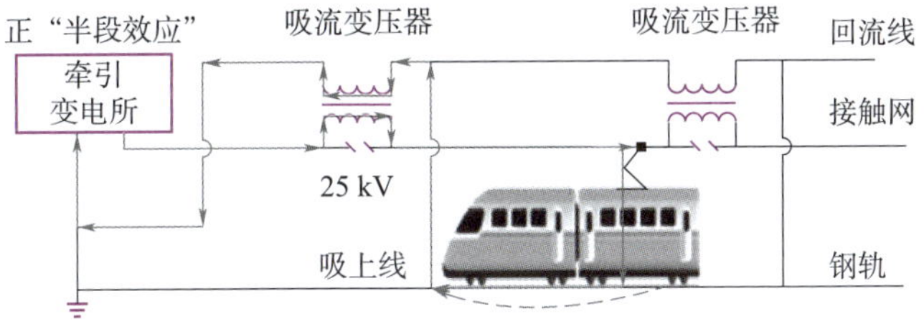

图1-26　吸流变压器供电方式供电回路（正半段效应）

负半段效应是在机车所在的BT间隔内，机车电流经大地和钢轨回流后，由远离供电牵引变电所侧吸上线引至回流线上，接触网与回流线中的电流也不相等，而在其余BT间隔内两者的电流大小相等，方向相反。在机车所在的BT间隔内，由于机车是在远离供电牵引变电所一侧的半段内（机车位于BT间隔内的BT与远离牵引变电所侧的吸上线之间），机车电流经大地和钢轨回流，存在电磁干扰，称为负半段效应，负半段效应接线如图1-27所示。

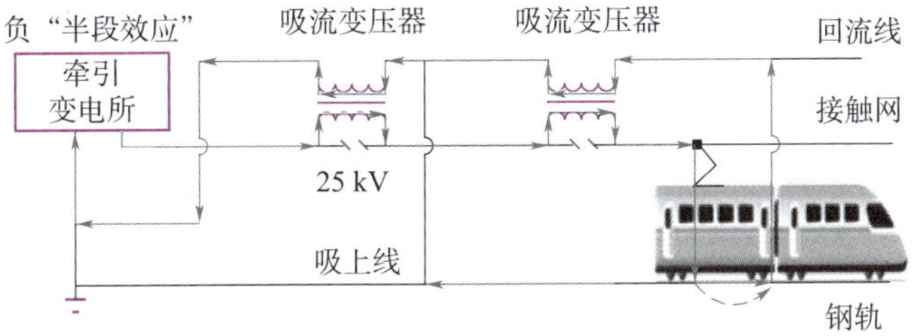

图1-27　吸流变压器供电方式供电回路（负半段效应）

3. 供电能力

BT供电方式长回路中没有电流流过，钢轨电位降为0；长回路磁场几乎完全平衡，电磁干扰降至最低。但由于接触网串入吸流变压器，导致牵引网阻抗增大，供电臂电压损耗增大，致使供电臂末端电压水平降低，为了保证机车电压水平（20～29 kV），不得不缩短供电臂的距离，最终导致牵引变电所和电分相数量增多，外部电源投资增大，而且在串入BT处增加了接触线分段，这些都会影响高速列车运行的安全性及速度，串入BT还增大了牵引网的投资。所以BT供电方式供电能力更差，不适合高速列车的运行，经济性还很差。

我国大部分BT已经退出运行，BT供电方式直接去掉BT后，就变成了直供加回流的供电方式。

四、自耦变压器供电方式

1. 结构组成

自耦变压器（AT）供电方式除了接触网，还多了一条正馈线，在接触网和正馈线之间一般每隔 10 km 左右，并联一台自耦变压器，自耦变压器的中间抽头接钢轨和大地，自耦变压器的变比是 2∶1，电力机车的受电电压依然是 25 kV，因此供电电压是 2×25 kV。从图 1-28 中可以看到自耦变压器供电方式由接触网、自耦变压器、正馈线、钢轨和大地构成。

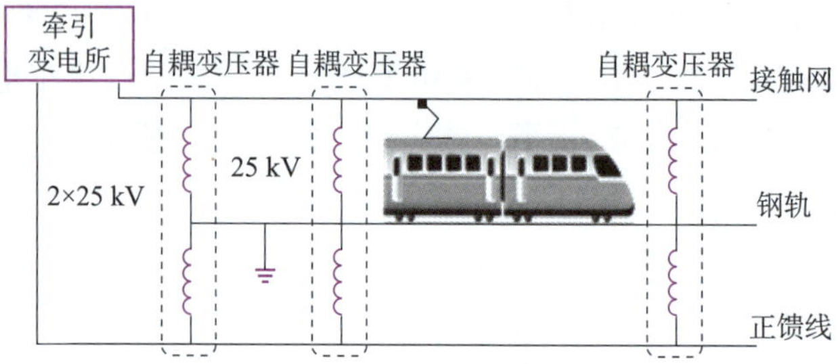

图 1-28　自耦变压器供电方式

为了提高供电的可靠性，AT 供电方式一般在供电臂的中间设有辅助开闭所，如图 1-29 所示，由单独的供电线给辅助开闭所远离牵引变电所一侧的接触网供电。为了提高轨道电路工作的可靠性，同时便于继电保护动作，AT 供电方式还设置了经横向连接线与钢轨并联的保护线，这种 AT 供电方式接线结构在我国应用得非常多。从图 1-29 中可以看到这种自耦变压器供电方式较上一种在结构上除了接触网、自耦变压器、正馈线、钢轨和大地，还包括了保护线、横向连接线、辅助开闭所、供电线等。

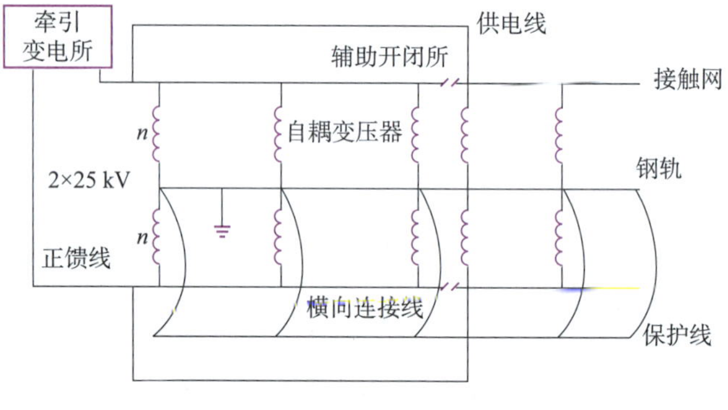

图 1-29　设有辅助开闭所的自耦变压器供电方式

2. 短段效应

机车取用的电流 I 由机车两侧的自耦变压器供给，从图 1-30 中可以看到，在机车所在的 AT 间隔内，也就是短回路内，地中分得一部分回流电流，致使地面上接触网与轨道中的电流

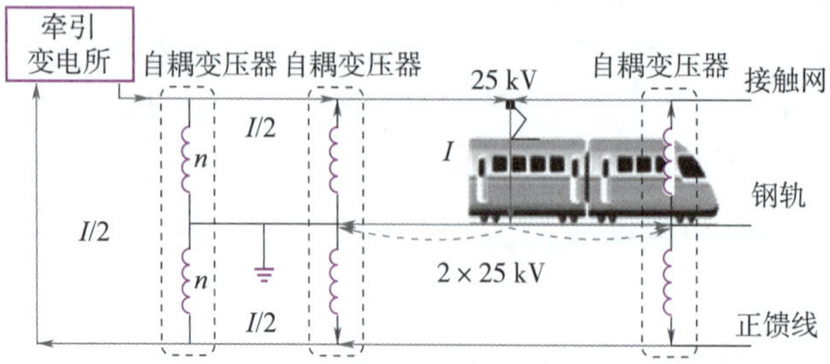

图 1-30　设自耦变压器供电方式供电回路

并不相等，存在电磁干扰，这就是短段效应。但除了机车车辆所在的AT段内存在“短段效应”外，其余AT段内流经接触网和正馈线的电流大小相等、方向相反，且电流大小仅为车辆电流的一半，钢轨中几乎没有电流，钢轨电位降为0，长回路内磁场完全平衡，电磁干扰降至最低，因此防干扰效果与BT供电方式相当。

3. 供电能力更强

由于AT供电方式供电电源电压提高一倍，在传输功率不变的情况下，根据 $S=UI$ 可知，电流降为原来的1/2，根据 $\Delta U=ZI$，可知电压损失和电能损失也会相应减小，因此供电距离更长，变电所数量减少，电分相数量减小，具有更强的供电能力。

4. 应用

由于AT供电方式在接触网和正馈线之间并联了自耦变压器，导致牵引网阻抗降低，供电电流减小，抗干扰能力增强，供电距离更长，适合于高速重载列车的运行。

五、同轴电力电缆供电方式

1. 结构组成

同轴电力电缆(CC)供电方式沿铁路线铺设有同轴电力电缆，电缆的芯线作为供电线，每隔5～10 km与接触网并联，电缆外部导体(铠装)作为回流线，与钢轨并联，同轴电力电缆供电方式如图1-31所示。

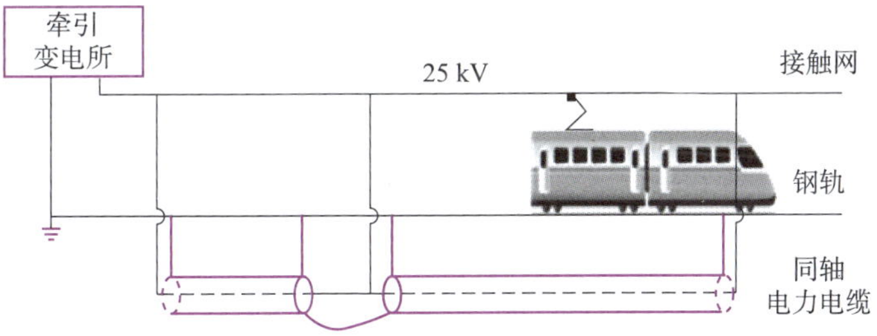

图1-31　同轴电力电缆供电方式

由于供电线与回流线间隔小、互感大，芯线与外部导体电流大小基本相等、方向相反，防护效果好，同轴电力电缆供电方式供电回路如图1-32所示。

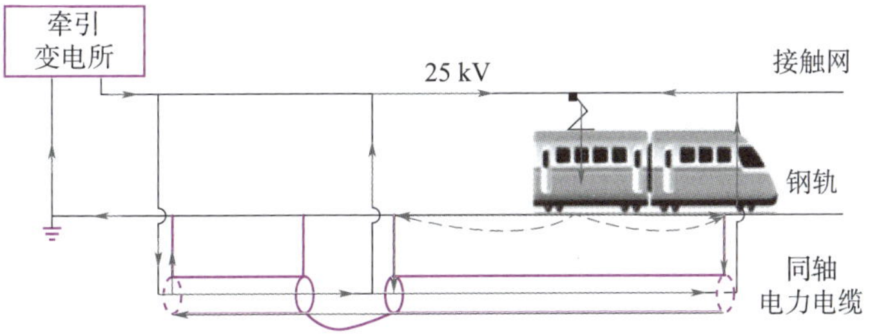

图1-32　同轴电力电缆供电方式供电回路

2. 特点

同轴电力电缆供电方式净空要求低，接触网结构简单，对通信线路防护效果好，但是造价太高，因此电气化铁路只有在穿越大城市或长隧道时才可能使用。

技能训练

1. 牵引网向机车供电的供电方式有何异同？

____。

2. 如何选择牵引网向机车供电的供电方式？

____。

任务评价

学生评价：____。

教师评价：____。

项目小结

1. 电气化铁路牵引供电系统结构和基本概念。
2. 电气化铁路牵引供电系统的供电方式。

巩固提升

一、单选题

1. 我国电气化铁路牵引供电系统采用的电流制式是(　　)。

A. 直流制　　B. 低频单相交流制　　C. 三相交流制　　D. 工频单相交流制

2. 电气化铁路牵引供电系统进行电能计量和监测的点一般是(　　)。

A. 牵引变电所出线母线　　B. 牵引变电所进线母线

C. 公共连接点或供用电协议规定的点　　D. 正馈线与接触网连接点

3. 高速铁路牵引变电所进线电源电压等级一般采用的是(　　)kV。

A. 500　　B. 220　　C. 110　　D. 25

4. 自耦变压器供电方式中自耦变压器与牵引网的联结方式是(　　)。

A. 并联　　B. 串联　　C. 不确定

5. 吸流变压器供电方式中吸流变压器与牵引网的联结方式是(　　)。

A. 并联　　B. 串联　　C. 不确定

二、多选题

1. 下列属于电气化铁路牵引供电系统组成的是(　　)。

A. 外部电源　　B. 牵引变电所　　C. 牵引网　　D. 电力机车

2. 下列属于电气化铁路牵引供电系统供电方式组成的是(　　)。

A. 外部电源向牵引变电所　　B. 牵引变电所向牵引网

C. 牵引网向电力机车　　D. 接触网向电力机车

3. 下列属于外部电源向牵引变电所供电的供电方式是(　　)。

A. 两侧供电　　B. 单侧供电　　C. 环形供电　　D. 放射式供电

4. 下列属于牵引变电所向牵引网供电的供电方式是(　　)。

A. 两边供电　　B. 单边供电　　C. 环形供电　　D. 放射式供电

5. 下列属于牵引网向电力机车供电的供电方式是(　　)供电。

A. DF　　B. DN　　C. BT　　D. AT　　E. CC

三、判断题

1. 自耦变压器供电方式存在半段效应,所以在列车运行区段存在地中电流。(　　)

2. BT供电方式在我国部分区段仍然存在。(　　)

3. 单线铁路是指铁路运输区间内只有一条正线的铁路,上、下行为同一条线路。对向列车的交会和同向列车的越行只能在车站或避让线内进行。(　　)

4. 供电分区是指从牵引变电所供电出口的接触网首端到牵引变电所供电的接触网末端的供电线路,又称供电臂,通常指牵引变电所一侧的接触网(包括上行和下行等)。(　　)

5. 目前电力机车类型主要有交—直型和交—直—交型两种类型。(　　)

6. 电力牵引的电流制式目前用的主要有两种:低频单相交流制和工频单相交流制。(　　)

项目 2　牵引变压器施工与运行维护

项目描述

按照施工电气图中设备的连接顺序，牵引变压器是公共电网与牵引网之间连接的电气设备，是牵引变电所的核心设备，主要实现电压变换、相数变换和电能传输等功能。变压器的联结组别还关系到变压器的供电方式、不对称度和容量利用率等。

牵引变电所建设，离不开牵引变压器的施工，为保证牵引变压器的正常运行，还需要对变压器进行运行操作、定期和不定期巡视和维护等。

项目知识点和技能点思维导图

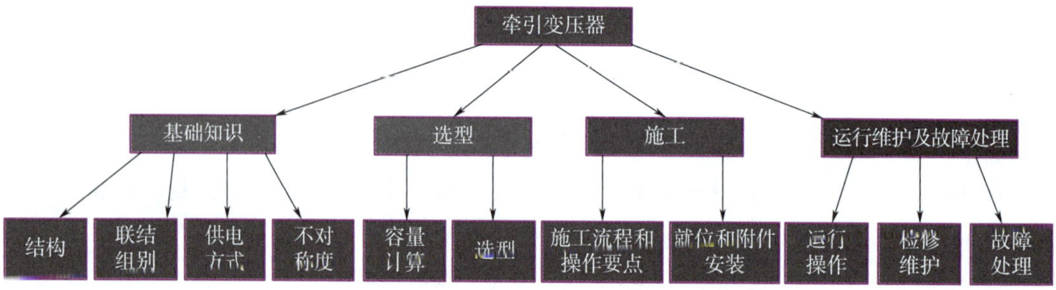

图 2-1　项目 2 知识点和技能点思维导图

任务 1　变压器基础知识

学习目标

知识目标

1. 了解牵引变压器的结构；
2. 熟悉牵引变压器的作用；
3. 掌握不同牵引变压器的接线方式、供电方式、运行方式、容量利用率和不对称度等。

技能目标

1. 能够识别牵引变压器的铭牌；
2. 能够完成牵引变压器的接线。

素质目标

1. 具备查阅文献资料的能力；
2. 具备良好的安全意识和责任担当意识；
3. 具备良好的沟通和表达能力。

预习任务

1. 查找不同联结变压器的图片、技术说明书等相关知识；
2. 查找油浸式变压器的结构图片；
3. 整理牵引网向机车供电的有关内容；
4. 整理三相 YN,d11 联结牵引变压器的电压电流关系。

任务导入

电力机车运行的能源由牵引变电所变换后提供，牵引变电所都进行了哪些变换呢？牵引变压器与电力变压器是否一样呢？

视 频

走进牵引变电所

知识链接

一、牵引变电所认知

1. 牵引变电所

电气化铁路牵引供电系统通过牵引变电所将电力系统电能传输给电力机车，由于我国电气化铁路采用的是单相工频交流制，牵引变电所一方面需要将电力系统的三相交流电变换成适合电力机车使用的单相交流电，一方面需要尽量降低电气化铁路对电力系统的不良影响。因此，牵引变电所主要实现电压变换、相数变换、电能传输等功能，图 2-2 为我国成都到宜宾的成宜高速铁路罗家湾牵引变电所。

一般牵引变电所内装有 2～4 台牵引变压器，将电力系统三相 110 kV(220 kV 或 330 kV)电压降低为单相 27.5 kV(2×27.5 kV 或 55 kV)，传输至牵引网，供电力机车使用。

图 2-2 成宜铁路罗家湾牵引变电所

因为电气化铁路负荷是单相负荷，会对三相对称的电力系统产生负序影响，在牵引变电所采用三相—二相平衡变压器能够减少负序分量。电力机车和变压器均是感性设备，会拉低系统功率因数，增加电压和电能损耗，同时无功功率还会占用设备容量，降低设备利用率。由于电力机车需要将单相交流电经整流或者整流—逆变后，才能供给电力机车的驱动电动机，因此还会在电力系统中产生谐波污染，甚至在电网中引起谐振。牵引变电所需要尽量降低这些不良影响。

2. 牵引变压器

牵引变压器是牵引变电所的核心设备，承担着电压变换、相数变换和电能传输的任务。由于牵引负荷波动大，牵引网故障多、谐波和负序含量大等特点，导致牵引变压器的运行环境非常恶劣，因此要求牵引变压器的过负荷能力和抗短路冲击能力较强，这也是牵引变压器区别于一般电力变压器的特点。

(1)分类

变压器按相数分可分为单相变压器、三相变压器、三相—两相变压器等；按用途不同可分为牵引变压器、动力变压器、自耦变压器、所用变压器等；按冷却方式可分为自冷式、风冷式、水冷式和强迫油循环冷却式等；按容量系列可分为 R8 系列(容量等级按$\sqrt[8]{10}=1.33$倍递增)和 R10 系列(容量等级按$\sqrt[10]{10}=1.26$倍递增)；按接线形式可分单相 I，i 联结、单相 V，v 联结和单相 V，x 联结、三相 V，v 联结、三相 V，x 联结、三相—两相平衡接线(包括斯科特接线、阻抗匹配平衡接线、阻抗非匹配平衡接线等)、三相 YN，d11、三相 YN，d11，d1、三相 YN，d11 十字交叉接线等。如图 2-3 所示的牵引变压器为成宜高速铁路天府牵引变电所单相 V，x 联结牵引变压器中的一台。

图 2-3　天府牵引变电所牵引变压器

(2)结构

牵引变压器通常是油浸式变压器，其主要部件包括铁芯、绕组、油箱及其他附件。图 2-4 为牵引变压器内部结构。

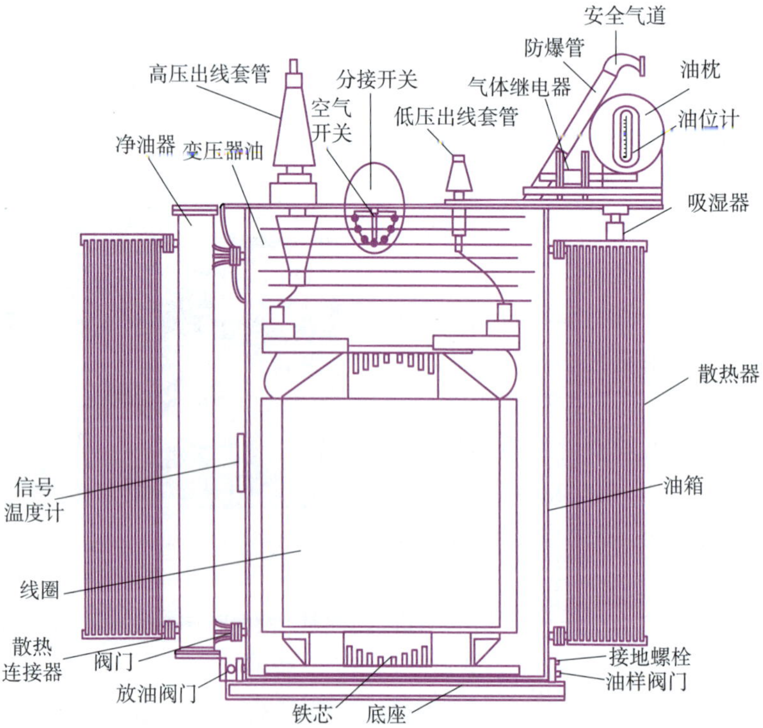

图 2-4　牵引变压器内部结构

铁芯和绕组是变压器的核心部件，构成了变压器的器身。铁芯是变压器的磁路部分，也是机械骨架，为了减少铁芯中的磁滞损耗和涡流损耗，铁芯通常用表面涂绝缘漆具有高导磁率的冷轧硅钢片叠压而成。绕组是变压器的电路部分，一般是用绝缘铜线或铝线绕制而成，套装在铁芯柱上，而绕组匝间和层间绝缘一般采用电缆纸，接电源的绕组称为一次绕组（原绕组），接负载的绕组称为二次绕组（副绕组）。牵引变压器是降压变压器，其一次绕组匝数多、导线细，二次绕组匝数少、导线粗。牵引变压器绕组一般采用同心式排列，而且二次绕组靠近铁芯柱，一次绕组电压高放在最外侧。

油浸式变压器除器身外，还有其他部件，比如：油箱、绝缘套管、油枕、气体继电器等。油箱采用钢板材质，内部充满了变压器油（矿物油），器身浸在变压器油箱内，侧壁装有散热管，油箱起到绝缘、散热和防潮的作用。

绝缘套管（又称出线套管）不仅实现了变压器引出线与油箱的绝缘，还用来固定引出线。

油枕（又称储油柜）用来缓冲油箱内油压，保证油箱内充满油。储油柜的进气口装有吸湿器（又称呼吸器），里面的干燥剂硅胶吸水受潮后会由蓝色变为无色或淡黄色。油枕侧面的油位计可以用来观察油枕中油面高度。

防爆管（又称安全气道）是油箱内部的过压力保护部件，与油箱配合使用，增强密封效果，内部发生故障产生较高压力时，变压器油会冲破气道膜到指定范围并释放。

气体继电器（又称瓦斯继电器）是装设在储油柜与油箱之间的管道上，是保护变压器内部短路故障的保护装置，是铁芯烧损的唯一保护。

练一练

普通电力变压器和牵引变压器在功能和结构上有什么区别？

____

____

____。

(3)型号参数

国产变压器型号含义如图 2-5 所示。变压器的主要参数有额定容量、一次侧和二次侧额定电压、一次侧和二次侧额定电流、空载损耗、负载损耗、短路电压百分值、外形尺寸和轨距等，变压器部分型号参数见表 2-1。

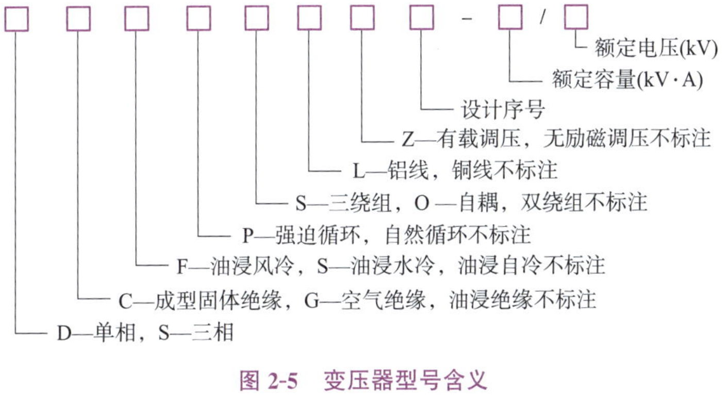

图 2-5　变压器型号含义

表 2-1　变压器技术参数表

<table>
<tr><th rowspan="2">型号</th><th rowspan="2">额定容量/(kV·A)</th><th colspan="3">额定电压</th><th rowspan="2">连接组别</th><th colspan="2">损耗/kW</th><th rowspan="2">短路阻抗/%</th><th colspan="3">外形尺寸/mm</th><th colspan="2">轨距/mm</th></tr>
<tr><th>高压/kV</th><th>分接</th><th>低压/kV</th><th>空载</th><th>负载</th><th>长</th><th>宽</th><th>高</th><th>横向</th><th>纵向</th></tr>
<tr><td>QYOD-32000/55</td><td>32 000</td><td>55</td><td></td><td rowspan="12">27.5</td><td>I,i0</td><td>11</td><td>51</td><td>0.45</td><td>4 230</td><td>2 950</td><td>4 670</td><td>1 435</td><td rowspan="12">1 435</td></tr>
<tr><td>QYS-10000/110</td><td>10 000</td><td rowspan="7">110</td><td rowspan="11">2×2.5%</td><td>V,v</td><td>25</td><td>121</td><td>8.4</td><td>4 440</td><td>5 962</td><td>5 150</td><td rowspan="11">2 000</td></tr>
<tr><td>QYS-25000/110</td><td>25 000</td><td>V,x</td><td>29</td><td>125</td><td>8.5</td><td>5 180</td><td>4 860</td><td>7 190</td></tr>
<tr><td>QYS-31500/110</td><td>31 500</td><td>YN,d</td><td>35</td><td>174</td><td>10.5</td><td>5 450</td><td>4 940</td><td>5 390</td></tr>
<tr><td>QYS-31500/110</td><td>31 500</td><td>V,x</td><td>48</td><td>190</td><td>10.5</td><td>6 480</td><td>4 430</td><td>4 610</td></tr>
<tr><td>QYS-40000/110</td><td>40 000</td><td>YN,d</td><td>51</td><td>202</td><td>9</td><td>6 810</td><td>5 290</td><td>4 660</td></tr>
<tr><td>QYS-50000/110</td><td>50 000</td><td>V,v</td><td>58</td><td>212</td><td>8.4</td><td>6 930</td><td>6 300</td><td>5 200</td></tr>
<tr><td>QYS-56500/110</td><td>56 500</td><td>V,x</td><td>62</td><td>198</td><td>10.5</td><td>7 240</td><td>4 760</td><td>5 330</td></tr>
<tr><td>QYS-20000/220</td><td>20 000</td><td rowspan="4">220</td><td>I,i0</td><td>20</td><td>71</td><td>8.5</td><td>6 930</td><td>5 290</td><td>4 670</td></tr>
<tr><td>QYS-41000/220</td><td>41 000</td><td>V,v</td><td>39</td><td>164</td><td>10.5</td><td>7 130</td><td>5 360</td><td>5 090</td></tr>
<tr><td>QYS-45000/220</td><td>45 000</td><td>V,v</td><td>41</td><td>177</td><td>10.5</td><td>6 990</td><td>6 500</td><td>5 660</td></tr>
<tr><td>QYS-50000/220</td><td>50 000</td><td>V,v</td><td>44</td><td>190</td><td>10.5</td><td>7 460</td><td>5 380</td><td>7 100</td></tr>
</table>

注：以上型号为××变压器有限公司产品。

二、单相 I,i 联结牵引变压器

1. 接线方式

单相 I,i 联结牵引变压器高压侧有两个出线套管，其外形如图 2-6 所示。单相 I,i 联结牵引变压器接线如图 2-7 所示，一次侧绕组的两个端子接于三相电力系统中的任意两相(如 A、B 相)，二次侧绕组一个端子接于牵引母线，再经过馈电线接至供电臂，另一个端子经集中接地母线后与钢轨(大地)连接，该联结组别为 I,i0，牵引变压器二次侧额定电压为 27.5 kV。单相 I,i 联结牵引变压器二次侧只能提供单相电(由相线和与地相接的回流线组成)，给牵引变电所两供电臂供电时只能是同相电。其工作原理与普通的单相电力变压器相同，利用电磁感应原理变换电压、电流和阻抗。

图 2-6　单相 I,i 联结牵引变压器

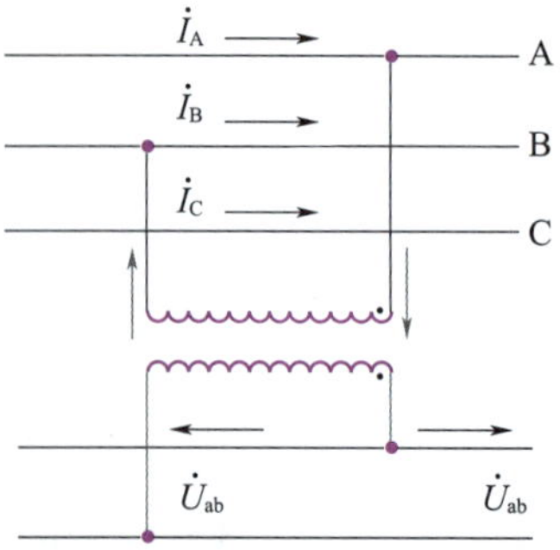

图 2-7　单相 I,i 联结牵引变压器接线

2. 运行方式

单相 I,i 联结牵引变电所装设两台单相牵引变压器时，可以一台运行，一台固定备用；也可以两台并联运行，但并联运行时需要满足变压器并列运行的条件。单相 I,i 联结牵引变压器不同运行方式下的接线如图 2-8 所示。

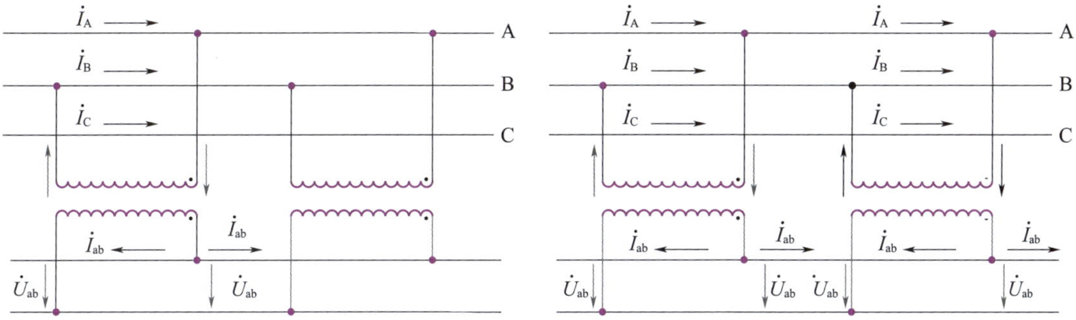

(a) 单相I, i联结牵引变压器一台运行，一台备用　　(b) 单相I, i联结牵引变压器并联运行

图 2-8　单相 I,i 联结牵引变压器不同运行方式下的接线

3. 供电方式

单相 I,i 联结牵引变压器的供电方式有非 AT 供电方式和 AT 供电方式两种，其接线如图 2-9 所示，虽然供电方式不同但一次侧绕组的接线方法相同。非 AT 供电方式二次侧绕组一个端子接于牵引母线，再经过馈电线接至供电臂，另一个端子经集中接地母线后与钢轨（大地）连接。AT 供电方式与非 AT 供电方式变压器相比，不同的是二次侧绕组中间带有接于集中接地母线[与钢轨（大地）连接]的抽头，二次绕组的两个端子分别接于不同的牵引母线（经各自馈电线分别接于接触网和正馈线），因此牵引母线的额定电压为 2×27.5 kV。

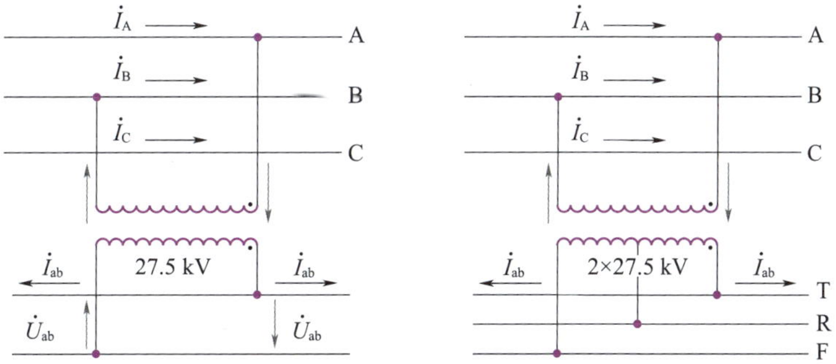

(a) 单相I, i联结牵引变压器非AT供电方式　　(b) 单相I, i联结牵引变压器AT供电方式

图 2-9　单相 I,i 联结牵引变压器不同供电方式下的接线

4. 最大容量利用率

根据电磁感应定律可知，变压器一次侧与二次侧的电压关系和电流关系如下：

$$\frac{U_{N\cdot in}}{U_{N\cdot out}}=\frac{U_{1N}}{U_{2N}}=K_T \qquad \frac{I_{N\cdot in}}{I_{N\cdot out}}=\frac{I_{1N}}{I_{2N}}=\frac{1}{K_T}$$

式中　$U_{N\cdot in}$、U_{1N}——变压器一次侧的额定电压；

$U_{N\cdot out}$、U_{2N}——变压器二次侧的额定电压；

$I_{N\cdot in}$、I_{1N}——变压器一次侧的额定电流；

$I_{N\cdot out}$、I_{2N}——变压器二次侧的额定电流；

K_T——变压器的额定变比(一、二次侧额定电压之比)。

变压器最大容量利用率(额定容量利用率)是指变压器最大输出容量与最大输入容量之比。因此，单相 I,i 联结牵引变压器最大容量利用率为

$$\eta=\frac{S_{N\cdot out}}{S_{N\cdot in}}\times 100\%=\frac{U_{N\cdot out}I_{N\cdot out}}{U_{N\cdot in}I_{N\cdot in}}\times 100\%=100\% \tag{2-1}$$

5. 不对称度

利用对称分量法，求取正、负、零序分量的表达式如下：

$$\begin{cases}\dot{F}_{a1}=\frac{1}{3}(\dot{F}_a+\alpha\dot{F}_b+\alpha^2\dot{F}_c)\\ \dot{F}_{a2}=\frac{1}{3}(\dot{F}_a+\alpha^2\dot{F}_b+\alpha\dot{F}_c)\\ \dot{F}_{a0}=\frac{1}{3}(\dot{F}_a+\dot{F}_b+\dot{F}_c)\end{cases} \tag{2-2}$$

式中　$\dot{F}_{a1}$、$\dot{F}_{a2}$、$\dot{F}_{a0}$——a 相的正序、负序和零序分量；

$\dot{F}_a$、$\dot{F}_b$、$\dot{F}_c$——a、b、c 相的相量；

α——相位算子，表示相位超前 120°，模值为 1。α^2 表示相位超前 240°，模值为 1。

假设图 2-9 单相 I,i 联结牵引变压器一次侧中 A 相电流为 $\dot{I}$，则 B 相电流为 $-\dot{I}$，各序电流量分别为

$$\begin{cases}\dot{I}_{A1}=\frac{1}{3}(\dot{I}_A+\alpha\dot{I}_B+\alpha^2\dot{I}_C)=\frac{1}{3}(\dot{I}-\alpha\dot{I}+0)=\frac{1}{\sqrt{3}}\dot{I}\angle-30^\circ\\ \dot{I}_{A2}=\frac{1}{3}(\dot{I}_A+\alpha^2\dot{I}_B+\alpha\dot{I}_C)=\frac{1}{3}(\dot{I}-\alpha^2\dot{I}+0)=\frac{1}{\sqrt{3}}\dot{I}\angle 30^\circ\\ \dot{I}_{A0}=\frac{1}{3}(\dot{I}_A+\dot{I}_B+\dot{I}_C)=\frac{1}{3}(\dot{I}-\dot{I}+0)=0\end{cases} \tag{2-3}$$

由式(2-3)可知，正序、负序电流大小相等，相位相反，零序为零，因此，单相 I,i 联结牵引变压器会对电力系统产生不平衡电流，造成负序影响，但没有零序影响。

单相牵引变压器在电力系统中引起的不对称度，用电流或者电压不对称系数表示分别为

$$K_I=\frac{I_2}{I_1}\times 100\%=100\% \tag{2-4}$$

$$K_U=\frac{U_2}{U_1}\times 100\% \tag{2-5}$$

6. 优缺点

单相 I,i 联结牵引变压器的优点是主接线简单、设备少、占地面积小、投资小，变压器额定容量利用率能达到 100%。其缺点是不能供应地区和牵引变电所三相负荷用电，对电力系统的负序影响最大，不对称度达到 100%，不能对接触网实现两边供电。该类型牵引变压器适用

于电力系统容量大，三相用电负荷能由地方电网可靠供应的场所。

三、单相 V，v 联结牵引变压器

1. 接线方式

将两台单相变压器一次侧两个绕组的尾端接在一起，然后与变压器一次侧的两个绕组首端分别接入电力系统的不同三相。将变压器二次侧两个绕组的尾端接在一起，经集中接地母线后与钢轨(大地)连接，同时将二次侧绕组的另外两个首端分别与变电所的两个母线相连，经过各自馈电线后分别接至牵引网的两个供电臂。因为一、二次侧这样的接线看起来像英文字母"V"，因此这种接线的变压器被称为单相 V，v 接线变压器。单相 V，v 联结牵引变压器接线如图 2-10 所示，其中左供电臂为 BC 相，右供电臂为 AC 相，两供电臂为不同相供电，即左、右供电臂电压分别为 $\dot{U}_{bc}$、$-\dot{U}_{ca}$。图 2-11(a)和图 2-11(b)分别为牵引变压器一次侧和二次侧相电压和线电压相量关系图，可以看出左右供电臂电压 $\dot{U}_{bc}$、$-\dot{U}_{ca}$ 大小相等，相位差为 60°，因此，加在左右供电臂之间分相绝缘器上的电压与供电臂电压大小相等，这种左右供电臂电压大小相等，相位相差 60°的接线方式又称 60°接线。

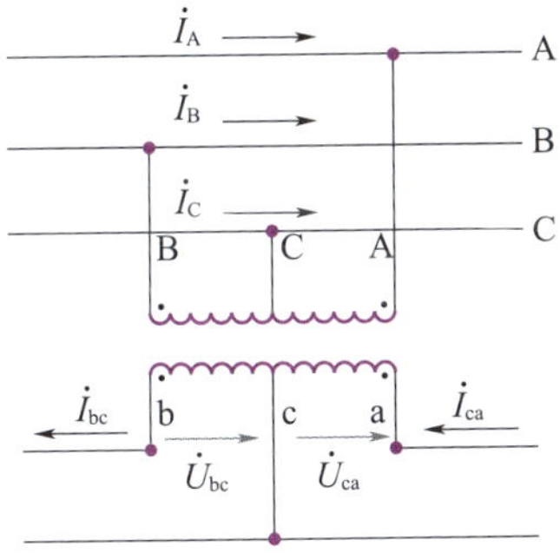

图 2-10　单相 V，v 联结牵引变压器接线

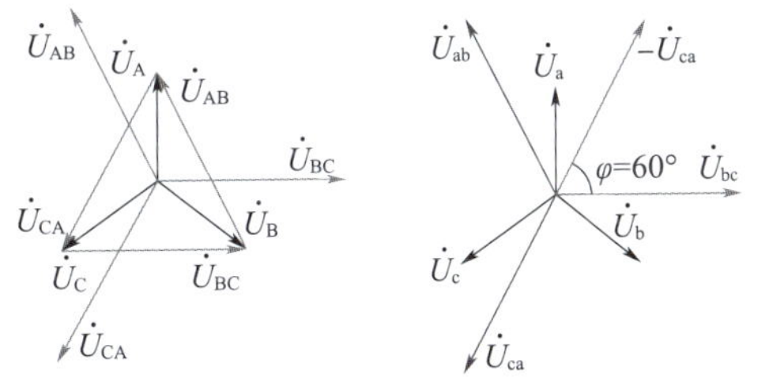

(a) 一次侧电压相量关系图　(b) 二次侧电压相量关系图

图 2-11　单相 V，v 联结牵引变压器电压相量关系

2. 运行方式

当单相 V，v 联结牵引变电所一般装设有四台单相联结牵引变压器，可以四台并联运行；也可以两台运行，两台固定备用。其不同运行方式下的接线如图 2-12 所示。

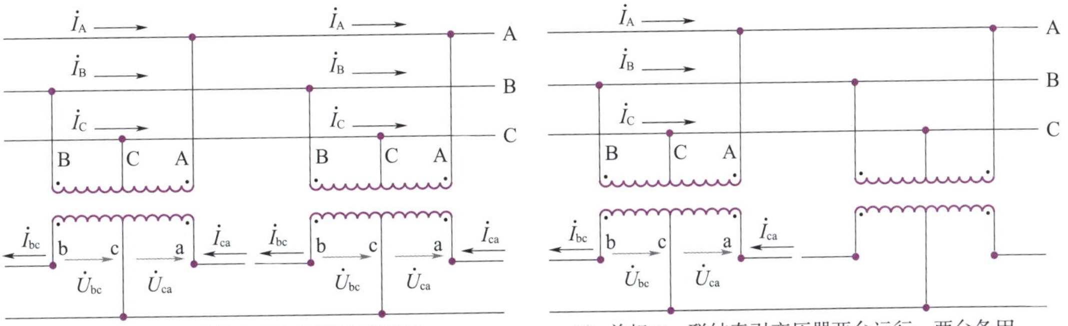

(a) 单相V，v联结牵引变压器并联运行　(b) 单相V，v联结牵引变压器两台运行，两台备用

注：单相 V，v 变压器二次侧按发电机惯例规格化定向，右臂电压为 $\dot{U}_{ac}=-\dot{U}_{ca}$(常规表示法)，电流为 $\dot{I}_{ac}=-\dot{I}_{ca}$。

图 2-12　单相 V，v 联结牵引变压器不同运行方式下的接线

3. 供电方式

单相 V,v 联结牵引变压器只能用于 27.5 kV 供电电压的非 AT 供电方式。

4. 最大容量利用率

根据电磁感应定律可知，单相 V,v 联结牵引变压器一次侧和二次侧的电压关系与电流关系如下：

$$\frac{U_{\mathrm{N\cdot in}}}{U_{\mathrm{N\cdot out}}}=\frac{U_{\mathrm{1N}}}{U_{\mathrm{2N}}}=K_{\mathrm{T}},\frac{I_{\mathrm{N\cdot in}}}{I_{\mathrm{N\cdot out}}}=\frac{I_{\mathrm{1N}}}{I_{\mathrm{2N}}}=\frac{1}{K_{\mathrm{T}}}$$

变压器一次侧相当于负载，电流由绕组首端流入尾端流出，变压器一次侧和二次侧的电流关系如图 2-13 所示，变压器一次侧线电流 $\dot{I}_{\mathrm{A}}$、$\dot{I}_{\mathrm{B}}$、$\dot{I}_{\mathrm{C}}$ 与绕组相电流 $-\dot{I}_{\mathrm{CA}}$、$\dot{I}_{\mathrm{BC}}$、$\dot{I}_{\mathrm{CA}}-\dot{I}_{\mathrm{BC}}$ 大小相等，相位相同。变压器二次侧相当于电源，电流由绕组首端流出尾端流入，供电臂电流 $\dot{I}_{\mathrm{bc}}$、$-\dot{I}_{\mathrm{ca}}$ 与变压器二次侧绕组电流 $\dot{I}_{\mathrm{bc}}$、$-\dot{I}_{\mathrm{ca}}$ 相同，接轨（地）的电流为 $\dot{I}_{\mathrm{ca}}-\dot{I}_{\mathrm{bc}}$，因此变压器一次侧和二次侧的电流关系满足：

$$\begin{cases}\dot{I}_{\mathrm{A}}=\dfrac{-\dot{I}_{\mathrm{ca}}}{K_{\mathrm{T}}}\\[2ex]\dot{I}_{\mathrm{B}}=\dfrac{\dot{I}_{\mathrm{bc}}}{K_{\mathrm{T}}}\\[2ex]\dot{I}_{\mathrm{C}}=\dfrac{1}{K_{\mathrm{T}}}(\dot{I}_{\mathrm{ca}}-\dot{I}_{\mathrm{bc}})\end{cases}\tag{2-6}$$

式中　$\dot{I}_{\mathrm{A}}$、$\dot{I}_{\mathrm{B}}$、$\dot{I}_{\mathrm{C}}$——变压器一次侧电流；

$-\dot{I}_{\mathrm{ca}}$、$\dot{I}_{\mathrm{bc}}$、$\dot{I}_{\mathrm{ca}}$，$-\dot{I}_{\mathrm{bc}}$——变压器二次侧电流；

K_{T}——变压器的额定变比。

如图 2-14 所示，应用余弦定理，则二次侧 v 接顶点引出线电流为

$$I_{\mathrm{c}}=\sqrt{I_{\mathrm{bc}}^2+I_{\mathrm{ca}}^2-2I_{\mathrm{bc}}I_{\mathrm{ca}}\cos\varphi}\tag{2-7}$$

两供电臂负荷电流相等，即 $I_{\mathrm{bc}}=I_{\mathrm{ca}}=I$，且功率因数相等时，则 $I_{\mathrm{c}}=\sqrt{3}I$，对应一次侧电流关系亦是如此，因此牵引负荷接入时，会对电力系统造成不对称的影响。

变压器的最大容量利用率如下：

$$\eta=\frac{S_{\mathrm{1N\cdot out}}+S_{\mathrm{2N\cdot out}}}{S_{\mathrm{1N\cdot in}}+S_{\mathrm{2N\cdot in}}}\times100\%=\frac{2U_{\mathrm{N\cdot out}}I_{\mathrm{N\cdot out}}}{2U_{\mathrm{N\cdot in}}I_{\mathrm{N\cdot in}}}\times100\%=100\%\tag{2-8}$$

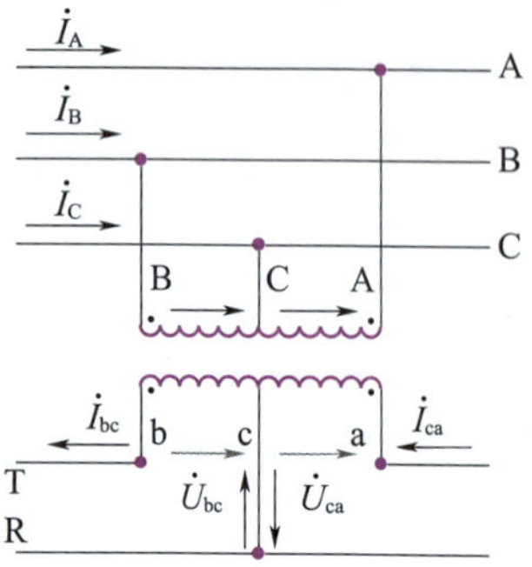

图 2-13　变压器一次侧和二次侧的电流关系

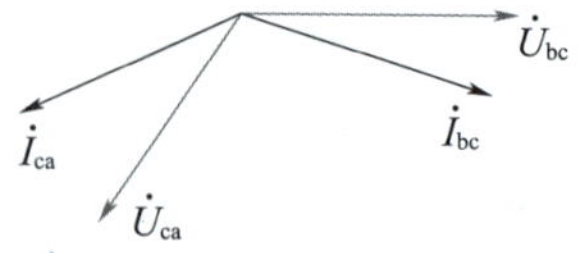

图 2-14　变压器二次侧的电压、电流相量关系

5. 不对称度

单相 V,v 联结牵引变压器以 $\dot{I}_{bc}$ 为基准，两供电臂负荷功率因数相等时，则 $\dot{I}_{bc}=I_{bc}$，$\dot{I}_{ca}=I_{ca}e^{-j120^\circ}=\alpha^2 I_{ca}$，根据式(2-6)有

$$\begin{cases} \dot{I}_{A1}=\dfrac{1}{3}(\dot{I}_A+\alpha\dot{I}_B+\alpha^2\dot{I}_C)=\dfrac{1}{3}\left(\dfrac{-\alpha^2 I_{ca}}{K_T}+\alpha\dfrac{I_{bc}}{K_T}+\alpha^2\dfrac{\alpha^2 I_{ca}-I_{bc}}{K_T}\right) \\ \quad=\dfrac{1}{\sqrt{3}K_T}(I_{ca}+I_{bc})e^{-j90^\circ} \\ \dot{I}_{A2}=\dfrac{1}{3}(\dot{I}_A+\alpha\dot{I}_B+\alpha\dot{I}_C)=\dfrac{1}{3}\left(\dfrac{-\alpha^2 I_{ca}}{K_T}+\alpha^2\dfrac{I_{bc}}{K_T}+\alpha\dfrac{\alpha^2 I_{ca}-I_{bc}}{K_T}\right) \\ \quad=\dfrac{1}{\sqrt{3}K_T}(\alpha^2 I_{ca}+\alpha I_{bc})e^{j150^\circ}=\dfrac{1}{\sqrt{3}K_T}\sqrt{I_{ca}^2+I_{bc}^2-I_{ca}I_{bc}}\,e^{j(270^\circ+\varphi)} \\ \dot{I}_{A0}=\dfrac{1}{3}(\dot{I}_A+\dot{I}_B+\dot{I}_C)=\dfrac{1}{3}\left(\dfrac{-\alpha^2 I_{ca}}{K_T}+\dfrac{I_{bc}}{K_T}+\dfrac{\alpha^2 I_{ca}-I_{bc}}{K_T}\right)=0 \end{cases} \tag{2-9}$$

其中，$1+\alpha+\alpha^2=0$ 为三相对称负序组之和，且 $\alpha^3=1$；φ 为 αI_{bc} 与 $(\alpha I_{bc}+\alpha^2 I_{ca})$ 的夹角。

单相 V,v 联结牵引变压器在电力系统中引起的不对称度，用电流不对称系数表示为

$$K_I=\frac{I_2}{I_1}\times 100\%=\frac{\dfrac{1}{\sqrt{3}K_T}\sqrt{\dot{I}_{ca}^2+I_{bc}^2-\dot{I}_{ca}I_{bc}}}{\dfrac{1}{\sqrt{3}K_T}(\dot{I}_{ca}+\dot{I}_{bc})}\times 100\%=\frac{\sqrt{I_{ca}^2+I_{bc}^2-I_{ca}I_{bc}}}{I_{ca}+I_{bc}}\times 100\%$$

$$=\frac{\sqrt{1-n+n^2}}{1+n}\times 100\% \tag{2-10}$$

其中，$n=\dfrac{I_{ca}}{I_{bc}}$

若 $n=\dfrac{I_{ca}}{I_{bc}}=1$，则 $K_I=\dfrac{I_2}{I_1}\times 100\%=\dfrac{\sqrt{1-n+n^2}}{1+n}=50\%$

若 $n=\dfrac{I_{ca}}{I_{bc}}=0$，则 $K_I=\dfrac{I_2}{I_1}\times 100\%=\dfrac{\sqrt{1-n+n^2}}{1+n}=100\%$

因此，单相 V,v 联结牵引变压器产生的不平衡电流，对电力系统产生的不对称度的范围是 50%～100%，而且没有零序分量影响。

6. 优缺点

单相 V,v 联结牵引变压器的优点是主接线较为简单、设备较少、能够节省投资；变压器的额定容量利用率能达到 100%；正常运行时，牵引侧保持三相，可供应牵引变电所自用电和地区三相负荷用电；对电力系统的负序影响比单相联结变压器要小，不对称度范围在 50%～100%；可以实现接触网两边供电。其主要的缺点是该联结方式的变电所占地面积大。

四、单相 V,x 联结牵引变压器

1. 接线方式

单相 V,x 联结牵引变压器用于 AT 方式供电，接线如图 2-15 所示，由两台二次绕组有中

间抽头的单相变压器组成。两台变压器一次侧绕组尾端接在一起，与另外两个首端一起分别接入三相电力系统中。二次侧的端子 a_1、x_1 和 a_2、x_2 分别接到两组 2×27.5 kV 的牵引母线，经各自馈电线接到左右供电臂上，二次侧绕组中间抽头经集中接地母线后与钢轨(大地)连接。

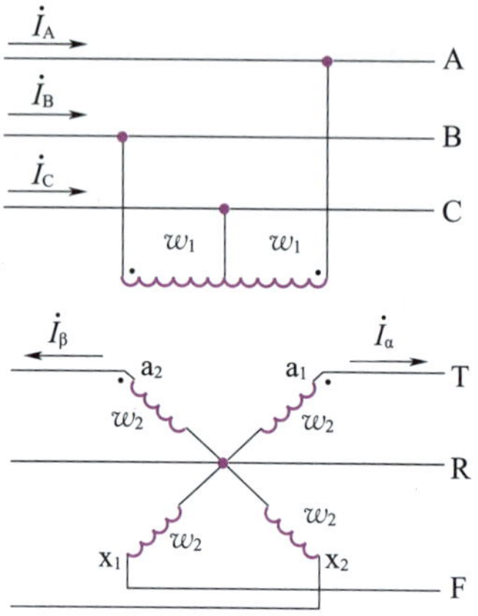

图 2-15　单相 V,x 联结牵引变压器接线

2. 运行方式

单相 V,x 联结牵引变电所一般装设四台单相牵引变压器，可以四台并联运行；也可以两台运行，两台固定备用。

3. 供电方式

单相 V,x 联结牵引变压器只能用于提供 2×27.5 kV 的 AT 供电方式。

4. 最大容量利用率

根据电磁感应定律可知，一次侧和二次侧的电压关系如下：

$$\frac{U_{\text{N}\cdot\text{in}}}{U_{\text{N}\cdot\text{out}}}=\frac{U_{1\text{N}}}{U_{2\text{N}}}=\frac{w_1}{2w_2}=K_{\text{T}}$$

忽略空载电流，两铁芯柱磁势平衡方程如下：

$$\begin{cases}\dot{I}_{\text{A}}w_1-\dot{I}_{\alpha}2w_2=0\\ \dot{I}_{\text{B}}w_1-\dot{I}_{\beta}2w_2=0\\ \dot{I}_{\text{A}}+\dot{I}_{\text{B}}+\dot{I}_{\text{C}}=0\end{cases}\tag{2-11}$$

化简式(2-11)，则有

$$\begin{cases}\dot{I}_{\text{A}}=\dfrac{\dot{I}_{\alpha}2w_2}{w_1}=\dfrac{\dot{I}_{\alpha}}{K_{\text{T}}}\\ \dot{I}_{\text{B}}=\dfrac{\dot{I}_{\beta}2w_2}{w_1}=\dfrac{\dot{I}_{\beta}}{K_{\text{T}}} \qquad \left(K_{\text{T}}=\dfrac{w_1}{2w_2}\right)\\ \dot{I}_{\text{C}}=-\dot{I}_{\text{A}}-\dot{I}_{\text{B}}=-\dfrac{\dot{I}_{\alpha}}{K_{\text{T}}}-\dfrac{\dot{I}_{\beta}}{K_{\text{T}}}\end{cases}\tag{2-12}$$

因此单相 V,x 联结牵引变压器一、二次电流关系如下：

$$\begin{bmatrix}\dot{I}_{\text{A}}\\ \dot{I}_{\text{B}}\\ \dot{I}_{\text{C}}\end{bmatrix}=\frac{1}{K_{\text{T}}}\begin{bmatrix}1 & 0\\ 0 & 1\\ -1 & -1\end{bmatrix}\begin{bmatrix}\dot{I}_{\alpha}\\ \dot{I}_{\beta}\end{bmatrix}\tag{2-13}$$

单相 V,x 联结牵引变压器的最大容量利用率为

$$\eta=\frac{S_{1\text{N}\cdot\text{out}}+S_{2\text{N}\cdot\text{out}}}{S_{1\text{N}\cdot\text{in}}+S_{2\text{N}\cdot\text{in}}}\times100\%=\frac{2U_{\text{N}\cdot\text{out}}I_{\text{N}\cdot\text{out}}}{2U_{\text{N}\cdot\text{in}}I_{\text{N}\cdot\text{in}}}\times100\%=\frac{2U_{1\text{N}}\dfrac{\dot{I}_{\alpha}}{K_{\text{T}}}}{2U_{2\text{N}}\dot{I}_{\alpha}}\times100\%=100\%\tag{2-14}$$

5. 优缺点

单相 V,x 联结牵引变压器与单相 V,v 联结牵引变压器优缺点一样,该类型牵引变压器适用于 AT 供电方式。

五、三相 V,v 联结牵引变压器

1. 接线方式

三相 V,v 联结牵引变压器用于非 AT 供电方式,接线如图 2-16 所示,将变压器一次侧一绕组的一个首端 A_2 和另一绕组的尾端 X_1 接在一起,并与两个绕组的另外两端子 X_2、A_1 一起分别接入电力系统三相中。与一次侧两个接在一起绕组端子 A_2、X_1 对应的两个二次侧绕组的首端 a_2 和尾端 x_1 接在一起,经集中接地母线后与钢轨(大地)连接,而绕组另外两个端子 x_2、a_1 分别接至两组 27.5 kV 的牵引母线,再经过各自的馈电线接到左右供电臂上,这种接法称为正"V"接法,联结组别为 V,v0,接线如图 2-16(a)所示。若将与一次侧接在一起绕组端子不对应的二次侧两个绕组的首端 x_2 和尾端 a_1 接在一起,然后经集中接地母线后与钢轨(大地)连接,而对应的两个端子 a_2、x_1 分别接至两组 27.5 kV 的牵引母线,再经过各自馈电线接到左右供电臂上,这种接法称为倒"V"接法,联结组别为 V,v6,接线如图 2-16(b)所示。

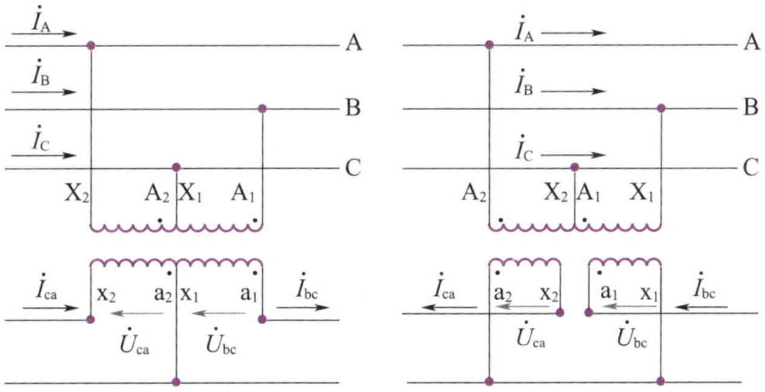

(a)正"V"接线　　(b) 倒"V"接线

图 2-16　三相 V,v 联结牵引变压器接线

2. 运行方式

三相 V,v 联结牵引变电所一般装设两台三相 V,v 联结牵引变压器,可两台并联运行;也可一台运行,一台固定备用。其不同运行方式下的接线如图 2-17 所示。

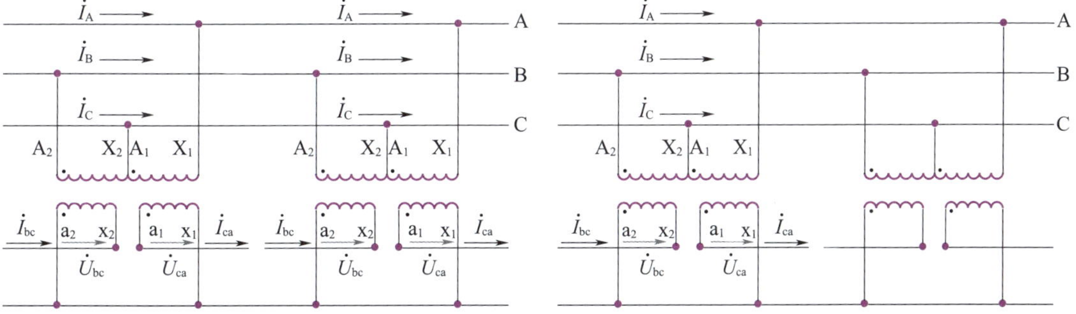

(a) 三相V, v联结牵引变压器并联运行　　(b) 三相V, v联结牵引变压器一台, 运行一台备用

图 2-17　三相 V,v 联结牵引变压器不同运行方式下的接线

3. 优缺点

三相 V,v 联结牵引变压器保持了单相 V,v 联结牵引变电所的主要优点,而且还克服了单相 Vv 联结牵引变电所的部分缺点。三相 V,v 联结牵引变压器最大容量利用率仍是 100%,不对称度范围在 50%~100%,有两台独立的铁芯和对应绕组,容量可以相等,也可不相等,二次侧电压可以相同,也可以不相同,有利于实现分相有载或无载调压。

练一练

牵引变压器的三相 V,v 接线与单相 V,v 接线有什么异同?

____

____

____。

六、三相 V,x 联结牵引变压器

1. 接线方式

三相 V,x 联结牵引变压器用于 AT 供电方式,接线如图 2-18 所示,将一次侧一绕组的首端 A_2 和另一绕组的尾端 X_1 接在一起,并与两绕组的另外两端子 X_2、A_1 一起分别接入三相电力系统中。二次侧的端子 a_1、x_1 和 a_2、x_2 分别接到两组 2×27.5 kV 的牵引母线,再经过各自的馈电线接到左右供电臂上,同时二次侧绕组中间抽头经集中接地母线后与钢轨(大地)连接。

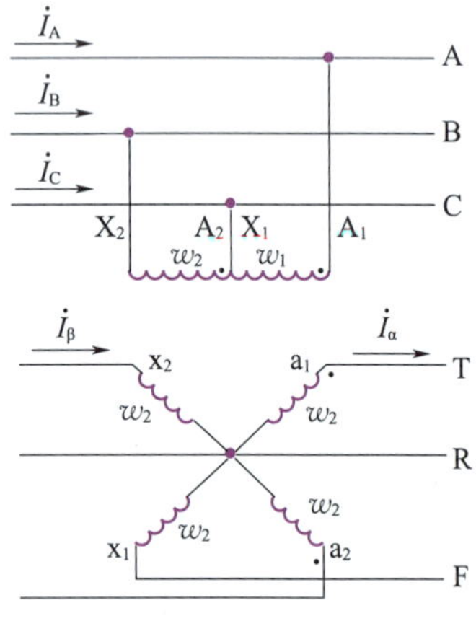

图 2-18 三相 V,x 联结牵引变压器接线

2. 运行方式

三相 V,x 联结牵引变电所装设两台三相 V,x 联结牵引变压器,可两台并联运行;也可一台运行,一台固定备用。

七、三相 YN,d11 联结牵引变压器

1. 接线方式

三相 YN,d11 联结牵引变压器接线如图 2-19 所示,变压器一次侧采用中性点接地的星形接线,二次侧采用三角形接线。变压器一次侧三个绕组首端分别接入三相电力系统,二次侧 c 端子经集中接地母线后与钢轨(大地)连接,a、b 端子分别接到两组 27.5 kV 的牵引母线,再经过各自的馈电线接到左右供电臂上。变压器二次侧绕组 ax、cz 因与负载并联称为负荷相绕组(又称臂绕组或接地相绕组),绕组 by 不并联负载被称为自由相绕组(又称轻负荷绕组或非接地相绕组)。

三角形接线的相电压与线电压相同,牵引变电所左供电臂电压为 $\dot{U}_{ac}(\dot{U}_a)$,右供电臂电压为 $\dot{U}_{bc}(-\dot{U}_c)$,两供电臂电压相量关系如图 2-20 所示,相位差为 60°,因此这种接线称为 60°接线。

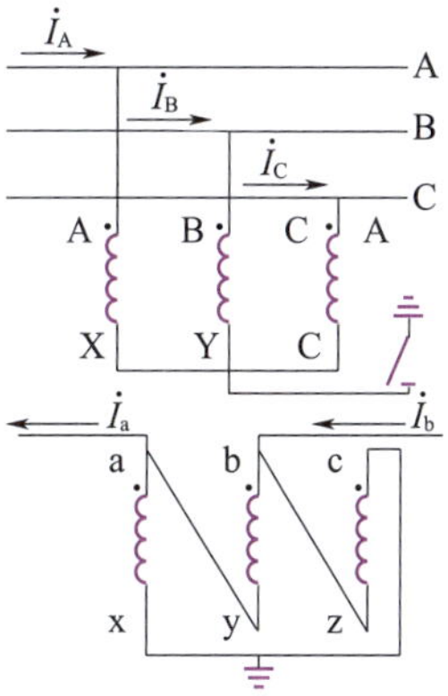

图 2-19　三相 YN,d11 联结牵引变压器接线

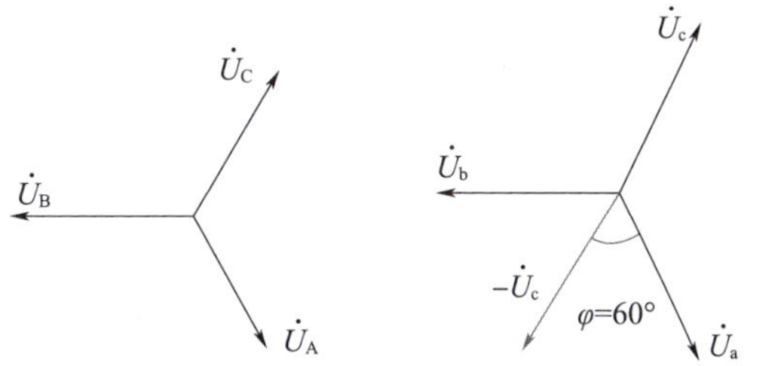

(a) 一次侧电压相量关系图　(b) 二次侧电压相量关系图

图 2-20　三相 YN,d11 联结牵引变压器一次侧和二次侧电压相量关系

2. 运行方式

三相 YN,d11 联结牵引变电所一般装设两台三相牵引变压器,可两台并联运行;也可一台运行,一台固定备用。

3. 供电方式

三相 YN,d11 联结牵引变压器只能提供非 AT 供电方式。

4. 最大容量利用率

为分析三相 YN,d11 联结牵引变压器电气量的关系,需要对电压电流进行规格化定向,也就是变压器一次绕组电压、电流采用电动机惯例定向,二次绕组电压、电流采用发电机惯例定向。由图 2-19 可知,三相 YN,d11 联结牵引变压器一、二次侧电流关系如下:

$$\begin{bmatrix}\dot{I}_A\\\dot{I}_B\\\dot{I}_C\end{bmatrix}=\frac{w_2}{w_1}\begin{bmatrix}\dot{I}_{ca}\\\dot{I}_{ab}\\\dot{I}_{bc}\end{bmatrix}=\frac{1}{K}\begin{bmatrix}\dot{I}_{ca}\\\dot{I}_{ab}\\\dot{I}_{bc}\end{bmatrix}\tag{2-15}$$

式中　K——变压器一、二次侧绕组匝数之比。

从图 2-19 中可以看到,左、右供电臂电流分别为 $\dot{I}_a$、$\dot{I}_b$,二次侧绕组电流为 $\dot{I}_{ca}$、$\dot{I}_{bc}$、$\dot{I}_{ab}$,根据互易定理和叠加定理可知,绕组中的电流分布关系如图 2-21 所示,二次侧相电流和线电流的关系见式(2-16),矩阵形式见式(2-17):

$$\begin{cases}\dot{I}_{ca}=\dfrac{1}{3}(2\dot{I}_a-\dot{I}_b)\\[2mm]\dot{I}_{ab}=\dfrac{1}{3}(-\dot{I}-\dot{I}_b)\\[2mm]\dot{I}_{bc}=\dfrac{1}{3}(-\dot{I}_a+2\dot{I}_b)\end{cases}\tag{2-16}$$

$$\begin{bmatrix}\dot{I}_{ca}\\\dot{I}_{ab}\\\dot{I}_{bc}\end{bmatrix}=\frac{1}{3}\begin{bmatrix}2&-1\\-1&-1\\-1&2\end{bmatrix}\begin{bmatrix}\dot{I}_a\\\dot{I}_b\end{bmatrix}\tag{2-17}$$

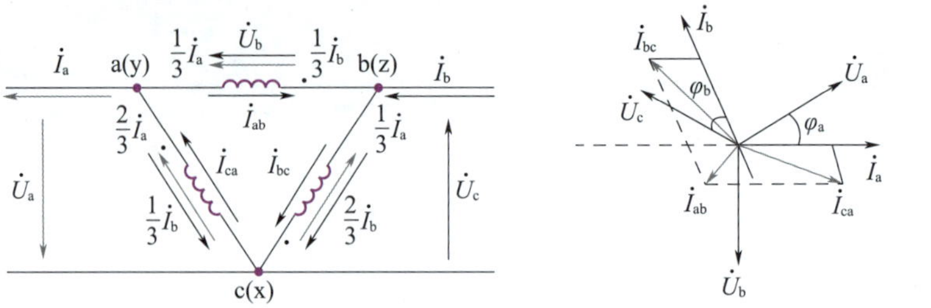

(a)三相YN, d11联结牵引变压器二次侧电流关系

(b) 三相YN, d11联结牵引变压器二次侧绕组电流相量关系图

图 2-21　三相 YN,d11 联结牵引变压器二次侧电流相量关系

当三相 YN,d11 联结牵引变压器的两供电臂的功率因数相同时，以左供电臂电流（a 相线电流）为基准相，根据图 2-22 所示的两供电臂电压、电流相量关系可知 $\dot{U}_c=\dot{U}_a e^{j120°}$，$\dot{I}_a=I_a$，$\dot{I}_b=I_b e^{j120°}$（实为 c 相提供的电流）。

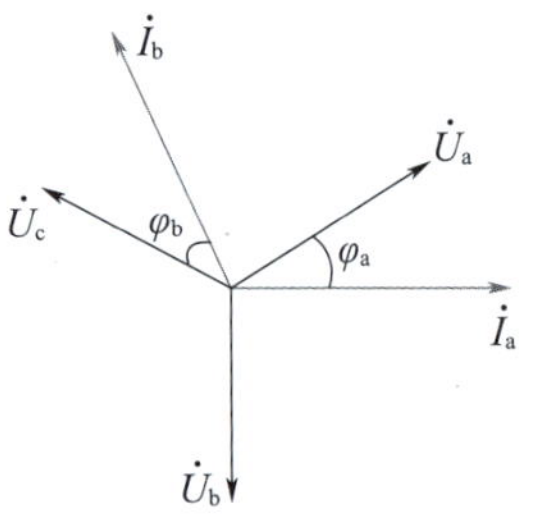

图 2-22　两供电臂电压、电流相量关系

根据式(2-15)和式(2-17)，可知三相 YN,d11 联结牵引变压器一次侧线电流与二次侧供电臂电流的关系如下：

$$\begin{bmatrix}\dot{I}_A\\ \dot{I}_B\\ \dot{I}_C\end{bmatrix}=\frac{1}{K}\begin{bmatrix}\dot{I}_{ca}\\ \dot{I}_{ab}\\ \dot{I}_{bc}\end{bmatrix}=\frac{1}{3K}\begin{bmatrix}2 & -1\\ -1 & -1\\ -1 & 2\end{bmatrix}\begin{bmatrix}\dot{I}_a\\ \dot{I}_b\end{bmatrix}=\frac{1}{\sqrt{3}K_T}\begin{bmatrix}2 & -e^{j120°}\\ -1 & -e^{j120°}\\ -1 & 2e^{j120°}\end{bmatrix}\begin{bmatrix}I_a\\ I_b\end{bmatrix} \tag{2-18}$$

式中　K——变压器一、二次侧绕组匝数比(相电压之比)；

K_T——变压器额定变比(额定线电压之比)。

三相 YN,d11 联结牵引变压器一、二次侧绕组匝数之比与变压器额定变比之间的关系为 $K=K_T/\sqrt{3}$。

在两供电臂负荷电流大小相等，且功率因数相同的理想情况下，假设供电臂负荷电流均为 I，根据式(2-18)可得：

$$\begin{bmatrix}\dot{I}_A\\ \dot{I}_B\\ \dot{I}_C\end{bmatrix}=\frac{1}{\sqrt{3}K_T}\begin{bmatrix}2 & -e^{j120°}\\ -1 & -e^{j120°}\\ -1 & 2e^{j120°}\end{bmatrix}\begin{bmatrix}I_a\\ I_b\end{bmatrix}=\frac{I}{\sqrt{3}K_T}\begin{bmatrix}\sqrt{7}e^{-j19.1°}\\ e^{-j120°}\\ \sqrt{7}e^{j139.1°}\end{bmatrix} \tag{2-19}$$

根据式(2-18)和式(2-19)可知，三相 YN,d11 联结牵引变压器二次绕组相电流与供电臂电流的关系如下：

$$\begin{bmatrix}\dot{I}_{ca}\\ \dot{I}_{ab}\\ \dot{I}_{bc}\end{bmatrix}=\frac{I}{3}\begin{bmatrix}\sqrt{7}e^{-j19.1°}\\ e^{-j120°}\\ \sqrt{7}e^{j139.1°}\end{bmatrix} \tag{2-20}$$

由此可知在理想条件下，二次侧三相绕组电流大小不相同，两个接地相绕组的电流是非接地相绕组电流的$\sqrt{7}$倍(即 ca 绕组和 bc 绕组是 ab 绕组电流的$\sqrt{7}$倍)，由此也可以看出，三相

YN,d11 联结牵引变压器二次侧相电流与线电流之间已不满足三相 YN,d11 联结电力变压器相电流与线电流的$\sqrt{3}$关系，而三相 YN,d11 联结牵引变压器二次侧相电流是线电流的$\sqrt{7}/3$倍或 1/3 倍，对应一次侧三相绕组电流之间关系与二次侧各相绕组电流之间关系相同。

假设两供电臂负荷电流均为 I，三相 YN,d11 联结牵引变压器输出容量为 $S_{out}=2U_{2N}I$，由式(2-20)可知，$I_{ca}=\frac{\sqrt{7}}{3}I$，即 $I=\frac{3}{\sqrt{7}}I_{ca}$，三相 YN,d11 联结牵引变压器二次侧绕组额定相电流与额定线电流的关系是 $I_{ca}=\frac{1}{\sqrt{3}}I_{2N}$，因此有 $I=\frac{3}{\sqrt{7}}\times\frac{1}{\sqrt{3}}I_{2N}=0.655I_{2N}$，所以三相 YN,d11 联结牵引变压器输出容量为

$$S_{out}=2U_{2N}\times0.655I_{2N}=1.31U_{2N}I_{2N} \tag{2-21}$$

三相 YN,d11 联结牵引变压器输入容量为

$$S_{in}=S_N=\sqrt{3}U_{2N}I_{2N} \tag{2-22}$$

三相 YN,d11 联结牵引变压器最大容量利用率为

$$\eta=\frac{S_{out}}{S_N}=\frac{1.31U_{2N}I_{2N}}{\sqrt{3}U_{2N}I_{2N}}=75.6\% \tag{2-23}$$

三相 YN,d11 联结牵引变压器额定容量利用率为 75.6%。在实际应用中，当重负荷绕组 bc、ac 电流达到额定值时，轻负荷绕组 ab 只达到了绕组额定电流值的 0.378 倍，一次侧对应绕组流过的电流也同样是绕组额定电流的 0.378 倍，因此，三相 YN,d11 联结牵引变压器在此情况下不能达到额定温升，为充分利用变压器容量，可适当增大两供电臂负荷电流，将轻负荷绕组的富裕容量抽出，平均分配到两个重负荷绕组上，且改变后的总容量仍维持原来变压器的容量等级。考虑诸多因素的影响，一般供电臂电流可以达到额定电流的 1.111 倍，此时相当于给三相 YN,d11 联结牵引变压器引入了一个温度系数 $K_t=0.9$，变压器的容量利用率可达 $75.6\%\times1/0.9=75.6\%\times1.111=84\%$。

此外，为充分利用变压器容量，可使三相 YN,d11 联结牵引变压器 3 个二次侧绕组容量关系设计成重负荷绕组是轻负荷绕组容量的$\sqrt{7}$倍。这样容量比可达到 94.5%，为简单起见，一般使轻负荷绕组的结构容量为重负荷绕组的 40%，不等容量变压器的结构容量为原改型前的等容量的变压器之比：(2×100%+40%)/3=80%。如果设计计算得出的三相等容量的三相变压器的容量为 1 000 kV·A，则可选不等容量的变压器的结构容量为 800 kV·A，从而可以减少基本电费支出。与普通的三相 YN,d11 联结牵引变压器相比，不等容量的 YN,d11 联结牵引变压器容量利用率有所提高，带负载能力增强，能够减少基本电费的支出，提高经济效益。

5. 不对称度

三相 YN,d11 联结牵引变压器以 $\dot{I}_a$ 为基准，则 $\dot{I}_a=I_a$，$\dot{I}_b=I_b e^{j120^\circ}=\alpha I_b$，根据式(2-18)可知：

$$\begin{cases}\dot{I}_{A1}=\frac{1}{3}(\dot{I}_A+\alpha\dot{I}_B+\alpha^2\dot{I}_C)=\frac{1}{\sqrt{3}K_T}(I_a+I_b)\\ \dot{I}_{A2}=\frac{1}{3}(\dot{I}_A+\alpha^2\dot{I}_B+\alpha\dot{I}_C)=\frac{1}{\sqrt{3}K_T}(I_a+\alpha^2I_b)=\frac{1}{\sqrt{3}K_T}\sqrt{\dot{I}_a^2+I_b^2-\dot{I}_aI_b}e^{j\varphi}\\ \dot{I}_{A0}=\frac{1}{3}(\dot{I}_A+\dot{I}_B+\dot{I}_C)=0\end{cases} \tag{2-24}$$

式中　φ——I_a与$(I_a+\alpha^2 I_b)$的夹角。

三相 YN,d11 联结牵引变压器在电力系统中引起的不对称度，用电流不对称系数表示为

$$K_I=\frac{I_2}{I_1}\times 100\%=\frac{\sqrt{I_a^2+I_b^2-I_aI_b}}{I_a+I_b}\times 100\%=\frac{\sqrt{1-n+n^2}}{1+n}\times 100\% \qquad (2\text{-}25)$$

其中，$n=\frac{I_b}{I_a}$

若 $n=\frac{I_b}{I_a}=1$，则 $K_I=\frac{I_2}{I_1}\times 100\%=\frac{\sqrt{1-n+n^2}}{1+n}=50\%$

若 $n=\frac{I_b}{I_a}=0$，则 $K_I=\frac{I_2}{I_1}\times 100\%=\frac{\sqrt{1-n+n^2}}{1+n}=100\%$

三相 YN,d11 联结牵引变压器产生的不平衡电流，对电力系统产生的不对称度的范围是50%～100%，没有零序影响。

6. 优缺点

三相 YN,d11 联结牵引变压器优点是主接线技术成熟，制造相对简单，价格较便宜；正常运行时，牵引侧保持三相，可供应牵引变电所自用电和地区三相负荷用电；对接触网可以实现两边供电；对电力系统的负序影响与 V,v 和 V,x 联结牵引变压器一样，比单相变压器要小，不对称度范围在 50%～100%；一次绕组中性线可引出接地，降低了绝缘等级。其主要的缺点是容量利用率不高，采用不等容量变压器可以改善，变压器一次侧电流不对称，对电力系统有负序影响。

拓展知识

两台三相 YN,d11 联结牵引变压器采用十字交叉接线可以提供 AT 供电方式，如图 2-23 所示。两台三相 YN,d11 联结牵引变压器作十字交叉接线时，两台变压器一次侧分别接入不同相序的电源（比如：ABC 相、ACB 相）。一台变压器二次侧的两个端子（比如：a_1、b_1 端子）分别接入与左右接触网相接的牵引母线上，滞后该变压器对应相 120°的另一台变压器的两端子（比如：b_2、c_2 端子）分别接到与左右正馈线相接的牵引母线上，而剩下的两端子（比如：c_1、a_2 端子）接在一起，经集中接地母线后与钢轨（大地）连接。由图 2-23 可知，接触线与钢轨之间的电压为 27.5 kV，接触线与正馈线之间的电压为 2×27.5 kV。由于左供电臂与右供电臂电压不同，因此需要在两臂之间加装绝缘分相器，且耐压值为$\sqrt{3}\times 27.5$ kV。

三相 YN,d11,d1 联结牵引变压器十字交叉接线如图 2-24 所示，一次侧的三个绕组首端分别接到电力系统的三相，二次侧绕组容量相同，将每组绕组的首尾端子依次连接，分别接成了 d11 和 d1 接线。将 d11 绕组的 c 端子与 d1 绕组的 a 端子接在一起，经集中接地母线后与钢轨（大地）连接。d11 绕组的另外两个端子分别接入与左右接触网相接的牵引母线上，d1 绕组的另外两个端子分别接入与左右正馈线相接的牵引母线上。由图 2-24 可知，接触线与钢轨之间的电压为 27.5 kV，接触线与正馈线之间的电压为 2×27.5 kV。

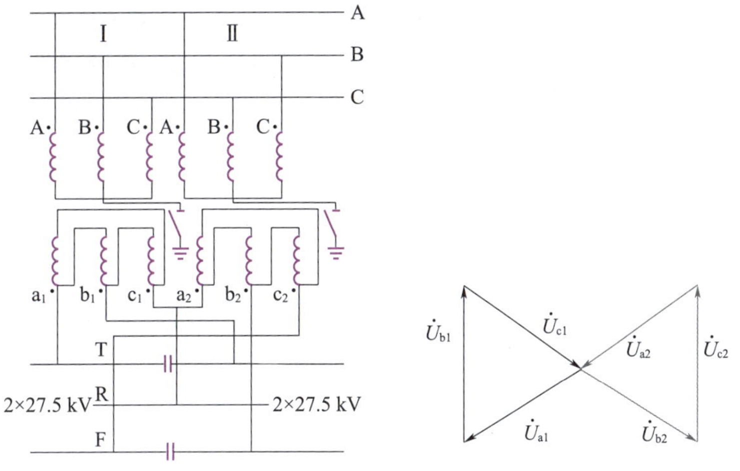

(a) AT供电方式接线　　　　(b) 相量关系图

图 2-23　三相 YN,d11 联结牵引变压器十字交叉接线和电压相量关系

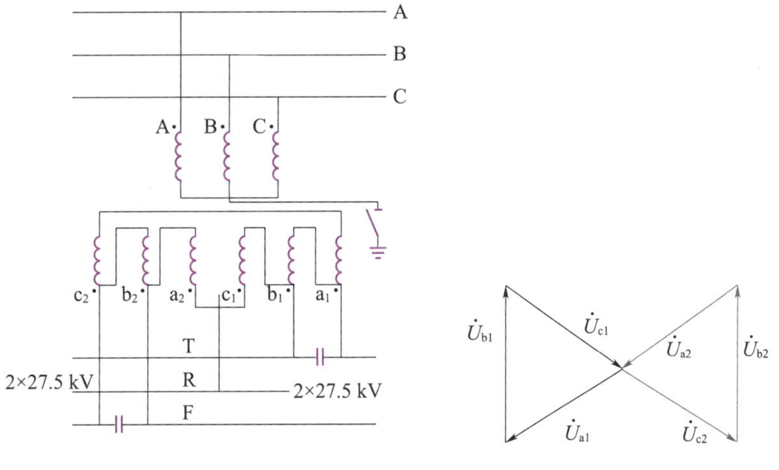

(a) AT供电方式接线　　　　(b) 相量关系图

图 2-24　三相 YN,d11,d1 联结牵引变压器十字交叉接线和电压相量关系

八、斯科特(Scott)联结牵引变压器

单相牵引负荷的特殊性必然会在电力系统中产生负序分量，而负序分量的存在，使得变压器、电动机和整流设备等工作受到影响，因此必须采取措施来消除或是减弱牵引负荷的不对称度。Scott 牵引变压器是三相—两相平衡变压器，当左右供电臂负荷相等时，变压器一次侧的三相电流对称，能够消除负序分量。

1. 接线方式

Scott 联结牵引变压器可以看成是由两台单相变压器组成的，一台变压器的一次侧绕组两个端子经引出线接至电力系统的两相(比如：B、C 相)，称为 M 座变压器；另一台变压器的一次侧绕组首端接电力系统的另外一相(比如：A 相)，尾端接 M 座一次侧绕组的中点，称为 T 座变压器。M 座变压器与一次侧对应的二次侧一个端子接于牵引母线，再经过馈电线接至左供电臂，另一个端子经集中接地母线后与钢轨(大地)连接；T 座变压器二次侧首端接于牵引母

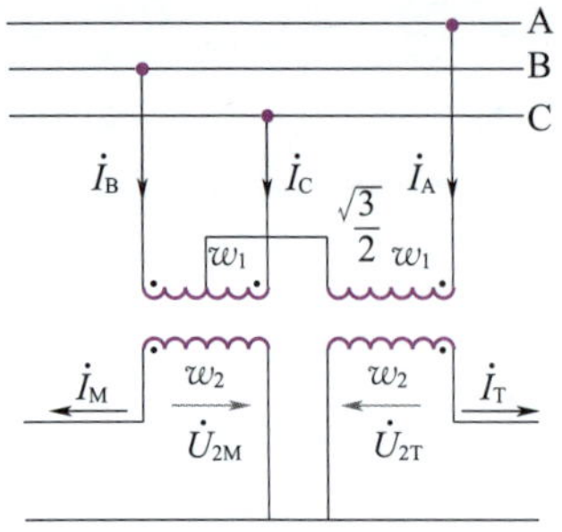

图 2-25　Scott 联结牵引变压器接线

线，再经过馈电线接至右供电臂，尾端经集中接地母线后与钢轨（大地）连接，Scott 联结牵引变压器接线如图 2-25 所示。

电力系统三相对称时，三相相电压（$\dot{U}_A$、$\dot{U}_B$、$\dot{U}_C$）和三相线电压（$\dot{U}_{AB}$、$\dot{U}_{BC}$、$\dot{U}_{CA}$）均对称，以 $\dot{U}_A$ 为基准相，则一次侧各电压可分别表示为 $U_B=\dot{U}_A e^{-j120^\circ}$，$\dot{U}_C=\dot{U}_A e^{j120^\circ}$；$\dot{U}_{AB}=\sqrt{3}\dot{U}_A e^{j30^\circ}$，$\dot{U}_{BC}=\sqrt{3}\dot{U}_A e^{-j90^\circ}$，$\dot{U}_{CA}=\sqrt{3}\dot{U}_A e^{j150^\circ}$。

根据图 2-25 所示的 Scott 联结牵引变压器一次侧接线，可作出一次侧各电压的相量关系，如图 2-26 所示。

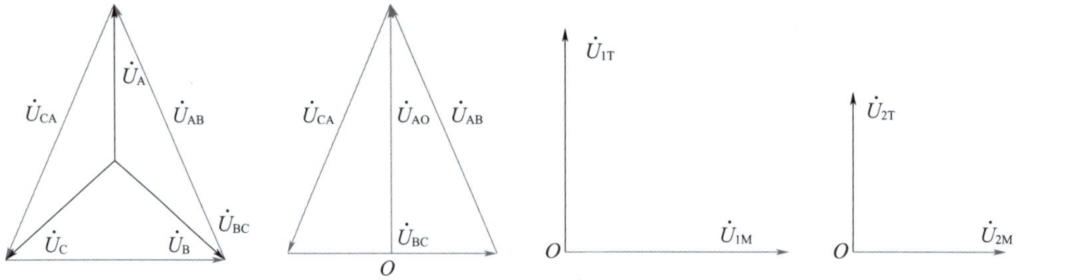

(a) Scott联结牵引变压器一次侧电压相量关系图　(b) 一次侧电压相量关系图　(c) 二次侧电压相量关系图

图 2-26　Scott 联结牵引变压器一、二次侧电压相量关系

由图 2-26 可知，以 $\dot{U}_A$ 为基准相，根据等边三角形边长和高的关系可知，T 座变压器一次侧绕组电压 $\dot{U}_{AO}=\frac{3}{2}\dot{U}_A e^{j0^\circ}$，因此，一次侧两绕组电压关系为

$$\dot{U}_{AO}=\frac{\sqrt{3}\dot{U}_{BC}}{2}e^{j90^\circ} \tag{2-26}$$

为保证 T 座变压器一次侧接入电压和二次侧输出电压与系统参数（电力系统提供的三相线电压和机车所需要电压固定）一致，假设 M 座变压器的一次侧和二次侧绕组匝数分别为 w_1、w_2，那么 T 座变压器的一次侧和二次侧绕组匝数分别为$\frac{\sqrt{3}}{2}w_1$、w_2。因此，M 座变压器的变比为 $K_M=\frac{w_1}{w_2}$；T 座变压器的变比为 $K'_T=\frac{\sqrt{3}}{2}\frac{w_1}{w_2}=\frac{\sqrt{3}}{2}K_M$。

Scott 联结牵引变压器的额定变比是一次侧额定电压（线电压）和二次侧额定电压之比，因此，M 座变压器的变比与 Scott 联结牵引变压器额定变比相一致，也就是其变比为

$$K_T=\frac{U_{1N}}{U_{2N}}=\frac{U_{BC}}{U_{2M}}=\frac{\sqrt{3}U_A}{U_{2T}}=K_M \tag{2-27}$$

以 $\dot{U}_A$ 为基准相时，Scott 联结牵引变压器二次侧绕组电压用 $\dot{U}_A$ 表示的方法如下：

$$\begin{cases}\dot{U}_{2M}=\dfrac{\dot{U}_{1M}}{K_M}=\dfrac{\dot{U}_{BC}}{K_M}=\dfrac{\sqrt{3}\dot{U}_A e^{-j90^\circ}}{K_M}\\[2ex]\dot{U}_{2T}=\dfrac{\dot{U}_{1T}}{K'_T}=\dfrac{\dot{U}_{AO}}{K'_T}=\dfrac{\frac{3}{2}\dot{U}_A e^{j0^\circ}}{K'_T}=\dfrac{\sqrt{3}\dot{U}_A e^{j0^\circ}}{K_M}\end{cases}\left(K'_T=\frac{\sqrt{3}}{2}K_M\right) \tag{2-28}$$

写成矩阵形式如下：

$$\begin{bmatrix}\dot{U}_{2M}\\ \dot{U}_{2T}\end{bmatrix}=\frac{\sqrt{3}\dot{U}_A}{K_M}\begin{bmatrix}e^{-j90^\circ}\\ e^{j0^\circ}\end{bmatrix} \tag{2-29}$$

Scott 联结牵引变压器二次侧 T 座和 M 座输出电压满足大小相等，相位相差 90°的关系，称为两相对称。由于 M 座和 T 座变压器一次侧电压关系对应等边三角形的底和高，因此，M 座又称底变压器，T 座又称高变压器。

因为 Scott 联结牵引变压器左右供电臂电压满足大小相等，相位差为 90°的两相对称，因此，加在左右供电臂之间分相绝缘器上的电压是供电臂电压的$\sqrt{2}$倍。

2. 运行方式

Scott 联结牵引变电所一般装设两台 Scott 联结牵引变压器，可两台并联运行；也可一台运行，一台固定备用。

3. 供电方式

Scott 联结牵引变压器可以实现非 AT 供电方式，也可以实现 AT 供电方式，其接线如图 2-27 所示。采用 AT 供电方式时，为提供机车所需电压，需要在 Scott 联结牵引变压器输出端接两台带中间抽头的自耦变压器，自耦变压器的两个端子分别接至接触网和正馈线，自耦变压器的中间抽头与钢轨（大地）连接，实现 2×27.5 kV 电压供电。

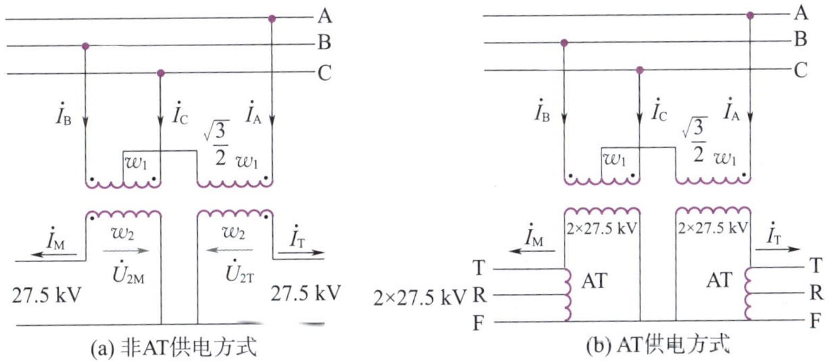

图 2-27 Scott 联结牵引变压器不同供电方式下的接线

4. 最大容量利用率

当 Scott 联结牵引变压器两供电臂负荷功率因数相同时，若以 $\dot{I}_M$ 为基准相，$\dot{I}_M=I_M$，$\dot{I}_T=I_Te^{j90^\circ}=jI_T$。

根据图 2-27(a)可知，$\dot{I}_A=\frac{\dot{I}_T}{K'_T}$，$\dot{I}_B=\frac{\dot{I}_M}{K_M}-\frac{\dot{I}_A}{2}$，$\dot{I}_C=-\frac{\dot{I}_M}{K_M}-\frac{\dot{I}_A}{2}$，则

$$\begin{cases}\dot{I}_A=\dfrac{\dot{I}_T}{(\sqrt{3}/2)K_M}=j\dfrac{2}{\sqrt{3}K_T}I_T\\ \dot{I}_B=\dfrac{\dot{I}_M}{K_M}-\dfrac{1}{2}\dfrac{\dot{I}_T}{(\sqrt{3}/2)K_M}=\dfrac{I_M}{K_T}-j\dfrac{1}{\sqrt{3}K_T}I_T=\dfrac{1}{\sqrt{3}K_T}(\sqrt{3}I_M-jI_T)\\ \dot{I}_C=-\dfrac{\dot{I}_M}{K_M}-\dfrac{1}{2}\dfrac{\dot{I}_T}{(\sqrt{3}/2)K_M}=-\dfrac{I_M}{K_T}-j\dfrac{1}{\sqrt{3}K_T}I_T=\dfrac{1}{\sqrt{3}K_T}(-\sqrt{3}I_M-jI_T)\end{cases} \tag{2-30}$$

写成矩阵形式如下：

$$\begin{bmatrix}\dot{I}_A\\\dot{I}_B\\\dot{I}_C\end{bmatrix}=\frac{1}{\sqrt{3}K_T}\begin{bmatrix}0 & j2\\\sqrt{3} & -j\\-\sqrt{3} & -j\end{bmatrix}\begin{bmatrix}I_M\\I_T\end{bmatrix}=\frac{1}{\sqrt{3}K_T}\begin{bmatrix}2I_T e^{j90^\circ}\\\sqrt{3I_M^2+I_T^2}\,e^{j\arctan\frac{-I_T}{\sqrt{3}I_M}}\\\sqrt{3I_M^2+I_T^2}\,e^{j\arctan\frac{I_T}{\sqrt{3}I_M}}\end{bmatrix}\tag{2-31}$$

当两供电臂负荷电流大小满足 $I_M=I_T=I$，且负荷功率因数相同时：

$$\begin{bmatrix}\dot{I}_A\\\dot{I}_B\\\dot{I}_C\end{bmatrix}=\frac{I}{\sqrt{3}K_T}\begin{bmatrix}0 & j2\\\sqrt{3} & -j\\-\sqrt{3} & -j\end{bmatrix}=\frac{2I}{\sqrt{3}K_T}\begin{bmatrix}e^{j90^\circ}\\e^{-j30^\circ}\\e^{-j150^\circ}\end{bmatrix}\tag{2-32}$$

此时，电力系统一次侧三相对称，也就是当 Scott 联结牵引变压器 T 座和 M 座两供电臂负荷功率因数相同，且负荷电流大小相等时，一次侧满足三相电流大小相等，相位依次相差 120°的关系，即一次侧三相电流对称。因此 Scott 联结牵引变压器属于平衡变压器(能实现三相—两相对称变换，二次侧输出电压满足两相对称，一次侧在二次侧两负载相同时，能满足三相电流对称)。

由式(2-32)可知，Scott 联结牵引变压器变流比为

$$K_I=\frac{I_{2N}}{I_{1N}}=\frac{I}{I_A}=\frac{I}{I_B}=\frac{I}{I_C}=\frac{\sqrt{3}}{2}K_T\tag{2-33}$$

式中 I_{2N}、I_{1N}——变压器一次和二次侧的额定电流。

Scott 联结牵引变压器 T 座和 M 座两供电臂最大输出电压和电流相等，因此 Scott 联结牵引变压器输出容量为

$$S_{out}=U_M I_M+U_T I_T=2U_M I_M=2U_{2N}I_{2N}\tag{2-34}$$

根据式(2-26)、式(2-27)和式(2-32)，可知 Scott 联结牵引变压器输入容量为

$$\begin{aligned}S_{in}&=U_{AO}I_A+\frac{1}{2}U_{BC}I_B+\frac{1}{2}U_{BC}I_C\\&=\left(\frac{\sqrt{3}}{2}U_{BC}+\frac{1}{2}U_{BC}+\frac{1}{2}U_{BC}\right)\times\frac{2I}{\sqrt{3}K_T}\\&=\left(\frac{\sqrt{3}}{2}+1\right)\frac{2U_{1N}I_{2N}}{\sqrt{3}K_T}\\&=\left(\frac{\sqrt{3}}{2}+1\right)\frac{2U_{2N}I_{2N}}{\sqrt{3}}\end{aligned}\tag{2-35}$$

因此 Scott 联结牵引变压器最大容量利用率为

$$\eta=\frac{S_{out}}{S_N}=\frac{2U_{2N}I_{2N}}{\left(\frac{\sqrt{3}}{2}+1\right)\frac{2U_{2N}I_{2N}}{\sqrt{3}}}=92.8\%\tag{2-36}$$

5. 不对称度

根据式(2-31)，Scott 联结牵引变压器一次侧的各序电流为

$$\begin{cases}\dot{I}_{A1}=\frac{1}{3}(\dot{I}_A+\alpha\dot{I}_B+\alpha^2\dot{I}_C)=\frac{1}{\sqrt{3}K_T}(I_M+I_T)e^{j90^\circ}\\\dot{I}_{A2}=\frac{1}{3}(\dot{I}_A+\alpha^2\dot{I}_B+\alpha\dot{I}_C)=\frac{1}{\sqrt{3}K_T}(I_M-I_T)e^{-j90^\circ}\\\dot{I}_{A0}=\frac{1}{3}(\dot{I}_A+\dot{I}_B+\dot{I}_C)=0\end{cases}\tag{2-37}$$

Scott 联结牵引变压器的不对称度为

$$K_I=\frac{I_2}{I_1}\times 100\%=\frac{I_M-I_T}{I_M+I_T}\times 100\%=\frac{1-n}{1+n}\times 100\% \tag{2-38}$$

其中，$n=\frac{I_T}{I_M}$

若 $n=\frac{I_T}{I_M}=1$，则 $K_I=\frac{I_2}{I_1}\times 100\%=\frac{1-n}{1+n}=0\%$

若 $n=\frac{I_T}{I_M}=0$，则 $K_I=\frac{I_2}{I_1}\times 100\%=\frac{1-n}{1+n}=100\%$

因此，Scott 联结牵引变压器产生的不平衡电流，对电力系统产生的不对称度范围是 0%～100%，没有零序影响。

6. 优缺点

Scott 联结牵引变压器没有中性点，适用于中性点不接地系统且两供电臂电流相近的变电所。Scott 联结牵引变压器的优点是容量利用率较高，可达 92.8%；当 M 座和 T 座两供电臂负荷电流大小、功率因数相同时，一次侧三相电流对称，无负序电流，不对称度范围在 0%～100%；可供应牵引变电所自用电和地区三相用电；对接触网可以实现两边供电。其缺点是制造难度大、绝缘要求高、造价较高，主接线复杂、设备较多、工程投资大、维护费用高。

九、三相 YN，d11（延边）联结阻抗匹配平衡牵引变压器*

1. 接线方式

三相 YN，d11 延边（又称三相 YN，A）联结阻抗匹配平衡牵引变压器接线如图 2-28 所示，一次侧与 YN，d11 联结牵引变压器情况完全相同，二次侧绕组在三角形的结构基础上，将两个非接地相各外移一段绕组 aα、bβ，三角形接线的 c 端子经集中接地母线后与钢轨（大地）连接，α、β 分别接牵引母线，再经过各自馈电线接至左右供电臂，这种接线能将三相对称电压变换成两相对称电压。

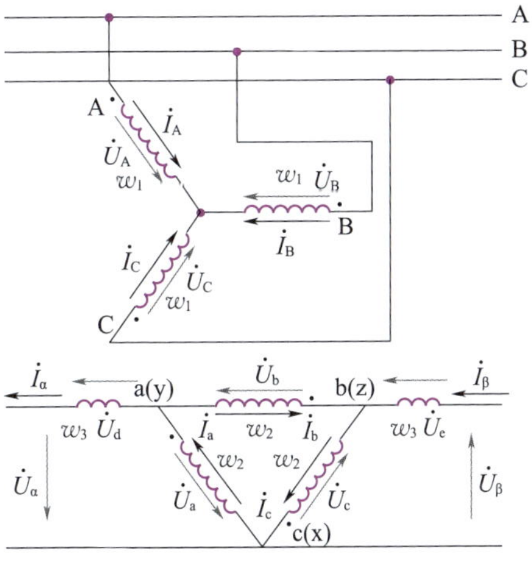

图 2-28　三相 YN，d11（延边）联结阻抗匹配平衡牵引变压器接线

2. 最大容量利用率

假设三相 YN，d11（延边）联结阻抗匹配平衡牵引变压器二次侧各相绕组之间的阻抗关系如下：

$$Z_{ac}=Z_{bc}=Z_2,Z_{ab}=\lambda Z_2 \tag{2-39}$$

则各绕组电流关系如下：

* 为拓展知识的选学内容，下同。

$$\begin{cases}\dot{I}_a=\dfrac{\lambda+1}{\lambda+2}\dot{I}_\alpha-\dfrac{1}{\lambda+2}\dot{I}_\beta\\ \dot{I}_b=-\dfrac{1}{\lambda+2}\dot{I}_\alpha-\dfrac{1}{\lambda+2}\dot{I}_\beta\\ \dot{I}_c=-\dfrac{1}{\lambda+2}\dot{I}_\alpha+\dfrac{\lambda+1}{\lambda+2}\dot{I}_\beta\end{cases}\tag{2-40}$$

忽略空载电流后的磁势平衡方程为

$$\begin{cases}w_1\dot{I}_A-w_2\dot{I}_a=0\\ w_1\dot{I}_B-w_2\dot{I}_b+w_3(\dot{I}_\alpha+\dot{I}_\beta)=0\\ w_1\dot{I}_C-w_2\dot{I}_c=0\end{cases}\tag{2-41}$$

即

$$\begin{cases}\dot{I}_A=\dfrac{w_2}{w_1}\dot{I}_a\\ \dot{I}_B=\dfrac{w_2}{w_1}\dot{I}_b-\dfrac{w_3}{w_1}(\dot{I}_\alpha+\dot{I}_\beta)\\ \dot{I}_C=\dfrac{w_2}{w_1}\dot{I}_c\end{cases}\tag{2-42}$$

设 $K=\dfrac{w_1}{w_2}$，$k_3=\dfrac{w_3}{w_2}$，则有

$$\begin{cases}\dot{I}_A=\dfrac{1}{K}\left(\dfrac{\lambda+1}{\lambda+2}\dot{I}_\alpha-\dfrac{1}{\lambda+2}\dot{I}_\beta\right)\\ \dot{I}_B=\dfrac{1}{K}\left[-\left(\dfrac{1}{\lambda+2}+k_3\right)\dot{I}_\alpha-\left(\dfrac{1}{\lambda+2}+k_3\right)\dot{I}_\beta\right]\\ \dot{I}_C=\dfrac{1}{K}\left(-\dfrac{1}{\lambda+2}\dot{I}_\alpha+\dfrac{\lambda+1}{\lambda+2}\dot{I}_\beta\right)\end{cases}\tag{2-43}$$

写成矩阵形式如下：

$$\begin{bmatrix}\dot{I}_A\\ \dot{I}_B\\ \dot{I}_C\end{bmatrix}=\frac{1}{K}\begin{bmatrix}\dfrac{\lambda+1}{\lambda+2} & -\dfrac{1}{\lambda+2}\\ -\left(\dfrac{1}{\lambda+2}+k_3\right) & -\left(\dfrac{1}{\lambda+2}+k_3\right)\\ -\dfrac{1}{\lambda+2} & \dfrac{\lambda+1}{\lambda+2}\end{bmatrix}\begin{bmatrix}\dot{I}_\alpha\\ \dot{I}_\beta\end{bmatrix}\tag{2-44}$$

当 k_3 满足 $\dot{U}_\beta=\mathrm{j}\dot{U}_\alpha$，两供电臂负荷电流大小相等，功率因数相同时，以 $\dot{I}_\alpha$ 为基准相，式(2-43)可写为

$$\begin{cases}\dot{I}_A=\dfrac{1}{K}\left(\dfrac{\lambda+1}{\lambda+2}-\mathrm{j}\dfrac{1}{\lambda+2}\right)\dot{I}_\alpha\\ \dot{I}_B=\dfrac{1}{K}\left[-\left(\dfrac{1}{\lambda+2}+k_3\right)-\mathrm{j}\left(\dfrac{1}{\lambda+2}+k_3\right)\right]\dot{I}_\alpha\\ \dot{I}_C=\dfrac{1}{K}\left(-\dfrac{1}{\lambda+2}+\mathrm{j}\dfrac{\lambda+1}{\lambda+2}\right)\dot{I}_\alpha\end{cases}\tag{2-45}$$

以 $\dot{I}_\alpha$ 为参考相量，绘制出图 2-29 所示变压器一次侧电流相量图，为了使一次侧满足三相电流对称，即满足 $\dot{I}_A=\dot{I}_A$，$\dot{I}_B=\dot{I}_A e^{-j120^\circ}$，$\dot{I}_C=\dot{I}_A e^{j120^\circ}$，根据图 2-29 可知，各电流之间应满足以下关系

$$\begin{cases}\alpha=\beta=\dfrac{120^\circ-90^\circ}{2}=15^\circ\\ \gamma=\beta+90^\circ=15^\circ+90^\circ=105^\circ\\ \dot{I}_C=\dfrac{1}{K}\left(-\dfrac{1}{\lambda+2}+j\dfrac{\lambda+1}{\lambda+2}\right)I_a\end{cases}$$

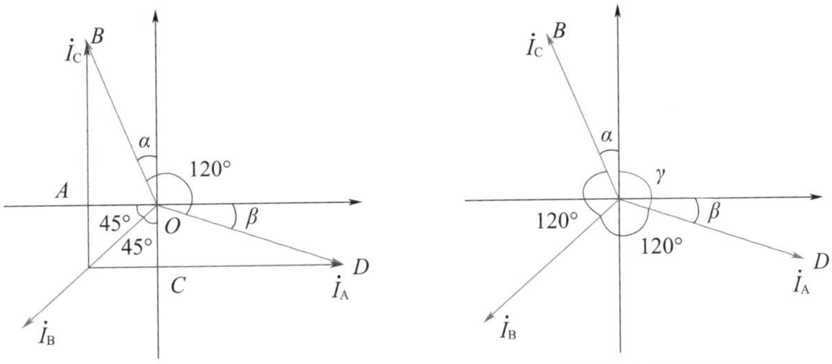

(a) 一次侧电流相量关系图　　(b) 一次侧电流相量角度关系图

图 2-29　三相 YN,d11(延边)联结阻抗匹配平衡牵引变压器一次侧电流相量关系

则

$$\arctan 105^\circ=\arctan\gamma=\frac{\dfrac{\lambda+1}{\lambda+2}}{\dfrac{-1}{\lambda+2}}=-2-\sqrt{3} \tag{2-46}$$

因为 $\dot{I}_A+\dot{I}_B+\dot{I}_C=0$，因此有

$$\frac{\lambda+1}{\lambda+2}-\left(\frac{1}{\lambda+2}+k_3\right)-\frac{1}{\lambda+2}-j\frac{1}{\lambda+2}\quad j\left(\frac{1}{\lambda+2}+k_3\right)+j\frac{\lambda+1}{\lambda+2}=0 \tag{2-47}$$

根据复数实部相等和虚部相等，则有

$$\begin{cases}\dfrac{\lambda+1}{\lambda+2}-\left(\dfrac{1}{\lambda+2}+k_3\right)-\dfrac{1}{\lambda+2}=0\\ -\dfrac{1}{\lambda+2}-\dfrac{1}{\lambda+2}-k_3+\dfrac{\lambda+1}{\lambda+2}=0\end{cases} \tag{2-48}$$

那么

$$k_3=\frac{\lambda-1}{\lambda+2} \tag{2-49}$$

由式(2-46)和式(2-49)可知

$$\begin{cases}k_3=\dfrac{\lambda-1}{\lambda+2}\\ \tan 105^\circ=\dfrac{\dfrac{\lambda+1}{\lambda+2}}{\dfrac{-1}{\lambda+2}}\end{cases}$$

则有

$$\begin{cases}\lambda=\sqrt{3}+1\\ k_3=\dfrac{\sqrt{3}-1}{2}\end{cases}\tag{2-50}$$

其中，λ 称为阻抗匹配系数，大小为三角形中非接地相（比如：Z_{ab}）与接地相绕组阻抗（比如：Z_{ca} 和 Z_{bc}）的比值。k_3 称为分匝比（分压比），为外移线圈匝数（比如：aα、bβ）与二次侧三角形中线圈匝数（比如：ab、bc、ca）的比值。

将式(2-50)代入式(2-44)有

$$\begin{bmatrix}\dot{I}_A\\ \dot{I}_B\\ \dot{I}_C\end{bmatrix}=\frac{1}{2\sqrt{3}K}\begin{bmatrix}\sqrt{3}+1 & -\mathrm{j}(\sqrt{3}-1)\\ -2 & -\mathrm{j}2\\ -(\sqrt{3}-1) & \mathrm{j}(\sqrt{3}+1)\end{bmatrix}\begin{bmatrix}I_\alpha\\ I_\beta\end{bmatrix}\tag{2-51}$$

当两供电臂电流大小相等，且功率因数相同时，有

$$\begin{bmatrix}\dot{I}_A\\ \dot{I}_B\\ \dot{I}_C\end{bmatrix}=\frac{I_\alpha}{2\sqrt{3}K}\begin{bmatrix}\sqrt{3}+1 & -\mathrm{j}(\sqrt{3}-1)\\ -2 & -\mathrm{j}2\\ -(\sqrt{3}-1) & \mathrm{j}(\sqrt{3}+1)\end{bmatrix}=\frac{\sqrt{6}}{3K}I_\alpha\begin{bmatrix}\mathrm{e}^{-\mathrm{j}15^\circ}\\ \mathrm{e}^{-\mathrm{j}135^\circ}\\ \mathrm{e}^{\mathrm{j}105^\circ}\end{bmatrix}\tag{2-52}$$

三相 YN，d11（延边）联结阻抗匹配平衡牵引变压器的额定变流比为

$$K_I=\frac{I_{2N}}{I_{1N}}=\frac{I_\alpha}{I_A}=\frac{3K}{\sqrt{6}}=\sqrt{\frac{3}{2}}K\tag{2-53}$$

当两供电臂电流大小相等，且功率因数相同时，根据变压器一次侧和二次侧的绕组电流关系和式(2-52)可知，有

$$\begin{bmatrix}\dot{I}_a\\ \dot{I}_b\\ \dot{I}_c\end{bmatrix}=\frac{\sqrt{6}}{3}\dot{I}_\alpha\begin{bmatrix}\mathrm{e}^{-\mathrm{j}15^\circ}\\ \dfrac{\sqrt{3}-1}{2}\mathrm{e}^{-\mathrm{j}135^\circ}\\ \mathrm{e}^{-\mathrm{j}105^\circ}\end{bmatrix}\tag{2-54}$$

由图 2-28 可知：

$$\begin{cases}\dot{U}_\alpha=\dot{U}_a-\dot{U}_d=\dfrac{1}{K}(\dot{U}_A-k_3\dot{U}_B)\\ \dot{U}_\beta=\dot{U}_c-\dot{U}_e=\dfrac{1}{K}(\dot{U}_C-k_3\dot{U}_B)\end{cases}\tag{2-55}$$

将式(2-50)代入式(2-55)有

$$\begin{bmatrix}\dot{U}_\alpha\\ \dot{U}_\beta\end{bmatrix}=\frac{1}{2K}\begin{bmatrix}2 & -(\sqrt{3}-1) & 0\\ 0 & -(\sqrt{3}-1) & 2\end{bmatrix}\begin{bmatrix}\dot{U}_A\\ \dot{U}_B\\ \dot{U}_C\end{bmatrix}=\frac{\sqrt{3}\dot{U}_A}{\sqrt{2}K}\begin{bmatrix}\mathrm{e}^{\mathrm{j}15^\circ}\\ \mathrm{e}^{\mathrm{j}105^\circ}\end{bmatrix}\tag{2-56}$$

因此，三相 YN，d11（延边）联结阻抗匹配平衡牵引变压器能将三相对称电压变换成两相对称电压，提供机车所需电能。

三相 YN，d11（延边）联结阻抗匹配平衡牵引变压器的额定变压比为

$$K_V = K_T = \frac{U_{1N}}{U_{2N}} = \frac{\sqrt{3}U_A}{\dot{U}_\alpha} = \sqrt{2}K \tag{2-57}$$

根据式（2-53）和式（2-57）可知，三相 YN，d11（延边）联结阻抗匹配平衡牵引变压器的变流比与变压比的关系如下：

$$K_I = \frac{\sqrt{3}}{2}K_T \tag{2-58}$$

由于 $K = \frac{w_1}{w_2} = \frac{U_{1N}}{\sqrt{3}U_a}$，$k_3 = \frac{w_3}{w_2} = \frac{U_d}{U_a} = \frac{\sqrt{3}-1}{2}$，根据式（2-57）可知，三相 YN，d11（延边）联结阻抗匹配平衡牵引变压器二次侧各绕组电压如下：

$$\begin{cases} U_a = U_b = U_c = \dfrac{U_{1N}}{\sqrt{3}K} = \dfrac{U_{1N}}{\sqrt{3}} \cdot \dfrac{\sqrt{2}}{K_T} = \sqrt{\dfrac{2}{3}}U_{2N} \\ U_d = U_e = k_3 U_a = \dfrac{\sqrt{3}-1}{\sqrt{2}} \cdot \sqrt{\dfrac{2}{3}}U_{2N} = \dfrac{\sqrt{3}-1}{\sqrt{6}}U_{2N} \end{cases} \tag{2-59}$$

当三相 YN，d11（延边）联结阻抗匹配平衡牵引变压器两供电臂最大输出电压和电流相等时，也就是 $I_\alpha = I_\beta = I_{2N}$，$U_\alpha = U_\beta = U_{2N}$，变压器输出功率为

$$S_{out} = U_\alpha I_\alpha + U_\beta I_\beta = 2U_{2N}I_{2N} \tag{2-60}$$

根据式（2-53）和式（2-59）可知，三相 YN，d11（延边）联结阻抗匹配平衡牵引变压器输入功率为

$$S_{in} = 3U_A I_A = 3KU_a \frac{\sqrt{6}}{3K}I_\alpha = U_a\sqrt{6}I_\alpha = \sqrt{\frac{2}{3}}U_{2N}\sqrt{6}I_\alpha = 2U_{2N}I_{2N} \tag{2-61}$$

三相 YN，d11（延边）联结阻抗匹配平衡牵引变压器最大容量利用率为

$$\eta = \frac{S_{out}}{S_{in}} = \frac{2U_{2N}I_{2N}}{2U_{2N}I_{2N}} \times 100\% = 100\% \tag{2-62}$$

3. 不对称度

以 $\dot{I}_\alpha$ 为基准，$\dot{I}_\alpha = I_\alpha$，$\dot{I}_\beta = jI_\beta$，由式（2-51）可知：

$$\begin{bmatrix} \dot{I}_A \\ \dot{I}_B \\ \dot{I}_C \end{bmatrix} = \frac{1}{2\sqrt{3}K}\begin{bmatrix} \sqrt{3}+1 & -j(\sqrt{3}-1) \\ -2 & -j2 \\ -(\sqrt{3}-1) & j(\sqrt{3}+1) \end{bmatrix}\begin{bmatrix} I_\alpha \\ I_\beta \end{bmatrix} \tag{2-63}$$

由于 $K_T=\frac{U_{1N}}{U_{2N}}=\frac{\sqrt{3}U_A}{\dot{U}_\alpha}=\sqrt{2}K$ 上式可变为

$$\begin{cases}\dot{I}_A=\frac{1}{\sqrt{6}K_T}\left[(\sqrt{3}+1)I_\alpha-j(\sqrt{3}-1)I_\beta\right]\\ \dot{I}_B=\frac{1}{\sqrt{6}K_T}\left[-2I_\alpha-j2I_\beta\right]\\ \dot{I}_C=\frac{1}{\sqrt{6}K_T}\left[-(\sqrt{3}+1)I_\alpha-j(\sqrt{3}-1)I_\beta\right]\end{cases} \tag{2-64}$$

三相 YN,d11(延边)联结阻抗匹配平衡牵引变压器一次侧的各序电流为

$$\begin{cases}\dot{I}_{A1}=\frac{1}{3}(\dot{I}_A+a\dot{I}_B+a^2\dot{I}_C)=\frac{1}{\sqrt{3}K_T}(I_\alpha+I_\beta)e^{-j15^\circ}\\ \dot{I}_{A2}=\frac{1}{3}(\dot{I}_A+a^2\dot{I}_B+a\dot{I}_C)=\frac{1}{\sqrt{3}K_T}(I_\alpha-I_\beta)e^{j15^\circ}\\ \dot{I}_{A0}=\frac{1}{3}(\dot{I}_A+\dot{I}_B+\dot{I}_C)=0\end{cases} \tag{2-65}$$

三相 YN,d11(延边)联结阻抗匹配平衡牵引变压器不对称度为

$$K_I=\frac{I_2}{I_1}\times 100\%=\frac{I_\alpha-I_\beta}{I_\alpha+I_\beta}\times 100\%=\frac{1-n}{1+n}\times 100\%\text{，其中 } n=\frac{I_\beta}{I_\alpha} \tag{2-66}$$

若 $n=\frac{I_\beta}{I_\alpha}=1$，则 $K_I=\frac{I_2}{I_1}\times 100\%=\frac{1-n}{1+n}=0\%$。

若 $n=\frac{I_\beta}{I_\alpha}=0$，则 $K_I=\frac{I_2}{I_1}\times 100\%=\frac{1-n}{1+n}=100\%$。

因此，三相 YN,d11(延边)联结阻抗匹配平衡牵引变压器产生的不平衡电流，对电力系统产生的不对称度的范围是 0%～100%，但没有零序影响。

4. 优缺点

三相 YN,d11(延边)联结阻抗匹配平衡牵引变压器的优点是轻负荷相与重负荷相绕组的匝数比 $\lambda=\sqrt{3}+1$ 时，一次侧电流平衡，无零序电流；两供电臂负荷电流大小、功率因数相等时，一次侧三相电流对称，无负序电流，不对称度范围在 0%～100%；最大容量利用率为 100%；二次侧采用三角形连接，能够滤除三次谐波；可供应牵引变电所自用电和地区三相负荷用电；对接触网可以实现两边供电。其主要缺点是设计计算和制造工艺复杂(k_3、λ 取值限制严格)，造价较高；两供电臂间分相绝缘器需要承受较高的电压($\sqrt{2}U_{2N}$)。

十、三相 YN,d11(曲折延边)联结阻抗匹配平衡牵引变压器*

1. 接线方式

不考虑阻抗匹配($\lambda=1$)，三相 YN,d11(延边)联结牵引变压器二次绕组在两端口负载相同时，轻载相(非接地相)安匝数大于重载相(接地相)安匝数，现在两重载相各增加一个匝数为 w_4 的补偿线圈，流过负载电流产生重载相的补偿电流磁势。如图 2-30 所示，三相 YN,d11(曲折延边)联结平衡牵引变压器二次侧三角形外接平衡线圈 w_3 满足 $k_3=\frac{w_3}{w_2}$，新增加补偿线圈

w_4 满足 $k_4=\dfrac{w_4}{w_2}$。

输出端口电压满足两相对称(电压大小相等,相位相差 90°),端口带相同负载时,若 $k_3>k_4$,轻载相安匝数大于重载相安匝数,适当增大轻载相阻抗,即取 $\lambda>1$ 的适当值,可使一次侧三相电压对称;若 $k_3<k_4$,轻载相安匝数小于重载相安匝数,适当减小轻载相阻抗,即取 $\lambda<1$ 的适当值,可使一次侧三相电压对称。k_3、k_4、λ 满足一定关系,即可实现三相—两相变换,λ 由固定值可扩展到大于零。

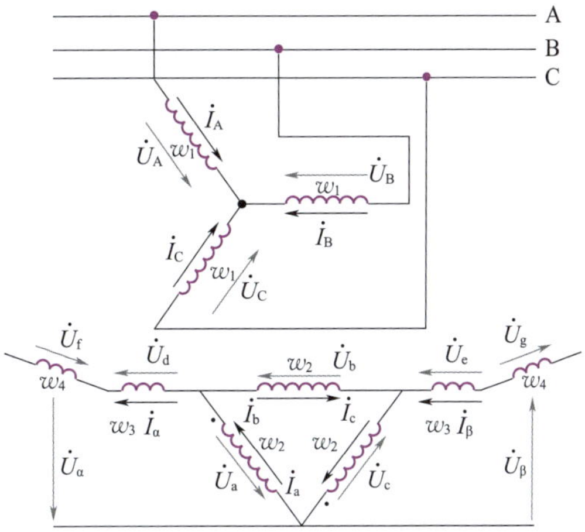

图 2-30　三相 YN,d11(曲折延边)联结平衡牵引变压器接线

2. 最大容量利用率

假设三相 YN,d11(曲折延边)联结阻抗匹配平衡牵引变压器二次侧各相绕组之间的阻抗有如下关系:

$$Z_{ax}=Z_{cz}=Z_2,Z_{by}=\lambda Z_2 \tag{2-67}$$

各绕组电流关系如下:

$$\begin{cases}\dot{I}_a=\dfrac{\lambda+1}{\lambda+2}\dot{I}_\alpha-\dfrac{1}{\lambda+2}\dot{I}_\beta\\ \dot{I}_b=-\dfrac{1}{\lambda+2}\dot{I}_\alpha-\dfrac{1}{\lambda+2}\dot{I}_\beta\\ \dot{I}_c=-\dfrac{1}{\lambda+2}\dot{I}_\alpha+\dfrac{\lambda+1}{\lambda+2}\dot{I}_\beta\end{cases} \tag{2-68}$$

忽略空载电流后的磁势平衡方程为

$$\begin{cases}w_1\dot{I}_A-w_2\dot{I}_a-w_4\dot{I}_\alpha=0\\ w_1\dot{I}_B-w_2\dot{I}_b+w_3(\dot{I}_\alpha+\dot{I}_\beta)=0\\ w_1\dot{I}_C-w_2\dot{I}_c-w_4\dot{I}_\beta=0\end{cases} \tag{2-69}$$

设 $K=\dfrac{w_1}{w_2}$,$k_3=\dfrac{w_3}{w_2}$,$k_4=\dfrac{w_4}{w_2}$,根据式(2-68)和式(2-69)可知:

$$\begin{bmatrix}\dot{I}_A\\ \dot{I}_B\\ \dot{I}_C\end{bmatrix}=\frac{1}{K}\begin{bmatrix}\dfrac{\lambda+1}{\lambda+2}+k_4 & -\dfrac{1}{\lambda+2}\\ -\dfrac{1}{\lambda+2}-k_3 & -\dfrac{1}{\lambda+2}-k_3\\ -\dfrac{1}{\lambda+2} & \dfrac{\lambda+1}{\lambda+2}+k_4\end{bmatrix}\begin{bmatrix}\dot{I}_\alpha\\ \dot{I}_\beta\end{bmatrix} \tag{2-70}$$

当 k_3、k_4 满足 $\dot{U}_\beta=j\dot{U}_\alpha$,若两供电臂功率因数相同,$\dot{I}_\beta$ 超前 $\dot{I}_\alpha$ 90°时,以 $\dot{I}_\alpha$ 为基准相,式(2-70)可写成:

$$\begin{bmatrix}\dot{I}_A\\ \dot{I}_B\\ \dot{I}_C\end{bmatrix}=\frac{1}{K}\begin{bmatrix}\dfrac{\lambda+1}{\lambda+2}+k_4 & -\mathrm{j}\dfrac{1}{\lambda+2}\\ -\dfrac{1}{\lambda+2}-k_3 & -\mathrm{j}\left(\dfrac{1}{\lambda+2}-k_3\right)\\ -\dfrac{1}{\lambda+2} & \mathrm{j}\left(\dfrac{\lambda+1}{\lambda+2}+k_4\right)\end{bmatrix}\begin{bmatrix}I_\alpha\\ I_\beta\end{bmatrix} \tag{2-71}$$

由式(2-71)同样可作图 2-29 可知，当两供电臂电流大小相等，且功率因数相同时，满足一次侧三相系统对称，$\dot{I}_A+\dot{I}_B+\dot{I}_C=0$，则

$$\begin{cases}k_3-k_4=\dfrac{\lambda-1}{\lambda+2}\\ \tan105°=\dfrac{\dfrac{\lambda+1}{\lambda+2}+k_4}{\dfrac{-1}{\lambda+2}}=-\sqrt{3}-2\end{cases} \tag{2-72}$$

即

$$\begin{cases}k_3=\dfrac{\sqrt{3}}{\lambda+2}\\ k_4=\dfrac{\sqrt{3}+1-\lambda}{\lambda+2}\end{cases} \tag{2-73}$$

因为 $\lambda>0$，所以 $k_3>0$；当 $0<\lambda\leqslant\sqrt{3}+1$ 时，$k_4>0$；当 $\lambda>\sqrt{3}+1$ 时，$k_4<0$ 此时两个补偿线圈的两个线端子要对调。

当两供电臂电流功率因数相同时，一、二次电流满足：

$$\begin{bmatrix}\dot{I}_A\\ \dot{I}_B\\ \dot{I}_C\end{bmatrix}=\frac{1}{(\lambda+2)(\sqrt{3}-1)K}\begin{bmatrix}\sqrt{3}+1 & -\mathrm{j}(\sqrt{3}-1)\\ -2 & -\mathrm{j}2\\ -(\sqrt{3}-1) & \mathrm{j}(\sqrt{3}+1)\end{bmatrix}\begin{bmatrix}I_\alpha\\ I_\beta\end{bmatrix} \tag{2-74}$$

当两供电臂电流大小相等，且功率因数相同时，一、二次电流满足：

$$\begin{bmatrix}\dot{I}_A\\ \dot{I}_B\\ \dot{I}_C\end{bmatrix}=\frac{I_\alpha}{(\lambda+2)(\sqrt{3}-1)K}\begin{bmatrix}\sqrt{3}+1 & -\mathrm{j}(\sqrt{3}-1)\\ -2 & -\mathrm{j}2\\ -(\sqrt{3}-1) & \mathrm{j}(\sqrt{3}+1)\end{bmatrix}=\frac{\sqrt{2}(\sqrt{3}+1)}{(\lambda+2)K}I_\alpha\begin{bmatrix}e^{-\mathrm{j}15°}\\ e^{-\mathrm{j}135°}\\ e^{\mathrm{j}105°}\end{bmatrix} \tag{2-75}$$

由式(2-75)可知，三相 YN，d11(曲折延边)联结阻抗匹配平衡牵引变压器的额定变流比为

$$K_I=\frac{I_{2N}}{I_{1N}}=\frac{I_\alpha}{I_A}=\frac{(\lambda+2)K}{\sqrt{2}(\sqrt{3}+1)} \tag{2-76}$$

当两供电臂电流大小相等，且功率因数相同时，由式(2-68)可知，三相 YN，d11(曲折延

边)联结阻抗匹配平衡牵引变压器各绕组电流之间满足：

$$\begin{bmatrix}\dot I_a\\ \dot I_b\\ \dot I_c\end{bmatrix}=\frac{1}{\lambda+2}\dot I_\alpha\begin{bmatrix}\sqrt{\lambda^2+2\lambda+2}\angle\arctan\dfrac{-1}{\lambda+1}\\ \sqrt{2}\angle-135^\circ\\ \sqrt{\lambda^2+2\lambda+2}\angle180^\circ+\arctan\dfrac{\lambda+1}{-1}\end{bmatrix} \tag{2-77}$$

三相 YN,d11(曲折延边)联结阻抗匹配平衡牵引变压器二次侧输出端口电压平衡方程为

$$\begin{cases}\dot U_\alpha=\dot U_a-\dot U_d+\dot U_f=\dfrac{1}{K}[(1+k_4)\dot U_A-k_3\dot U_B]\\ \dot U_\beta=\dot U_c-\dot U_e+\dot U_g=\dfrac{1}{K}[(1+k_4)\dot U_C-k_3\dot U_B]\end{cases} \tag{2-78}$$

将式(2-75)代入式(2-78)可知，一、二次电压变换关系如下：

$$\begin{bmatrix}\dot U_\alpha\\ \dot U_\beta\end{bmatrix}=\frac{\sqrt{3}}{(\lambda+2)K}\begin{bmatrix}\sqrt{3}+1 & -1 & 0\\ 0 & -1 & \sqrt{3}+1\end{bmatrix}\begin{bmatrix}\dot U_A\\ \dot U_B\\ \dot U_C\end{bmatrix} \tag{2-79}$$

一次侧三相电压对称时，有

$$\begin{bmatrix}\dot U_\alpha\\ \dot U_\beta\end{bmatrix}=\frac{3(\sqrt{3}+1)\dot U_A}{\sqrt{2}(\lambda+2)K}\begin{bmatrix}e^{j15^\circ}\\ e^{j105^\circ}\end{bmatrix} \tag{2-80}$$

因此，三相 YN,d11(曲折延边)联结阻抗匹配平衡牵引变压器的额定变比为

$$K_T=\frac{U_{1N}}{U_{2N}}=\frac{\sqrt{3}U_A}{U_\alpha}=\frac{\sqrt{2}(\lambda+2)K}{\sqrt{3}(\sqrt{3}+1)} \tag{2-81}$$

则

$$K=\frac{\sqrt{3}(\sqrt{3}+1)}{\sqrt{2}(\lambda+2)}K_T \tag{2-82}$$

根据式(2-76)和式(2-82)可知：

$$K_I=\frac{\sqrt{3}}{2}K_U \tag{2-83}$$

一次侧三相电压对称时，二次侧各绕组电压与供电臂电压之间的关系为

$$\begin{cases}\dot U_a=\dot U_b=\dot U_c=\dfrac{\sqrt{2}(\lambda+2)}{3(\sqrt{3}+1)}\dfrac{\dot U_{1N}}{K_U}=\dfrac{\sqrt{2}(\lambda+2)}{3(\sqrt{3}+1)}\dot U_{2N}\\ \dot U_d=\dot U_e=k_3\dot U_a=\dfrac{\sqrt{3}}{\lambda+2}\dfrac{\sqrt{2}(\lambda+2)}{3(\sqrt{3}+1)}\dot U_{2N}=\dfrac{\sqrt{6}}{3(\sqrt{3}+1)}\dot U_{2N}\\ \dot U_f=\dot U_g=k_4\dot U_a=\dfrac{1+\sqrt{3}-\lambda}{\lambda+2}\dfrac{\sqrt{2}(\lambda+2)}{3(\sqrt{3}+1)}\dot U_{2N}=\dfrac{\sqrt{2}(1+\sqrt{3}-\lambda)}{3(\sqrt{3}+1)}\dot U_{2N}\end{cases} \tag{2-84}$$

当三相 YN,d11(曲折延边)联结阻抗匹配平衡牵引变压器两供电臂最大输出电压和电流相等时，也就是 $I_\alpha=I_\beta=I_{2N}$,$U_\alpha=U_\beta=U_{2N}$，变压器输出功率为

$$S_{out}=U_{\alpha}I_{\alpha}+U_{\beta}I_{\beta}=2U_{2N}I_{2N} \tag{2-85}$$

根据式(2-76)和式(2-81)可知，三相 YN，d11(曲折延边)联结阻抗匹配平衡牵引变压器输入功率为

$$S_{in}=3U_{A}I_{A}=\frac{3\sqrt{2}(\sqrt{3}+1)}{(\lambda+2)K}I_{\alpha}\frac{\sqrt{2}(\lambda+2)K}{\sqrt{3}(\sqrt{3}+1)}U_{a}=2U_{2N}I_{2N} \tag{2-86}$$

三相 YN，d11(曲折延边)联结阻抗匹配平衡牵引变压器最大容量利用率为

$$\eta=\frac{S_{out}}{S_{in}}=\frac{2U_{2N}I_{2N}}{2U_{2N}I_{2N}}\times 100\%=100\% \tag{2-87}$$

三相 YN，d11(曲折延边)联结阻抗匹配平衡牵引变压器，当参数满足 $\lambda=\sqrt{3}+1$，$k_3=\frac{\sqrt{3}-1}{2}$，$k_4=0$ 时，此时变压器变为三相 YN，d11(延边)联结阻抗匹配平衡牵引变压器。一般情况下，阻抗匹配系数取值范围是 $1\sim(\sqrt{3}+1)$。

十一、三相 YN，d11(曲折延边)联结非阻抗匹配平衡牵引变压器*

对三相 YN，d11(曲折延边)联结阻抗匹配平衡牵引变压器中，当 $\lambda=1$，$k_3=k_4=\frac{\sqrt{3}}{3}$ 时，不需要专门进行阻抗匹配，按照结构对称性布置绕组，就可以使该变压器达到平衡。所以称为三相 YN，d11(曲折延边)联结非阻抗匹配平衡牵引变压器。

将 $k_3=k_4=\frac{\sqrt{3}}{3}$ 带入式(2-80)，则有

$$\begin{bmatrix}\dot{U}_{\alpha}\\ \dot{U}_{\beta}\end{bmatrix}=\frac{\sqrt{3}+1\dot{U}_{A}}{\sqrt{2}K}\begin{bmatrix}e^{j15^{\circ}}\\ e^{j105^{\circ}}\end{bmatrix} \tag{2-88}$$

三相 YN，d11(曲折延边)联结非阻抗匹配平衡牵引变压器的额定变比为

$$K_{T}=\frac{U_{1N}}{U_{2N}}=\frac{\sqrt{3}U_{A}}{\dot{U}_{\alpha}}=\frac{\sqrt{3}\sqrt{2}K}{\sqrt{3}+1}=\frac{\sqrt{6}K}{\sqrt{3}+1} \tag{2-89}$$

$$K=\frac{\sqrt{3}+1}{\sqrt{6}}K_{T} \tag{2-90}$$

将 $k_3=k_4=\frac{\sqrt{3}}{3}$ 带入式(2-84)，三相 YN，d11(曲折延边)联结非阻抗匹配平衡牵引变压器二次侧各绕组电压的关系为

$$\begin{cases}\dot{U}_{a}=\dot{U}_{b}=\dot{U}_{c}=\dfrac{\sqrt{6}}{\sqrt{3}+1}\times\dfrac{\dot{U}_{1N}}{\sqrt{3}K_{U}}=\dfrac{\sqrt{2}}{\sqrt{3}+1}\dot{U}_{2N}\\ \dot{U}_{d}=\dot{U}_{e}=k_{3}\dot{U}_{a}=\dfrac{\sqrt{3}}{3}\times\dfrac{\sqrt{2}}{\sqrt{3}+1}\dot{U}_{2N}=\dfrac{\sqrt{2}}{\sqrt{3}(\sqrt{3}+1)}\dot{U}_{2N}\\ \dot{U}_{f}=\dot{U}_{g}=k_{4}\dot{U}_{a}=\dfrac{\sqrt{3}}{3}\times\dfrac{\sqrt{2}}{\sqrt{3}+1}\dot{U}_{2N}=\dfrac{\sqrt{2}}{\sqrt{3}(\sqrt{3}+1)}\dot{U}_{2N}\end{cases} \tag{2-91}$$

将$k_3=k_4=\frac{\sqrt{3}}{3}$带入式(2-74)，非阻抗匹配三相 YN，d11(曲折延边)联结平衡牵引变压器一、二次电流关系为

$$\begin{bmatrix}\dot{I}_A\\ \dot{I}_B\\ \dot{I}_C\end{bmatrix}=\frac{1}{3(\sqrt{3}-1)K}\begin{bmatrix}\sqrt{3}+1 & -\mathrm{j}(\sqrt{3}-1)\\ -2 & -\mathrm{j}2\\ -(\sqrt{3}-1) & \mathrm{j}(\sqrt{3}+1)\end{bmatrix}\begin{bmatrix}I_\alpha\\ I_\beta\end{bmatrix} \tag{2-92}$$

当两供电臂负荷电流大小相等，且功率因数相同时，化简式(2-92)有

$$\begin{bmatrix}\dot{I}_A\\ \dot{I}_B\\ \dot{I}_C\end{bmatrix}=\frac{\sqrt{2}(\sqrt{3}+1)}{3K}I_\alpha\begin{bmatrix}e^{-\mathrm{j}15^\circ}\\ e^{-\mathrm{j}135^\circ}\\ e^{\mathrm{j}105^\circ}\end{bmatrix} \tag{2-93}$$

非阻抗匹配三相 YN，d11(曲折延边)联结平衡牵引变压器的额定变流比为

$$K_I=\frac{I_{2N}}{I_{1N}}=\frac{I_\alpha}{I_A}=\frac{3K}{\sqrt{2}(\sqrt{3}+1)} \tag{2-94}$$

$$K=\frac{\sqrt{3}+1}{\sqrt{6}}K_U$$

非阻抗匹配三相 YN，d11(曲折延边)联结平衡牵引变压器的额定变流比与额定变比的关系为

$$K_I=\frac{\sqrt{3}}{2}K_U \tag{2-95}$$

二次侧各绕组电压与供电臂电压之间的关系为

$$\begin{bmatrix}\dot{I}_a\\ \dot{I}_b\\ \dot{I}_c\end{bmatrix}=\frac{1}{3}\dot{I}_\alpha\begin{bmatrix}2 & -\mathrm{j}\\ -1 & -\mathrm{j}\\ -1 & 2\mathrm{j}\end{bmatrix}=\frac{1}{3}\dot{I}_\alpha\begin{bmatrix}\sqrt{5}\,e^{-\mathrm{j}26.6^\circ}\\ \sqrt{2}\,e^{-\mathrm{j}135^\circ}\\ \sqrt{5}\,e^{\mathrm{j}116.6^\circ}\end{bmatrix} \tag{2-96}$$

当三相 YN，d11(曲折延边)联结非阻抗匹配平衡牵引变压器两供电臂最大输出电压和电流相等时，也就是$I_\alpha=I_\beta=I_{2N}$，$U_\alpha=U_\beta=U_{2N}$，变压器输出功率为

$$S_{out}=U_\alpha I_\alpha+U_\beta I_\beta=2U_{2N}I_{2N} \tag{2-97}$$

根据式(2-94)和式(2-89)可知，三相 YN，d11(曲折延边)联结非阻抗匹配平衡牵引变压器输入功率为

$$S_{in}=3U_A I_A=2U_{2N}I_{2N} \tag{2-98}$$

三相 YN，d11(曲折延边)联结非阻抗匹配平衡牵引变压器最大容量利用率为

$$\eta=\frac{S_{out}}{S_{in}}=\frac{2U_{2N}I_{2N}}{2U_{2N}I_{2N}}\times 100\%=100\%$$

技能训练

1. 三相 YN，d11 联结牵引变压器二次侧相电流和线电流的关系是否符合$\sqrt{3}$倍的关系？并说明理由。

____

____

____。

2. Scott 联结牵引变压器额定变比与 T 座还是 M 座变压器变比相一致？并说明理由。

____

____

____。

3. 我们学过的牵引变压器中，哪些属于平衡牵引变压器？并说明理由。

____

____

____。

4. 能实现 AT 供电的牵引变压器有哪些？能实现非 AT 供电的牵引变压器又有哪些？AT 供电牵引变压器是否输出电压一定是 2×27.5 kV 吗？举例说明。

____

____

____。

5. 哪些牵引变压器的最大容量利用率能达到 100%？哪些牵引变压器的容量利用率不能达到 100%？不能达到 100%的牵引变压器的最大容量利用率又是多少呢？举例说明。

____

____

____。

6. 我国的牵引变电所的运行方式一般采用的是哪种？哪些牵引变压器不对称度能够达到 0%？哪些牵引变压器不对称度能够达到 50%？

____

____

____。

7. 试分析不同联结牵引变压器的接线有哪些不同点？

____

____

____。

任务评价

学生评价：______________________________________

____

____

____。

教师评价：______________________________________

____

____

____

____

____。

任务2　牵引变压器选型

学习目标

知识目标

1. 了解牵引负荷计算；
2. 掌握牵引变压器计算容量、最大容量、校核容量的计算，以及安装容量的确定；
3. 熟悉牵引变压器安装容量的选型方法。

技能目标

1. 具备变压器型号选择的能力；
2. 具备牵引变压器计算容量、最大容量和校核容量计算的能力。

素质目标

1. 具备查阅文献资料的能力；
2. 具备良好的沟通和表达能力。

预习任务

1. 查找不同联结牵引变压器的规格型号；
2. 查找电力机车运行中牵引变压器容量选型的相关知识。

任务导入

选择合适的牵引变压器容量以满足电力机车安全运行的能源需求，同时还要尽量满足经济的需求，那该如何选择合适的变压器型号呢？

知识链接

一、牵引变压器容量计算

从实际需要和经济角度考虑，牵引变压器容量计算一般分为以下3个步骤：首先确定计算容量，它是指根据任务书中规定的年运量大小和行车组织的要求，按正常运行的计算条件求出供应牵引负荷所必需的最小容量。再确定校核容量，它是指根据列车紧密运行时的计算条件和充分利用牵引变压器的过负荷能力所计算的容量，这是为确保变压器安全运行所必需的容量。最后确定安装容量(设计容量),它是指根据计算容量和校核容量,同时考虑备用等其他因素,并根据实际变压器系列产品的规格确定的变压器台数与容量。

为计算牵引变压器容量,首先需要进行负荷计算,根据牵引供电电流回路图(见项目1任务1图1-3)可知,需要依次确定机车电流、馈电线电流、牵引变压器绕组电流。一般需要先得出以下三种负荷电流。

(1)有效电流:指负荷电流一昼夜的方均根值,主要用来计算牵引变压器的容量和接触线的发热校验等。

(2)平均电流:一般为负荷电流一昼夜间的平均值,主要用于计算牵引变压器容量利用率和负序大小等。

(3)最大电流:一般为负荷电流瞬时的最大值,主要用于继电保护装置整定。

馈电线电流的计算时需要首先确定计算条件,再进一步计算机车电流、馈电线电流、牵引变压器绕组的平均电流、有效电流和最大电流。

1. 牵引变压器容量计算条件

(1)正常运行时,列车数的计算条件

列车正常运行时,主要考虑近期运量需求和远期运量需求。近期列车数按调查运量计算,考虑波动性和储备能力,列车数为

$$N=\frac{K_1K_2\Gamma\times10^4}{365G\gamma_{净}}\quad(列/日)\tag{2-99}$$

式中 G——列车牵引质量,t/列;

$\gamma_{净}$——货物列车净载重系数,即货车净载重与货车总重之比;

K_1——波动系数,取1.2;

K_2——储备系数,单线取1.2,双线取1.15;

Γ——线路货物年需要输送能力或年运量。

远期列车数按国家要求的输送能力计算,不考虑波动性和储备能力。当国家规定的需要输送能力接近线路输送能力时,按线路输送能力计算,列车数为

$$N=\frac{\Gamma_{线}\times10^4}{365G\gamma_{净}}\quad(列/日)\tag{2-100}$$

式中 $\Gamma_{线}$——线路输送能力。

若低于线路输送能力的一半时,可按2倍需要输送能力计算,列车数为

$$N=\frac{2\Gamma\times10^4}{365G\gamma_{净}}\quad(列/日)\tag{2-101}$$

(2)紧密运行时,列车数的计算条件

列车紧密运行是指非平行运行图区间通过能力,此时对应最大列车数 N_{max} 或 $N_{非}$。

①双线铁路上、下行按8 min或10 min追踪连发计算,最大列车数为

$$N_{max}=\frac{1\,440}{8}=180\quad(列/日)$$

②单线铁路按每区间均有一列车计算,最大列车数为

$$N_{max}=\frac{1\,440}{t_i+t_i'+\tau}\quad(列/日)\tag{2-102}$$

式中 t_i、t_i'——一对车在第 i 个区间的上、下行净走时间，min；

τ——停车、会让时间，一般取 7 min。

(3)列车用电量的计算条件

对于不同类型的列车用电量，都按满载货物列车考虑。当电力牵引的旅客列车数比例较大时，或上、下行方向空载车数比例很大时，也可分别按实际的客、货、空列车的用电量计算。

(4)牵引变压器计算容量和校核容量的计算条件

牵引变压器计算容量要满足正常运行时列车的功率需求，而校核容量要满足紧密运行时列车的功率需求，因此对应最大列车数 N_{max}（$N_{非}$）。

2. 列车电流

通常根据通过区段的每日列车对数 N；列车通过牵引变电所两边供电分区的走行时分 t、给电走行时分 t_g 和能耗 A，以及线路资料（如单双线、供电分区长度 l、区间数 n，信号系统）等，确定列车的电流。

(1)单线区段供电臂内第 i 区间的区间列车平均电流

$$I_{ti}=\frac{60A_i}{Ut_i}=2.4\frac{A_i}{t_i} \tag{2-103}$$

式中 t_i——为列车在第 i 区间的上、下行全部运行时间（包括停站时间）；

A_i——列车在 t_i 时间内的能耗。

(2)双线区段上、下行供电臂内第 i 追踪间隔的列车平均电流

$$I_{ti上(下)}=2.4\frac{A_{i上(下)}}{t_{i上(下)}} \tag{2-104}$$

式中 $t_{i上(下)}$——列车在上、下行的第 i 追踪间隔的全部运行时间（一般不包括停站时间）；

$A_{i上(下)}$——列车在 $t_{i上(下)}$ 时间内的能耗。

(3)单线区段供电臂内列车平均电流

$$I_t=2.4\frac{\sum A_i}{\sum t_i} \tag{2-105}$$

(4)双线区段上、下行供电臂内列车平均电流

$$I_{t上(下)}=2.4\frac{\sum A_{i上(下)}}{\sum t_{i上(下)}} \tag{2-106}$$

(5)单线区段供电臂内第 i 区间列车用电平均电流

$$I_i=2.4\frac{A_i}{t_{ui}} \tag{2-107}$$

式中 t_{ui}——列车在第 i 区间的上、下行用电运行时间。

(6)双线区段上、下行供电臂内第 i 追踪间隔的列车用电平均电流

$$I_{i上(下)}=2.4\frac{A_{i上(下)}}{t_{ui上(下)}} \tag{2-108}$$

(7)供电臂内列车用电平均电流

$$I=2.4\frac{\sum A_i}{\sum t_{ui}} \tag{2-109}$$

(8)双线区段上、下行供电臂列车用电平均电流

$$I_{上(下)}=2.4\frac{\sum A_{i上(下)}}{\sum t_{ui上(下)}} \tag{2-110}$$

(9)列车用电有效电流

$$I_{et}=k_{et}I=1.05I \tag{2-111}$$

(10)供电臂列车电流有效值

$$I'_{et}=k_{et}\sqrt{\alpha}I_{t}=k'_{et}I_{t} \tag{2-112}$$

式中 k'_{et}——列车平均电流有效系数；α 为列车平均间断系数 $\alpha=\frac{\sum t_i}{\sum t_{ui}}$；

k_{et}——列车用电有效电流系数 $k_{et}=1.05$。

3. 馈电线电流

(1)单线区段一边供电馈电线平均电流

①平均行车量法：

$$I_{av}=mI_{t} \quad 或 \quad I_{av}=\frac{60N\sum A_i}{TU}=1.667N\sum A_i\times10^{-3} \tag{2-113}$$

式中 m——供电臂同时存在平均列车数，$m=\frac{N\sum t_i}{T}$。

②概率统计法：

$$I_{av}=\sum I_i p_i=nIp \tag{2-114}$$

式中 p_i——第 i 个区间列车用电概率，$p_i=\frac{Nt_{ui}}{T}$。

p——供电臂内 n 个区间的列车用电平均带电概率，$p=\frac{\sum p_i}{n}$。

(2)双线区段一边供电馈电线平均电流

①并联供电方式的上、下行馈电线平均电流：

$$\begin{cases} I_{av上}=p_{上}I_{上}\sum_{i=1}^{n}\frac{2L-l_{ip}}{2L}+p_{下}I_{下}\sum_{i=1}^{n}\frac{l_{ip}}{2L} \\ I_{av下}=p_{下}I_{下}\sum_{i=1}^{n}\frac{2L-l_{ip}}{2L}+p_{上}I_{上}\sum_{i=1}^{n}\frac{l_{ip}}{2L} \end{cases} \tag{2-115}$$

式中 l_{ip}——上行或下行线路列车所在位置距离牵引变电所的距离；

L——上行或下行供电臂的长度；

n——列车数。

②分开供电方式的上、下行馈电线平均电流：

$$\begin{cases} I_{av上}=m_{上}I_{t上}=\alpha_{上}np_{上}I_{t上}=np_{上}I_{上} \\ I_{av下}=m_{下}I_{t下}=\alpha_{下}np_{下}I_{t下}=np_{下}I_{下} \end{cases} \tag{2-116}$$

③计算双线区段上、下行馈电线总平均电流：

$$I_{av}=I_{av上}+I_{av下}=npI=1.667N\sum A_i\times10^{-3} \tag{2-117}$$

(3)单线区段一边供电馈电线有效电流：

$$I_{e}=k_{e}I_{av} \tag{2-118}$$

其中，$K_e=\sqrt{1+\frac{K_{et}^2-p}{np}}=\sqrt{1+\frac{1.1-p}{np}}$。

(4)双线区段一边供电馈电线有效电流

①双线区段一边并联供电方式的上、下行馈电线有效电流：

$$\begin{cases} I_{e上}^2=\left(\frac{3}{4}m_上 I_{t上}+\frac{1}{4}m_下 I_{t下}\right)^2+\left(\frac{3}{4}m_上 I_{t上}\right)^2\frac{1.14\alpha_下-1}{m_下}+\left(\frac{1}{4}m_下 I_{t下}\right)^2\frac{1.46\alpha_上-1}{m_上} \\ I_{e下}^2=\left(\frac{3}{4}m_下 I_{t下}+\frac{1}{4}m_上 I_{t上}\right)^2+\left(\frac{3}{4}m_下 I_{t下}\right)^2\frac{1.14\alpha_下-1}{m_下}+\left(\frac{1}{4}m_上 I_{t上}\right)^2\frac{1.46\alpha_上-1}{m_上} \end{cases} \tag{2-119}$$

②双线区段一边分开供电方式的上、下行馈电线有效电流：

$$\begin{cases} I_{e上}=K_{e上} I_{av上} \\ I_{e下}=K_{e下} I_{av下} \end{cases} \tag{2-120}$$

③双线区段一边供电上、下行馈电线总电流：

$$I_e=\sqrt{I_{e上}^2+I_{e下}^2+2I_{av上} I_{av下}} \tag{2-121}$$

也可简化为

$$I_e=K_e I_{av}=\sqrt{1+\frac{1.1-p}{np}}I_{av} \tag{2-122}$$

(5)馈电线最大电流

①馈电线瞬时最大工作电流用于整定继电保护装置。通常按一列列车在供电臂远端启动，而在其余区间都同时有车用电运行计算。

单线区段：

$$I_{i\max}=I_{st}+(m_{\max}-1)I \tag{2-123}$$

式中　$m_{\max}$——供电臂内可能出现的最大列车数，通常取 n；

I_{st}——列车启动电流峰值，在双机区段可取 $1.5I_{st}$～$1.75I_{st}$ 作为双机启动电流。

双线区段上、下行馈电线瞬时最大工作电流按分开供电时，重负荷方向的馈电线瞬时最大工作电流的计算方法同单线区段。

②馈电线最大有效电流用于计算牵引变压器的最大容量。按非平行运行图区间通过能力(或线路输送能力)的列车数计算。

单线区段对应公式计算馈电线平均电流、有效电流系数和有效电流，但计算列车数时应按非平行运行图区间通过能力 $N_非$ 来计算。

双线区段上、下行馈电线最大有效电流按分开供电时，重负荷方向的馈电线最大有效电流的计算方法同单线区段。

③短时最大工作电流用于检验牵引变压器的过负荷能力。

$$I_{b\max}=m_s I \tag{2-124}$$

式中　m_s——供电臂同时存在的列车数(单线区段取供电臂的区间数)。

4. 牵引变压器绕组有效电流

不同联结牵引变压器绕组电流计算方法不同。

(1)单相联结牵引变压器有效电流

①供给一个供电臂时：

$$I_e = I_{1e} \tag{2-125}$$

②供给两个供电臂时：

$$I_e = \sqrt{I_{1e}^2 + I_{2e}^2 + 2I_{1av}I_{2av}} \tag{2-126}$$

式中 I_{1e}、I_{1av}——1 供电臂的有效电流、平均电流；

I_{2e}、I_{2av}——2 供电臂的有效电流、平均电流。

(2)V,v 联结牵引变压器有效电流

$$\begin{cases} I_{ve} = I_{1e} \\ I_{ve} = I_{2e} \end{cases} \tag{2-127}$$

(3)三相 YN,d11 联结牵引变压器有效电流

三相 YN,d11 牵引变压器容量取决于重负荷绕组的电流，假设 $I_{1e} > I_{2e}$，则重负荷线圈 2 的有效电流为

$$I_e = \frac{1}{3}\sqrt{4I_{1e}^2 + I_{2e}^2 + 2I_{1av}I_{2av}} \tag{2-128}$$

(4)Scott 联结牵引变压器有效电流

$$\begin{cases} I_{Me} = I_{1e} \\ I_{Te} = I_{2e} \end{cases} \tag{2-129}$$

5. 牵引变压器容量计算

不同联结牵引变压器绕组电流计算方法不同，具体如下：

(1)单相联结牵引变压器容量

$$S = UI_e \quad (\text{kV} \cdot \text{A}) \tag{2-130}$$

(2)V,v 联结牵引变压器容量

$$\begin{cases} S_1 = UI_{ve} = UI_{1e} \\ S_2 = UI_{ve} = UI_{2e} \end{cases} \quad (\text{kV} \cdot \text{A}) \tag{2-131}$$

(3)三相 YN,d11 联结牵引变压器容量

三相 YN,d11 牵引变压器容量取决于重负荷绕组的电流，假设 $I_{ae} > I_{be}$，则重负荷线圈 ca 的有效电流为

$$S = 3K_tUI_e = K_tU\sqrt{4I_{1e}^2 + I_{2e}^2 + 2I_{1av}I_{2av}} \quad (\text{kV} \cdot \text{A}) \tag{2-132}$$

(4)Scott 联结牵引变压器容量

$$S = U(I_{Me} + I_{Te}) \quad 或 \quad S = 2UI_e \quad (\text{kV} \cdot \text{A}) \tag{2-133}$$

【例题 1】 已知某单线区段，上、下行数据相同，牵引负荷计算结果如下：

供电臂 1：$I_{1e} = 126.792(\text{A})$，$I_{1av} = 77.596(\text{A})$

供电臂 2：$I_{2e} = 157.451(\text{A})$，$I_{2av} = 95.194(\text{A})$

选用三相 YN,d11 联结牵引变压器，采用固定备用。试计算变压器的计算容量。

解：牵引变压器绕组有效电流为

$$I_e=\frac{1}{3}\sqrt{4I_{2e}^2+I_{1e}^2+2I_{1av}I_{2av}}$$
$$=\frac{1}{3}\sqrt{4\times157.451^2+126.792^2+2\times77.596\times95.194}$$
$$=120.2(\mathrm{A})$$

牵引变压器计算容量为

$$S=3K_tUI_e$$
$$=3\times0.9\times27.5\times120.2$$
$$=8\,925(\mathrm{kV\cdot A})$$

练一练

已知某单线区段，上、下行数据相同，牵引计算结果如下：

供电臂 1：$I_{1e}=120(\mathrm{A})$，$I_{1av}=114(\mathrm{A})$

供电臂 2：$I_{2e}=160(\mathrm{A})$，$I_{2av}=150(\mathrm{A})$

选用单相 I,i 联结牵引变压器，采用固定备用。试计算变压器的计算容量。

6. 牵引变压器的过负荷能力

牵引变压器的寿命是由绝缘（主要指匝绝缘）材料的老化程度决定的。而绝缘材料的老化，主要取决于运行温度、绝缘材料结构中的氧气含量、含潮率等，其中运行温度是绝缘老化的最主要因素。

油浸式变压器绕组匝绝缘用的电缆纸（A 级绝缘）在 98 ℃下使用，其老化寿命在 20 年以上，在该运行条件下的老化寿命称为正常老化寿命。电缆纸在 80～140 ℃范围内，温度与 98 ℃相比，每升高 6 ℃，其老化速度加快一倍；反之，每降低 6 ℃，其老化速度减慢一半的原则，称为绝缘老化六度定则。因此一年或一日内冷却介质温度按自然规律变化时，高于年平均温度所增加的寿命损失可由低于年平均温度所减少的寿命损失补偿。

在保证牵引变压器正常寿命的前提下，牵引变压器可以带超过额定值的负荷运行一段时间的能力，这就是变压器的过负荷能力。

正常运行时，牵引变压器的日平均负荷不会超过额定容量。由于牵引负荷剧烈地变化，可能经常出现过负荷，但其值一般不大。类似牵引负荷电流的短时（1～2 min 以下）起伏和尖峰可以不考虑。紧密运行时，牵引变压器可能出现持续时间超过绕组热时间常数（几分钟）的较大的偶发性过负荷，较大地增加变压器寿命损失。但由于其他诸多因素(如轻载、冬季等)可减少相对寿命损失，使变压器寿命损失的能够得到补偿。因此设计规范规定，对于三相 YN,d11 联结牵引变压器，在利用牵引变压器过负荷能力 50%时，其容量能分别满足近期或远期紧密运行时的负荷需要，可以保证安全运行。对于单相变压器，厂家规定短时允许负荷不得超过 75%，对于 Scott 接线变压器，短时允许过负荷不得超过 100%。

7. 牵引变压器最大容量和校核容量计算

(1)单相牵引变压器最大容量

①供给一个供电臂时：

$$S_{max}=UI_{max}\quad (kV\cdot A) \tag{2-134}$$

②供给两个供电臂时：

$$S_{max}=U(I_{1max}+I_{2e})\quad (kV\cdot A) \tag{2-135}$$

式中 I_{1max}——重负荷臂的最大电流；

I_{2e}——轻负荷臂的有效电流。

最大电流需要采用查最大电流曲线表(图 2-31)法计算，需要根据区间数、带电概率，查曲线表，确定最大电流系数，其计算公式为

$$I_{max}=\text{最大电流系数}\times I \tag{2-136}$$

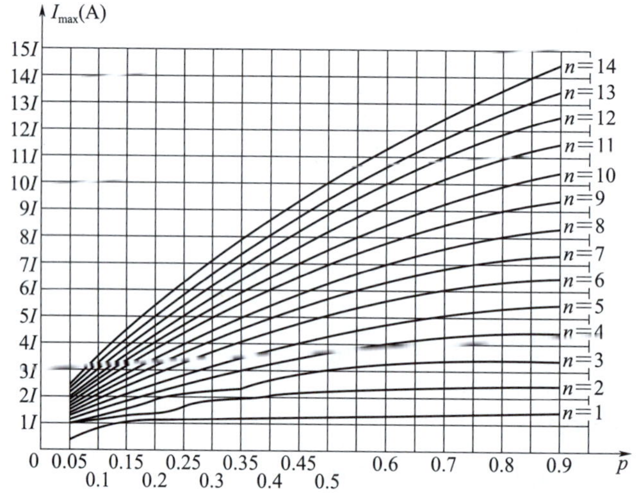

n—区间数；I—供电臂列车带电平均电流；p—区间平均带电概率。

图 2-31 最大电流曲线

(2)单相 V,v 联结牵引变压器最大容量

$$\begin{cases}S_{amax}=UI_{amax}\\ S_{bmax}=UI_{bmax}\end{cases}\quad (kV\cdot A) \tag{2-137}$$

(3)三相 YN,d11 联结牵引变压器最大容量

三相 YN,d11 联结牵引变压器容量取决于重负荷绕组的电流，假设 $I_{ae}>I_{be}$，则重负荷线圈 ca 的有效电流为

$$S_{max}=K_tU(2I_{1max}+0.65I_{2e})\quad (kV\cdot A) \tag{2-138}$$

(4)Scott 联结牵引变压器最大容量

$$S_{max}=U(I_{Mmax}+I_{Tmax})\quad (kV\cdot A)\quad \text{或}\quad S_{max}=2UI_{max}\quad (kV\cdot A) \tag{2-139}$$

(5)牵引变压器校核容量

$$S_{校}=\frac{S_{max}}{K} \quad (kV \cdot A) \tag{2-140}$$

式中 K——牵引变压器过负荷倍数,对于三相YN,d11、单相、Scott接线牵引变压器分别取1.5、1.75、2.0。

二、牵引变压器选型

牵引变压器选型首先需要根据工作环境选择变压器形式,还要根据负荷等级和备用方式选择牵引变压器的台数,最后根据变压器的计算容量、校核容量,考虑负荷增长需求和产品规格等选择变压器的安装容量。

(1)根据牵引变压器工作环境,选择牵引变压器形式

牵引变压器一般采用室外布置,但是当环境条件不允许时也可采用室内布置。普速铁路电压变比为110/27.5,高速铁路电压变比根据外部电源情况有220/(2×25.7)和330/(2×25.7)两种。相数有单相和三相之分。非AT供电方式联结组别有I,i、V,v、YN,d11、Scott、平衡变压器等,AT供电方式联结组别有I,i、V,x、Scott、平衡变压器等。牵引变压器绝缘介质一般都是油浸式。

(2)牵引变压器的台数选择

《铁路电力牵引供电设计规范》(TB 10009—2016)3.3.2规定,牵引变电所应设两台(组)牵引变压器,一台(组)运行,另一台(组)备用。每台(组)牵引变压器容量应能承担全所最大负荷。因此我国牵引变压器都是一台或一组运行,一台或一组固定备用的方式。如果是单相V,v或V,x联结牵引变压器需要选4台,其他的都是选2台。

(3)牵引变压器安装容量选择

根据负荷计算的结果,选取计算容量和校核容量中较大者作为基准,并适当考虑5%~10%的负荷发展,以及是否有地区动力负荷等诸多因素,确定每台牵引变压器的安装容量,还要确保每台(组)变压器容量应能承担全所最大负荷,其中三相V,v联结牵引变压器的绕组容量可以相等,也可以不相等。

(4)牵引变压器型号选择

在产品手册中根据确定参数(参数主要包括:型号、联结组别、变比、短路阻抗参数等)选取合适的变压器型号。

【例题2】 已知牵引变电所正常运行时供电臂1、2平均电流分别为77 A、95 A,有效电流分别为128 A、157 A。紧密运行时,供电臂1平均电流为121 A,有效电流为169 A,供电臂2列车带电平均电流为179 A,最大电流系数为2.38,试计算三相YN,d11联结牵引变压器的计算容量、校核容量,并确定牵引变压器的安装容量。

解:牵引变压器计算容量为

$$\begin{aligned}S&=K_tU\sqrt{4I_{2e}^2+I_{1e}^2+2I_{1av}I_{2av}}\\&=0.9\times27.5\times\sqrt{4\times157^2+128^2+2\times77\times95}\\&=8\ 910(kV\cdot A)\end{aligned}$$

牵引变压器最大容量为

$$S_{max}=K_tU(2I_{2max}+0.65I_{1e})=K_tU(2KI+0.65I_{1e})$$
$$=0.9\times27.5\times(2\times2.38\times179+0.65\times169)$$
$$=23\ 807(kV\cdot A)$$

牵引变压器校核容量为

$$S_{校核}=\frac{S_{max}}{K}=\frac{23\ 807}{1.5}=15\ 871(kV\cdot A)$$

因此，三相 YN，d11 联结变压器安装容量选择 R10 系列，为 2×16 000 kV·A。

技能训练

1. 牵引变压器容量计算需要计算哪些参数？

____。

2. 牵引变压器选型的步骤有哪些？

____。

任务评价

学生评价：____。

教师评价：____。

任务 3　牵引变压器施工

学习目标

知识目标

1. 了解牵引变电所的施工流程；

2. 熟悉牵引变压器的施工流程、施工材料及设备机具配置；

3. 掌握牵引变压器的施工操作要点和质量控制点。

技能目标

1. 能够识别牵引变压器的铭牌；

2. 能识别各类牵引所主接线图上牵引变压器的联结组别接线方式。

素质目标

1. 具备查阅文献资料的能力；

2. 具备良好的安全意识和责任担当意识；

3. 具备良好的沟通和表达能力。

预习任务

1. 查找《高速铁路电力牵引供电工程施工技术规程》(Q/CR 9609—2015)、《铁路电力、电力牵引供电工程施工安全技术规程》(TB 10308—2020)等牵引变压器施工有关知识；

2. 查找油浸式变压器的结构图片；

3. 搜集上行线路和下行线路的规定。

任务导入

牵引变压器是牵引变电所的核心设备，为铁路运输提供了安全、可靠和环保的能源动力，牵引变压器的施工关系到牵引变电所的安全稳定运行，更关系到铁路运输能否正常运行。

知识链接

一、牵引变压器施工流程及操作要点

1. 牵引变电所施工流程

牵引变电所为铁路运输提供了安全、可靠和环保的能源动力，牵引变电所的施工是铁路四电工程中重要的一环，也是铁路运营中的至关重要的一步。牵引变电所的施工需要遵循施工技术标准化、施工工艺程序化、施工过程规范化原则，具体施工流程如图 2-32 所示。

由图 2-32 可见，牵引变电所施工涉及基础和构架安装、开关设备及互感器安装、牵引变压器安装、避雷器安装、母线安装、电缆施工等施工工艺。施工前应对各类施工工具、机具、电气试验仪表、安全用具、量具等进行检查试验，不合格不得使用，施工过程要注意做好相关施工前检查记录，施工中安装记录和调试记录，以及施工后质量检查记录。

2. 牵引变压器施工流程

牵引变压器施工流程如图 2-33 所示。

装卸和运输过程中的技术要求如下：

(1)牵引变压器在装卸和运输过程中的倾斜角度不得超过 15°，且不应有严重冲击和振动，有加速度记录仪的应查看记录结果。

(2)充氮运输的牵引变压器，其充氮表压力应保持在正压 0.01～0.03 MPa 范围内。

3. 牵引变压器施工操作要点

(1)牵引变压器运输、装卸前应进行的相关调查

①了解道路及沿途桥梁、涵洞、沟道等结构、宽度、坡度、转角及承重等情况，如不符合要求

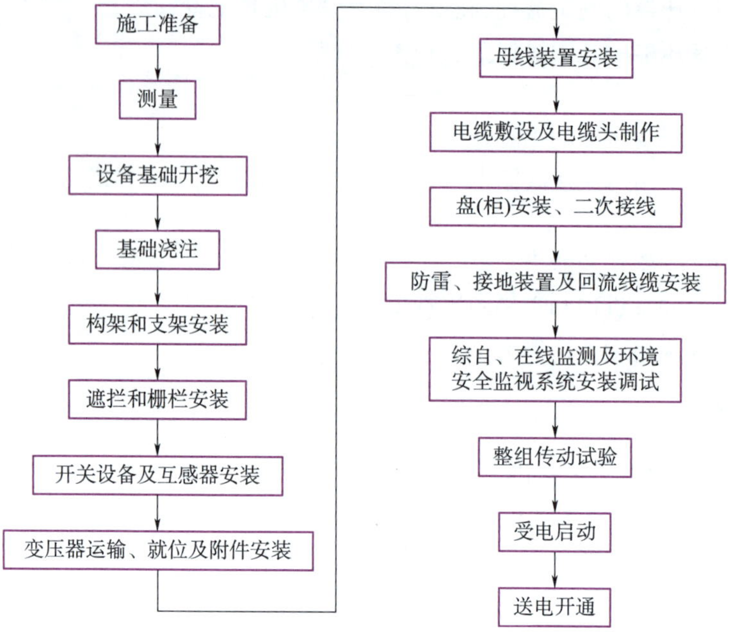

图 2-32 牵引变电所施工流程

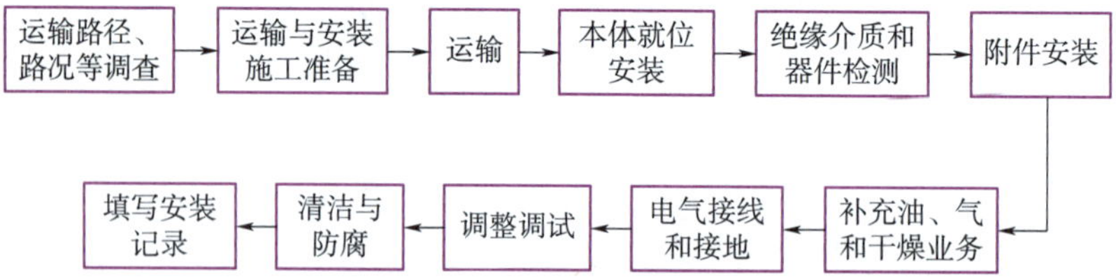

图 2-33 牵引变压器施工流程

时应采取加固措施。

②调查沿途电力、通信等架空线路高度情况。

③了解装、卸地点的环境、气象条件，地面、路面坚实程度。

④调查完毕后应编制运输装卸方案。

(2)牵引变压器本体运输、装卸和就位的要求

①在钢轨上用液压顶推时应平缓；公路运输的速度应符合产品相关技术文件要求。

②油浸式变压器在装卸和运输过程中不应有严重冲击和振动，倾斜角度不得超过 15°。充气变压器在运输途中应保持气体压力在 0.01～0.03 MPa 的正压。

③牵引变压器宜采用机械吊装就位，吊装机械应与牵引变压器重量匹配。

④装卸时，吊装或顶升的受力点应符合产品相关技术文件要求，受力应均匀。钟罩式变压器起吊时，应将吊索系在下节油箱专供整体起吊的吊耳上，并应经钟罩上节相对应的吊耳导向。

(3)油浸式牵引变压器冷却装置的安装要求

①散热器安装前用合格的绝缘油冲洗干净，并将残油排尽；阀门及法兰连接处密封应良好；安装完毕后应即注满油。

②风扇电动机及叶片安装应牢固、转动应灵活、转向应正确，运转时应无振动、过热，电源配线应采用耐油绝缘导线。

(4)油浸式牵引变压器的金属波纹储油柜的安装要求

①在安装前应确认密封良好。

②储油柜在注油后应对变压器各高点(比如套管升高座、冷却器等)排气，并让绝缘油静置4 h以上。

③储油柜注油管在运行时充满绝缘油，注油管下端配装的闸阀或波纹管阀门应按出油方向安装。

④避免储油柜最低端排污管的活塞头受到撞击而发生断裂，造成储油柜漏油。

⑤油标指示应与储油柜的真实油位相符油位表动作应灵活，其信号接点位置正确，绝缘良好。

(5)油浸式牵引变压器套管的安装要求

①瓷套管表面应无裂纹、伤痕，套管、法兰颈部及均压球内壁应清洁，充油套管应无渗油现象，油位指示正常。

②高压套管穿缆的应力锥应进入套管的均压罩内，其引出端头与套管顶部接线柱连接处应擦拭干净、接触紧密。

③对于采用螺杆式引出端子的套管，应安装转换端子后再与母线连接。

④充油套管的油标应面向外侧，套管末屏接地应良好。

⑤油浸式牵引变压器高、低压套管采用电缆插接端子接线时，应考虑油路封堵，与电缆附件制作安装(包括试验检查)工序的次序配合。

(6)油浸式牵引变压器的注油要求

①绝缘油应经试验合格后方可注入变压器。

②向油浸式牵引变压器注油宜从下部油阀进油，注油速度不宜大于100 L/min。110 kV及以上的变压器宜采用真空注油，但不宜在雨天或雾天进行。

③注油完毕后，110 kV及以下油浸式牵引变压器静置24 h；220 kV、330 kV变压器静置48 h，应将各部位的残余气体排尽。

(7)安装指针式温度计

①温度计表面擦干净，固定在表座上，检查指针是否在整定位置。

②打开油浸式牵引变压器顶盖上的测温座盖，擦净内腔，注入少量变压器油，插入测温包，油位以浸没测温包为宜，拧紧盖上的螺栓。

③将毛细管理顺，盘成直径不小于50 mm的圆圈，用卡子固定在油浸式牵引变压器油箱上。

(8)清洁与防腐、填写安装记录

①检查各连接部位、油气阀门是否有渗漏现象。

②蝶阀定位螺栓是否齐全，是否在全开位置固定。

③注油24 h后，取油样做耐压试验。

④装散热器之间的连接扁钢带。

⑤铁芯接地套管用25 mm×4 mm铜排做好接地连接，油箱接地应紧固。

⑥清扫擦净油箱外表，锈蚀部位要补漆。

⑦填写设备安装技术记录，并在适当时刻进行分项工程的质量检验评定工作。

二、牵引变压器就位施工

牵引变压器的就位根据其重量和现场位置情况，可采用液压顶推就位或吊装就位。

1. 牵引变压器液压顶推就位施工程序

牵引变压器就位施工程序如图 2-34 所示。

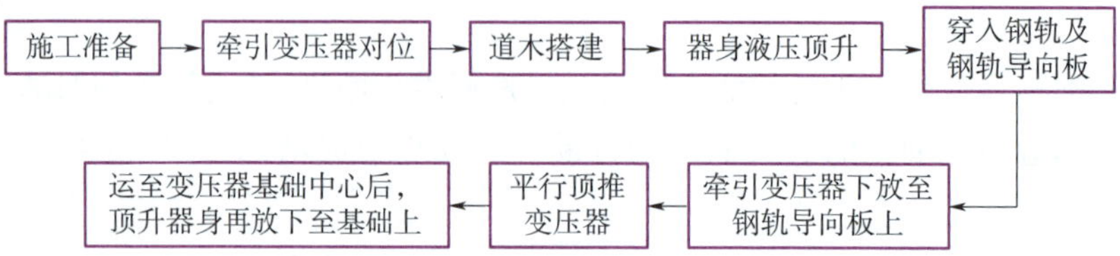

图 2-34　牵引变压器就位施工程序

图 2-35　牵引变压器对位

(1)施工准备

①整修变压器拖车进场通道，拆除妨碍拖车进场的各种障碍物。

②沿拖车入所路径，检查道路情况，并修整压实。

(2)牵引变压器对位(图 2-35)

①引导拖车靠近牵引变压器基础，车帮贴近基础的侧面。

②当牵引变压器的中心对准基础中心时，停车下闸，车轮用三角木楔掩。

③当牵引变压器距基础位置较远时，且受外部条件不能靠近基础时，应在拖车与基础之间的空当处用方木搭建木平台，确保主变压器的平稳运输。

(3)器身顶升

①在牵引变压器短边侧用两台千斤顶将器身顶起，高度约为 150 mm，然后在器身下垫入枕木，撤除千斤顶。

②在牵引变压器短边另一侧用同样方法垫入枕木。

(4)穿入滑轨(图 2-36)

①在牵引变压器身牵引耳的正下方，平行穿入两根 50 kg/m 的钢轨做滑轨。

②在牵引变压器底部与钢轨间放入 4 块钢轨导向钢板。

③依次从牵引变压器短边侧顶起器身撤出枕木，使主变压器落座在钢轨导向钢板上。

(5)安装夹轨式同步液压顶推器

①在钢轨上安装夹轨式同步液压顶推器。

②夹轨式同步液压顶推器与高压油泵站间链接液压油管。

(6)牵引变压器顶推滑行(图 2-37)

①检查牵引变压器顶推液压系统各连接管是否牢固,电源是否正常。

②检查滑轨安放是否稳固,与其相关的枕木垛是否牢固。

③在钢轨顶面上涂抹黄油。

④启动液压泵,夹轨式同步液压顶推器推动变压器前移。

⑤滑行中应注意牵引变压器的行进方向,随时纠正偏移。

⑥当夹轨式同步液压顶推器达到最大行程后,收缩液压杆,再进行顶推。

图 2-36　穿入滑轨

图 2-37　牵引变压器顶推滑行

(7)牵引变压器就位

①将牵引变压器顶推至变压器指定位置后,用千斤顶将变压器顶起,垫入枕木。

②撤出滑轨及护轨。

③顶起牵引变压器,撤出枕木,将其落在基础上。

(8)质量控制及检验要求

①牵引变压器的就位误差不大于±10 mm。

②牵引变压器就位过程中应保持器身及附件的完整无损。

(9)牵引变压器液压顶推就位工机具材料配置见表 2-2。

表 2-2　牵引变压器液压顶推就位工机具材料配置表

序号	名称	规格	数量
1	工具棚	5.5 m×2.2 m×2.5 m	1 个
2	液压千斤顶	100 t、50 t	4 只、2 只
3	高压油泵站	4 L	2 台
4	夹轨式同步顶推器	25 t	1 套
5	钢轨	50 kg/m(4 m/根)	4 根
6	撬棒	长 1 m	圆头 2 根;扁头 2 根
7	钢轨导向钢板	300 mm×300 mm×20 mm	4 块
8	钢板吊具	5 t	1 付
9	道木	2 800 mm×200 mm×180 mm	50 根
10		1 400 mm×200 mm×180 mm	30 根
11		800 mm×200 mm×180 mm	90 根

续上表

序号	名称	规格	数量
12	钢轨接头夹板	配套	8 副
13	三相电源线	380 V	200 m
14	电源箱	380 V	1 只
15	黄油	5 kg	1 桶
16	保险硬木板	30～100 mm 厚	2 m^3
17	榔头	18 磅(1 磅=0.453 6 kg)	1 把
18	千斤顶钢垫板	300 mm×300 mm×20 mm	4 块
19	千斤顶钢垫板	100 mm×100 mm×30 mm	4 块
20	工具车	—	1 辆
21	维修用工具	—	1 套

2. 牵引变压器吊装施工

牵引变压器吊装施工流程如图 2-38 所示。

图 2-38 牵引变压器吊装施工流程

(1)吊装准备

①新的牵引变压器到货后，应先进行验收检查，确认无误后，方可进行吊装作业。

②用拖车将牵引变压器运输到指定卸车位置。

③吊车按事先规划好的平面图位置进行站位。站位时应尽量靠近路边，支腿必须先铺垫一块 20 mm 厚的钢板。安装好吊装索具，吊机进入工作状态。

(2)受力计算

根据牵引变压器的运输重量，对其吊装进行计算，最大的计算载荷为

$$Q_{计}=K_1K_2(Q+q) \tag{2-141}$$

式中 K_1——动载系数取 1.1；

K_2——不平衡系数取 1.1；

Q——变压器重量；

q——吊索具重量。

根据最大计算载荷，确定吊车的起吊技术参数和吊装钢丝绳的选用。钢丝绳安全系数取 6～8 倍。

(3)牵引变压器吊装就位

①将钢丝绳穿入牵引变压器的吊装吊耳，绑扎牢靠，吊车按照计算好的技术参数进行一次试吊。

②试吊没有问题后，将牵引变压器一次吊装就位。

3. 牵引变压器施工安全要求及质量控制要点

(1)牵引变压器就位顶推或吊装安全要求

①凡参加施工人员必须执行上级颁发的各项安全制度，严格执行有关规定，坚持“安全第一、预防为主”的原则，服从现场统一指挥。

②牵引变压器本体安装以前，对参加施工作业的人员应进行一次针对性的培训，对设备的

情况、安装程序、吊装工艺、安全技术措施进行全面交底，做到人人心中有数，确保施工的顺利进行。

③施工过程中，施工人员必须经过具体分工，明确职责。在牵引变压器卸载顶推过程中，要听从指挥，全程监控，不得擅自离开工作岗位。

④所有顶推机具或吊装机具在使用前，都必须经过检查，确认处于完好状态，方可投入使用。

⑤不允许在雨天、雪天、夜间、雾天和六级风以上的情况下进行吊装作业。

⑥严格执行安全操作规程，不允许违章操作，不允许吊机超载使用及斜拉重物。

⑦顶推或顶升主变压器时，夹轨式同步顶推器的推进速度要平衡一致，动作要协调。

⑧滑轨的安放要平行、稳固，轨间距离应保证主变压器滑行稳定。

⑨严禁在主变压器长轴一侧的两端同时顶升。

(2)牵引变压器施工质量控制要点

①牵引变压器在装卸和运输过程中的倾斜角度不得超过 15°，且不应有严重冲击和振动。

②充氮运输的牵引变压器，其充氮表压力应保持在正压 0.01～0.03 MPa 范围内。

③牵引变压器各部位均应无渗油现象。

④油漆完整，各相标志正确，接地可靠，顶盖上无杂物。

⑤油枕、散热器、净油器的油路阀门均应打开并准确定位。

⑥铁芯接地套管和油箱接地应可靠。

⑦油枕、高压套管油位正常，无假油位。

⑧分接开关挡位一致。

⑨温度计指示正确，整定值符合设计规定。

4. 牵引变压器施工质量目标和要求

(1)首件定标，样板引入，标准化施工；施工标准满足验收标准，一次合格率 100%。

(2)环境保护目标和要求。

①减少植被破坏、防止水土流失、保护自然环境。

②施工、生活用水合理组织排放，防止有害气体、废油污染环境。

③施工现场做到工完、料尽、场地清。

④工程竣工后，及时修整和恢复在建过程中受到破坏的生态环境，尽可能采取绿化措施。

三、牵引变压器附件安装施工

1. 牵引变压器附件安装施工程序

牵引变压器附件安装施工程序如图 2-39 所示。

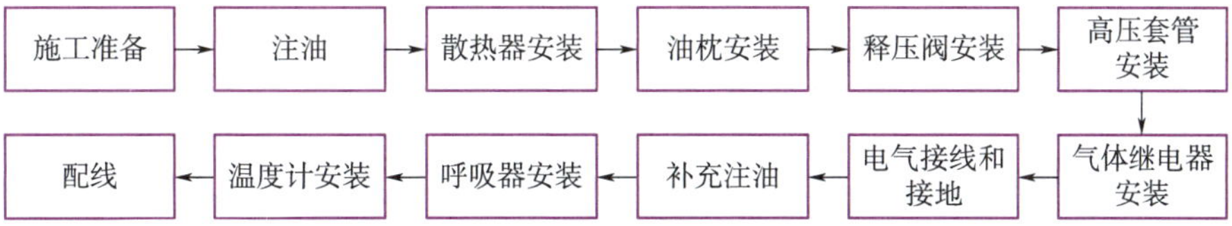

图 2-39　牵引变压器附件安装施工程序

牵引变压器附件施工技术要求如下：

(1)牵引变压器各部分均应无渗油现象。

(2)油漆完整,各相标志正确,接地可靠,顶盖上无杂物。

(3)油枕、散热器、净油器的油路阀门均应打开并准确定位。

(4)铁芯接地套管和油箱接地应可靠。

(5)油枕、高压套管油位正常、无假油位。

(6)分接开关挡位一致。

(7)温度计指示正确,整定值符合设计规定。

(8)注油后,变压器油需经送检分析合格。

2. 牵引变压器附件安装施工工艺流程

(1)施工准备

在牵引变压器安装工作开始前,必须详细阅读厂商提供的安装说明书或操作指导,以及有关的技术标准,严禁在未透彻理解,未熟悉安装技术要求、方法和步骤等之前盲目安装;牵引变压器主体就位后,基准线与基础中心线吻合,主体应呈水平状态,最大水平误差不超过±3 mm。滤油系统准备就绪,随时开动,气体继电器、套管、温度计经试验合格。

(2)施工工艺

①注油。首先对牵引变压器油进行处理前检查,保证油质满足介质损耗角、介质强度、含水量、含气量和颗粒物等指标要求,然后对储油罐内进行循环滤油,再对器身抽真空排氮,测量铁芯对外壳绝缘,在器身顶部与底部泄油阀间连接油位指示器,在顶部注油阀处连注油管,气体继电器安装处连真空泵,对器身抽真空,最后注油(只注到刚好没过铁芯)。

②散热器安装。拆下散热器及油管封板,擦净法兰接合面和密封胶垫,在胶垫两个接合面涂抹密封胶,然后将胶垫放入法兰槽内,吊起散热器至油箱近旁,调整高度和位置,使法兰相接,注意密封垫不要错位,带上螺母,对角拧紧,依次安装好全部散热器。

③油枕安装。打开油枕端盖及气体继电器连接的法兰封板,将内壁擦洗干净。将胶囊顺油枕方向放置平整,向胶囊内充 2 kPa 氮气作漏气检查,经检查无漏气后,将压力泄放,装上端盖。按照产品说明书安装油位表后,吊装油枕前,先将油枕与托架的连接螺栓松开,将油枕就位后,拧紧托架固定螺栓。

④释压阀安装。打开油箱顶部释压阀座的封板,清洗擦净接合面,在密封胶垫两侧涂抹密封胶,将释压阀喷口朝外,用螺栓固定于气其底座上。

⑤高压套管安装。用汽油擦净瓷面及法兰接合面,检查油位及有无渗油现象;拆下油箱上高压套管上端的接线板、导电密封头,穿入 $\phi 1.5$ mm 镀锌铁线;拆下器身上高压套管底座封板,清洗套管座法兰,擦净密封胶垫,涂抹密封胶,放入密封槽内。将高压套管吊起,油标朝外,放气塞在最高位置吊至套管座上方时,将绕组接线端拴在铁线上,将铁线穿入套管内,降落时要稳要慢,要扶正套管避免碰撞套管座。待与法兰相接时,将绕组接线端用铁线牵出套管顶端,拧紧法兰连接螺栓,穿上销子,安装导电座密封头和接线板。牵引变压器高低压套管安装及其与线圈引出线连接时,应以扭力扳手检测螺栓紧固程度。

⑥气体继电器安装。打开气体继电器封板,擦净连接法兰接合面,解除内部扎绳,触试开口杯和挡板应动作灵活;拆下器身和油枕与气体继电器相连接的法兰封板,并擦净接合面和密封胶垫,涂抹密封胶,置入密封槽内。将气体继电器置于两法兰中间,箭头指向油枕,对好位置

和间隙，如胶垫无错位便可对角拧紧连接螺栓。

⑦补充注油。在器身注油阀上连接输油管路，打开散热器上、下蝶阀，拧开散热器、油枕、气体继电器、高低压套管上的排气孔，打开器身注油阀，开启滤油机，将合格的牵引变压器油注入器身，自上而下监视各部排气阀，当排气阀出油时立即关闭排气阀，最后在油枕顶部排气阀出油时，停止注油，关闭排气阀。关闭油箱注油阀，拆除输油管路。放油，使油位略高于正常油位。

⑧呼吸器安装。将硅胶装入呼吸器，将呼吸器连管与油枕连接，中部卡在器身上下部法兰装上呼吸器。

⑨温度计安装。将温度计表面擦干净，固定在表座上，检查指针是否在整定位置，打开变压器顶盖上的测量座盖，擦净内腔，注入少量变压器油，插入测温包，油位以浸没测温包为宜，拧紧盖上的螺栓；将毛细管理顺，盘成半径不小于 50 mm 的圆圈，用卡子固定在器身顶上。

⑩配线。将电缆穿入蛇皮管，两端剥出芯线，校线并套标号管，按照二次接线图接线。用临时电源通电试验，检查电机转动是否平稳灵活，有无卡阻、摩擦和振动现象。

(3)整理收尾

检查各连接部位、油气阀门有否渗漏现象，蝶阀定位螺栓是否齐全，是否在全开位置固定。按照施工工艺标准做好铁芯接地、器身外壳接地。填写施工技术记录，并请监理工程师进行质量检查、签认。

3. 牵引变压器附件安装施工质量控制及检验

(1)所有法兰连接处应用密封垫圈密封。密封垫圈必须无扭曲、变形，裂纹和毛刺，应与法兰面的尺寸相匹配，压缩量不宜超过其厚度的 1/3。

(2)附件安装完成后宜进行加压检测，应无渗油。

4. 牵引变压器附件安装施工安全及环保要求

(1)雨天、雾天禁止进行附件安装。

(2)安装高低压套管及其他附件时，严禁螺母、垫片及其他物品掉入箱内。

(3)补充注油时，油枕上机防爆筒排气孔塞要取下，让排气畅通，防止注油速度过快时，内部压力升高，要监视油枕油标，油标出现油位后要放慢注油速度。

(4)场地应备灭火器材，设置严禁烟火标志牌。

5. 牵引变压器附件安装施工材料

牵引变压器附件安装施工所需施工材料见表 2-3。

表 2-3 牵引变压器附件施工材料表

序号	名称	规格	单位	数量
1	白布	0.9 m×3 m	块	1
2	塑料布	1 m×5 m	块	1
3	变压器油	—	t	
4	镀锌铁线	ϕ1.5 mm	kg	0.5
5	纯酒精	—	kg	1
6	棉纱	—	kg	3

续上表

序号	名称	规格	单位	数量
7	白布带	5 m×20 mm	盘	2
8	扁钢	—	kg	若干
9	硅胶	—	kg	若干

6. 牵引变压器附件安装施工工机具配置

牵引变压器附件安装施工每个作业组所需工机具配置见表 2-4。

表 2-4　牵引变压器附件施工工机具配置表

序号	名称	规格	单位	数量	备注
1	汽车起重机	8 t	辆	1	
2	真空滤油机	—	台	1	
3	兆欧表	2 500 V/2 500 MΩ	块	1	备用 1 台
4	力矩扳手	5～350 N·m	套	2	备用 1 台
5	螺丝刀	5 mm×150 mm	把	1	
6	油桶	15 L	只	2	
7	刷子	5 寸(1 寸=3.33 cm)	把	4	
8	白棕绳	ϕ18 mm/L=12 m	根	4	
9	油罐	4 m^3	个	1	
10	烘箱	—	个	1	

技能训练

简述牵引变压器安装过程。

____

____

____。

任务评价

学生评价：____

____

____

____。

教师评价：____

____

____

____

____

____。

任务4 牵引变压器运行维护及故障处理

学习目标

知识目标

1. 了解牵引变压器的运行操作流程；
2. 掌握牵引变压器的故障处理。

技能目标

1. 具备运行检查操作的能力；
2. 具备故障处理的能力。

素质目标

1. 具备良好的安全意识和责任担当意识；
2. 具备良好的沟通和表达能力。

预习任务

1. 查找牵引变压器常见的不正常运行和故障状态的相关资料；
2. 整理牵引变压器运行维护操作和故障处理的相关步骤、方法等。

任务导入

牵引变压器安装完成后该如何投入运行？故障后该如何判断？如何维修？如何保障供电？

知识链接

牵引变压器有正常工作、备用和故障三种状态，为确保变压器安全可靠工作，牵引变压器需要定期巡视、检修和维护，因此，牵引变电所的主要工作有值班、巡视、运行操作、检修维护、异常和故障处理等。

一、牵引变压器运行操作

1. 牵引变压器运行的一般要求

（1）牵引变压器投入运行前应取得安装、检修和试验的验收合格证明，各种保护、测量和冷却装置完好并已投入运行。

（2）新竣工的牵引变压器应向运行单位移交相关文件，制造厂提供的说明书、图纸和出厂试验报告等；本体、冷却装置及各附件（套管、互感器、分接开关、气体继电器、压力释放器和仪表等）在安装时的交接试验报告，器身吊检时的检查及处理记录等；安装全过程记录；变压器冷却系统，有载调压装置的控制及保护回路的安装竣工图，油质化验及色谱分析记录；备品备件清单。

2. 牵引变压器投入运行前应检查的项目

牵引变压器在新投入运行或检修后投入运行前应检查下列九项内容：

（1）油位计油面是否在标准线内，油内有无杂质，油色是否透明，玻璃管有无裂纹。

（2）瓷套管是否清洁，有无破损及漏油。

（3）散热器、油枕、硅胶罐与器身间油门是否全部打开，有无漏油。

（4）打开气体继电器放气门，放出内部气体，直到向上流油为止。

（5）检查引线端子是否牢固，外表是否清洁，有无漏油，变压器外壳、散热器等顶部残留空气是否放净。

（6）防爆管膜有无破裂，有无漏油。

（7）分接开关位置是否正确，锁紧装置是否牢固。

（8）周围有无杂物及遗留工具，外壳接地是否良好。

（9）呼吸器内的硅胶是否为蓝色（受潮后成粉红色或浅蓝色），有无粉末，玻璃管有无破裂。

3. 运行中牵引变压器应检查的项目

运行中的牵引变压器应检查以下四个项目：

（1）电缆和母线有无过热、移动和变形。

（2）变压器冷却设备运转是否良好。

（3）气体继电器气体收集窗内油面是否充满，有无气体。

（4）牵引变压器由运行改为备用时，气体继电器应照常与信号连接，巡检时观察未运行变压器油面是否下降。

4. 牵引变压器投退的操作程序

（1）高、低压侧都有断路器和隔离开关的变压器投入运行时，应先投入变压器两侧的所有隔离开关，然后投入高压侧的断路器，向变压器供电，再投入低压侧断路器，向低压母线供电；停电时，应先断开低压侧断路器，后断开高压侧断路器，最后拉开各侧隔离开关。

（2）送电时发现电流异常升高而不恢复正常，或牵引变压器有不正常响声、放电等异常现象时，应立即停电检查。

5. 牵引变压器的巡视

在当今智能电网和智能变电所的大背景下，工作人员的定期巡视依然是牵引变压器运行维护中主要的工作之一，是发现设备缺陷和隐患的重要手段，也是掌握设备动态不可缺少的工作。巡视的一般项目和要求主要包括以下五点：

（1）绝缘体应清洁，无破损和裂纹、无放电痕迹及现象，瓷釉剥落面积不得超过 300 mm^2。

（2）电气连接部分（引线、二次接线）应连接牢固，接触良好，无过热、断股和散股、过紧或过松现象。

（3）设备声音正常、无异响。

（4）充油设备的油标、油阀、油温、油色应正常，充油、充胶、充气设备应无渗漏、喷油现象。充气设备气压和气体状态应正常。

（5）设备安装牢固，无倾斜，外壳无严重锈蚀，接地良好，基础、支架应无破损和剥落。设备室和围栅应完好并锁好。

巡视牵引变压器时，除一般项目和要求外，还要注意以下五点。

（1）防爆筒玻璃应无破裂，密封良好。

（2）变压器内干燥剂颜色正常。

（3）气体继电器内应无气体。

（4）冷却装置、风扇电机应齐全，运行应正常。

（5）有载调压开关位置指示、动作计数器显示正确，低压侧母线电压在调压范围内。

二、牵引变压器检修维护

1. 长期停用和检修后的牵引变压器的检查

在投入运行前除按正常巡视项目检查外，还要进行以下五项检查：

(1)分接开关位置应合适且三相一致，有载调压开关位置应符合要求，相位符合要求。

(2)各散热器、油枕、热虹吸装置、防爆管等处阀门应打开，散热器、油箱上部残存的空气应排除。

(3)按规定试验合格。

(4)保护装置应正常。

(5)检修时所做的安全设施应拆除，牵引变压器顶部应无遗漏工具和杂物。

2. 牵引变压器并联运行的条件的检查

牵引变压器并联运行的条件是：接线组别相同、电压比相同、短路电压相同。对电压比和短路电压不相同的变压器，在任何一台都不会过负荷的情况下可以并联运行。当短路电压不同的牵引变压器并联运行时，应适当提高短路电压大的变压器的二次电压，以充分利用牵引变压器容量。

3. 牵引变压器过负荷的检查

在正常情况下，允许的牵引变压器过负荷值根据制造厂规定的技术条件及负荷情况由铁路局集团公司制定。事故情况下允许变压器过负荷值参照表2-5。

表2-5　事故情况下允许变压器过负荷值参照表

过负荷/%		30	60	75	100	140	200
持续时间/min	牵引变压器	120	45	20	10	5	2
	其他变压器	120	30	15	7.5	3.5	1.5

当牵引变压器过负荷运行时，对有关设备要加强检查。

(1)监视仪表，记录过负荷的数值和持续时间。

(2)监视变压器声响和油温、油位及冷却装置的运行情况。

(3)检查运行的牵引变压器断路器、隔离开关、母线及引线等有无过热现象。

(4)注意保护装置的运行情况。

(5)当变更牵引变压器分接开关的位置后，必须检查回路完整性和三相电阻的均一性，并将变更前后分接开关的位置及有关情况记入有关记录中。

4. 牵引变压器油的检查

(1)牵引变压器在换油、滤油后，一般情况下，应待绝缘油中的气泡消除后方可运行。

(2)运行中的油浸自冷、风冷式牵引变压器，其上层油温不应超过85 ℃；风冷式牵引变压器当其上层油温超过55 ℃时应启动风扇。

(3)当牵引变压器油温超过规定值时，值班人员要检查原因，采取措施降低油温，一般应检查变压器负荷和温度，并与正常情况的油温核对；核对油温表；检查牵引变压器冷却装置及通风情况。

(4)牵引当变压器有下列情况之一者必须立即停止运行：牵引变压器声响很大且不均匀或有爆裂声；油枕、防爆管或压力释放器喷油；冷却及油温测量系统正常但油温较平常相同条件下高出 10 ℃以上或不断上升时；套管严重破损和放电；由于漏油致油位不断下降或低于下限；油色不正常（隔膜式油枕除外）或油内有碳质等杂物；变压器着火；重瓦斯保护动作；由于牵引变压器内部故障引起差动保护动作。

5. 牵引变压器检修后应移交的记录

牵引变压器检修竣工后应移交下列四项记录：

(1)牵引变压器及附属设备的检修原因、检修全过程记录。

(2)牵引变压器及附属设备的试验记录。

(3)牵引变压器的干燥记录。

(4)牵引变压器的油质化验、色谱分析、油处理记录。

三、牵引变压器故障处理

1. 响声异常的故障原因及处理方法

(1)牵引变压器过载

牵引变压器出现过载时，嗡嗡声会变得沉重且不断增大，上层油温有所上升，但声音是连续的。此时立即报告供电调度员，开启冷却风扇，适当调整负荷。

(2)牵引变压器内部层间、匝间绝缘击穿

牵引变压器出现内部层间、匝间绝缘击穿时，声音很大且不均匀，间有爆裂声和咕噜声。此时应立即报告供电调度员，变压器停运，消除故障后再使用。

(3)牵引变压器内部或外部局部放电

牵引变压器出现内部或外部局部放电时，会有噼啪放电声。此时应立即报告供电调度员，牵引变压器停运，消除故障后再使用。

(4)某些零件发生松动

牵引变压器出现过某些零部件松动时，会出现不均匀的振动声，此时需要安排大修。

2. 油温异常的故障原因及处理方法

若是牵引变压器内部故障引起的故障，原因有可能是牵引变压器的一次或二次绕组绝缘击穿或损坏造成层间或匝间短路；牵引变压器内部的接点松动、接触面电阻增大或产生电弧；牵引变压器铁芯的夹紧穿插螺栓绝缘损坏造成环绕通路，产生感应电流使铁芯温度升高。若继续发展将破坏铁芯硅钢片的绝缘，使铁芯产生较大的涡流形成恶性循环，使油温急骤升高；牵引变压器内部故障出现的电弧和着火还会劣化变压器油，油色逐渐变暗，严重时可能会造成牵引变压器喷油；铁芯多点接地形成涡流等。

牵引变压器内部故障会在同样负荷条件下，油温比平常高出 10 ℃以上且不断上升，且冷却装置运行正常。此时应报告供电调度员和主管领导，立即切除故障牵引变压器，进行检查，并投入备用牵引变压器。

3. 油位异常的故障原因及处理方法

(1)油位过低(如渗漏油，放油后未补充，负荷低而冷却装置过度冷却等)。

牵引变压器发生油位过低，若是过冷系统引起的，可适当增加负荷或停止部分冷却装置；若出现“轻瓦斯”信号，在气体继电器窗口中看不见油位，则应立即停运牵引变压器。

(2)油位过高(如补油过多或负荷过大等)。

牵引变压器发生油位过高，应立即放油或减少负荷。

(3)负荷变化、温度变化后，油位不发生变化(通气管堵塞、油标管堵塞或油枕呼吸器堵塞)的假油现象。

当负荷波动和温度变化后，牵引变压器出现油位不变化的假油位现象时，牵引变压器需停运、检修。

4. 保护异常

(1)轻瓦斯动作

若气体继电器内的气体为无色，无臭而不可燃，色谱分析判断为空气，则牵引变压器可继续运行。若气体是可燃的，色谱分析其含量超过正常值，经常规试验给以综合判断，若判明牵引变压器内部已有故障，必须将牵引变压器停运，以便分析动作原因和进行检查试验。

(2)重瓦斯动作

若重瓦斯动作，则可能是牵引变压器内部发生短路或接地故障，要进行内部检查，直至试验正常，才能重新投入运行。

5. 外表异常

(1)渗油、漏油可能是连接部位的胶垫老化开裂或螺钉松动。

(2)套管破裂、内部放电、防爆管破损等这些故障严重时会导致防爆管玻璃破损，应停用牵引变压器，等待处理。

(3)牵引变压器着火应将牵引变压器立即从系统中隔离，同时采取正确的灭火措施。

6. 故障牵引变压器应加强监视的情况

牵引变压器在运行中，发现异常现象后，应立即报告领导，并准备投入备用牵引变压器，对故障牵引变压器应加强监视的情况如下：

(1)噪声比平常大，响声音调异常。

(2)上层油温超过 85 ℃。

(3)外壳漏油、油面变化、油位下降。

(4)垫圈、垫片向外凸出。

(5)套管发生裂纹和有放电现象。

7. 牵引变压器应立即联系停电处理，发生的异常情况

(1)牵引变压器内部响声很大，有放电声。

(2)气温正常、风机正常运行时，牵引变压器的温度急剧上升。

(3)漏油严重、油面下降很快。

8. 牵引变压器应立即停电处理，发生的严重事故情况

(1)牵引变压器防爆管喷油、喷火，变压器起火。

(2)牵引变压器套管爆裂。

(3)牵引变压器本体油箱破裂，大量向外喷油。

(4)牵引变压器着火时，应首先打开放油门，将油放入油坑，同时用二氧化碳灭火器灭火，牵引变压器及周围电源全部切断后，可以用泡沫灭火器灭火，禁止用水灭火。

(5)牵引变压器超负荷时，应立即报告领导，并将该牵引变压器部分负荷切至备用电源供电或通知使用单位减负荷，使电流不超过规定值。

(6)牵引变压器温度过高，上层油温升高超过 85 ℃，应先查明原因，检查温度是否误指示，通风设备是否良好，散热器各油阀是否开启，有无堵塞，并核对前一天记录，在同一时间或同样负荷时，所指示的温度是否相同。如通风良好，负荷与平时相同，油阀开启时，应报告领导联系停电检查。

(7)出现轻瓦斯信号时，应对牵引变压器进行检查，如由于油位降低、油枕无油，应加油。如气体继电器内有气体、应观察气体颜色并点火试验：

①无色、无臭或有轻微的油味，不能燃烧，是牵引变压器内部有空气。

②灰白色，有强烈臭味，可燃烧，是绝缘纸损伤。

③黄色，不易燃烧，是木质绝缘损伤。

④灰黑色，易燃烧，是油分解。

如是可燃气体或牵引变压器声音不正常，内部有放电声、爆竹声等，应停电检修。

如牵引变压器内多次产生气体不明原因时，应采取油样试验闪点。当闪点低于过去记录5 ℃以上时，牵引变压器应吊芯检查。

如气体继电器内无气，应查是否发生过穿越性短路(也就是外部短路)。如无此情况，应检查二次回路及继电器有无短路误动作。

(8)牵引变压器重瓦斯保护动作跳闸时，必须对牵引变压器做详细检查。查明无内部故障，并测量牵引变压器绝缘电阻后方可投入运行。查明瓦斯保护装置不良引起误动作时，可将瓦斯保护停用。

(9)牵引变压器自动跳闸时，应检查保护装置的动作情况以及二次回路是否有人误动或直流接地。若过负荷保护发生动作，应调整负荷，后恢复送电；如速断、差动、瓦斯保护发生动作，应查明原因，消除故障并测量绝缘是否合格，合格后方可恢复送电，若为牵引变压器内部故障则应停电检修。

技能训练

1. 简述牵引变压器投退过程。

____

____。

2. 简述牵引变压器检修维护内容。

____

____。

3. 分析牵引变压器故障类型和处理措施。

____

____。

任务评价

学生评价：______________________________________

____

____。

教师评价：____

____

____

____

____

____

____。

项目小结

1. 牵引变压器的结构、接线、供电方式、容量利用率等、不对称度基础知识。
2. 牵引变压器施工。
3. 牵引变压器运行维护及故障处理。

巩固提升

一、单选题

1. 牵引变电所只要选择适宜的牵引变压器，就可以完成(　　)的功能。

A. 降压、供电　　B. 降压、分相、供电
C. 升压、分相、供电　　D. 以上都不对

2. 三相YN,d11联结牵引变压器其二次侧线电压与一次侧线电压的相位关系是(　　)。

A. 超前30°　　B. 超前60°　　C. 滞后30°　　D. 滞后60°

3. Scott联结牵引变压器高压侧绕组绝缘需要按(　　)来设计，所以其造价较高。

A. 线电压　　B. 相电压　　C. 线电流　　D. 相电流

4. 阻抗匹配平衡牵引变压器的最大容量利用率是(　　)。

A. 75.6%　　B. 84%　　C. 92.8%　　D. 100%

5. 单相I,i联结牵引变压器的最大容量利用率是(　　)。

A. 75.6%　　B. 84%　　C. 92.8%　　D. 100%

6. 单相V,v联结牵引变压器的最大容量利用率是(　　)。

A. 75.6%　　B. 84%　　C. 92.8%　　D. 100%

7. 三相YN,d11联结牵引变压器的最大容量利用率是(　　)，考虑温度之后是(　　)。

A. 75.6%　　B. 84%　　C. 92.8%　　D. 100%

8. Scott联结牵引变压器的额定容量利用率是(　　)。

A. 75.6%　　B. 84%　　C. 92.8%　　D. 100%

9. 单相I,i联结牵引变压器的电流不对称度范围是(　　)。

A. 0%～100%　　B. 50%～100%　　C. 0%～50%　　D. 100%

10. 单相V,v联结牵引变压器的电流不对称度范围是(　　)。

A. 0%～100%　　B. 50%～100%　　C. 0%～50%　　D. 100%

11. 三相 YN,d11 联结牵引变压器的电流不对称度范围是(　　)。

A. 0%～100%　　B. 50%～100%　　C. 0%～50%　　D. 100%

12. Scott 联结牵引变压器的电流不对称度范围是(　　)。

A. 0%～100%　　B. 50%～100%　　C. 0%～50%　　D. 100%

13. 三相 V,v 联结牵引变压器的电流不对称度范围是(　　)。

A. 0%～100%　　B. 50%～100%　　C. 0%～50%　　D. 100%

二、填空题

1. 我国牵引变压器一般采用________备用方式。

2. 对于 Scott 联结牵引变电所，当 M 座和 T 座两供电臂负荷电流大小相等、功率因数也相同时，Scott 联结变压器一次侧三相电流________，不存在负序电流。

3. 对于 YN,d11 联结牵引变压器，若采用不等容量，相比等容量的三相牵引变压器，其最大优点是可以提高________。

4. 阻抗匹配联结平衡变压器的阻抗匹配系数 λ 的合理取值范围为________。

5. Scott 联结牵引变压器的零序分量为________，当两供电臂电流相等时，其在电力系统中引起的不对称度为________。

6. YN,d11 联结牵引变压器在二次侧负荷相同时，重负荷绕组电流是轻负荷绕组的________倍。

三、判断题

1. 单相接线的牵引变电所的缺点是不能供应地区和牵引变电所三相负荷用电，对电力系统的负序影响大，其优点是接线简单，且可对接触网实现两边供电。　(　　)

2. 对于 Scott 联结变压器，当两供电臂的电流大小和功率因数都相等时，最大容量利用率为 100%。　(　　)

3. 当牵引变压器二次侧两相负荷相等且功率因数也相等时，一次侧无负序电流，则该系统为“对称系统”。　(　　)

4. 牵引变压器的额定容量利用率是其额定输出容量与其额定容量之比。　(　　)

5. 当考虑温度系数 $K_t=0.9$ 时，YN,d11 联结牵引变压器利用率可提高到 100%。　(　　)

四、简答题

1. 简述牵引变电所的作用。

2. 比较各种牵引变压器联结方式的优缺点。

3. 画出 YN,d11 联结牵引变压器一次侧三相线电压与二次侧两供电臂电压的相量关系。

项目 3 牵引变电所主接线选择和配电装置布置

项目描述

牵引变电所主接线是牵引供电系统设计、施工和运维的核心，主接线体现了电能传输的路径，是牵引供电系统安全可靠稳定运行的重要保障，也是牵引变电所施工、运行维护、故障处理、设备检修和管理的重要依据，因此，无论是进行牵引供电系统设计、施工和管理，还是运行维护和故障处理，技术、管理和设计人员都必须具备图纸识别和修改的能力，而技术人员还要能够完成电气设备倒闸作业、检修维护和故障处理等工作；设计人员还应具备合理选择供电方式和接线形式的能力，合理布置电气设备的能力，以及制定出相应图纸的能力。

本项目根据工程实际需要，主要介绍牵引变电所主接线图的选择、配电装置的布置等有关内容。

项目知识点和技能点思维导图

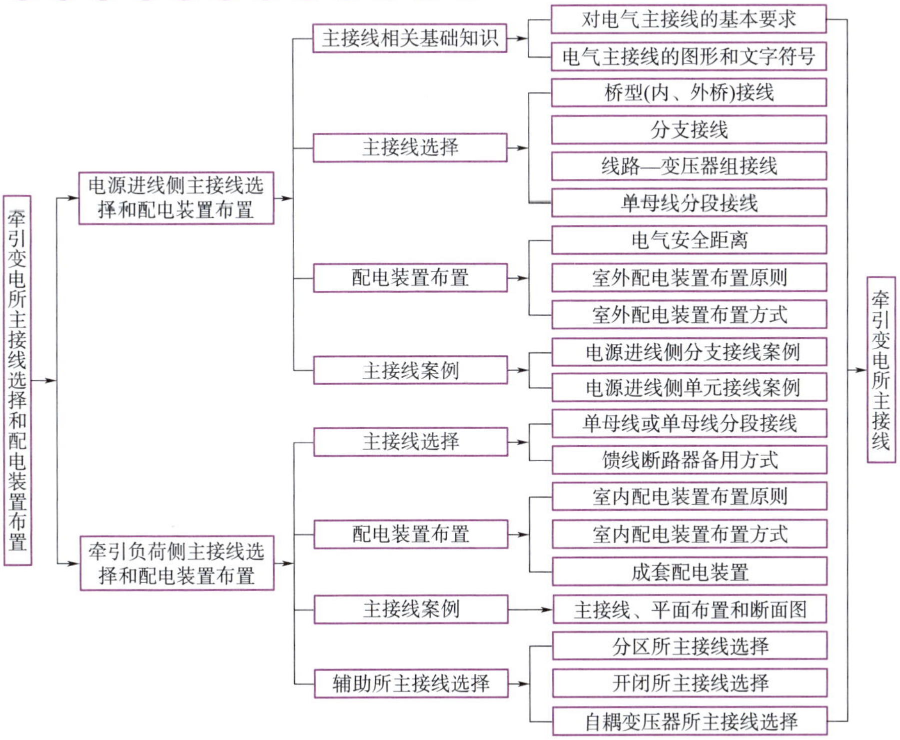

图 3-1　项目 3 知识点和技能点思维导图

任务1　牵引变电所电源进线侧主接线选择和配电装置布置

学习目标

知识目标

1. 了解电气设备的图形符号和文字符号及其含义；
2. 掌握牵引变电所电源进线侧主接线形式，以及不同主接线形式的适用范围和特点；
3. 熟悉牵引变电所电源进线侧分支接线的主接线图、平面布置图、纵向和横向断面图，以及相应电气设备的布置方式。

技能目标

1. 能够识别电气主接线中的文字符号、图形符号以及设备之间的连接关系；
2. 能够识别并修改牵引变电所电源进线侧主接线、设备连接和布置；
3. 能够判定电气设备间电气安全距离是否符合规定。

素质目标

1. 养成按图设计、按图施工、按图检修和按图操作的习惯；
2. 具有精益求精的工匠精神；
3. 具备较强的责任心和敬业精神。

预习任务

1. 查找各类变电所电气主接线形式；
2. 查找设计规范中牵引变电所电源进线侧主接线、设备连接和布置的有关规定；
3. 搜集各类牵引变电所电源进线侧主接线图和电气设备布置图。

任务导入

牵引变电所电源进线侧主接线是牵引变电所主接线的重要组成部分，是牵引变电所设计、施工、运行、检修、维护和管理的重要依据，是保障施工和运行维护技术人员安全的重要措施。因此，养成设计出图、按图施工、按图检修和按图操作习惯是岗位必备的技能。

知识链接

电气主接线是指在发电厂和变电所中，为满足功率传送和运行要求，将电源进线和负荷引出线采用母线或者其他方式连接起来，实现电能输送和分配的电路。电力系统故障时能根据主接线迅速切除故障，并恢复非故障部分的正常运行。在主接线图上，各种电气设备用规定的文字符号、图形符号，以及设备之间的连线来表示，并标明各主要设备的规格、数量和型号。

一、电气主接线相关基础知识

电气主接线一般是指由断路器、隔离开关、互感器、避雷器、变压器、母线等电气设备按一定顺序连接起来，实现接受和分配电能的电路。

1. 对电气主接线的基本要求

牵引变电所的主接线图应满足下列基本要求：

(1)保证牵引负荷和地区负荷供电的可靠性，并力求经济性

根据《铁路电力牵引供电设计规范》(TB 10009—2016)1.0.4 规定，铁路电力牵引供电系统为一级负荷，牵引变电所应有两路电源供电，当任一路故障时，另一路仍应正常供电。因此电源进线为两回路，双回路电源供电可以由不同电源(发电厂或变电站)供电，或者同一电源的不同母线供电，以保证每一回路的独立性。在运行中供电被迫中断的机会越少或事故后影响的范围越小，则主接线的可靠性就越高。

经济性主要取决于土地和设备的投资，以及运行维护的费用，设计时在保证技术指标的同时应力求投资和运行费用最少。

(2)主接线应运行灵活，检修、维护安全方便

设备检修、试验时，在不影响其他设备正常工作时，应很容易退出，同时留有足够的安全距离，保证检修、试验时工作人员的安全。

(3)主接线应力求简单清晰、运行操作方便

主要设备投入或退出时所需的操作步骤最少。由于牵引供电系统接触网故障率高，检修频繁，停送电和倒闸作业较多，主接线设计应简单清晰，尽量减少操作程序，避免误操作。

(4)具有扩建的可能性

主接线设计时，应考虑远期规划中增加设备的可能性，满足将来主接线改造或设备更换的需要。

总之，牵引变电所主接线应满足供电安全可靠，运行灵活，接线简单，操作方便，力求经济，具有可扩展性的要求。

2. 电气主接线的图形和文字符号

在主接线图上，各种电气设备用规定的文字符号、图形符号以及设备之间的连线来表示，并标明各主要设备的规格、数量和型号。常用电气设备图形符号和文字符号见表 3-1。

表 3-1　常用电气设备图形符号和文字符号

序号	设备名称	图形符号	文字符号
1	交流发电机		G
2	双绕组变压器		T
3	三绕组变压器		T
4	中性点接地的变压器	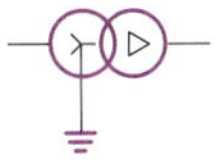	T
5	两绕组自耦变压器		T
6	三绕组自耦变压器		T

续上表

序号	设备名称	图形符号	文字符号
7	断路器		QF
8	手车式断路器		QF
9	隔离开关		QS
10	电动隔离开关	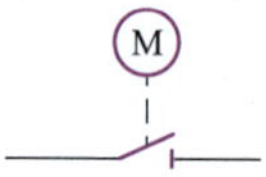	QS
11	带接地刀的隔离开关	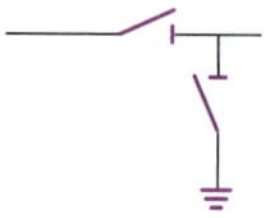	QS
12	三相母线	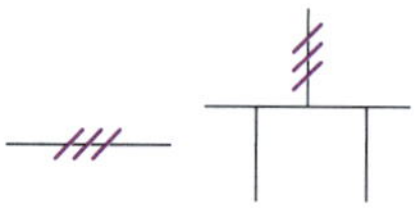	W 或 WL
13	避雷器		F 或 FA
14	熔断器		FU
15	电缆终端头		L
16	两个铁芯两个二次绕组电流互感器	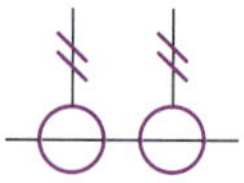	TA
17	一个铁芯两个二次绕组电流互感器	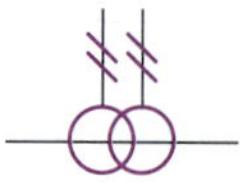	TA
18	一个铁芯一个二次绕组电流互感器	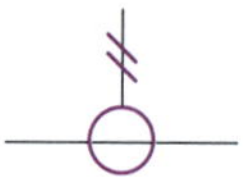	TA
19	两绕组电压互感器	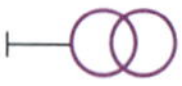	TV
20	三绕组电压互感器		TV
21	电抗器		L
22	抗雷线圈		LF

二、牵引变电所电源进线侧主接线选择

为提供电力机车运行所需能源，由牵引变电所电源进线侧主接线将外部电源接入牵引变电所。

1. 牵引变电所电源接入方式

由于牵引供电系统外部电源地理分布不同，牵引变电所电源接入方式分为有穿越功率和没有穿越功率两种类型，根据牵引变电所在电气化铁路牵引供电系统中的地位和出线数量多少，将牵引变电所电源接入方式可以分为中心牵引变电所、通过式牵引变电所和分接式牵引变电所。

不同电源接入方式牵引变电所如图 3-2 所示，可以看出，牵引变电所 SS1 和 SS5 是电力系统通过两路独立输电线路供电，牵引变电所出线数量比较多，这类牵引变电所通常是中心牵引变电所；牵引变电所 SS2 是两侧电力系统通过两路输电线路供电，两侧的电力系统互联时可能有穿越功率通过牵引变电所的高压侧，类似这种有穿越功率通过牵引变电所高压侧时，称为通过式牵引变电所；SS3 和 SS4 是在两个互联电力系统的输电线路上截取了两路输电线路供电，这类牵引变电所高压侧不会有穿越功率，称为分接式牵引变电所。

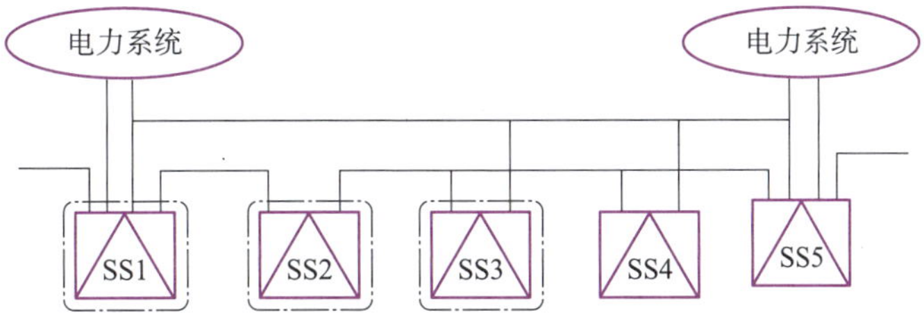

图 3-2　牵引变电所电源接入方式示意

练一练

通过式和分接式牵引变电所的主要区别是什么？

____

____

____。

2. 牵引变电所常用的接线方式

根据《铁路电力牵引供电设计规范》(TB 10009—2016)4.2.1 规定，牵引变电所的主接线应根据铁路与公用电力部门协商的原则及其在电力系统中的地位、回路数、设备特点、铁路等级等确定，并应满足供电安全可靠、接线简单灵活、操作方便和节约投资等要求。

根据《铁路电力牵引供电设计规范》(TB 10009—2016)4.2.2 规定，牵引变电所的电源进线为两回路时，宜采用线路变压器组接线或分支接线。当有穿越功率时，可用桥形接线(固定备用时采用外桥接线)；分支接线的变电所，可在两回路进线之间设置由隔离开关分段的跨条。

1)桥型接线

两路电源进线分别经断路器后接入各自变压器，而两路进线之间有一条有断路器的横向连接支路时，称为桥型接线。桥型接线的横向连接支路上可以传输功率实现两路进线之间功率的传输，该功率称为穿越功率。

(1)内桥接线

内桥接线如图 3-3 所示，有两条连接两路进线的横向支路，其中一条是有断路器的横向支路称之为“桥”。一条是只有隔离开关的横向支路称之为“跨条”，桥上可以通过穿越功率，跨条是为了设备检修时不影响穿越功率。由于横向连接桥位于两路进线断路器靠近变压器侧，称为内桥接线。此时线路经断路器和隔离开关接至桥接点，构成独立单元，方便投退切换。而变压器支路只经隔离开关接至桥接点，是非独立单元，不方便投退切换。牵引变电所正常运行时，一般线路和变压器都是一路（台）运行一路（台）备用的方式，又称一主一备方式。此时，除跨条隔离开关和备用变压器隔离开关外其余开关均应闭合，连接桥上会有穿越功率通过。跨条上 2 台隔离开关为了方便隔离开关轮换检修时负荷与穿越功率不停电。

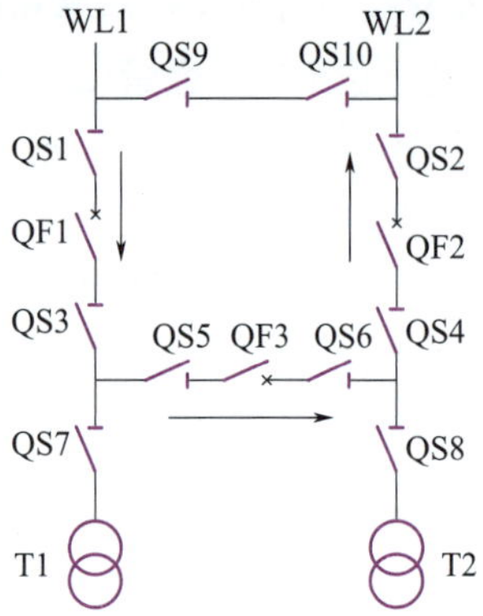

图 3-3　内桥接线

如果当前系统运行方式为线路 WL1 和变压器 T1 工作，系统有穿越功率通过。若断路器 QF1 进行不停电检修，检修结束后再恢复系统运行，可以按如下操作步骤进行：

①合上隔离开关 QS10（等电位闭合隔离开关，QS9 原来处于合位）。

②依次断开 QF1、QS3、QS1。

③检修断路器 QF1。

④断路器 QF1 检修结束后，依次合上 QS1、QS3、QF1。

⑤断开隔离开关 QS10。

内桥接线正常运行时，线路投退操作方便，变压器投退操作复杂。适用于两路电源，有穿越功率，电源线路长、电源侧故障多检修较多，牵引变压器不经常切换的场合。

练一练

如果当前系统运行方式为线路 WL1 和变压器 T1 工作，系统有穿越功率通过，若变压器 T1 退出，T2 投入，如何实现负荷不断电操作？

____

____

______________________________。

（2）外桥接线

外桥接线如图 3-4 所示，横向连接桥位于两路进线断路器靠近线路侧称为外桥接线。此时变压器经断路器和隔离开关接至桥接点构成独立单元；而线路支路只经隔离开并接至桥接点是非独立单元。牵引变电所正常运行时，线路和变压器也是一主一备方式。正常运行时，除备用变压器断路器断开外其余开关均处于闭合状态，连接桥上有穿越功率。

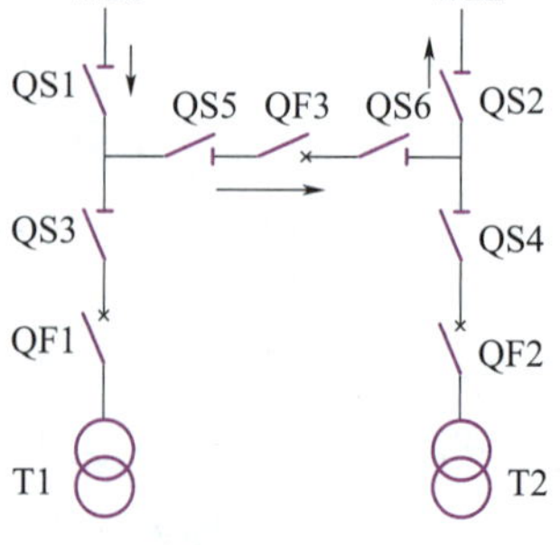

图 3-4　外桥接线

外桥接线正常运行时，变压器投退操作方便，线路投退操作复杂。适用于两路电源，有穿越功率，电源线路不长，电源侧故障少检修较少，牵引变压器经常切换的场合。

练一练

如果当前系统运行方式为线路 WL1 和变压器 T1 工作，系统有穿越功率通过，若变压器 T1 故障时，如何自动投切至变压器 T2 工作呢？

____

____

____。

如果当前系统运行方式为线路 WL1 和变压器 T1 工作，系统有穿越功率通过，若变压器 T1 和 T2 如何实现不停电切换（先送电后停电操作）？

____

____

____。

桥型接线适用于两路电源线路，两台变压器，有系统穿越功率的情况，只需 3 台断路器，配电装置简单，具有一定的运行灵活性和供电可靠性。通过式牵引变电所常采用桥型接线。

____

____

____。

2）分支接线

分支接线如图 3-5 所示，有四种运行方式，分别是：

①WL1—QS1—QS5—QF1 运行方式。

②WL1—QS1—QS3—QS4—QS6—QF2 运行方式。

③WL2—QS2—QS6—QF2 运行方式。

④WL2—QS2—QS4—QS3—QS5—QF1 运行方式。

视频

牵引变电所电源进线侧土接线案例之分支接线配电装置布置虚拟仿真

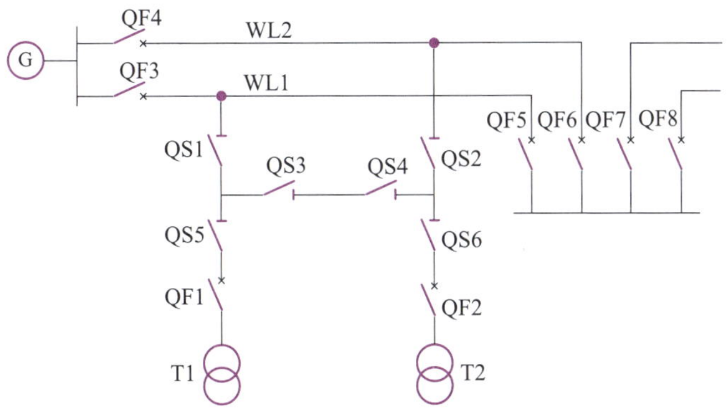

图 3-5　分支接线

隔离开关 QS5、QS6 只有检修对应变压器或断路器时才会断开，一般情况下都是处于闭合状态；隔离开关 QS3、QS4 是方便两个隔离开关轮换检修和工作方式切换。

两路进线允许并联时，第一种方式下（WL1—T1），QS1、QS3、QS5、QS6、QF1 闭合，QS2、QS4、QF2 断开。不中断负荷供电情况下转换成第三种方式（WL2—T2），确认 WL2 电源正常后，依次闭合 QS2、QF2（两路进线并联），然后再依次断开 QF1、QS1。

两路进线不允许并联时，第二种方式下（WL1—T2），QS1、QS3、QS4、QS5、QS6、QF2 闭合，QS2、QF1 断开。无负荷情况下转换成第三种方式（WL2—T2），确认电源 WL2 正常后，依次断开 QF2（中断负荷供电）、QS4、QS1，再依次闭合 QS2、QF2（恢复负荷供电）。

第一种方式下（WL1—T1）变压器 T1 故障时自动切换运行方式，断路器 QF1 自动跳闸，自动闭合 QS4、QF2，转入第二种方式（WL1—T2）。

第二种方式下（WL1—T2）变压器 T1 检修时切换至变压器 T2 运行，有两种情况。①若允许两路进线并联，负荷不停电切换时，先依次闭合断路器 QF1，再断开断路器 QF2，最后断开隔离开关 QS4，转入第一种方式（WL1—T1）。②若不允许两路进线并联，负荷需要停电切换时，依次断开断路器 QF2、隔离开关 QS4，然后闭合断路器 QF1。

分支接线有两路电源线路、两台变压器、2 台断路器，无系统穿越功率，运行灵活，配电装置简单，倒闸简单，接线简单，投资少。分支接线适用于分接式变电所，只有两回路电源进线，电源进线较短，无系统穿越功率，供电要求不高的场合。一般终端变电所普遍采用分支接线。

3）线路—变压器组接线

线路—变压器组接线又称单元接线，一般是受单相牵引变压器接线的限制，两路电源进线之间不能设置连接跨条或桥时，两路电源进线仅通过各自的隔离开关和断路器组合引入各自牵引变压器的接线，线路—变压器组接线如图 3-6 所示。

线路—变压器组接线供电可靠性低，运行方式不灵活，不能有穿越功率，但电气设备少，接线简单，经济性好。

4）单母线分段接线

单母线分段接线的特点是母线的每一路进/出线都有独立的断路器，且每一路进/出线回路只接于单母线的一段母线上。如图 3-7 所示为单母线分段接线，QF5 为母线分段断路器，又称母线联络断路器，QS9、QF5、QS10 一起构成了母线分段联络开关。

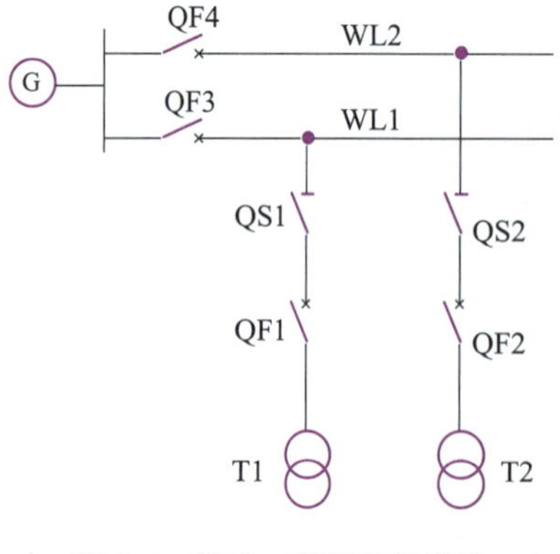

图 3-6 线路—变压器组接线

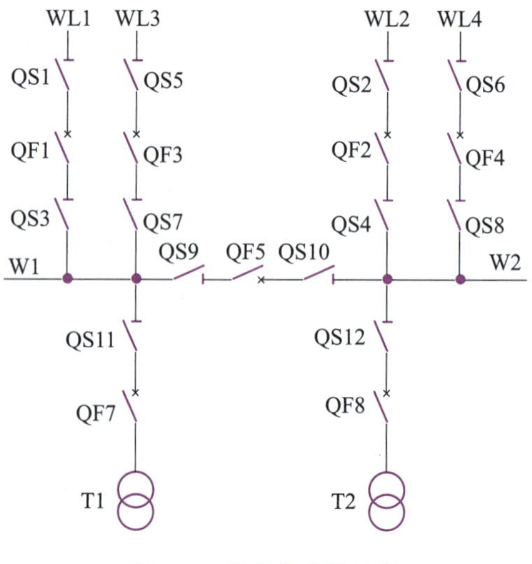

图 3-7 单母线分段接线

单母线分段接线有2路电源进线回路、多路出线回路、两台变压器，允许有系统穿越功率；断路器套数等于母线所接回路数；结构简单，有一定的灵活性，经济性好，可靠性高；没有复杂的倒闸作业。单母线分段接线广泛应用于进出线回路数较多的中心牵引变电所。

牵引变电所110(220)kV侧主接线一般需要根据电源进线情况和负荷引出线回路数、有无系统穿越功率，以及电源进线长短和变压器切换频率等选择接线方式。

练一练

变电所电源侧常见的主接线形式有哪些？

____

____

____。

三、牵引变电所电源进线侧配电装置布置

由开关设备、保护电器、测量仪表、母线与必要的辅助设备等组成，用以接受和分配电能的装置称为配电装置。通常，配电装置按布置场所分为室内配电装置和室外配电装置，配电装置按电压等级分为高压和低压配电装置；按组装方式分为装配式和成套式配电装置。

配电装置型式的选择和应用，应根据所在地区的地理情况及环境条件，因地制宜，节约用地，并结合运行及检修要求，通过经济技术比较确定。一般35 kV及以下配电装置采用室内配电装置，多数采用成套配电装置；110 kV及以上配电装置一般采用室外配电装置，有特殊要求的也可以采用室内配电装置，如城市中心等空间狭小的场所或处于严重污秽的海边或化工区等区域。近年来在配电装置中广泛采用了全封闭组合电器(GIS)。

配电装置设计时，应贯彻国家经济技术政策、遵循有关规程、规范和技术要求，根据地理、环境和工程技术要求合理选用设备，确保系统运行安全，操作、维护、检修和安装方便，节约材料和用地，降低成本造价，即做到技术先进、经济合理、运行可靠、维护方便的原则。

配电装置设计时为确保运行维护人员和设备的安全，必须满足安全净距的要求，满足施工、运行及检修的技术要求，保证运行的可靠性、安全性和操作维护的方便性，注意噪声的允许标准和限制，静电感应的场强水平和限制，以及电晕无线电干扰和控制，还要力求经济性，具有可扩建性。

配电装置的设计首先要选择配电装置的形式，采用室内还是室外配电装置，采用装配式，成套式、还是全封闭式配电装置。然后拟定配电装置的设备配置图，最后根据要求设计并绘画出配电装置平面图和断面图。

设备配置图是把进出线、断路器、互感器、避雷器等电气设备，合理地分配在室内或室外配电装置的各层间隔中，并用图形表示出在各间隔中的导线和电气设备。配置图不要求按比例尺寸绘制，通常用它来分析配电装置的布置是否合理和统计其中所用的主要设备数量。

平面图表明配电装置中所有设备的布局，包括变压器、断路器、互感器避雷器等，以及房屋及其间隔、走廊和出口等平面布置的轮廓。平面图要按比例画出，并且只表示已确定的设备轮廓、设备间隔数目及间隔排列方式，不必表示间隔中所装电气设备。但局部间隔平面图应表明间隔中所装的电气设备。

断面图是配电装置的结构图，要按比例画出。它表明在配电装置的间隔断面中，设备间的相互连接及具体布置方式。

1. 电气安全距离

为保证配电装置和运行人员的安全性，需要满足最小的电气安全距离。电气安全距离是指在带电体与地面之间，带电体与其他设施、设备之间，带电体与带电体之间保持的最小允许安全距离，又称安全净距。安全距离应保证在各种可能的最大工作电压或过电压的作用下，不发生闪络放电，还应保证工作人员对电气设备巡视、操作、维护和检修时的绝对安全。电气安全距离主要是为了防止人体触及或接近带电体造成触电，防止车辆或其他物体碰撞或过分接近带电体，以及防止带电体之间发生放电和短路，引起火灾和电气事故。

电气安全距离主要包括线路安全距离、电气设备安全距离和检修安全距离。线路安全距离指导线与地面（水面）、杆塔构件、跨越物（包括电力线路和弱电线路）之间的最小允许距离。电气设备安全距离指带电体与其他带电体、接地体、各种遮栏等设施之间的最小允许距离。检修安全距离指工作人员进行设备维护检修时与设备带电部分间的最小允许距离。该距离可分为设备不停电时的安全距离、工作人员工作中正常活动范围与带电设备的安全距离、带电作业时人体与带电体间的安全距离。整个配电装置的外形尺寸是综合考虑了设备的外形尺寸、检修维护和搬运的安全距离、电气绝缘距离等因素后决定的。

（1）A 值

A 值是各种间隔距离中最基本的空气中允许的最小电气安全距离，见表 3-2 和表 3-3。A 值表示不同相的带电部分之间或带电部分对接地部分间的最小容许空间净距离。A 值的确定是根据过电压与绝缘配合计算并根据空气间隙放电试验曲线来确定的。

A 值分为两项：A_1 和 A_2。

A_1——带电部分至接地部分间的最小空气距离；网状遮栏上延伸线距地 2.5 m（室外）或 2.3 m（室内）处与遮栏上方带电部分之间的最小空间距离；

A_2——不同相导体间的最小空气距离；断路器和隔离开关的断口两侧带电部分之间的最小空间距离。

表 3-2　室外配电装置不同电压等级的安全净距

符号	额定电压/kV					
	3～10	27.5(35)	55(66)	110J	220J	330J
A_1	200	400	650	900	1 800	2 500
A_2	200	400	650	1 000	2 000	2 800
B_1	950	1 150	1 400	1 650	2 550	3 250
B_2	300	500	750	1 000	1 900	2 600
C	2 700	2 900	3 100	3 400	4 300	5 000
D	2 200	2 400	2 600	2 900	3 800	4 500

注：1. 110J、220J、330J 指中性点有效接地电网。

2. 高程超过 1 000 m 时，A 值应进行修正。

3. 本表所列各值不适用于制造厂的产品设计。

表 3-3　室内配电装置不同电压等级的安全净距

符号	额定电压/kV					
	3	10	27.35(35)	55(66)	110J	220J
A_1	75	125	300	550	850	1 800
A_2	75	125	300	550	900	2 000
B_1	825	875	1 050	1 300	1 600	2 550
B_2	175	225	400	650	950	1 900
C	2 500	2 500	2 600	2 850	3 150	4 100
D	1 875	1 925	2 100	2 350	2 650	3 600
E	4 000	4 000	4 000	4 500	5 000	5 500

注：1. 110J、220J 指中性点有效接地电网。
2. 当采用平衡变压器时，由于 α、β 两相电压大于 35 kV，在设计中 A_2 值应适当增大。
3. 当为板状遮拦时，其 B_2 值可取 A_1+30 mm。
4. 通向室外配电装置的出线套管至室外地面的距离，不应小于表 3-2 中室外部分 C 值。
5. 海拔大于 1 000 m 时，A 值应进行修正。

(2)B 值

B 值是带电部分至栅状遮拦距离和可移动设备在移动中外轮廓至带电裸导体间安全净距，以及交叉的不同时停电检修的无遮栏带电部分之间的距离。B 值分为两项：B_1、B_2、B_3。

$B_1=A_1+750$(mm)，750 为手臂误入栅栏时手臂长度不超过此值；

$B_2=A_1+70+30$(mm)，70 为手指手臂误入网状遮拦时手指长度不超过此值，30 为施工误差值，当为板状遮栏时 B_2 可取 A_1+30(mm)。

(3)C 值

无遮栏的裸导体距地(楼)面的安全净距和无遮栏导体至建、构筑物顶部之间的安全净距为 C 值，考虑人举手后，手与带电体之间的距离不得小于 A_1 值，故 $C=A_1+2\ 300+200$(mm)，2 300 为人员举手后总高度允许最大值，200 为室外施工误差值。室内 20 kV 及以下 C 值为 2 500 mm，35 kV 及以上 $C=A_1+2\ 300$(mm)。

(4)D 值

不同时停电检修的平行无遮拦裸导体之间的安全净距为 D 值，是用来保证配电装置检修时人和裸导体之间的距离不小于 A_1 值时的约束值。$D=A_1+1\ 800+200$(mm)，为检修人员和工具允许的活动范围最大值，200 为室外裕值。

(5)E 值

通向室外的出线套管至室外通道的垂直安全净距为 E 值。

35 kV 及以下，$E=4\ 000$(mm)；

66/55 kV、110 kV 和 220 kV E 值分别为 4 500 mm、5 000 mm 和 5 500 mm。

室内/室外配电装置得最小电气安全距离的 A、B、C、D、E 值如图 3-8 所示。

2. 室外配电装置布置原则

室外配电装置安装在露天的基础、支架或架构上，其结构形式与主接线、电压等级、设备容量、重要程度、母线和构架的形式、断路器和隔离开关的形式，以及地形、地势、占地面积等都有关系，因此布置时需要综合考虑配电装置类型、断路器的布置方式、避雷针的布置方式等。

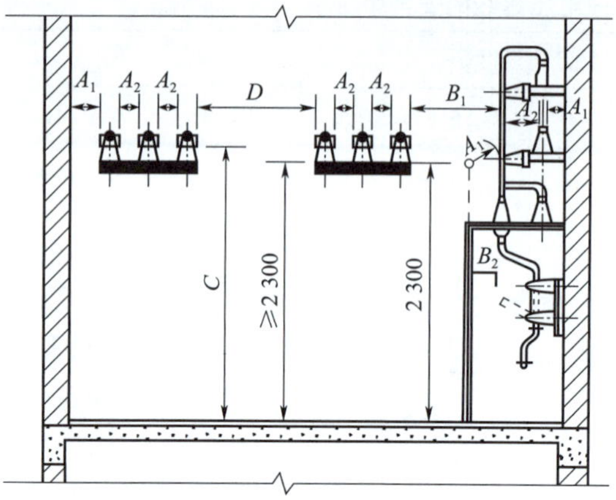

（a）室内值A_1、A_2、B_1、B_2、C、D值校验图

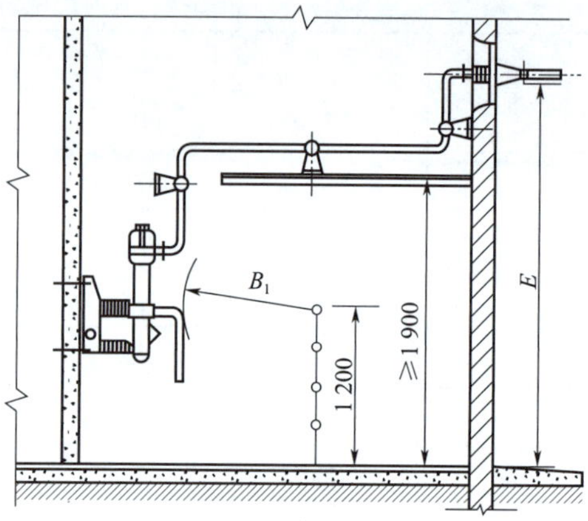

（b）室内B_1、E值校验图

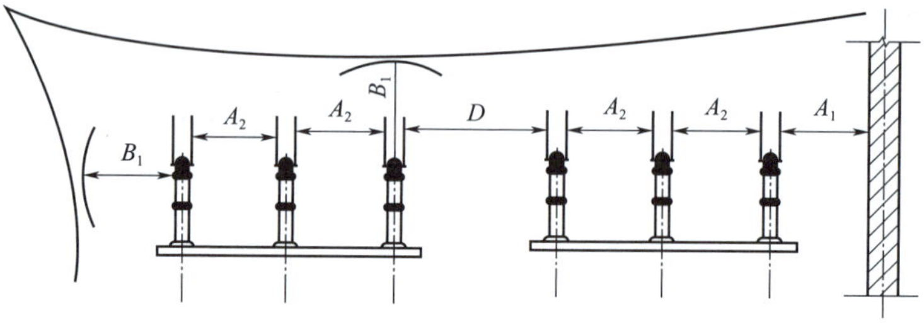

（c）室外A_1、A_2、B_1、D值校验图

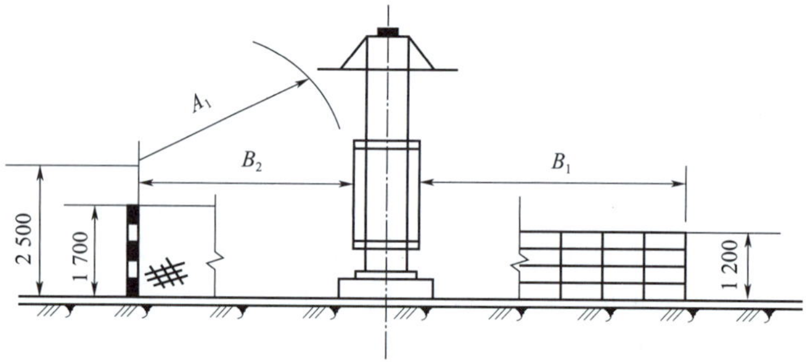

（d）室外A_1、B_1、B_2值校验图

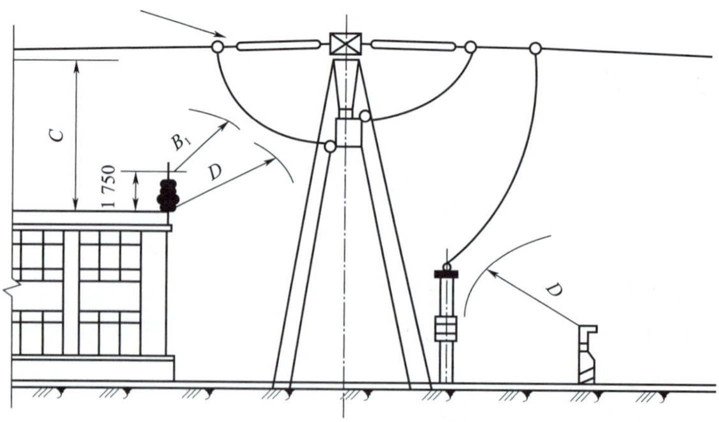

（e）室外A_1、B_1、B_2、C、D值校验图

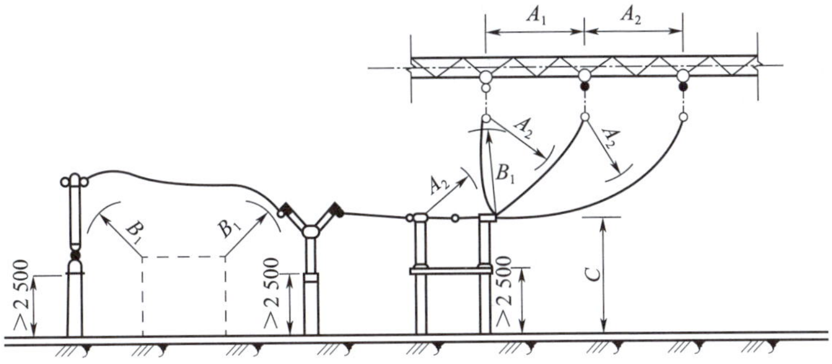

(f) 室外A_2、B_1、C值校验图

图 3-8 室内和室外配电装置最小电气距离图例(单位:mm)

室外配电装置适用于 35 kV 及以上电压等级。根据电气设备和母线的布置高度和层次,室外配电装置可分为低型、中型、半高型和高型等类型。

在低型和中型室外配电装置中,主要电气设备都装在同一水平内的地面设备基础上,主母线一般由硬母线组成,母线与隔离开关基本布置在同一水平面上,因此需要设置围栏。中型配电装置采用悬挂式软母线时,母线所在水平要高于电气设备所在的水平面,但近年来采用硬母线的日益增多。在半高型和高型室外配电装置中,电气设备分别装在几个水平面内。高型设备装在几个平面上,母线隔离开关位于断路器之上,主母线又在母线隔离开关之上,整个配电装置的电气设备形成了三层布置,而半高型配电装置的高度则处于中型的和高型之间,设备装在几个平面上,母线、断路器、电流互感器等重叠布置。后两种设备布置紧凑,可节约用地,但结构复杂,操作不太方便。

室外配电装置的土建工程量较少,建设周期短;相邻设备之间的距离较大,便于带电作业;扩建比较方便;但是占地面积大;受外界环境影响较大,设备运行条件较差,需加强绝缘,外界气象变化对设备维护和操作影响大。

(1)母线

室外配电装置的母线有软母线和硬母线两种。软母线为钢芯铝绞线、扩径软管母线或分裂导线,三相呈水平布置,用悬式绝缘子悬挂在母线构架上。软母线可选用较大的档距,但档距越大,导线弧垂也越大,因而,导线相间及对地距离也要增加,母线及跨越线构架的宽度和高度均需增加。硬母线有矩形、管形和组合管形等形式,矩形用于 35 kV 及以下配电装置中,管形用于 110 kV 及以上配电装置中,管型硬母线一般采用柱式绝缘子安装在支柱上,材料有硬铝母线和硬铜母线。

(2)油浸式变压器

油浸式变压器外壳不带电,所以采用落地布置,安装在铺有铁轨的双梁形钢筋混凝土基础上,轨距中心等于变压器的滚轮中心。油浸式变压器下方一般设有储油池或挡油墙,尺寸比变压器外廓大 1 m,储油池内铺设厚度不小于 0.25 m 卵石层。

当 110 kV 油浸式变压器油重在 2 500 kg 以上时,两台变压器的防火净距不应小于 8 m,220 kV 及以上不小于 10 m,不满足要求时,需要加装防火墙,防火墙高度略高于变压器油枕顶端高度因两端分别大于贮油池两侧各 1 m。室外油浸式变压器的外廓与建筑物的距离不宜小于 10 m，5 m 以内有建筑物时，在变压器外廓外侧各 3 m 以内建筑物面向变压器的外墙不应开设门、窗和通风孔。5～10 m 时，外墙可设防火门。

(3)高压断路器

高压断路器有低式和高式两种布置。低式布置的断路器放在 0.5～1 m 的混凝土基础上，优点是检修方便，抗振性能好，但必须设置围栏，因此影响通道的畅通。一般中型配电装置的断路器采用高式布置，把断路器安装在高约 2 m 的混凝土基础上。断路器的操动机构需装在相应的基础上。断路器布置在母线两侧时为双列布置，断路器集中布置在母线一侧时为单列布置。

(4)隔离开关、电流互感器和电压互感器

隔离开关、电流互感器和电压互感器一般都采用高式布置，要求与断路器相同。隔离开关的操动机构一般装在靠边一相的基座的一定高度上。

(5)避雷器

避雷器也有高式和低式两种布置，110 kV 以上避雷器细长采用落地布置，安装在 0.4 m 的基础上，四周加装围栏。110 kV 以下避雷器矮小采用高式布置。

(6)电缆沟

室外配电装置中电缆沟布置时应使电缆所走的路径最短。电缆沟有横沟和纵沟两类，横沟布置在断路器和隔离开关之间。

(7)道路

为了运输设备和消防需要，应在主要设备近旁铺设行车道路，大、中型变电站内一般均应设置 3 m 宽的环形道路，还应设置 0.8～1 m 的巡视小道。

3. 室外配电装置布置方式

室外配电装置布置通常采用中型、高型、半高型和低型布置方式，110 kV 室外配电装置一般采用半高型，220 kV 一般采用中型和半高型布置。

(1)中型配电装置

按照隔离开关的布置方式，中型配电装置分为普通中型配电装置和分相中型配电装置。

①普通中型配电装置布置实例如图 3-9 所示，所有电气设备均安装在有一定高度的同一水平面上，母线一般采用软导线安装在架构上，稍微高于电气设备所在平面，母线下方不布置任何电气设备。由于设备安装位置较低，架构高度低，造价低，抗振性能好，布置清晰，不易误操作，运行可靠。不足的是占地面积大。

②分相中型配电装置布置实例如图 3-10 所示，采用硬(铝)管母线，隔离开关分相布置在母线正下方的中型配电装置。硬母线使得构架高度降低，配电装置的纵向和间隔尺寸减小，从而减少了占地面积，设备布置更紧凑、美观。其不足的是两组主母线隔离开关串联连接，检修时将出现同时停两组隔离开关的情况。适合用于污染不严重、地震烈度不高的地区。

(2)高型配电装置布置

高型配电装置按其结构不同，分为单框架双列、双框架单列、三框架双列三种方式。高型配电装置布置方式紧凑，占地面积比普通中型小。其缺点是耗用钢材比中型多；操作条件比中型差；上层设备检修不方便，作业时还要特别留意上层设备瓷件损坏或检修工具跌落，可能打

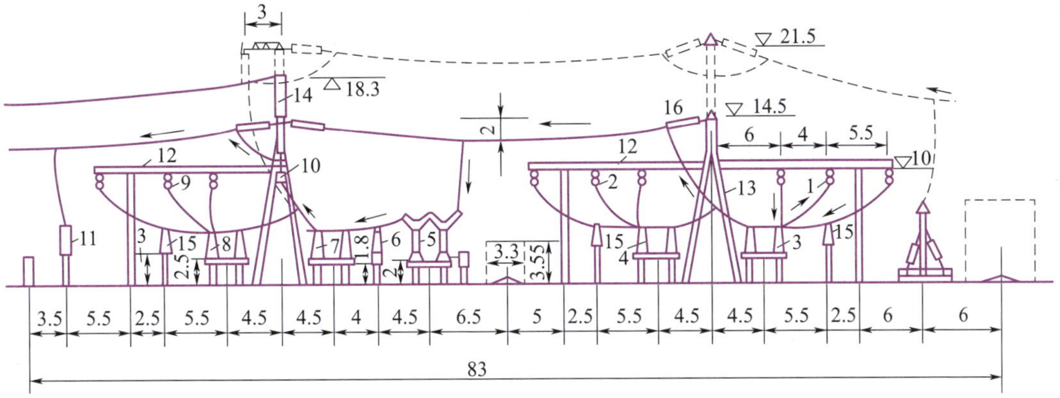

1、2、9—母线Ⅰ、Ⅱ和旁路母线；3、4、7、8—隔离开关；5—高压断路器；6—电流互感器；
10—阻波器；11—耦合电容器；12—母线构架；13—中央门形构架；
14—出线门形架；15—支持绝缘子；16—悬式绝缘子串。

图 3-9　220 kV 普通中型配电装置单列布置断面图(单位：m)

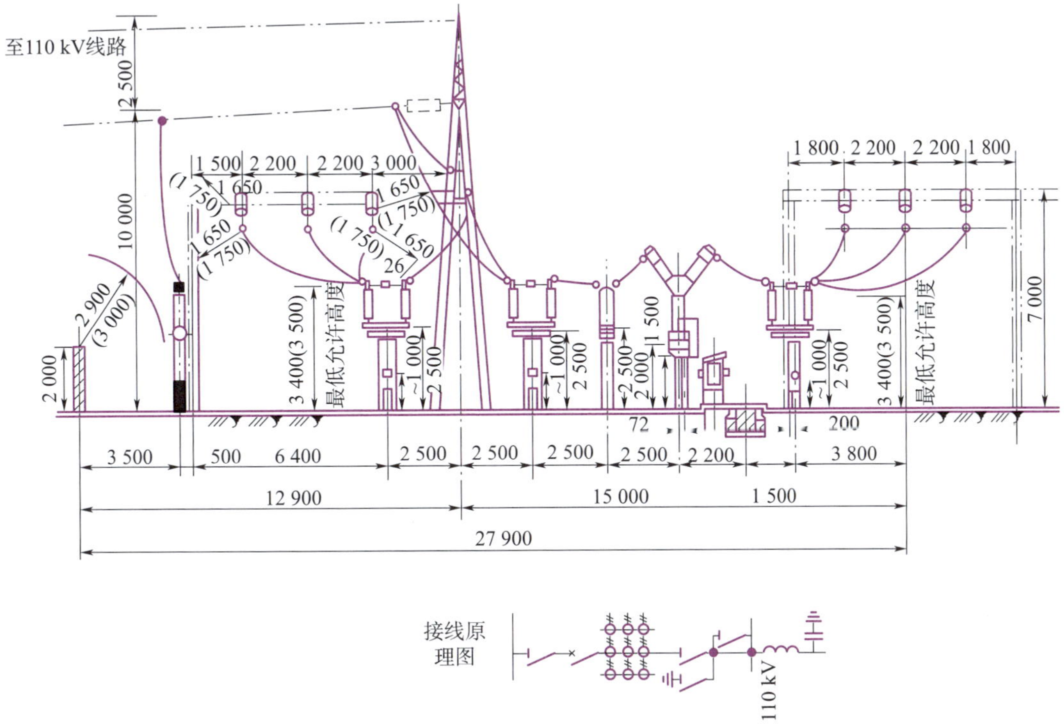

图 3-10　110 kV 双列布置中型配电装置出线间隔断面图(单位：mm)

坏下层设备和人员。

①单框架双列式

如图 3-11 所示为单框架双列式高型配电装置将两组母线及其隔离开关上下重叠布置在一个高型框架内，旁路母线架不提高。

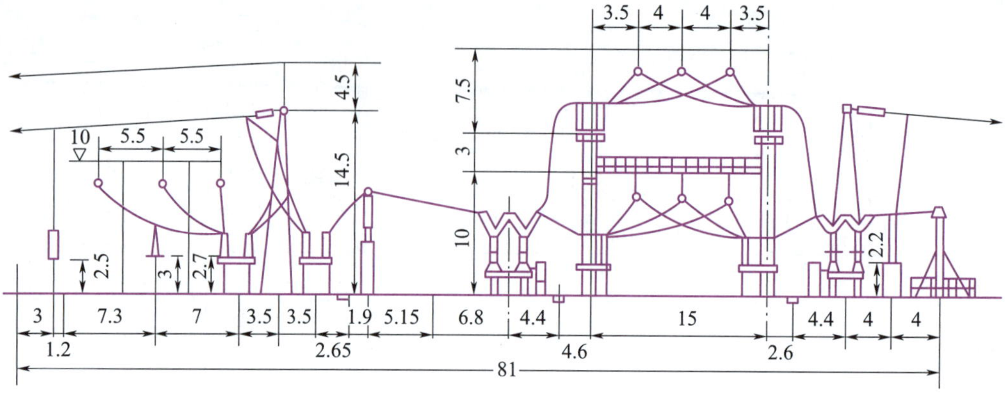

图 3-11　220 kV 单框架双列式高型配电装置（单位：m）

②双框架单列式

如图 3-12 所示为双框架单列式，将两组母线及其隔离开关上下重叠布置在一个高型框架内，旁路母线架抬高后并列设在主母线架的出线侧，两个高型框架合并，成为双框架。

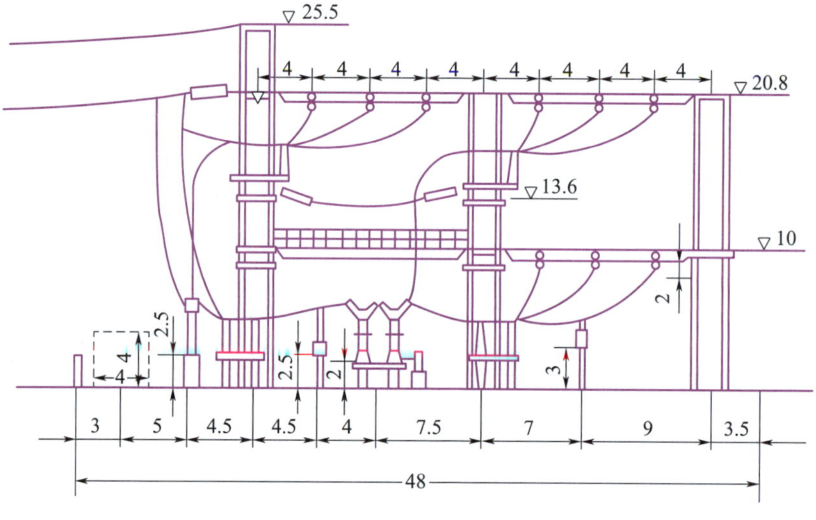

图 3-12　220 kV 双框架单列式高型配电装置（单位：m）

③三框架双列式

如图 3-13 所示为三框架双列式，将两组母线及其隔离开关上下重叠布置在一个高型框架内，两个旁路母线架抬高后并列设在主母线架两侧，三个高型框架合并，成为三框架。

(3)半高型配电装置布置

如图 3-14 所示为半高型配电装置布置，高度介于高型和中型之间，抬高母线，在母线下方布置断路器、电流互感器和隔离开关等设备，主母线及其他电器和普通中型相同，因此比普通中型布置节约占地面积。由于旁路母线与主母线采用不等高布置，对实现进出线均带旁路的接线很方便。不足的是隔离开关下方未设置检修平台，检修不方便。

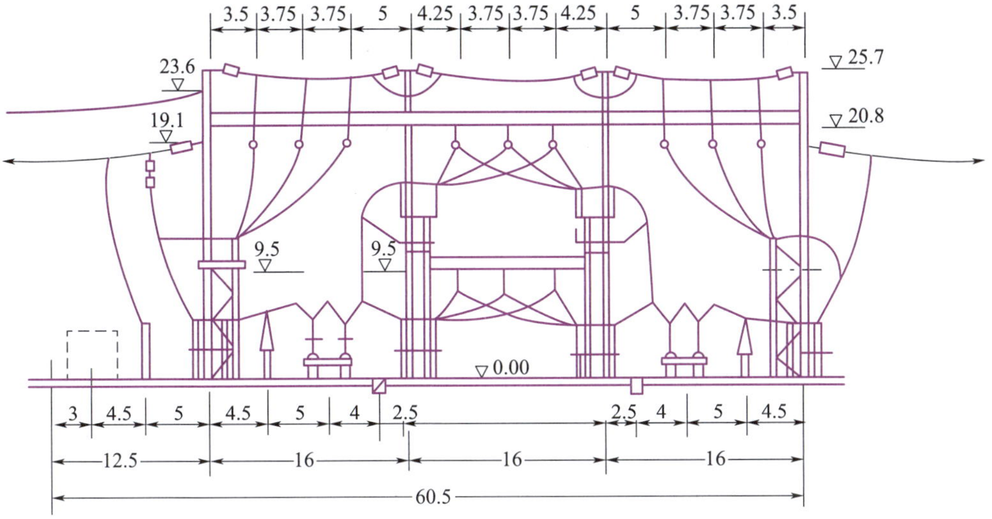

图 3-13　220 kV 三框架双列式高型配电装置(单位:m)

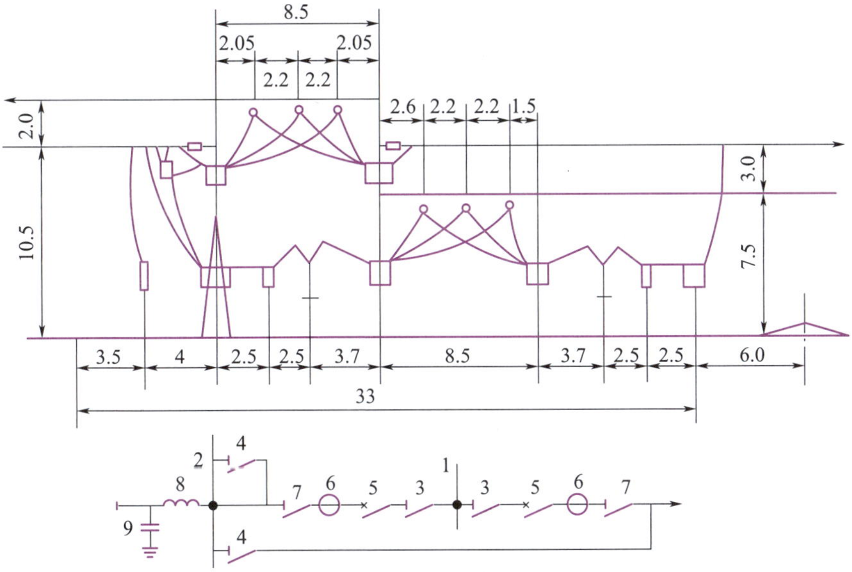

1—主母线;2—旁路母线;3、4、7—隔离开关;5—断路器;6—电流互感器;8—阻波器;9—耦合电容器。

图 3-14　110 kV 单母线、进出线带旁路母线、半高型布置的进出线断面图(单位:m)

四、牵引变电所电源进线侧主接线案例

1. 分支接线

(1)电气主接线图

牵引变电所电源进线侧分支接线主接线如图 3-15 所示,一般采用室外布置方式。牵引变电所高压侧有两路电源进线,每一路进线只有一台断路器,两路进线之间通过两台联络隔离开关连接在一起。

图 3-15 中两路进线通过带接地刀闸的进线隔离开关接入牵引变电所,且进线隔离开关接地刀闸在靠近电源进线侧。每一路进线上引出两路支路,一条支路是经带接地刀闸的隔离开

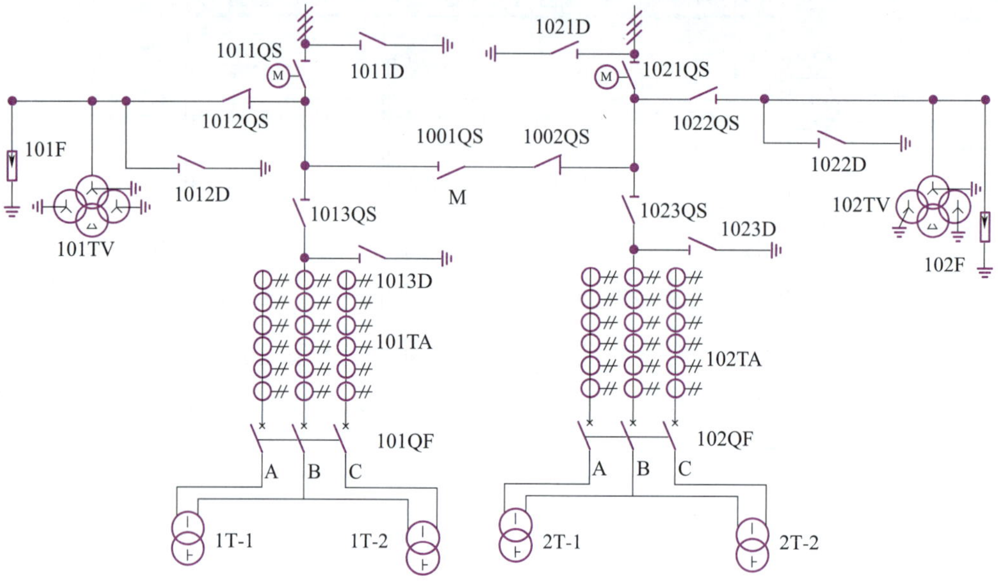

图 3-15　分支接线电气主接线

关后接电压互感器和避雷器，一条支路是接两路进线的联络隔离开关，联络隔离开关中一路进线接电动隔离开关，一路接手动隔离开关。进线线路经两路分支路后，是一台带接地刀闸的隔离开关，隔离开关与三相断路器之间有一台有 6 个二次绕组的电流互感器，三相断路器的 AB 和 BC 两相分别接入一台带中间抽头的单相变压器，2 台单相变压器构成的一组单相 V，x 联结牵引变压器，因此这里两台单相变压器构成一路牵引供电回路。

图 3-15 中 1 路进线设备编号规则是：主断路器是 101QF，隔离开关按进线由电源侧到负荷侧的顺序编号依次是 1011QS、1012QS、1013QS，且 3 台隔离开关都是带接地刀闸的，接地刀闸的对应编号依次是 1011D、1012D、1013D，电压互感器和避雷器的编号依次是 101TV、101F，变压器的编号是 1T-1 和 1T-2；2 路进线的编号与 1 路进线的编号类似，这里不再赘述。

(2)平面布置图

图 3-16 所示平面布置图与图 3-15 中主接线图对应，按照进线回路由电源侧到负荷侧顺序依次是放在 H 型终端架构的下方的进线隔离开关，隔离开关的两个接线端子导线通过悬式绝缘子固定在 H 型终端架构上。在两个 H 型终端架构中间的连接导线接有两路分支路，外侧支路由内而外依次接有隔离开关、电压互感器、避雷器；内侧支路接有 2 台联络隔离开关，在 2 台隔离开关中间有电缆沟。两路进线回路分支路后，一路与经一台隔离开关固定于 H 型终端架构上的连接导线相接，另一路经 H 型终端架构下方的电流互感器接于断路器，断路器不同的两相导线经支持绝缘子分别接入两台不同的单相变压器。

(3)断面图

图 3-17 所示纵向断面图对应图 3-16 中 1 路进线，图 3-17 中从左到右依次是电源进线侧牵引变电所的墙体、倒装式耐张线夹、悬式绝缘子、H 型终端架构、H 型终端架构下方隔离开关与绝缘子之间的跳线、隔离开关接线端子，跨接在 H 型终端架构之间的钢芯铝绞线、门型终端架构，导线下方依次是隔离开关接线端子、电流互感器、断路器、支持绝缘子、变压器。设备的高度、水平距离等均标有相应的尺寸，为施工提供参考。

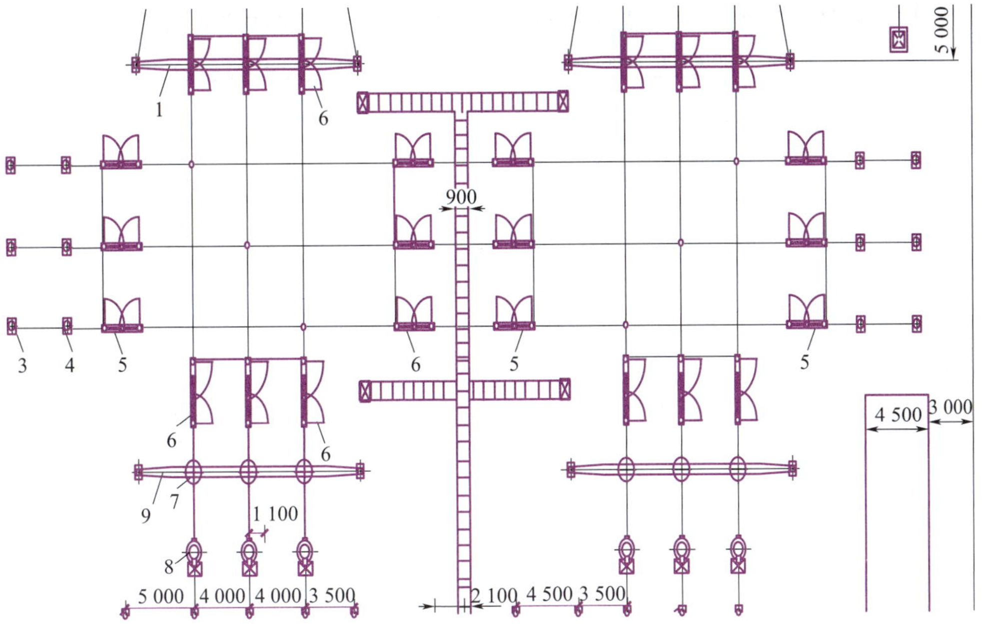

1—220 kV 16 m横梁三相H型进线终端架构；2—220 kV支持绝缘子支架；3—220 kV避雷器支架；
4—220 kV电压互感器支架；5—220 kV手动隔离开关支架；6—220 kV电动隔离开关支架；
7—220 kV电流互感器支架；8—220 kV断路器支架；9—220 kV16 m横梁门型终端架构。

图3-16 分支接线平面布置图(单位：mm)

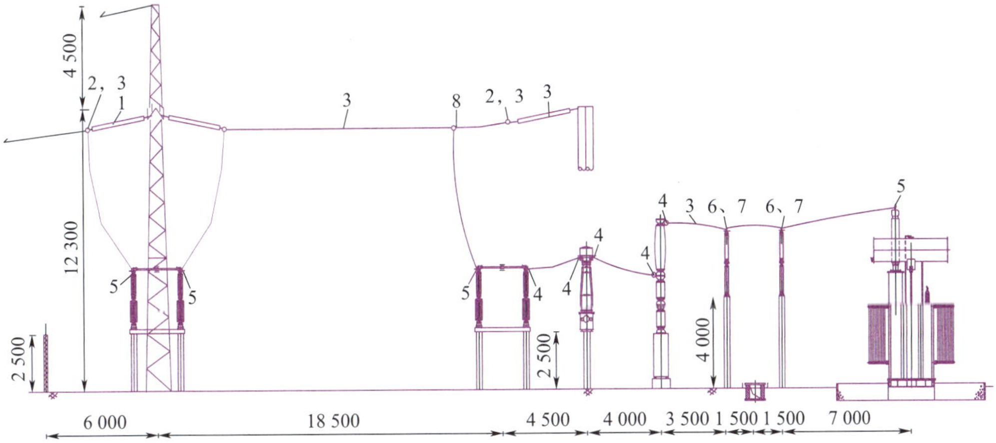

1—铝包钢芯铝铰线；2—双导线铜铝过度设备线夹；3—钢芯铝绞线；4，5—铜铝过渡设备线夹；
6—软导线固定金具；7—双软导线固定金具；8—T型线夹。

图3-17 分支接线纵向断面图(单位：mm)

图3-18所示横向断面图对应两路进线联络隔离开关位置的横向断面图，图3-18中从左到右依次是墙体、避雷器、电压互感器、隔离开关、H型进线终端架构、2路进线之间的三相联络导线、联络隔离开关、2路进线之间联络的导线、H型进线终端架构、隔离开关、电压互感器、避雷器、墙体。设备的高度、水平距离等都标有相应的尺寸。

2. 单元接线

(1)电气主接线图

牵引变电所高压侧采用单元接线时的主接线如图3-19所示，采用室外布置方式。牵引变电所高压侧有两路电源进线，每一路进线只有一台断路器，两路进线之间无任何连接。

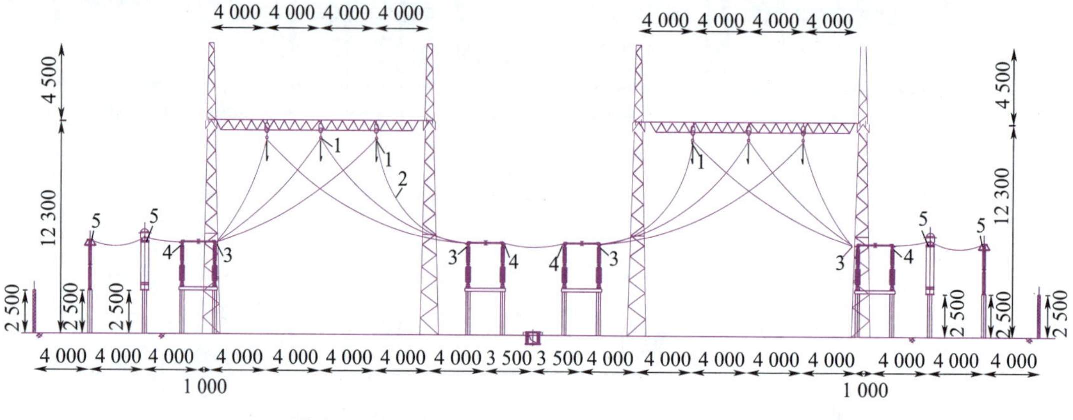

1—T 型线夹；2—钢芯铝绞线；3，4—铜铝过渡设备线夹；5—设备线夹。

图 3-18 分支接线横向断面图（单位：mm）

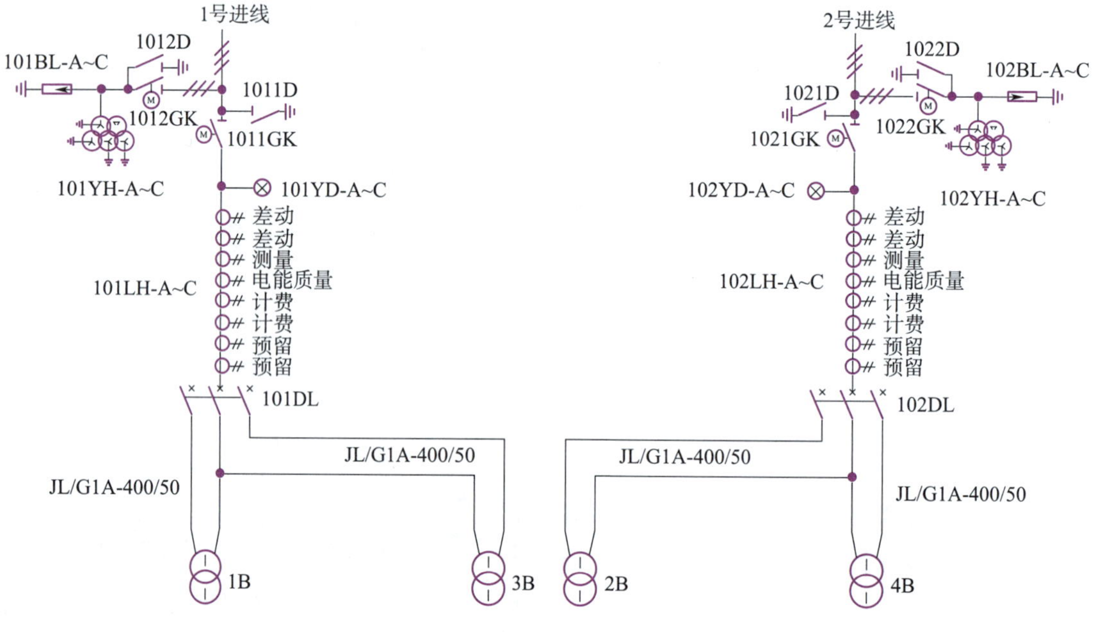

图 3-19 单元接线电气主接线

图 3-19 所示两路进线直接接入牵引变电所，每一路进线上分别引出一条支路是先经带接地刀闸的电动隔离开关后，接电压互感器和避雷器。进线线路经分支路接点后，经一台带接地刀闸的电动隔离开关、一套无源型带电显示装置、一台电流互感器后，接三相断路器，断路器的 AB 和 BC 两相分别接入一台带中间抽头的单相变压器，两台单相变压器构成一组单相 V，x 联结牵引变压器，因此两台单相变压器一起构成一路牵引供电回路。

图 3-19 中 1 路进线设备编号规则是：主断路器是 101DL，隔离开关编号依次是 1011GK、1012GK，且 2 台隔离开关都是带接地刀闸的，接地刀闸的对应编号依次是 1011D、1012D，电压互感器和避雷器的编号依次是 101YH-A～C（A～C 相 3 台单相设备）、101BL-A～C，无源型带电显示装置 101YD-A～C，电流互感器编号 101LH-A～C，变压器的编号是 1B 和 3B；2 号进线的编号与 1 号进线的编号类似，这里不再赘述。

(2)平面布置图

图 3-20 所示平面布置图与图 3-19 中主接线图对应，两路进线回路的电气设备依次是分

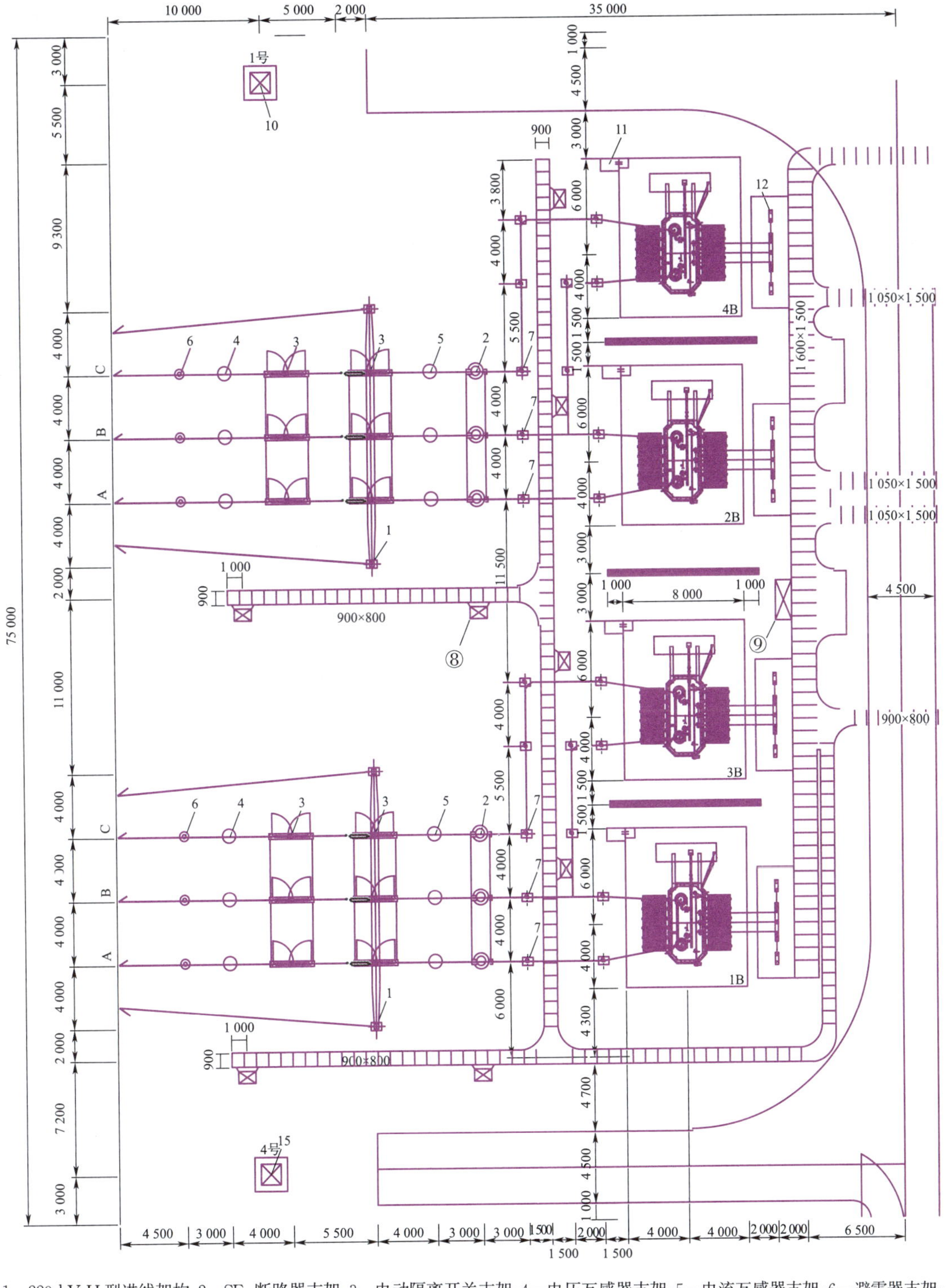

1—220 kV H 型进线架构；2—SF_6 断路器支架；3—电动隔离开关支架；4—电压互感器支架；5—电流互感器支架；6—避雷器支架；7—支持绝缘子支架；8—端子箱；9—集中接地箱；10—避雷针；11—阀门井及阀门；12—27.5 kV 主变压器低压侧电缆头支架。

图 3-20 单元接线平面布置图(单位：mm)

支路的避雷器、电压互感器、隔离开关，以及放在 H 型进线架构的下方的进线隔离开关，隔离开关的接线端子连接导线通过悬式绝缘子固定在 H 型进线架构上。进线回路过 H 型进线架构后接有电流互感器、断路器，断路器不同的两相导线分别经支持绝缘子接入 2 台不同的单相变压器。

(3)断面图

图 3-21(a)所示纵向断面图对应图 3-19 所示 1 路进线回路，图 3-21(a)从左到右的上方依

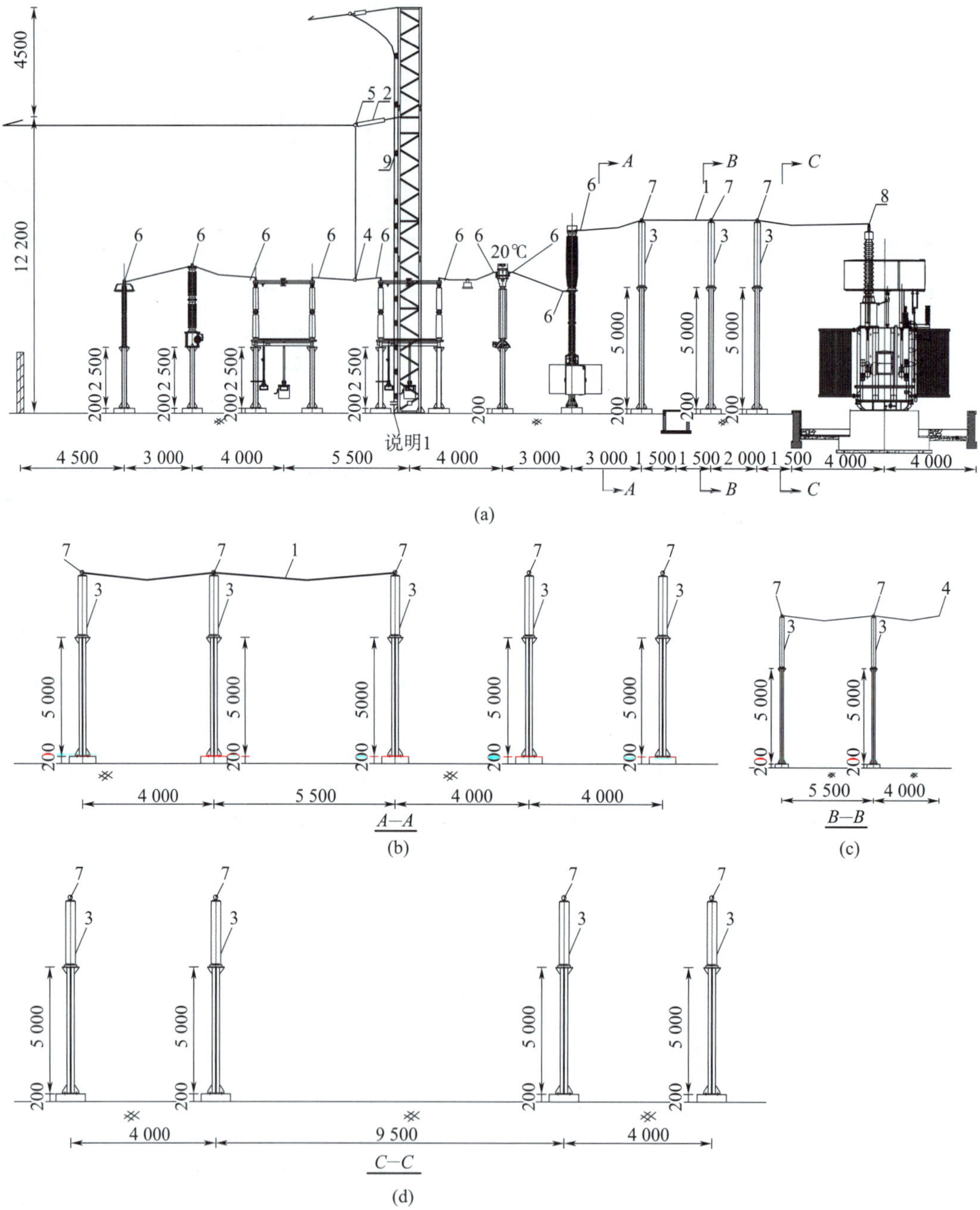

1—钢芯铝绞线；2—耐张绝缘子串；3—支持绝缘子；4—T 型线夹；5—耐张线夹；6—设备线夹；7—软母线固定金具；8—铜铝过渡设备线夹；9—针式绝缘子。

图 3-21 纵向断面图(单位：mm)

次是电源进线侧钢芯铝绞线、倒装式耐张线夹、耐张悬式绝缘子串、H 型进线架构，下方依次是牵引变电所的墙体、避雷器、电压互感器、隔离开关、耐张悬式绝缘子与隔离开关之间的跳线、H 型架构下方的隔离开关接线、电流互感器、断路器、支持绝缘子、变压器等。图 3-21(b)(c)(d)分别为图 3-21(a)中 *ABC* 三个位置支持绝缘子的断面图，设备的高度、水平距离等均标有相应的尺寸。

图 3-22 为两路进线 H 型进线架构位置的横向断面图。图 3-22 中从左到右依次是墙体、1 路进线的 H 型架构、1 路进线 H 型架构下 3 台避雷器、2 路进线的 H 型架构、2 路进线 H 型架构下 3 台避雷器。设备的高度、水平距离等都标有相应的尺寸。

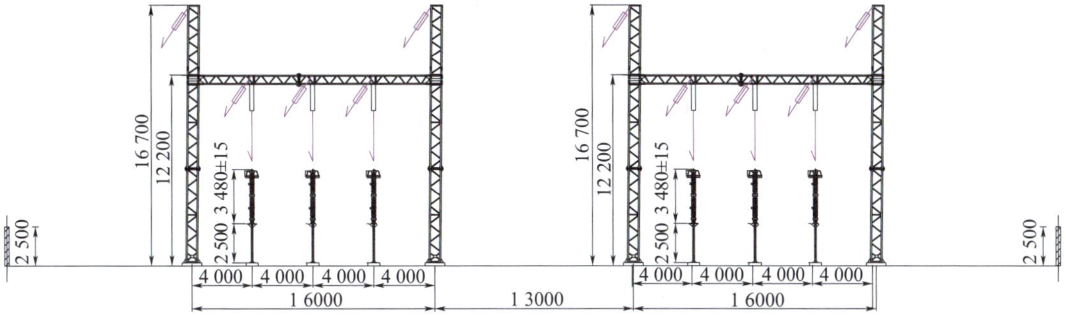

图 3-22 单元接线横向断面图(单位：mm)

技能训练

1. 根据电气设备哪些参数，才能将分支接线的主接线图、平面布置图、纵向断面图、横向断面图画出来？

____。

2. 指出图 3-16、图 3-17 和图 3-18 中的电气设备。

____。

任务评价

学生评价：____________________________________。

教师评价：____________________________________。

任务2　牵引变电所牵引负荷侧主接线选择和配电装置布置

学习目标

知识目标

1. 掌握牵引变电所牵引负荷侧主接线形式和特点；
2. 掌握牵引变电所牵引负荷侧馈线断路器备用方式、适用范围和特点；
3. 熟悉牵引变电所牵引负荷侧单母线分段接线的主接线图、平面布置图、纵向和横向断面图，以及电气设备布置方式。

技能目标

1. 能够识别并会修改牵引变电所负荷侧主接线、设备连接和布置；
2. 能够判定电气设备间电气安全距离是否符合规定。

素质目标

1. 养成按图施工、按图检修和按图操作的习惯；
2. 具有精益求精的工匠精神；
3. 具备较强的责任心和敬业精神。

预习任务

1. 查找牵引负荷的特点；
2. 整理 AT 和非 AT 供电方式的异同；
3. 查找设计规范中牵引变电所负荷侧主接线、设备连接和布置的有关规定；
4. 收集各类牵引变电所牵引负荷侧主接线图和电气设备布置图。

任务导入

为提供电力机车运行所需能源，由牵引负荷侧主接线将牵引变电所电能引至牵引网，牵引变电所电源进线侧主接线由外部电源和负荷情况共同决定，牵引负荷侧主接线则取决于铁路线路、牵引负荷的等级、供电方式、可靠性要求等。

知识链接

根据《铁路电力牵引供电设计规范》(TB 10009—2016)4.2.2 规定，牵引变电所 27.5 kV 侧母线宜采用单母线隔离开关分段接线；自耦变压器供电方式的牵引变压器低压侧为 2×27.5 kV 时，牵引变电所可不设置自耦变压器。

一、牵引变电所负荷侧主接线选择

由于牵引负荷是单相移动式负荷，由接触网供电，接触网故障率高且无备用，牵引负荷的这些特殊性，直接影响了牵引负荷侧的主接线形式。

1. 牵引负荷侧主接线的影响因素

由于电力机车直接由接触网供电，接触网故障率高且无备用，馈线断路器动作频繁，因此对馈线断路器的要求较高，需要合理选择馈线断路器的备用方式；铁路运行情况（列车运量大小、单复线路、站场、馈线数量、负荷大小等）不同，对主接线的要求也不同；牵引变电所主变压器类型（单相、三相、三相二相等）和备用方式不同，对主接线的要求也不同；此外牵引网的供电方式（直供、DN、BT、AT、CC 方式）不同，对主接线的要求也不同。综合上述情况，牵引负荷侧的主接线一般采用单母线接线或单母线分段接线。

2. 牵引负荷侧主接线特点

由于牵引负荷侧主接线一般都采用单母线接线或单母线分段接线，而且牵引母线一般为单相母线或两相母线，通过接地母排回流，因此牵引负荷侧接线结构比较简单。

牵引变电所的运行经验表明，母线故障和检修都比较少，因为母线故障导致停电不突出，但是接触网故障率高，因此馈线断路器跳闸次数多、检修多，馈线断路器需要备用。

3. 牵引负荷侧电气主接线选择

牵引负荷侧电气主接线由电源进线、母线和馈出线组成，根据供电方式的不同，可以提供非 AT 供电方式的 27.5 kV 和 AT 供电方式的 2×27.5 kV 或者 55 kV 的电压。

（1）非 AT 供电方式下牵引负荷侧主接线

不同类型变压器不同供电方式，牵引负荷的接线也各不相同，非 AT 供电方式的供电电压是 27.5 kV，图 3-23 是三相 YN，d11 联结牵引变压器非 AT 供电方式下的接线，主接线采用隔离开关分段的单母线分段接线，变压器二次侧 c 端子接集中接地母线，a 端子和 b 端子接左右供电臂对应的母线。

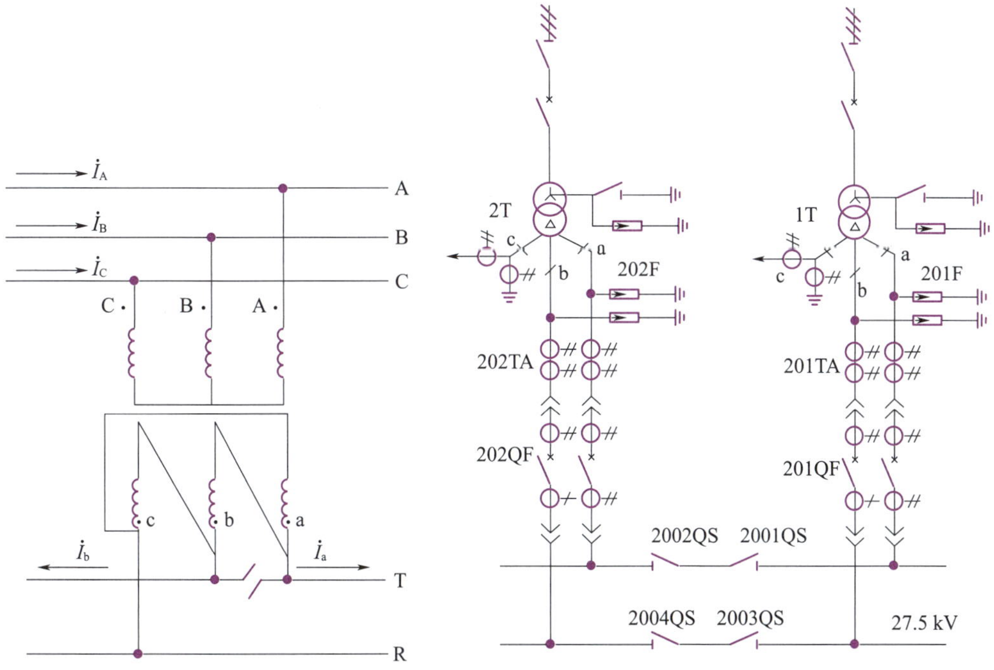

(a) 非AT供电方式下三相变压器接线　　(b) 三相变压器非AT供电方式下主接线

图 3-23　三相 YN，d11 联结牵引变压器非 AT 供电方式下接线

图 3-24 是单相牵引变压器非 AT 供电方式下的接线，主接线采用隔离开关分段的单母线分段接线，变压器二次侧尾端接集中接地母线，首端接左右供电臂对应的母线。

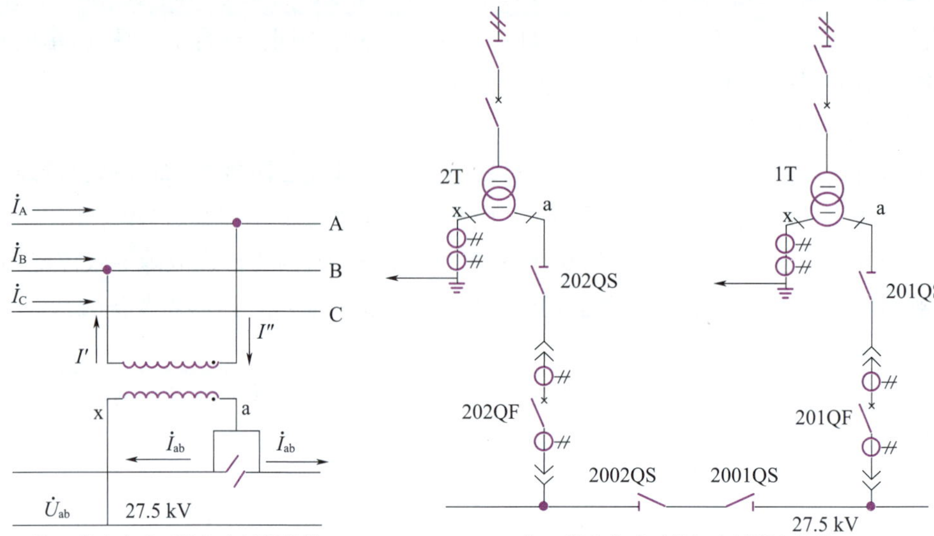

(a) 非AT供电方式下单相变压器接线　　(b) 非AT供电方式下单相变压器主接线

图 3-24　单相牵引变压器非 AT 供电方式下接线

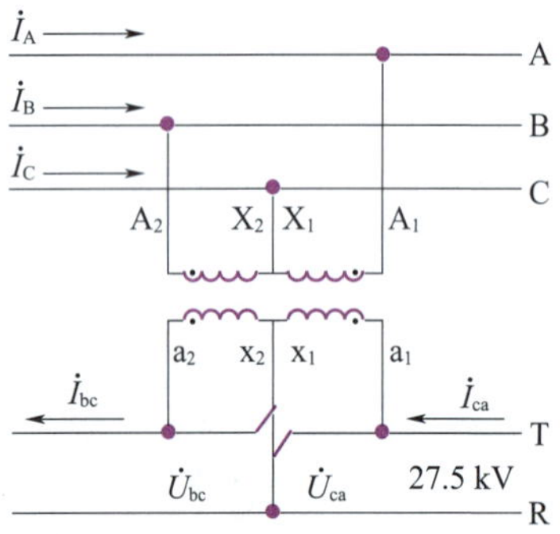

图 3-25　非 AT 供电方式下单相 V，v 联结牵引变压器接线

图 3-25 是非 AT 供电方式下单相 V，v 联结牵引变压器的接线，变压器二次侧尾端接集中接地母线，首端接左右供电臂对应的母线。图 3-26 是单相 V，v 联结牵引变压器非 AT 供电方式下的主接线，主接线采用隔离开关分段的单母线分段接线，图 3-26(a)和图 3-26(b)分别是变压器移动备用和固定备用时的主接线。

图 3-27 是非 AT 供电方式下三相 V，v 联结牵引变压器联结方式，三相牵引变压器 V，v0 接线的二次侧与一次侧对应 V 顶点是一绕组尾端和另一绕组首端集中接接地母线，剩下两端子分别接左右供电臂对应母线。三相 V，v6 联结牵引变压器接线是二次侧与一次侧对应 V 顶点分别接左右供电臂对应的母线，剩下的两端子集中接接地母线。图 3-28 是三相 V，v 联结牵引变压器非 AT 供电方式下主接线，主接线采用隔离开关分段的单母线分段接线。

图 3-29 是 Scott 联结牵引变压器非 AT 供电方式下接线。变压器二次侧尾端接集中接地母线，首端接左右供电臂对应母线，主接线采用隔离开关分段的单母线分段接线。

(2)AT 供电方式下牵引负荷侧主接线

AT 供电方式的供电电压是 2×27.5 kV，图 3-30 是单相牵引变压器 AT 供电方式下的接线，主接线采用隔离开关分段的单母线分段接线。二次侧中间抽头接集中接地母线，首端接接触网对应母线，尾端接正馈线对应母线。

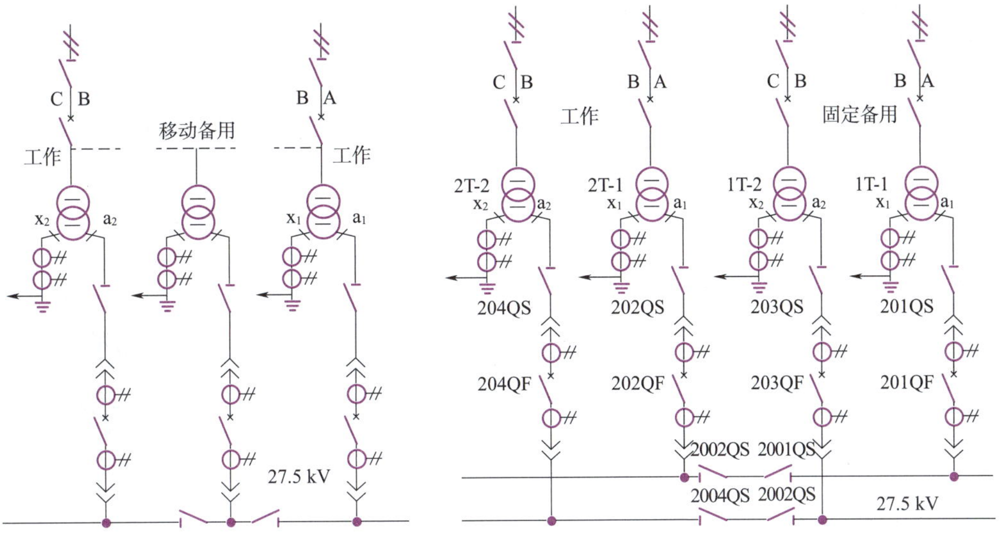

(a) 移动备用时单相V，v牵引变压器主接线　　(b) 固定备用时单相V，v牵引变压器主接线

图 3-26　单相 V, v 牵引变压器非 AT 供电方式下主接线

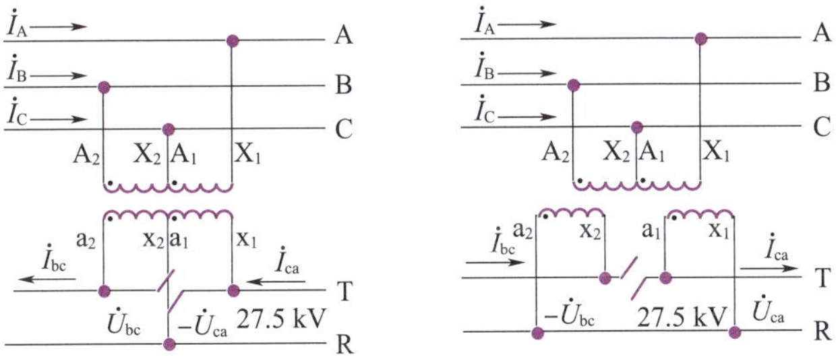

(a) 三相V,v0联结牵引变压器接线　　(b) 三相V,v6联结牵引变压器接线

图 3-27　非 AT 供电方式下三相 V, v 联结牵引变压器接线

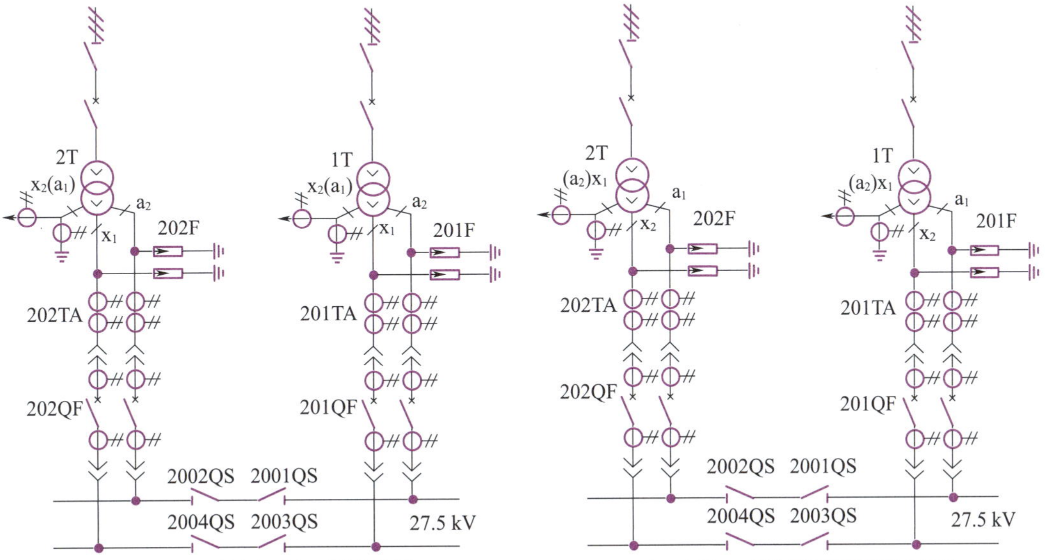

(a) 三相V,v0联结牵引变压器主接线　　(b) 三相V,v6联结牵引变压器主接线

图 3-28　三相 V, v 联结牵引变压器非 AT 供电方式下主接线

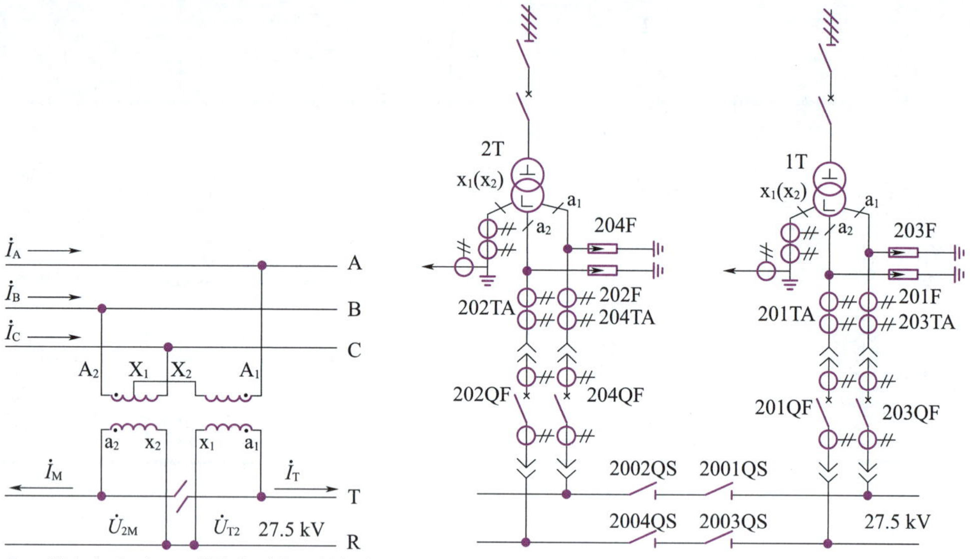

(a) 非AT供电方式下Scott联结牵引变压器方式 (b) Scott联结牵引变压器非AT供电方式下主接线

图 3-29 Scott 联结牵引变压器非 AT 供电方式下接线

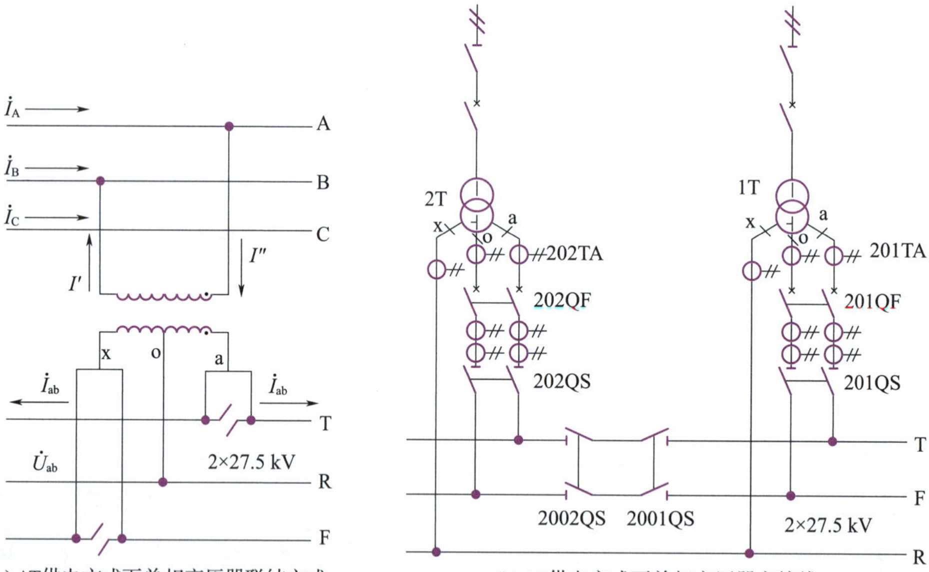

(a) AT供电方式下单相变压器联结方式 (b) AT供电方式下单相变压器主接线

图 3-30 单相牵引变压器 AT 供电方式下接线

图 3-31 是三相 V，x 联结牵引变压器 AT 供电方式下的接线，图 3-31(a)和图 3-31(b)分别是三相牵引变压器 V，x0 和 V，x6 联结方式接线。其中，三相 V，x0 联结牵引变压器二次侧中间抽头接集中接地母线，与一次侧 V 形顶点对应的二次侧两端子接正馈线的对应母线，二次侧的另外两个端子接接触网的对应母线。而三相 V，x6 联结牵引变压器二次侧中间抽头接集中接地母线，与一次侧 V 形顶点对应的二次侧两端子接接触网的对应母线，二次侧的另外两

个端子接正馈线的对应母线。图3-32是三相V，x联结牵引变压器AT供电方式下的主接线，主接线采用隔离开关分段的单母线分段接线，能够提供2×27.5 kV电压。

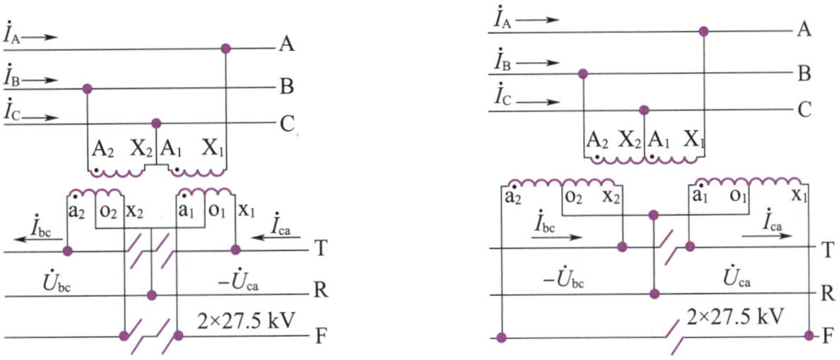

(a) AT供电方式下三相V,x0联结牵引变压器接线　(b) AT供电方式下三相V,x6联结牵引变压器接线

图3-31　三相V，x联结牵引变压器AT供电方式下接线

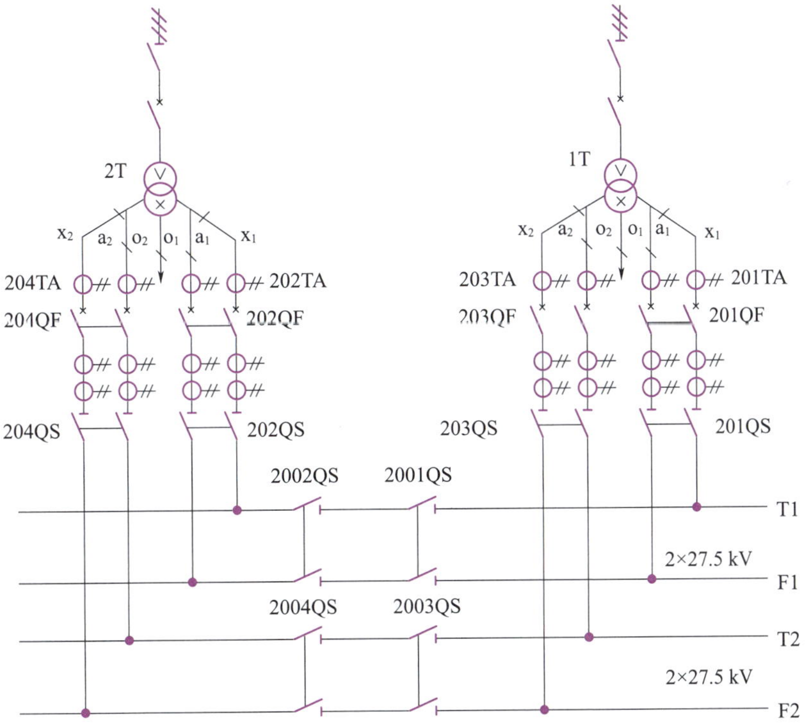

(a) 三相V,x0变压器AT供电方式下主接线

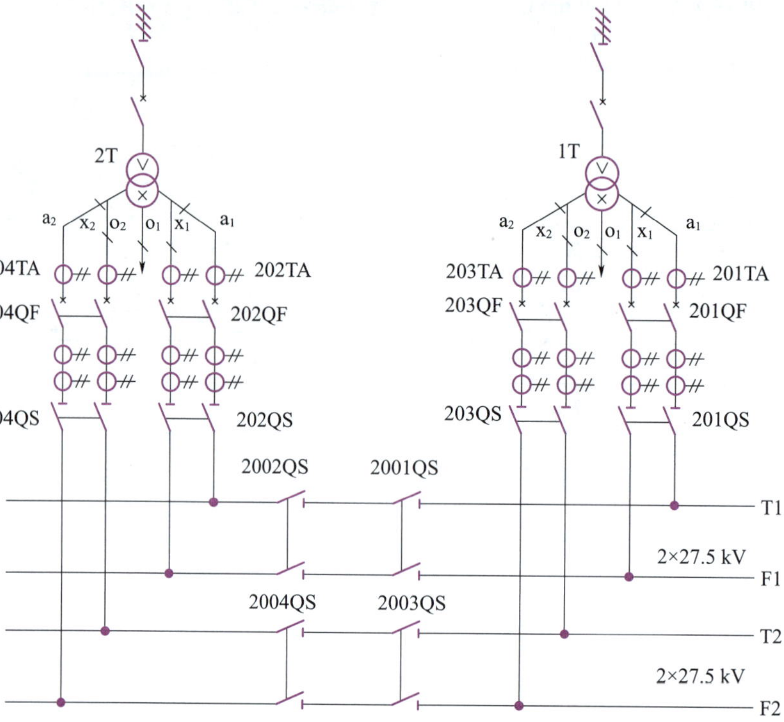

(b) 三相V,x6联结牵引变压器AT供电方式下主接线

图 3-32　三相 V,x 联结牵引变压器 AT 供电方式下主接线

图 3-33 是 Scott 联结牵引变压器 AT 供电方式下的主接线。变压器 M 座和 T 座绕组首端接接触网的对应母线，另外两个端子接正馈线的对应母线，只能提供 55 kV 电压。经自耦变压器后，自耦变压器二次侧中间抽头接集中接地母线，便能够提供 2×27.5 kV 电压。主接线采用隔离开关分段的单母线分段接线。

(3)牵引负荷侧馈线断路器备用方式接线

①馈线断路器 100%备用接线

每条馈线均设置备用断路器的接线称为馈线断路器 100%备用接线，如图 3-34 所示，这种接线操作灵活简便，二次回路不用重新接线，但是断路器数目多，投资大，一般在馈线较少时采用。

②馈线断路器 50%备用接线

每两条馈线设置一台备用断路器的馈线的情况接线称为馈线断路器 50%备用接线，如图 3-35 所示，这种接线适合刚好有两条。

③旁路断路器备用接线

带有旁路断路器和旁路母线的接线称为旁路断路器备用接线，如图 3-36 所示，这种接线断路器数目少，投资省，适合在馈线较多的情况。

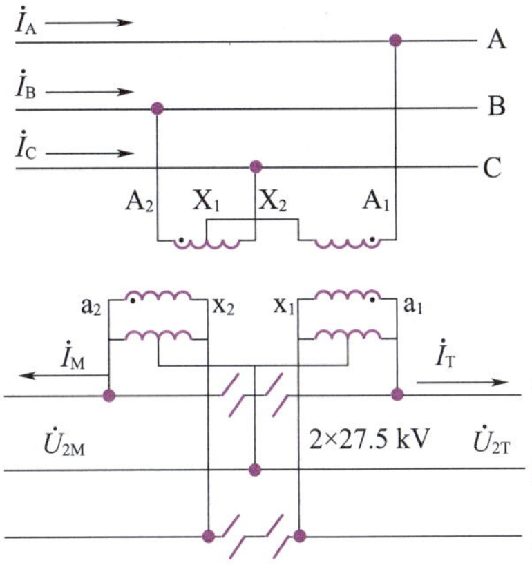

(a) AT供电方式下Scott联结牵引变压器接线

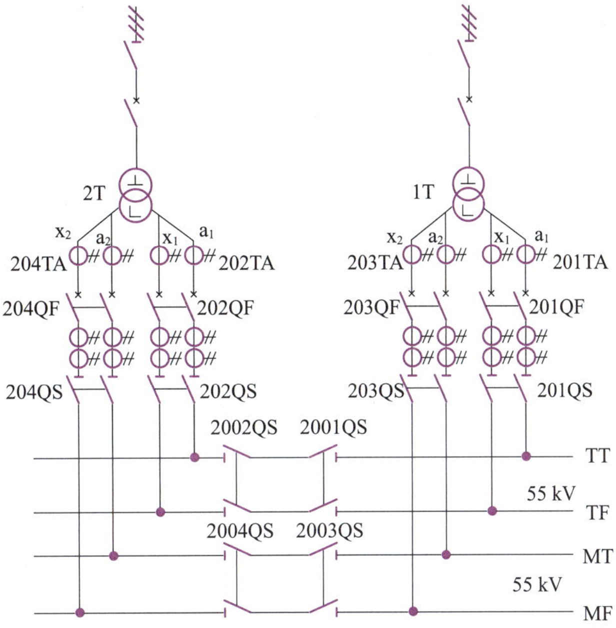

(b) AT供电方式下Scott联结牵引变压器主接线

图 3-33　Scott 联结牵引变压器 AT 供电方式下主接线

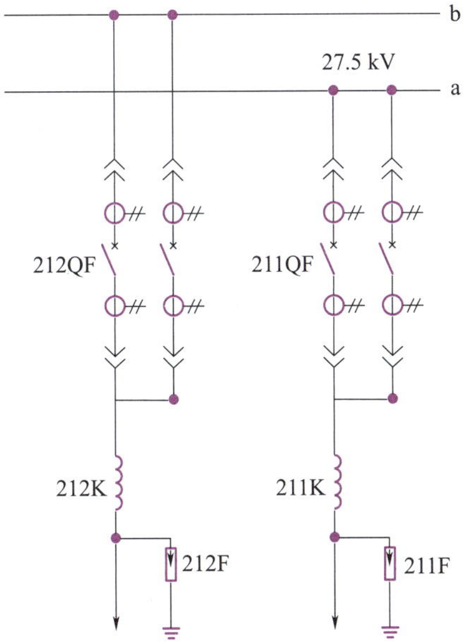

(a) 非AT供电方式下100%备用方式

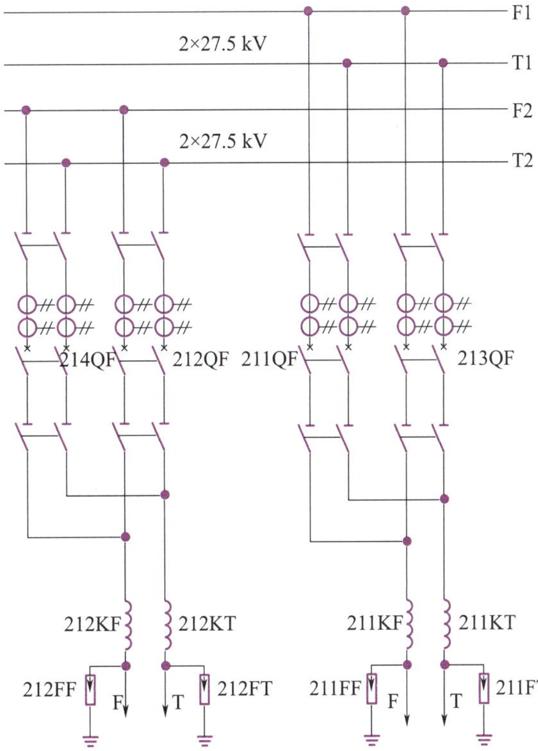

(b) AT供电方式下100%备用方式

图 3-34　馈线断路器 100%备用接线

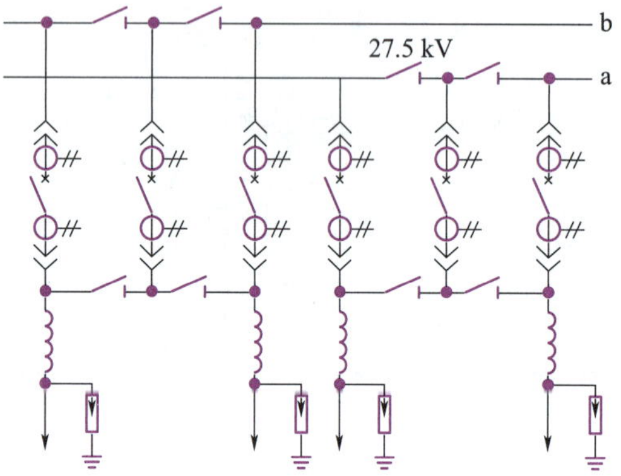

(a) 非AT供电方式下50%备用方式

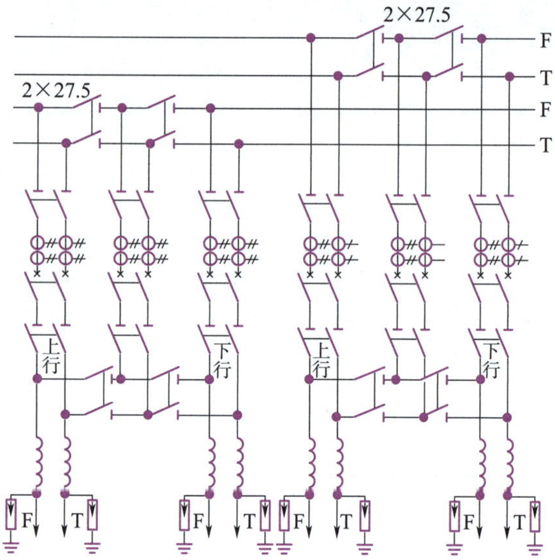

(b) AT供电方式下50%备用方式

图 3-35　馈线断路器 50%备用接线

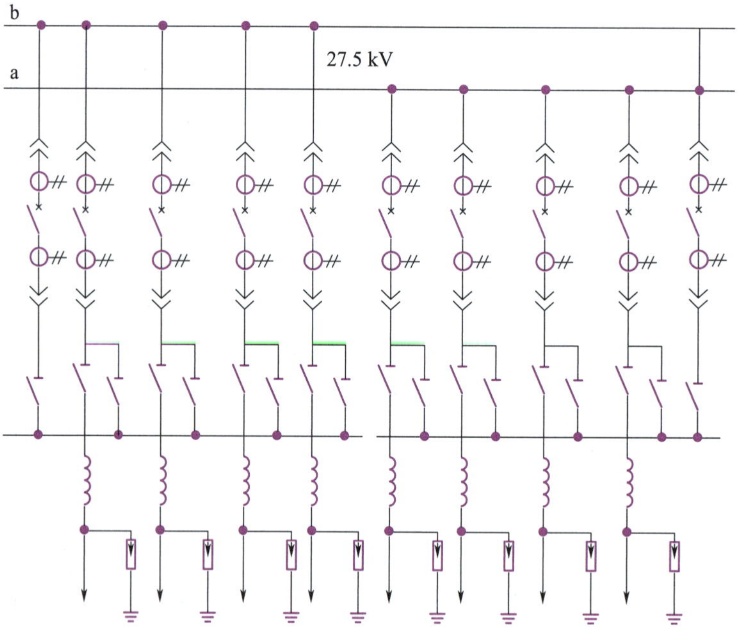

图 3-36　非 AT 供电方式下旁路断路器备用接线

④上、下行馈线断路器互为备用接线

在我国上行线路和下行线路都是采用的同相供电，因此上、下行线路之间的断路器可以互为备用，这种上、下行互为备用的接线称为上、下行断路器互为备用接线，如图 3-37 所示，这种接线不会额外增加断路器数目，投资省，适用于双线铁路的上、下行线路中。

(4)电容补偿装置主接线

图 3-38 是非 AT 供电方式和 AT 供电方式下并联电容补偿装置的主接线。

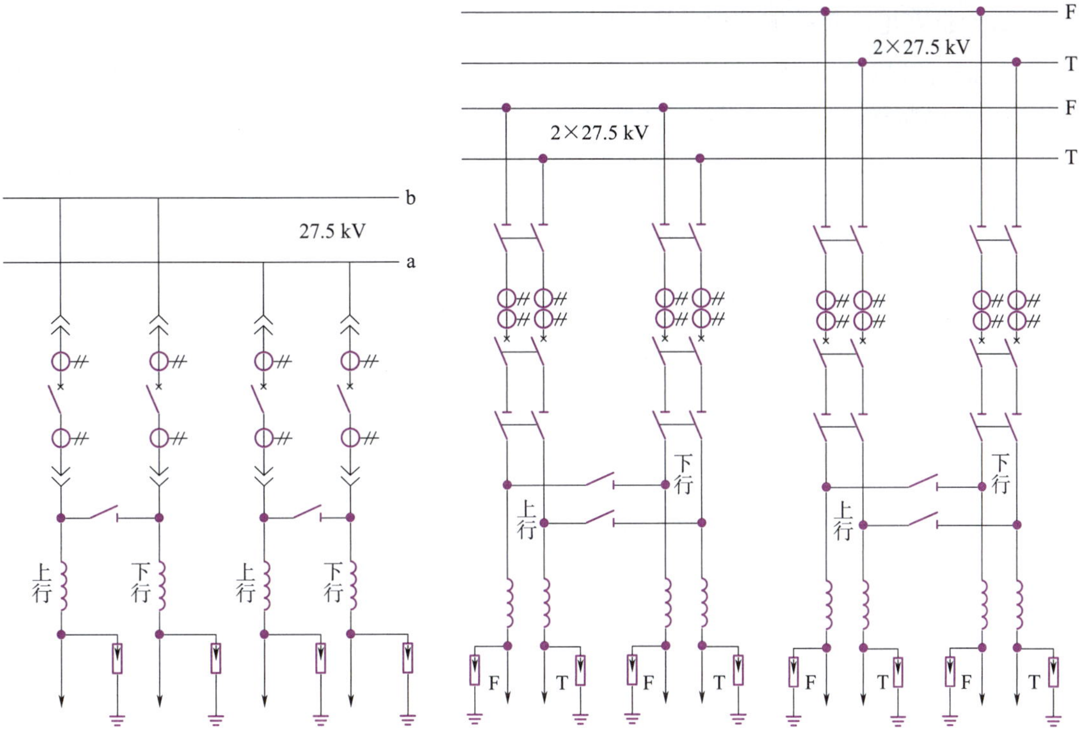

(a) 非AT供电方式下，上下行馈线断路器互为备用　　(b) AT供电方式下，上下行馈线断路器互为备用

图 3-37　上、下行馈线断路器互为备用接线

(5) 自用电变压器主接线

牵引变电所电气设备用电一般由自用电变压器或地方变电所供电。自用电变压器的接线如图 3-39 所示。

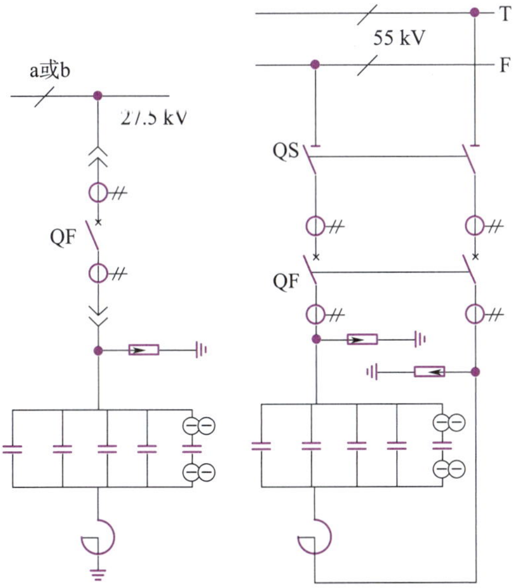

(a) 非AT供电方式　　(b) AT供电方式

图 3-38　并联电容补偿装置主接线

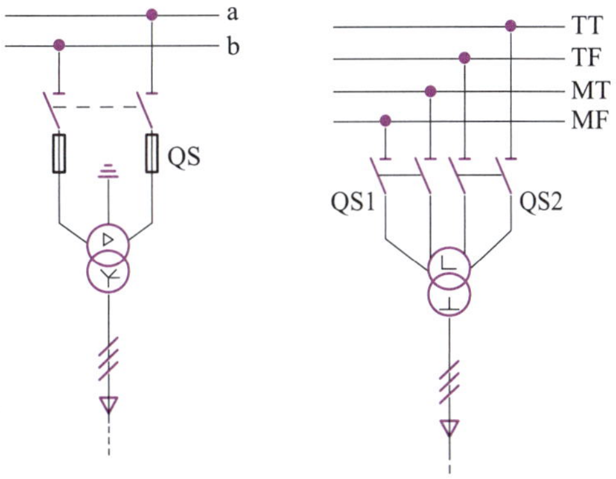

(a) D,yn接线　　(b) 逆Scott接线

图 3-39　自用电变压器主接线

二、牵引变电所负荷侧配电装置布置

110 kV 及以下配电装置周围环境中存在对电气设备有危害的气体和粉尘等物质时一般采用室内配电装置,过去多采用装配式配电装置,现在大多采用成套式配电装置。装配式配电装置一般是在现场将电气设备组装而成,建造安装灵活,投资较少,金属消耗量少,但是安装工作量大,工期较长。成套配电装置是由制造厂成套供应的设备,统称高压开关柜。把开关电器、测量仪表、保护装置等都装配在封闭或半封闭的柜中,运到现场只需安装便可构成配电装置,牵引负荷侧配电装置大多采用成套配电装置。

按配电装置布置形式的不同,室内配电装置一般可分为:单层装配式布置、双层装配式布置、三层装配式布置、单层装配与成套混合式布置、双层装配与成套混合式布置。单层式是将所有电气设备布置在一层建筑中,适用于线路无电抗器的情况。单层式占地面积较大,如容量不太大,通常采用成套开关柜,以减少占地面积。双层式是将母线、母线隔离开关等较轻设备放在第二层,将电抗器、断路器等较重设备布置在底层,与单层式相比占地面积小,造价较高。三层式是将所有电气设备依其轻重分别布置在三层建筑物中,具有安全可靠性高、占地面积小等特点,但结构复杂,施工时间长,造价较高,检修和运行不大方便。

室内配电装置电气设备工作环境好,故障率低,运行可靠性和安全性高,操作和维护在室内,不受气候影响,操作维护方便。户内设备允许安全净距较小,占地面积小。不足的是所需房屋基建投资较大,对通风散热等有较高要求。布置时需要考虑电气主接线及电气设备的形式,施工、运行、检修和维护条件,人员技术水平和经验等。

1. 室内配电装置布置原则

(1)室内配电装置布置时,重要的是要满足安全条件,必须符合电气安全距离要求。由于室内允许安全净距小,可以分层布置,一般按设备重量和接线顺序分层布置,因此占地面积小,同时由于安全净距小,更容易导致故障蔓延,因此需要将设备布置在间隔内。室内配电不受气候影响,操作、巡视、维修比较方便,而且外界污秽也不会影响电气设备,因此减轻了维护工作量,但是房屋建筑投资较大,不过采用价格较低的室内型电气设备可以减少总投资。因此室内配电装置布置的总体原则如下:

①既要考虑设备的重量,把最重的设备(如电抗器)放在底层,以减轻楼板荷重并方便安装,又需要按照主接线图的顺序来考虑设备的连接,做到进出线方便。

②同一回路的电器和导体等设备尽量布置在同一个间隔(小间)内,而各回路的间隔要相互隔离,以保证检修时的安全及限制故障范围,尽量采用手车式断路器或 GIS 开关柜。最重要的是各设备之间必须满足安全净距等国家标准规范要求。

③为减小母线上的电流,将电源布置在每段母线的中部,有时为连接方便则将其设在端部。在母线分段处要用墙把各段母线隔开,防止母线事故的蔓延并保证检修安全。

④布置应当尽量对称,以便利于设备操作,检修和搬运,应合理设置维护通道、操作通道及防爆通道。

⑤配电装置室可以开窗和通风,但应采取防止雨雪、风沙、污秽和小动物进入室内的措施。

⑥间隔的布置应充分合理利用空间,与穿墙套管、母线布置、电缆沟道等紧密结合,易于扩建。

间隔是指具有特定功能的完整电气回路，由断路器、隔离开关、电流互感器、高压熔断器、电压互感器、避雷器等不同数量的电气设备组成。一般由架构（室外配电装置）或隔板（或墙体）来分界，使不同电气回路互相隔离，故称为间隔。根据间隔功能不同，可分为进线间隔、出线间隔、旁路间隔、母联间隔、分段间隔、电压互感器和避雷器间隔等。成套式配电装置，每个高压开关柜为一个间隔。各间隔依次排列起来组成一列，室外配电装置的布置通常按断路器的列数分为单列布置、双列布置和三列布置。采用高压开关柜的室内配电装置则按开关柜布置的列数分为单列布置和双列布置。

为了将设备故障的影响限制在最小的范围内，以免波及相邻的电气回路，以及在检修中的电器，避免检修人员与邻近回路的电器接触，而用砖或用石棉板等做成墙体的间隔。

(2)室内配电装置中母线及隔离开关等设备的一般布置方法如下：

①母线及母线隔离开关。

母线重量较小，通常在配电装置的上部，采用垂直、水平或直角三角形的布置方式。水平方式建筑简单，安装容易；垂直布置便于观察，建筑高度高；直角三角形方式结构紧凑，但是布置不对称。

母线隔离开关，通常设在母线的下方。在双母线布置的室内配电装置中，母线与母线隔离开关之间宜装设耐火隔板。两层以上的配电装置中，母线隔离开关宜单独布置在一个小室内。

为确保设备及工作人员的安全，室内外配电装置都应设置闭锁装置，以防止带负荷误拉隔离开关、带接地线合闸、误入带电间隔、带电合地力等电气误操作事故。

②断路器及其操动机构。

断路器通常设置在一个独立的封闭小屋内，有敞开式、防爆式和封闭式三种。不同储油式电气设备超过各自规定油量标准时，有的需要单独设于防爆室内，同时一般还设有储油和挡油措施，有的则设于具有隔板的敞开小室即可。操动机构设置在操作走廊内，手动和轻型远动机构装在墙壁上，重型远动机构则装在混凝土基础上。

③电流互感器和电压互感器。

电流互感器一般与断路器放在同一小屋内。穿墙式电流互感器一般穿墙时使用；电压互感器一般放在独立的间隔内，经隔离开关和熔断器(60 kV及以下采用熔断器)接于母线上，但在同一间隔内，可以装设几个不同用途的电压互感器。

④避雷器。

当母线上接有架空线路时，母线上应装设避雷器，由于其体积不大，通常与电压互感器共用一个间隔，但应以隔层隔开。

⑤电抗器。

电抗器比较重，多布置在最底层的封闭小室内。电抗器按其容量不同有三种不同的布置方式：三相垂直布置、三相“品”字形布置和三相水平布置，如图3-40所示。通常线路电抗器采用垂直或“品”字形布置。当电抗器的额定电流超过1 000 A、电抗值超过5%～6%时，宜采用“品”字形布置；额定电流超过1 500 A的母线分段电抗器或变压器低压侧的电抗器，则采取水平布置。

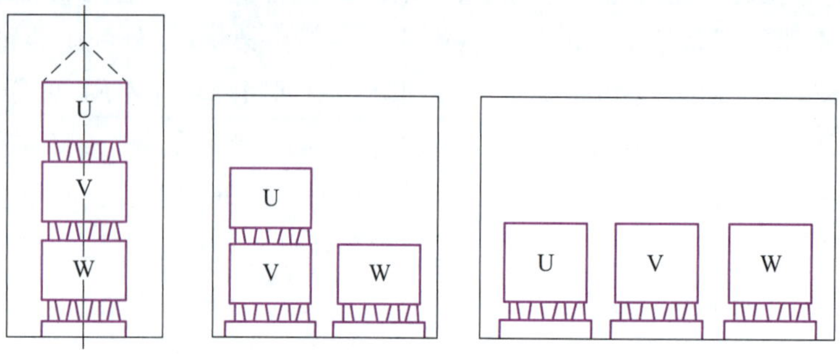

(a) 三相垂直布置　(b) 三相“品”字形布置　(c) 三相水平布置

图 3-40　电抗器的布置方式

⑥电缆隧道及电缆沟

电缆隧道及电缆沟是用来放置电缆的。电缆隧道是封闭狭长的构筑物，高 1.8 m 以上，两侧设有数层敷设电缆的支架，可容纳较多的电缆，人在隧道内能方便地进行敷设和维修电缆工作。电缆隧道造价较高，一般用于大型电厂。

电缆沟是有盖板的沟道，沟深与宽不足 1 m，敷设和维修电缆不方便。沟内容易积灰，可容纳的电缆数量也较少；工程简单，造价较低，常为变电站和中、小型电厂所采用。

为确保电缆运行安全，电缆隧道(沟)在进入建筑物处，应设带门的耐火隔墙(电缆沟只设隔墙)，以防发生火灾时，烟火向室内蔓延扩大事故；一般将电力电缆与控制电缆分开排列在过道两侧。

配电装置的布置还应便于设备操作、检修和搬运，故须设置必要的通道(走廊)，主要是维护通道、操作通道、防爆通道。凡用来维护和搬运配电装置中各种电气设备的通道，称为维护通道。如通道内设有断路器(或隔离开关)的操动机构、就地控制屏等，称为操作通道。仅和防爆小室相通的通道，称为防爆通道。

2. 室内配电装置布置方式

室内配电装置布置通常采用两层两走廊、单层两走廊、单层单走廊等布置方式。

(1)两层两走廊式布置方式

图 3-41 为两层两走廊式双母线带出线限流电抗器 6～10 kV 室内配电装置布置案例。两层两走廊式配电装置操作集中，巡视路线短，维修运行方便，施工和投资少。

(2)单层两走廊式

图 3-42 为单层两走廊式单母线分段 35 kV 室内配电装置布置为案例。单层两走廊式配电装置，操作方便，供电可靠性高，施工检修方便。

3. 成套配电装置

成套配电装置分为组合电器(GIS)与开关柜，它们都是将主要电气设备按照一次主接线的要求，依次组成一个整体，并将高压带电部分封闭在接地的金属体内，充以一定压力的 SF_6 气体或空气作为绝缘介质。110 kV 及以上的成套配电装置称为 GIS 组合电器，可以封装多台断路器及其他电气设备；35 kV 及以下的成套配电装置称为开关柜，一般由单台断路器(单极或多极)及其他一、二次电气设备装配在封闭的或敞开的金属柜体内，作为电力系统中接受和分配电能的装置。开关柜都装设了防止电气误操作和保障人身安全的闭锁装置，即“五防”：①防止误分、误合断路器；②防止

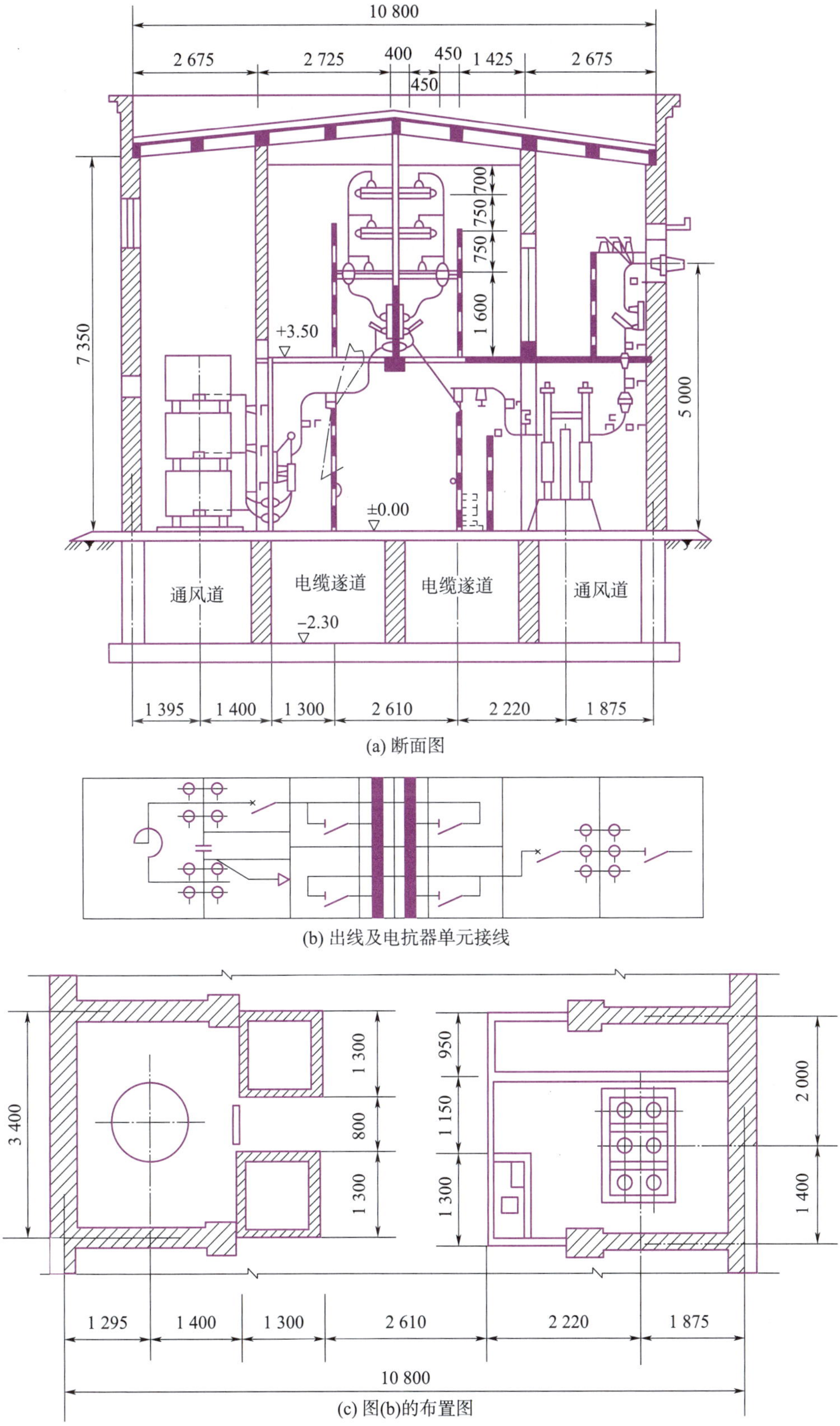

图 3-41　两层两走廊式双母线带出线限流电抗器 6～10 kV 室内配电装置布置案例（单位：mm）

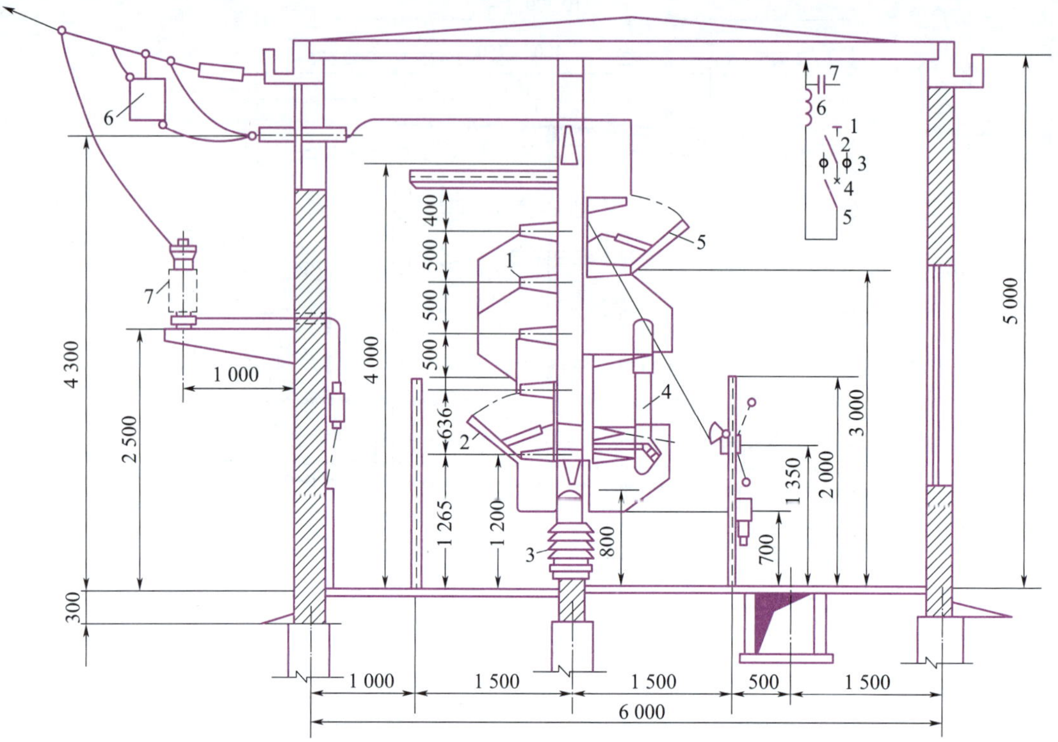

1—母线;2—隔离开关;3—电流互感器;4—断路器;5—隔离开关;6—阻波器;7—耦合电容器。

图 3-42 单层两走廊式单母线分段 35 kV 室内配电装置布置实例图(单位:mm)

带负荷误拉、误合隔离开关;③防止带电误挂接地线;④防止带接地线误合开关;⑤防止人员误入带电间隔。

高压开关柜的每个柜子(有时是两个柜子)构成一条支路,使用时根据电气接线选择各支路开关柜组成配电装置。高压成套配电装置指电压在 1 kV 及以上的成套配电装置。高压成套配电装置根据设备能否移动可分为移开式(又称手车式)和固定式。移开式开关柜内的主要电器元件安装在可抽出的手车上的,常用的手车类型有:隔离手车、计量手车、断路器手车、PT 手车、电容器手车和所用变手车等。固定式开关柜内所有的电器元件均为固定式安装的。SF_6 气体绝缘开关柜又称 GIS 开关柜,以空气绝缘的开关柜称为 AIS 开关柜。低压成套配电装置指电压在 1kV 及以下的成套配电装置,有抽屉式和固定式两种开关柜。

室内布置全封闭组合电器应设置通道,宽度要满足运输部件要求,主通道靠近断路器侧,宽度宜为 2 000 mm,巡视通道宽度不应小于 1 000 mm。气体绝缘封闭式开关柜和空气绝缘金属铠装开关柜应采用室内布置,27.5 kV 和 2×27.5 kV 室内配电装置采用网栅间隔结构且双列布置时,维护操作通道可采用 2 760 mm。27.5 kV 气体绝缘金属封闭式开关柜和空气绝缘金属铠装式开关柜布置应满足表 3-4 要求,柜后有维修工作量时,通道不宜小于 1 000 mm。

成套配电装置电气设备布置在金属外壳中,工作环境好,故障率低,运行可靠性和安全性高,操作和维护方便,而且维护工作量小。相间和对地距离可以缩小,结构紧凑,占地面积小。所有电器元件已在工厂组装成一个整体(开关柜),减少了现场得安装工作量,有利于缩短建设工期,也便于扩建和搬迁。不足的是耗用钢材较多,造价较高。

表 3-4　室内配电装置各种通道的最小宽度(mm)

布置方式	维护通道	操作通道	
		固定式	手车式
单列布置	800	1 500	单车长+1 200
双列布置	1 000	2 000	双车长+900

注:1. 通道宽度在建筑物的墙柱个别突出处,允许缩小 200 mm。
2. 手车式开关柜不需进行就地检修时,通道宽度可适当减小。
3. 固定式开关柜靠墙布置时,柜背宜离墙 500 mm。

三、牵引负荷侧电气设备布置案例

1. 牵引负荷侧主接线

图 3-43 是单相 V,x 联结牵引变压器牵引负荷侧采用单母线接线的主接线。牵引负荷侧每一回路出线均是由置于室内的馈线开关柜和置于室外的馈线开关设备构成的,室内馈线开关柜内设备根据电能传输过程,依次是三工位隔离开关(合闸、分闸和接地三个位置)、电流互感器、断路器。室外依次是带接地刀闸的隔离开关、抗雷线圈、避雷器。图 3-43 中牵引负荷侧最右侧馈出线断路器是 211QF,对应隔离开关依次是 2111QS、2112QS,抗雷线圈是 211KF、211KT,避雷器是 211FF、211FT,两相邻回路出线联络隔离开关是 2113QS。此时出线断路器为上、下行互为备用。

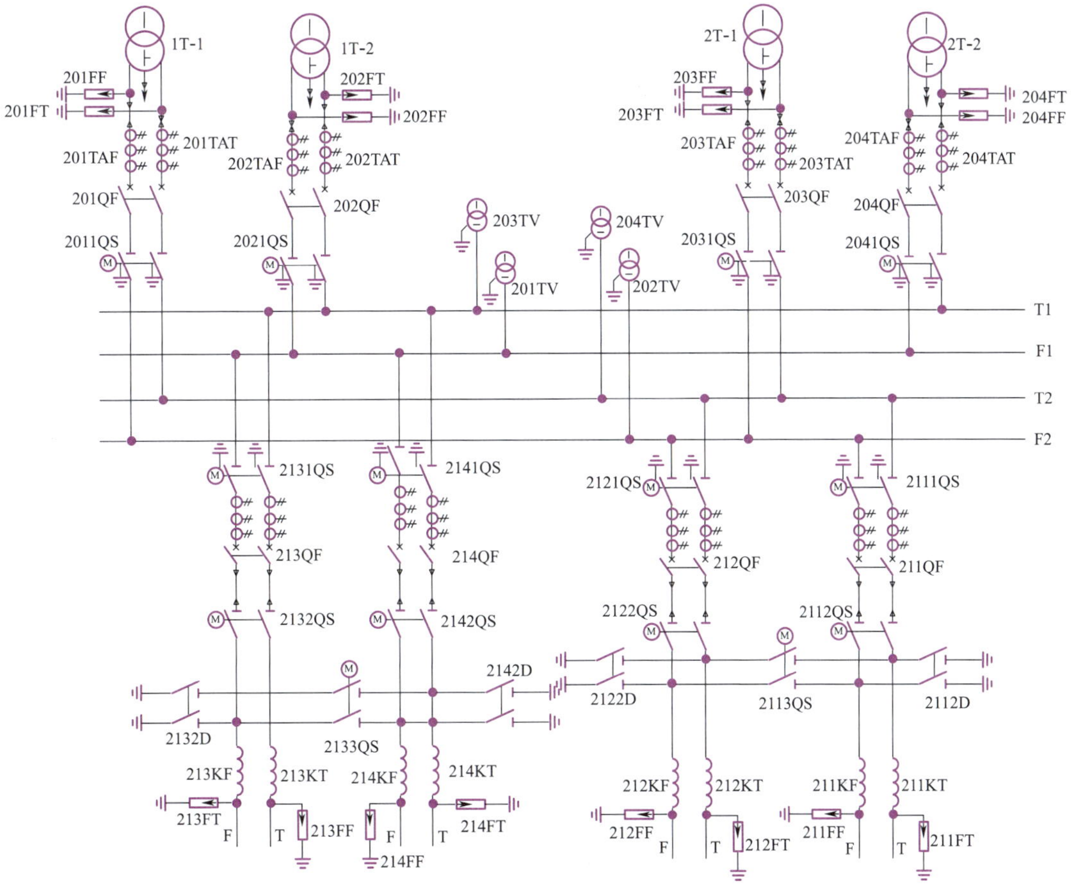

图 3-43　牵引负荷侧主接线

图 3-43 中牵引负荷侧左侧进线两台变压器分别是 1T-1 和 1T-2，两台进线断路器分别是 201QF 和 202QF，对应的隔离开关分别是 2011QS、2021QS，回路中的电流互感器和避雷器依次是 201TAF、201TAT、202TAF、202TAT、201FF、201FT、202FF、202FT，低压母线依次是 T1、F1、T2、F2，母线上电压互感器依次是 201TV、203TV、202TV、204TV。由图 3-43 可知，低压侧的避雷器和电压互感器都是单相设备，而断路器和隔离开关都是两相设备。

练一练

1. 图 3-43 中牵引网向机车供电的供电方式是哪种？

____

____

____。

2. 图 3-43 中从哪些特征上可以看出来是单母线接线呢？

____

____

____。

3. 单母线接线的特点有哪些？

____

____

____。

4. 图 3-43 的图形符号分别代表的是什么？

____

____

____。

集中接地箱是把接地网中回流电流，上、下行接触网的钢轨回流电流和保护线回流电流通过集中接地母线接回至牵引变压器，图 3-44 中接地网、上、下行钢轨和保护线都是经电流互感器后接至一条硬铜母线，最后经电流互感器后由电缆接至牵引变压器。

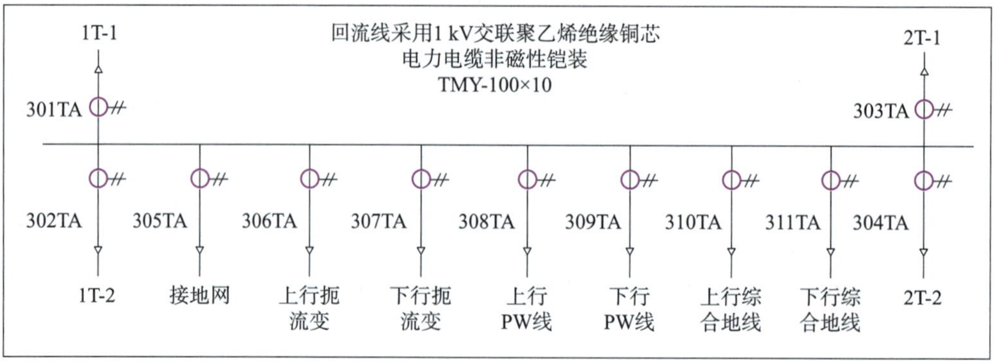

图 3-44　集中接地箱接线

2. 室内设备平面布置图

平面布置图与主接线图是对应的，依据室内设备布置原则布置。牵引变电所低压室内布置如图 3-45 所示，从左到右依次是高压室、主控室、通信室、检修间、工具间，下方依次是材料室、设备备件室、主控室、值班室、洗漱间、厨房、资料室等。

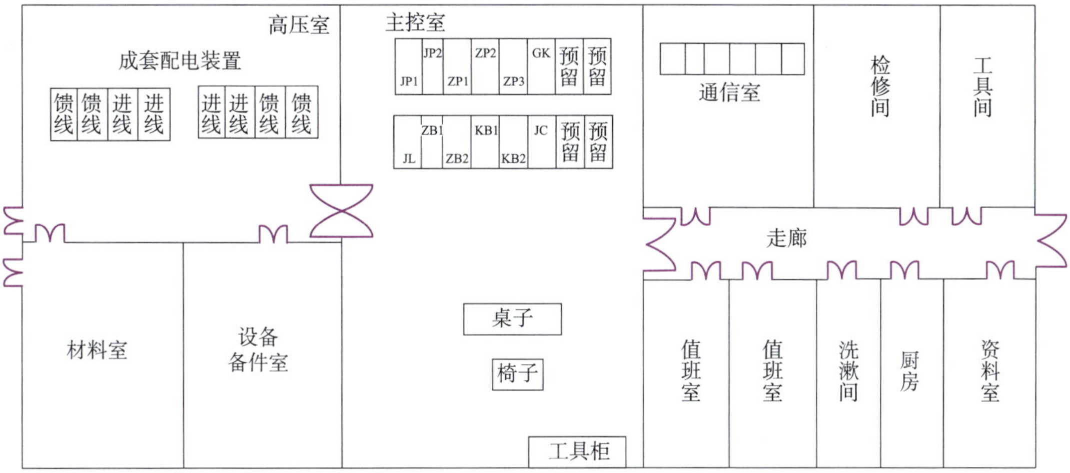

图 3-45　室内设备的平面布置

高压室内成套配电装置如图 3-45 所示，左侧是一路母线对应的开关柜，右侧对应的是一路母线对应的开关柜。每一路母线分别对应两台变压器进线开关柜和两台馈出线开关柜。控制室里有两排控制屏，一排从左到右分别是两个交流屏，三个直流屏、接触网隔离开关控制屏、预留屏等，一排从左到右分别是计量屏、两个主变屏、两个馈线保护屏、监控屏、预留屏等。

3. 室外设备平面布置图

按照进线回路由电源侧到负荷侧的顺序，室内馈线开关柜经电缆引至室外柱子上。室外设备平面布置如图 3-46 所示，室外钢柱上电缆端子经铜排接至室外一台两相隔离开关的接线端子，隔离开关安装在混凝土支柱（水泥柱）上，经钢芯铝绞线引至混凝土支柱的支持绝缘子上，钢芯铝绞线经耐张线夹和悬式绝缘子固定在两根混凝土支柱之间，钢芯铝绞线经抗雷线圈

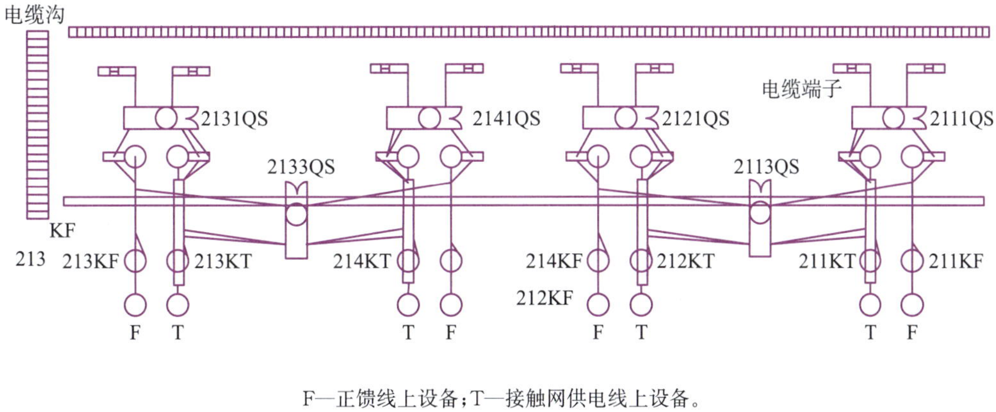

F—正馈线上设备；T—接触网供电线上设备。

图 3-46　馈线侧室外设备的平面布置

接至避雷器，然后引至混凝土支柱的支持绝缘子上送到接触网上。

图 3-46 中上、下行两路馈线经两相隔离开关联系在一起的，可以实现上下行断路器互为备用。正馈线的钢芯铝绞线采用的是单根导线，接触网供电线对应的是两分裂钢芯铝绞线。

练一练

图 3-46 中的电气设备的文字符号分别代表的是什么？

____

____

____。

4. 馈线侧室外设备的纵向断面图

图 3-47 中由左至右的设备依次为电缆沟、钢柱、铜排、隔离开关、支持绝缘子、柱、复合绝缘子串、耐张线夹、T 型线夹、钢芯铝绞线、抗雷线圈、铜铝过渡设备线夹、避雷器、耐张线夹、接触网供电线等。设备的高度、水平距离等都标有相应的尺寸，为施工提供了相应的数据参考。

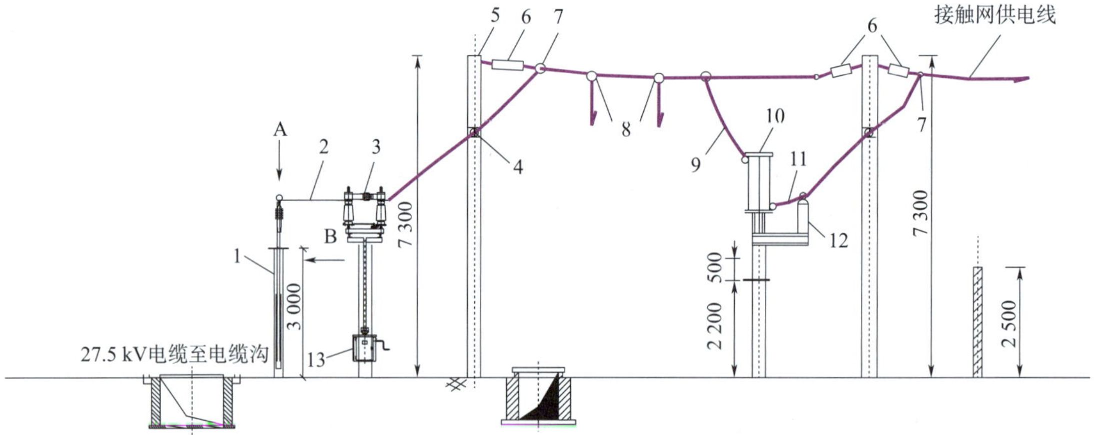

1—钢柱；2—铜排；3—隔离开关；4—支持绝缘子；5—水泥柱(混凝土柱)；6—复合绝缘子串；7—耐张线夹；8—T 型线夹；9—钢芯铝绞线；10—抗雷线圈；11—钢铝过渡设备线夹；12—避雷器；13—隔离开关机构箱。

图 3-47 馈线侧室外设备的纵向断面布置(单位：mm)

技能训练

低压侧主接线需要知道哪些参数，才能够将主接线图、平面布置图、纵向断面图画出来？

____

____

____

____

____。

任务评价

学生评价：____

____

____

____。

教师评价：____

____

____

____

____

____。

任务3　分区所、开闭所和自耦变压器所主接线选择

学习目标

知识目标

1. 熟悉单线和双线铁路分区所不同供电方式下的主接线；
2. 熟悉配电型开闭所（非 AT 供电方式下）和分段型开闭所（AT 供电方式下）主接线及其特点；
3. 了解自耦变压器所的主接线；
4. 了解隔离开关、断路器等在分区所、开闭所和自耦变压器所主接线中的作用。

技能目标

1. 能够识别并会修改分区所、开闭所和自耦变压器所主接线、设备连接和布置；
2. 能够判定电气设备间电气安全距离是否符合规定。

素质目标

1. 养成按图施工、按图检修和按图操作的习惯；
2. 具有精益求精的工匠精神；
3. 具备较强的责任心和敬业精神。

预习任务

1. 查找设计规范中分区所、开闭所和自耦变压器所主接线、设备连接和布置的有关规定；
2. 收集各类分区所、开闭所和自耦变压器所主接线图和电气设备布置图。

任务导入

分区所、开闭所和自耦变压器所是电气化铁路的重要组成部分，它们的主接线关系到铁路

运输的安全和稳定，三者的关系如图 3-48 所示。通过分区所将电气化铁路牵引供电线路联系起来，实现两边供电和故障时的越区供电，提高了供电可靠性和运行灵活性。在站场开闭所能够扩大馈线数量为多条接触网线路独立供电，在区间能够将较长的接触网分段，提高供电可靠性与运行和检修的灵活性。自耦变压器所能够为 AT 供电方式机车提供合适的电能，提高供电电压，延长供电距离，减少线路电能和电压损耗。

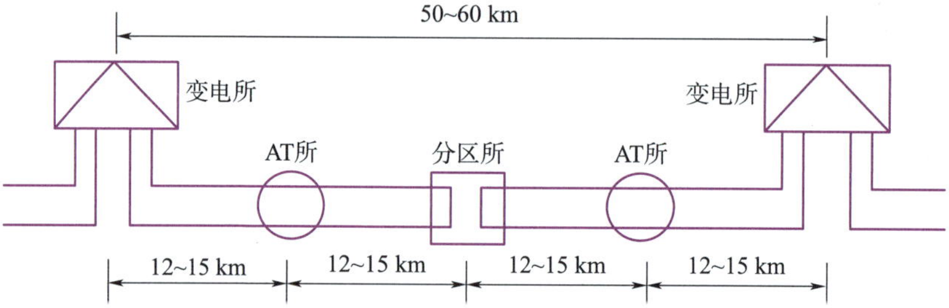

图 3-48　分区所、开闭所和自耦变压器所的位置关系图

知识链接

一、分区所主接线

1. 单线区段分区所主接线

《铁路电力牵引供电设计规范》(TB 10009—2016)规定，分区所宜在同一供电臂的末端采用断路器将上、下行接触网进行并联供电，在两个相邻的供电臂之间采用隔离开关进行越区供电。27.5 kV、2×27.5 kV 及 55 kV 配电装置中，断路器的备用方式应根据运输繁忙程度、断路器类型、检修周期等确定。

单线区段非 AT 供电方式下分区所主接线如图 3-49 所示，用 100%备用断路器实现两边供电和越区供电。电压互感器是为了实现测量、保护和检同期重合闸，熔断器是为了电压互感器的过流保护。

2. 双线区段分区所主接线

(1)非 AT 供电方式下分区所主接线

双线区段非 AT 供电方式下分区所主接线如图 3-50 所示，用带 100%备用的断路器实现接触网末端并联供电，隔离开关是为实现两边供电和越区供电，电压互感器为实现测量、保护和检同期重合闸。

(2)AT 供电方式下分区所主接线

双线区段 AT 供电方式下分区所主接线如图 3-51 所示，用隔离开关实现接触网末端并联供电，用互为备用的隔离开关是为实现两边供电和越区供电，电压互感器为实现测量、保护和检同期重合闸。

二、开闭所主接线

《铁路电力牵引供电设计规范》(TB 10009—2016)规定，双线区段中起分段作用的开闭所主接线应满足在“V 停”反行时，能实现接触网上、下行的纽接。自耦变压器 2×27.5 kV 侧可装设断路器或隔离开关进行投切。

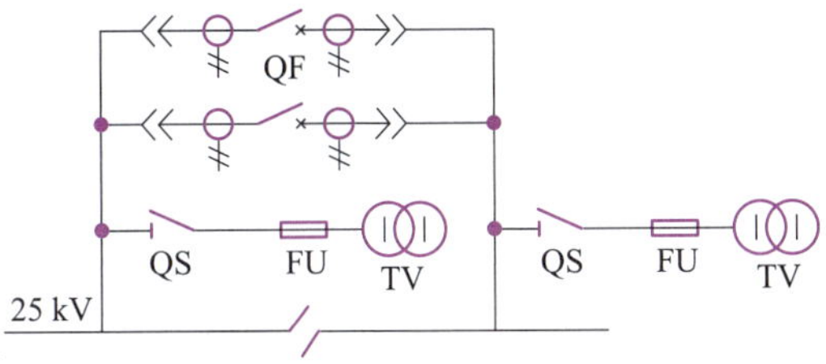

图 3-49　单线区段非 AT 供电方式下分区所主接线

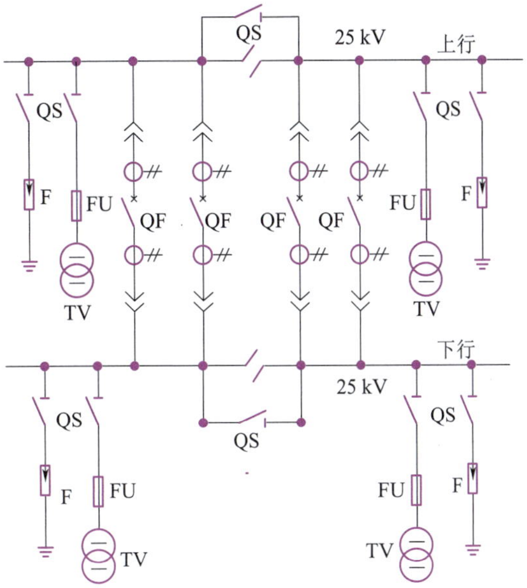

图 3-50　双线区段非 AT 供电方式下分区所主接线

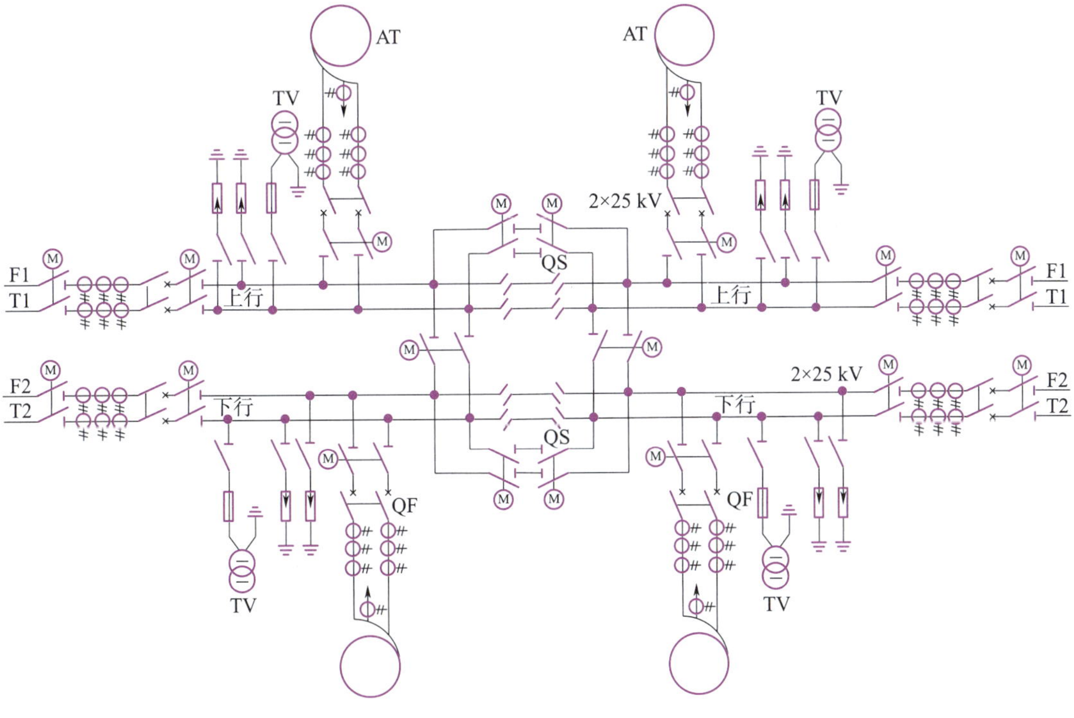

图 3-51　双线区段 AT 供电方式下分区所(与自耦变压器所合并)主接线

1. 配电型开闭所

配电型开闭所主接线如图 3-52 所示，配电型开闭所进线少、出线多；旁路断路器作为出线备用断路器。

2. 分段型开闭所

分段型开闭所(一般用于 AT 供电方式下电气化铁路)主接线如图 3-53 所示，分段型开闭

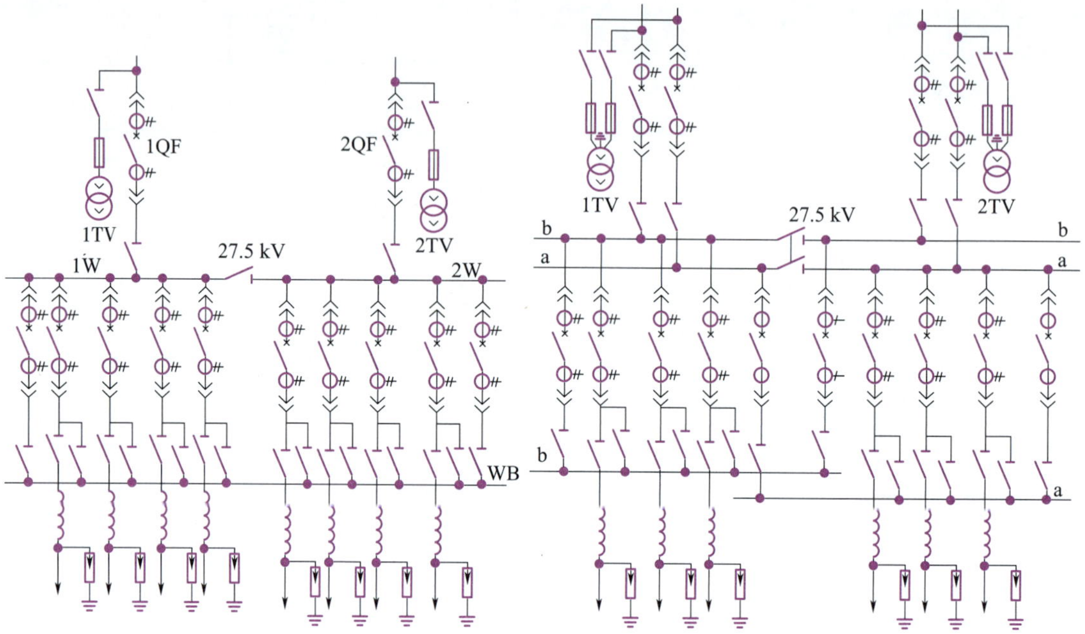

(a) 非AT供电方式下配电型开闭所主接线单线图　　(b) 非AT供电方式下配电型开闭所主接线多线图

图 3-52　非 AT 供电方式下配电型开闭所主接线

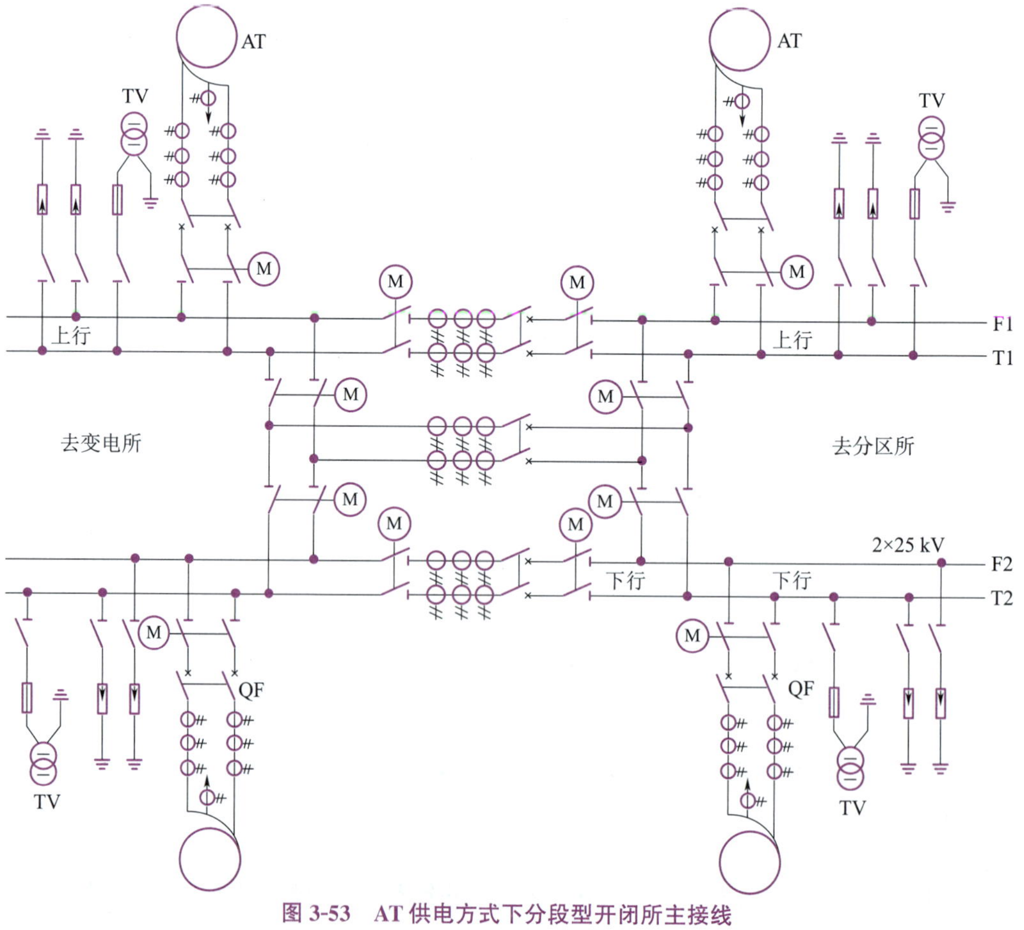

图 3-53　AT 供电方式下分段型开闭所主接线

所进出线一样多，可以提高供电的可靠性和运行与检修的灵活性。

三、自耦变压器所主接线

《铁路电力牵引供电设计规范》(TB 10009—2016)规定，自耦变压器所宜采用断路器将上、下行接触并联或分开供电。自耦变压器 2×27.5 kV 侧可装设断路器或隔离开关进行投切。

自耦变压器所主接线如图 3-51 所示，用断路器投切将上、下行接触网并联或分开供电。自耦变压器所能与分区所合并的尽量合并，如图 3-51 所示即为分区所与自耦变压器所合并的情况。

巩固提升

一、单选题

1. 牵引变电所牵引负荷侧主接线常采用(　　)。

A. 内桥接线　B. 外桥接线　C. 分支接线　D. 单母线分段接线

E. 线路变压器组接线

2. 三相 YN,d11 联结牵引变压器其二次侧线电压与一次侧线电压的相位关系是(　　)。

A. 超前 30°　B. 超前 60°　C. 滞后 30°　D. 滞后 60°

3. (　　)是各种间隔距离中最基本的空气中允许的最小电气安全距离。

A. A 值　B. B 值　C. C 值　D. D 值

4. (　　)是带电部分至栅状遮栏距离和可移动设备在移动中至带电裸导体间距离。

A. A 值　B. B 值　C. C 值　D. D 值

E. E 值

5. (　　)是无遮栏的裸导体距地面的高度。

A. A 值　B. B 值　C. C 值　D. D 值

E. E 值

6. (　　)是不同时停电检修的平行无遮栏裸导体之间的距离。

A. A 值　B. B 值　C. C 值　D. D 值

E. E 值

7. (　　)是通向室外的出线套管至室外通道的垂直净距。

A. A 值　B. B 值　C. C 值　D. D 值

E. E 值

二、多选题

1. 牵引变电所电源进线侧常见的主接线形式有(　　)。

A. 内桥接线　B. 外桥接线　C. 分支接线

D. 单母线分段接线　E. 线路变压器组接线

2. 牵引变电所牵引负荷侧馈线断路器的备用方式有(　　)。

A. 100%备用　B. 50%备用　C. 旁路断路器备用

D. 上、下行断路器互为备用

三、判断题

1. 电气安全距离是指在带电体与地面之间，带电体与其他设施、设备之间，带电体与带电体之间保持的最大允许安全距离，又称安全净距。 （　）

2. 分区所宜在同一供电臂的末端采用断路器将上、下行接触网进行并联供电，在两个相邻的供电臂之间采用隔离开关进行越区供电。 （　）

3. 双线区段中起分段作用的开闭所主接线应满足在“V停”反行时，能实现接触网上、下行的纽接。 （　）

4. 自耦变压器所宜采用断路器将上、下行接触并联或分开供电。自耦变压器 2×27.5 kV 侧可装设断路器或隔离开关进行投切。 （　）

5. 双线区段中起分段作用的开闭所的自耦变压器 2×27.5 kV 侧可装设断路器或隔离开关进行投切。 （　）

四、简答题

牵引变电所电源侧施工常用的图纸有哪些？

项目 4 牵引变电所一次设备施工与运行维护

项目描述

依据牵引变电所主接线图进行牵引变电所施工、运行和维护，技术人员要能够识别和修改图纸，并能完成电气设备安装、试验、运行、维护和检修等工作。

牵引变电所运行值班的主要任务是倒闸操作，事故处理（主要还是倒闸操作），设备巡视、检查、维护和定期切换试验，设备运行参数收集和归档等。

项目知识点和技能点思维导图

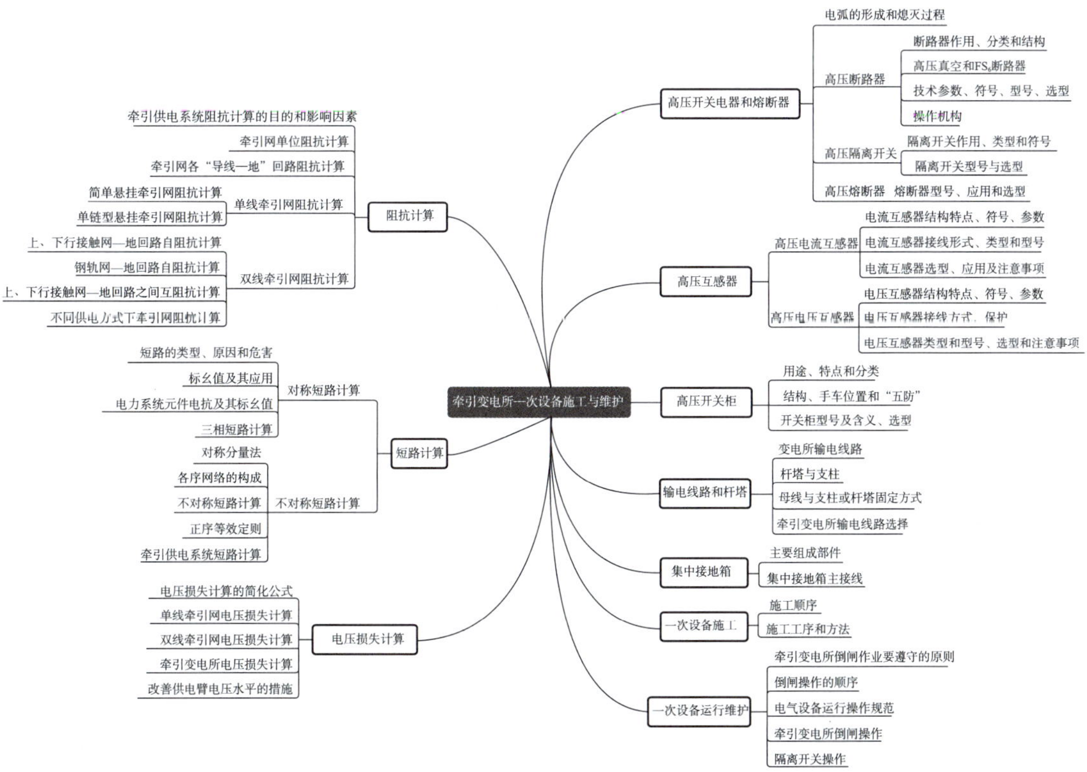

图 4-1 项目 4 知识点和技能点思维导图

任务1　牵引供电系统阻抗计算

学习目标

知识目标

1. 掌握牵引网阻抗计算的方法；
2. 了解牵引网的悬挂方式。

技能目标

1. 具备“导线—地回路”自阻抗和互阻抗的计算能力；
2. 能够确定牵引网的等效回路。

素质日标

1. 具有精益求精的工匠精神；
2. 养成认真、仔细的计算习惯；
3. 具备较强的责任心和敬业精神。

预习任务

1. 收集阻抗计算方法；
2. 查找牵引网阻抗计算的方法。

任务导入

确定牵引供电系统的电压水平、电能损耗和短路电流大小，首先需要知道牵引供电系统的阻抗参数。

知识链接

牵引供电系统阻抗计算包括牵引变压器和牵引网阻抗计算。

一、牵引供电系统阻抗计算的目的和影响因素

牵引供电系统阻抗计算是进行牵引网电压损失、电能损失、继电保护整定值、安全钢轨电位和短路电流计算的基础，也是进行牵引网对邻近架空裸导线影响分析的基础。

影响牵引供电系统阻抗的因素主要有牵引网的结构（牵引网的组成、接触网悬挂形式、布置尺寸等）、导线（接触线、承力索、加强导线、回流线、正馈线、保护线等）的型号规格，钢轨的型号规格（类型、数量、轨距等）、大地电导率、牵引网向电力机车供电方式等。

二、牵引网单位阻抗计算

装设吸流变压器区段的牵引网阻抗由接触网、吸流变压器、回流线、钢轨、大地回路等阻抗组成，装设自耦变压器区段的牵引网阻抗由接触网、自耦变压器、正馈线、钢轨、大地回路等阻抗组成。牵引网阻抗计算所需要的导线参数，主要是导线的有效电阻 r 和等效半径 R_{eq}。

1. 有色金属(非铁磁性)的电阻

导线对交变电流的电阻称有效电阻(又称交流电阻),导线对直流电流的电阻是直流电阻(又称欧姆电阻)。在单相工频交流制的牵引供电系统中,牵引网通过工频交流电时,由于集肤效应和邻近效应,使导线的实际有效截面减小,等效电阻增大;此外,交流电流在铁磁材料中的磁滞及涡流造成损失,使导线中的电能损失增大,从而导线的等效电阻增大。因此交流电阻比直流电阻略大。工程计算中,可以直接通过相关手册中查出各类导线的电阻值。

牵引网导线有效电阻计算公式为

$$r=\zeta r_0$$

有效系数 ζ 随交变频率和导线截面的加大而显著增大。因为频率越高和截面越大,导线线芯电感越大,有效系数就越大。另外有效系数还与导线的形状、导体的铁磁特性有关。对工频和截面不太大的牵引网铝、铜等非磁性导线,有效系数 $\zeta\approx1$。

2. 铁磁材料的电阻

钢绞线和钢轨属于铁磁材料。铁磁性材料导体流过交流电时,除了集肤效应和邻近效应,还存在磁滞损耗和涡流损耗,因此增大了导体的电阻。而且铁磁材料的磁导系数与流过的电流大小有关,因此精确计算电阻非常复杂,工程计算中,也是直接从有关手册查出其电阻值。

3. 大地的电阻

单相牵引供电系统回流是经钢轨和大地流回牵引变电所。大地的电流与土壤的电阻率、电流的频率等因素有关,分布非常复杂,计算非常困难。因为大地承担了一部分牵引回流,为求其电阻采用 Carson 理论。Carson 等效模型如图 4-2 所示。

假设:导线 1 高度为 H,平直且无限长;大地 2 地面平坦,尺寸大且电导率分布均匀;镜像导线 3 为大地等效的虚构导线;D_g 为导线与位于地下的虚构导线的轴线间的距离。

根据 Carson 推导,等效深度 D_g 的计算式为

$$D_g=\frac{2.085}{\sqrt{f\sigma\times10^{-9}}}\times10^{-3}\quad(\text{m})\tag{4-1}$$

式中　f——电流的频率,Hz;

σ——大地的电导率,$\frac{1}{\Omega\cdot\text{cm}}$。

由式(4-1)可知,等效深度 D_g 的值与导线距离地面高度 H 无关,仅与电源频率 f 及大地电导率 σ 的二次方根成反比。f 及 σ 越大,交流电流的集肤效应越明显,D_g 的值越小。

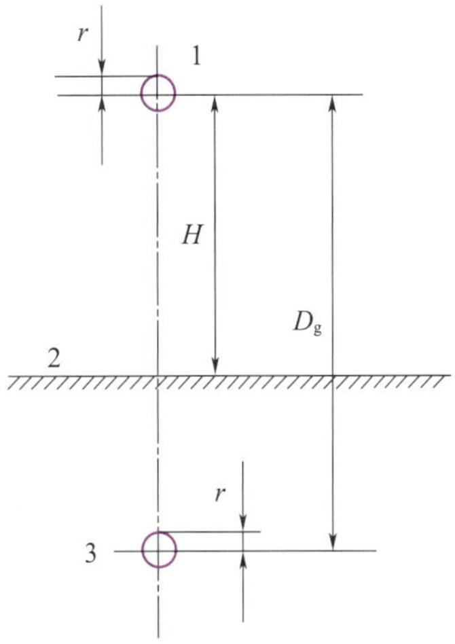

图 4-2　Carson 等效模型

σ 为 $10^{-3}\frac{1}{\Omega\cdot\text{cm}}$、$10^{-4}\frac{1}{\Omega\cdot\text{cm}}$、$10^{-5}\frac{1}{\Omega\cdot\text{cm}}$时,$D_g$ 分别为 295 m、932 m、2 949 m,工程计算时,D_g 一般取 930 m 或 1 000 m。

据卡尔松经验公式,大地的等效电阻为

$$r_e=\pi^2 f\times10^{-4}\tag{4-2}$$

若 $f=50$ Hz,则 $r_e\approx0.05\ \Omega/\text{km}$。

4. 等效半径(又称当量半径)

半径为 R 的导线电抗由内感抗和外感抗组成，导线等效半径如图 4-3 所示。等效半径 R_{eq} 是用来计算导线内感抗的一个参数，在导线内部磁通只和部分导体交链，等效半径 R_{eq} 的等效导线跟等效半径 R_{eq} 到导线半径 R 这部分空间的磁通交链产生的感抗等于导线 R 的内感抗。

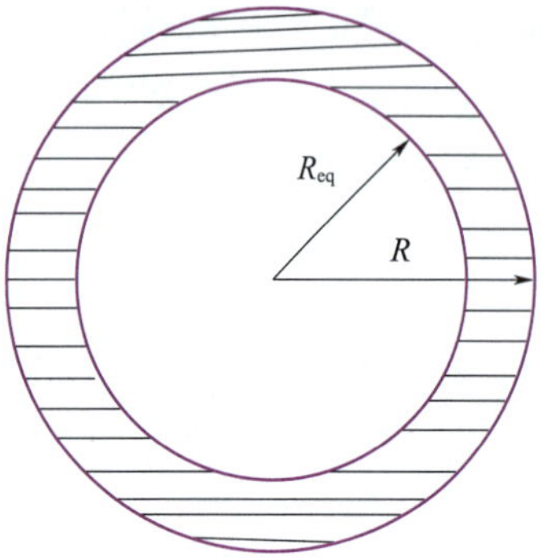

图 4-3　导线等效半径

根据电磁场理论，半径为 R 的导线内部磁通交链的内电感为

$$L_{int}=\frac{\mu l}{8\pi}=\frac{\mu_0\mu_r l}{8\pi} \tag{4-3}$$

等效半径为 R_{eq} 的等效导线跟等效半径 R_{eq} 到导线半径 R 空间中的磁通交链所造成的外感抗为

$$L_{ext}=\frac{\mu_0 l}{2\pi}\ln\frac{R}{R_{eq}} \tag{4-4}$$

内电感用外电感的形式等效，则 $\omega L_{int}=\omega L_{ext}$，即 $\frac{\mu_0\mu_r l}{8\pi}=\frac{\mu_0 l}{2\pi}\ln\frac{R}{R_{eq}}$

因此，等效半径 $R_{eq}=R\times e^{-\frac{1}{4}\mu_r}=\alpha R$，$\mu_r$ 为导线的相对磁导系数，R 为导线计算半径(mm)，α 为等效系数，部分导线的 α 值见表 4-1。

表 4-1　部分导线的 α 值

导线种类	铜、铝接触线	铜、铝绞线	钢铝接触线 钢芯铝绞线
等效系数 α	0.78	0.758(19 股)	0.95

钢绞线和钢轨的内感抗随其流过电流的大小而变化，当 μ_r 未知时，R_{eq} 不能直接算出来。因此厂家一般提供导线半径(或计算半径)R 与内感抗 x_{int}，不提供等效半径 R_{eq}。长度为 1 km 的钢绞线、钢轨的内感抗 x_{int} 可表示为

$$\begin{aligned} x_{int}&=\omega L_{int}=2\pi f\frac{\mu_0 l}{2\pi}\ln\frac{R}{R_{eq}}=50\times4\pi\times10^{-7}\times10^{3}\frac{\lg\frac{R}{R_{eq}}}{\lg e} \\ &=0.145\lg\frac{R}{R_{eq}}\quad(\Omega/\text{km}) \end{aligned} \tag{4-5}$$

钢绞线、钢轨的等效半径为

$$R_{eq}=R10^{-\frac{x_{int}}{0.145}} \tag{4-6}$$

式中　R——钢轨的计算半径，其计算式为

$$R=\frac{L}{2\pi}$$

其中　L——钢轨的周长，mm。

三、牵引网中各“导线—地回路”阻抗计算

1. 单线铁路牵引网等效回路

单线铁路牵引网的实际电流回路是由牵引变电所经馈电线、接触网送给电力机车，然后电

流再沿着钢轨、大地(和回流线)流回牵引变电所,即实际电流回路是“接触网—钢轨和大地回路”,如图 4-4(a)所示。为利用 Carson 分析其等效阻抗,假设接触网和钢轨中流过的电流与实际在接触网和轨道中流过的电流相同,可将单线铁路牵引网实际电流回路等效为“接触网—地回路”和“钢轨网—地回路”两个并联回路,电流回路如图 4-4(b)所示。图 4-4(b)中 1 为“接触网—地回路”,端电压等于牵引变电所牵引侧电压与电力机车受电弓处电压的相量差 ΔU,即牵引电流通过牵引网阻抗产生的电压降。2 为“钢轨网—地回路”,它是一个本身闭合的无源回路。因此,计算牵引网阻抗,需要计算“导线一地回路”的自阻抗和“导线—地回路”之间的互阻抗。

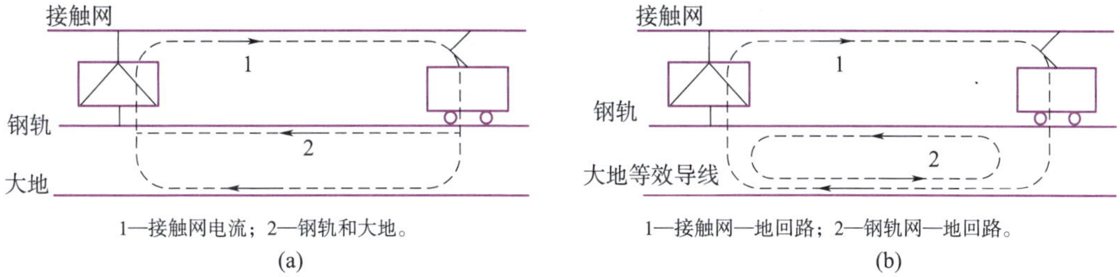

图 4-4 牵引网电流回路

2.“导线—地回路”自阻抗

等效深度 D_g 比任何架空导线距地面的高度 H 大得多。因此,在计算牵引网电抗时,可将“接触网—地回路”及“钢轨—地回路”视为两个平行的“导线—地回路”。

导线电抗等于内感抗和外感抗之和,根据 Carson 的推导有

$$x = x_{\text{int}} + x_{\text{ext}} = 0.145\lg\frac{R}{R_{\text{eq}}} + 0.145\lg\frac{D_g}{R} = 0.145\lg\frac{D_g}{R_{\text{eq}}} \quad (\Omega/\text{km}) \tag{4-7}$$

“导线—地回路”单位自阻抗为

$$z = r + \text{j}x = (r + 0.05) + \text{j}0.145\lg\frac{D_g}{R_{\text{eq}}} \quad (\Omega/\text{km}) \tag{4-8}$$

式中 r——导线的单位等效电阻,Ω/km。截面不大的铜、铝等有色金属导线通 50 Hz 交流电时,其有效电阻可近似采用直流电阻。

“钢绞线—地回路”或一条“钢轨—地回路”的单位自阻抗为

$$z = (r + 0.05) + \text{j}\left(x_{\text{int}} + 0.145\lg\frac{D_g}{R}\right) \quad (\Omega/\text{km}) \tag{4-9}$$

3. 两条“导线—地回路”之间的互阻抗

两条平行“导线—地回路”之间的单位互阻抗为

$$z_{12} = 0.05 + \text{j}0.145\lg\frac{D_g}{d_{12}} \quad (\Omega/\text{km}) \tag{4-10}$$

式中 d_{12}——两平行导线间的距离,mm。

4. 单线铁路牵引网等效单位阻抗

牵引网等效电路如图 4-5 所示。

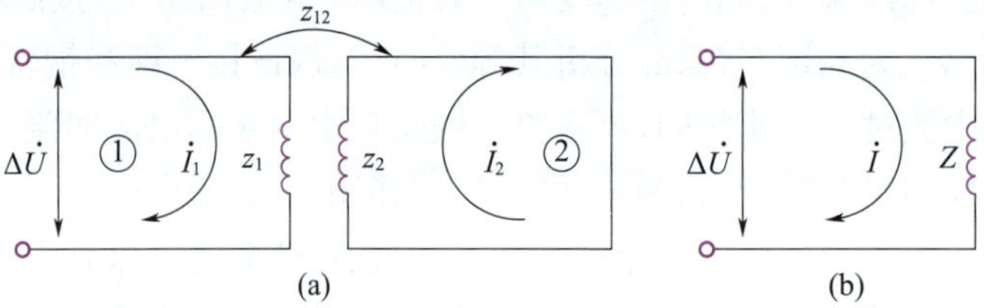

1—“接触网—地回路”；2—“钢轨网—地回路”；$\Delta\dot{U}$—每千米牵引网的电压降；

z_1、z_2、z_{12}—回路 1 和 2 的自阻抗以及两回路之间的互阻抗。

图 4-5　牵引网等效电路

根据基尔霍夫电压定律，可列出两回路的电压方程：

$$\begin{cases}\Delta\dot{U}=\dot{I}_1 z_1-\dot{I}_2 z_{12}\\0=\dot{I}_2 z_2-\dot{I}_1 z_{12}\end{cases}$$

解方程组，得

$$\Delta\dot{U}=\dot{I}_1\left(z_1-\frac{z_{12}^2}{z_2}\right)$$

牵引网单位阻抗为

$$z=\frac{\Delta\dot{U}}{\dot{I}_1}=z_1-\frac{z_{12}^2}{z_2}\quad(\Omega/\text{km})\tag{4-11}$$

四、单线铁路牵引网阻抗参数计算

在单线铁路中，接触网的悬挂方式主要有简单悬挂、链型悬挂、有加强线的单链型悬挂。不同的悬挂结构，有不同数目的并联导线和不同的电流分布。但它们在任何长度的接触网分段中，牵引电流在各导线中所产生的电压降相同，各导线间的电流分布比例不变。因此，利用 Carson 理论分析计算时，单线铁路接触网与大地可以看成一个“导线—地回路”，接触网中各并联导线可等效成一条“接触网—地回路”导线；组成轨道网的各条并联轨道也可等效成一条“钢轨网—地回路”导线。

1. 简单悬挂牵引网阻抗计算

简单悬挂接触网只有一条接触线，与大地构成一条“接触线—地回路”，钢轨网有两条“钢轨—地回路”，简单悬挂接触网结构如图 4-6 所示，因此简单悬挂牵引网阻抗的计算顺序为：计算“接触线—地回路”的自阻抗；将两条“钢轨—地回路”归算成一条等值“钢轨网—地回路”，再计算其等值自阻抗；计算“接触线—地回路”与等值“钢轨网—地回路”的互阻抗；计算简单悬挂牵引网阻抗。

(1)“接触线—地回路”的单位自阻抗

“接触线—地回路”的单位自阻抗为

$$z_{\text{j}}=r_{\text{j}}+0.05+\text{j}0.145\lg\frac{D_{\text{g}}}{R_{\text{eq}\cdot\text{j}}}\quad(\Omega/\text{km})$$

式中　r_{j}——接触线的有效电阻，Ω/km；

$R_{\text{eq}\cdot\text{j}}$——接触线的等效半径，mm。

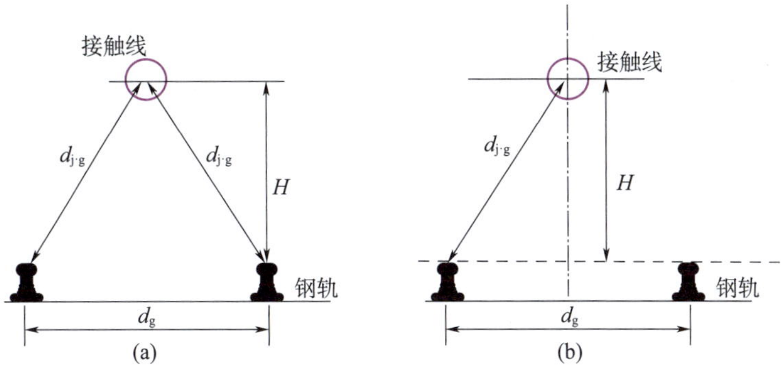

d_g—两条钢轨之间的距离；$d_{j\cdot g}$—接触线与两条钢轨之间的几何平均距离，其中 $d_{j\cdot g}=\sqrt{\left(\frac{d_g}{2}\right)^2+H^2}$；

H—接触线与钢轨之间的距离。

图 4-6　简单悬挂接触网结构

(2)等值"钢轨网—地回路"的单位自阻抗

两条钢轨形成两条"钢轨—地回路"，其等效电路如图 4-7 所示。

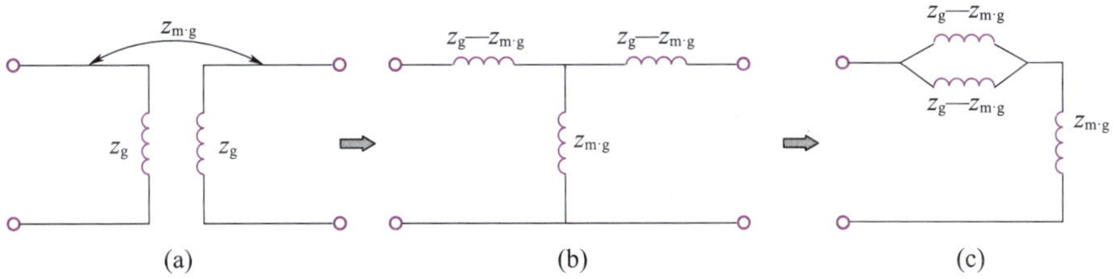

图 4-7　等效电路

一条"钢轨—地回路"的单位自阻抗和两条"钢轨—地回路"的单位互阻抗的计算公式分别为

$$\begin{cases} z'_g=r_g+0.05+j0.145\lg\dfrac{D_g}{R_{eq\cdot g}} \quad (\Omega/km) \\ z_{m\cdot g}=0.05+j0.145\lg\dfrac{D_g}{R_{eq\cdot g}d_g} \quad (\Omega/km) \end{cases}$$

因此等值"钢轨网—地回路"的单位自阻抗为

$$z_g=\frac{z'_g-z_{m\cdot g}}{2}+z_{m\cdot g}=\frac{z'_g+z_{m\cdot g}}{2}=\frac{r_g}{2}+0.05+j0.145\lg\frac{D_g}{\sqrt{R_{eq\cdot g}d_g}} \quad (\Omega/km) \quad (4\text{-}12)$$

(3)"接触线—地回路"和等值"钢轨网—地回路"的单位互阻抗

"接触线—地回路"和等值"钢轨网—地回路"之间的单位互阻抗为

$$z_{j\cdot g}=0.05+j0.145\lg\frac{D_g}{d_{j\cdot g}} \quad (\Omega/km)$$

(4)简单悬挂的单线牵引网的单位等效阻抗

简单悬挂单线牵引网的单位等效阻抗为

$$z=z_j-\frac{z_{j\cdot g}^2}{z_g} \quad (\Omega/km)$$

【例题 1】 单线牵引网布置如图 4-8 所示。

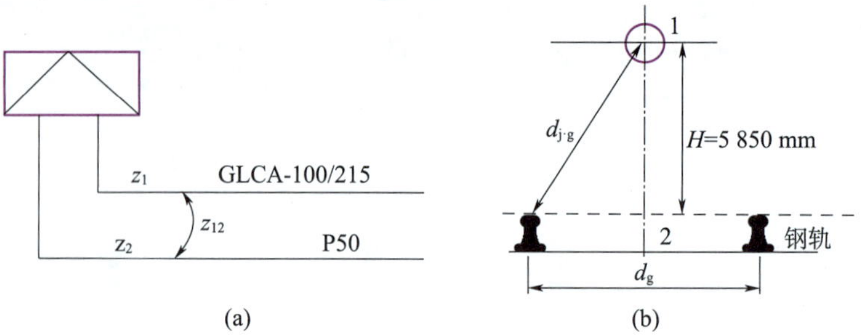

图 4-8 单线牵引网布置

已知：$r_1=0.184\ \Omega/\text{km}$，$r_2=0.295\ \Omega/\text{km}$，$R_{eq1}=8.56\ \text{mm}$，$R_{eq2}=12.2\ \text{mm}$，$d_{12}=5\ 850\ \text{mm}$，$D_g=930\ \text{m}$，求该单线牵引网的等值单位阻抗。

解："接触线—地回路"单位自阻抗为

$$z_1=r_1+0.05+\text{j}0.145\lg\frac{D_g}{R_{eq1}}$$

$$=0.184+0.05+\text{j}0.145\lg\frac{930\ 000}{8.56}$$

$$=0.234+\text{j}0.728(\Omega/\text{km})$$

等值"钢轨网—地回路"单位自阻抗为

$$z_2=r_2+0.05+\text{j}0.145\lg\frac{D_g}{R_{eq2}}$$

$$=0.295+0.05+\text{j}0.145\lg\frac{930\ 000}{12.2}$$

$$=0.345+\text{j}0.706(\Omega/\text{km})$$

"接触线—地回路"与等值"钢轨网—地回路"之间的单位互阻抗为

$$z_{12}=0.05+\text{j}0.145\lg\frac{D_g}{d_{12}}$$

$$=0.05+\text{j}0.145\lg\frac{930\ 000}{5\ 850}$$

$$=0.05+\text{j}0.318(\Omega/\text{km})$$

牵引网的等效单位阻抗为

$$z=z_1-\frac{z_{12}^2}{z_2}=0.252\ 7+\text{j}0.598(\Omega/\text{km})$$

2. 单链型悬挂牵引网阻抗计算

单链型悬挂与简单悬挂相比，多了一条承力索。接触线、承力索分别与地构成"接触线—地回路""承力索—地回路"，需要把这两个回路等效成一条"导线—地回路"，即单链型悬挂的"接触网—地回路"。单链型悬挂接触网结构如图 4-9 所示。

(1)"接触网—地回路"的单位自阻抗

①"接触线—地回路"的单位自阻抗为

$$z_j = r_j + 0.05 + j0.145\lg\frac{D_g}{R_{eq\cdot j}} \quad (\Omega/\text{km})$$

式中　r_j——接触线的有效电阻，Ω/km；

$R_{eq\cdot j}$——接触线的等效半径，mm。

②“承力索—地回路”的单位自阻抗为

$$z_c = r_c + 0.05 + j0.145\lg\frac{D_g}{R_{eq\cdot c}} \quad (\Omega/\text{km})$$

式中　r_c——承力索的有效电阻，Ω/km；

$R_{eq\cdot c}$——承力索的等效半径，mm。

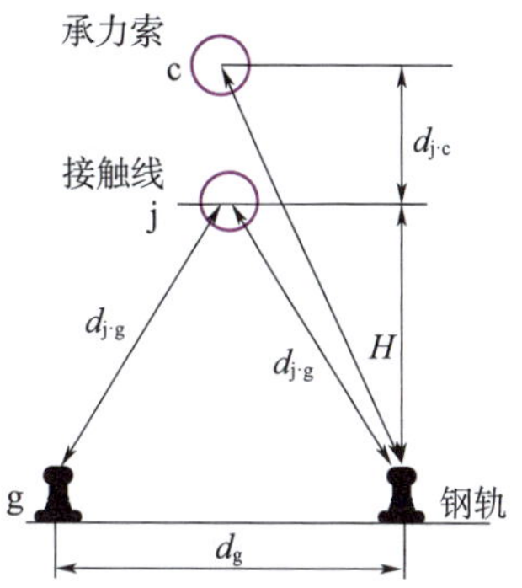

图 4-9　单链型悬挂接触网结构

③“接触线—地回路”与“承力索—地回路”相互的单位互阻抗为

$$z_{j\cdot c} = 0.05 + j0.145\lg\frac{D_g}{d_{j\cdot c}} \quad (\Omega/\text{km})$$

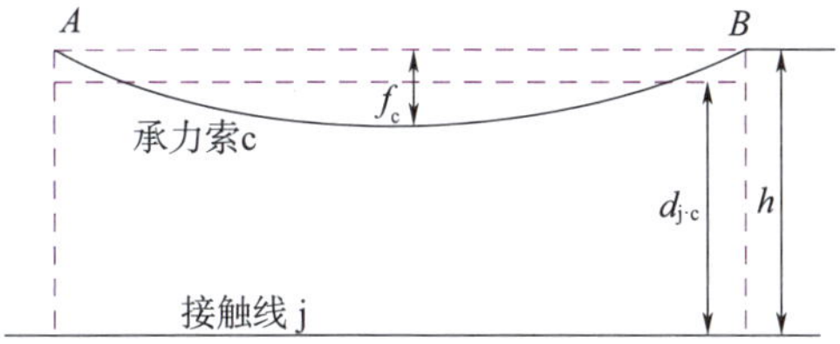

图 4-10　接触网单链型悬挂结构示意

由于重力的作用，承力索与接触线并不平行。呈抛物线形分布的承力索各点与连接两悬挂点的水平直线的平均距离，等于其弛度 f_c 的 2/3。接触网单链型悬挂结构示意如图 4-10 所示。

接触线与承力索距离的计算公式为

$$d_{j\cdot c} = h - \frac{2}{3}f_c \qquad (4\text{-}13)$$

式中　$d_{j\cdot c}$——接触线与承力索的距离，mm。

h——链型悬挂结构高度，一般取 1 100～1 500 mm；

f_c——承力索弛度，一般取 600～700 mm。

④单链型悬挂“接触网—地回路”等效电路如图 4-11 所示，“接触网—地回路”的单位自阻抗为

$$z_1 = z_{j\cdot c} + \frac{1}{\dfrac{1}{z_j - z_{j\cdot c}} + \dfrac{1}{z_c - z_{j\cdot c}}} \quad (\Omega/\text{km}) \qquad (4\text{-}14)$$

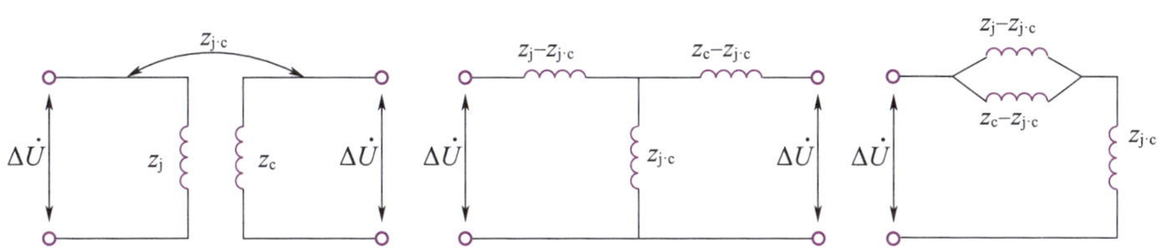

图 4-11　单链型悬挂“接触网—地回路”等效电路

(2)等值“钢轨网—地回路”的单位自阻抗

等值“钢轨网—地回路”的单位自阻抗 z_g 为

$$z_g = \frac{z'_g + z_{m\cdot g}}{2} = \frac{r_g}{2} + 0.05 + j0.145\lg\frac{D_g}{\sqrt{R_{eq\cdot g}d_g}} \quad (\Omega/\text{km})$$

(3)“接触网—地回路”与等值“钢轨网—地回路”的单位互阻抗

接触网单链型悬挂结构如图 4-12 所示，“接触网—地回路”与等值“钢轨网—地回路”的单

位互阻抗 z_{12} 为

$$z_{12}=0.05+\mathrm{j}0.145\lg\frac{D_g}{d_{12}}\quad(\Omega/\mathrm{km})$$

式中　d_{12}——“接触网—地回路”和“钢轨—地回路”之间的平均距离，$d_{12}=\sqrt[4]{d_{j\cdot g}^2 d_{c\cdot g}^2}=\sqrt[4]{\left[\left(\frac{d_g}{2}\right)^2+H^2\right]\left[\left(\frac{d_g}{2}\right)^2+(H+d_{j\cdot c})^2\right]}$，mm。

(4)单链型悬挂单线牵引网的单位等效阻抗

单链型悬挂单线牵引网的单位等效阻抗为

$$z=z_1-\frac{z_{12}^2}{z_2}\quad(\Omega/\mathrm{km})$$

五、双线铁路牵引网等效阻抗

1. 上下行牵引网的等效回路

双线铁路接触网悬挂类型和单线区段相同，主要有简单悬挂、链型悬挂、有加强线的单链型悬挂。双线铁路接触网单链型悬挂结构如图 4-13 所示。由于双线上下行接触网分别由各自馈电线供电，所有平行钢轨全部并联。因此双线牵引网等效回路由“上行接触网—地回路”“下行接触网—地回路”和“钢轨—地回路”三个“导线—地回路”组成，即由回路 1、回路 2 和回路 3 组成，如图 4-14 所示。

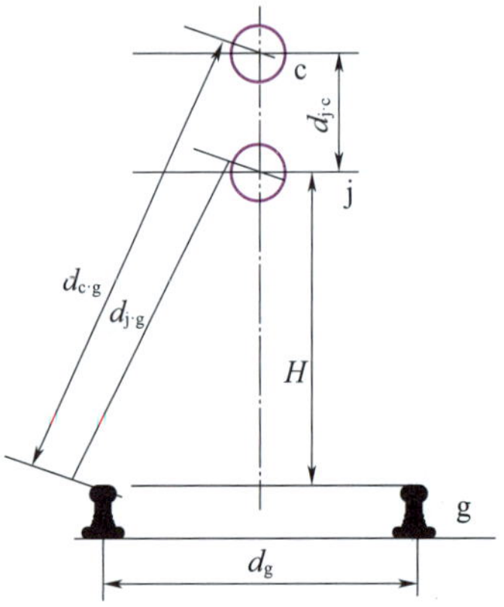

图 4-12　接触网单链型悬挂结构

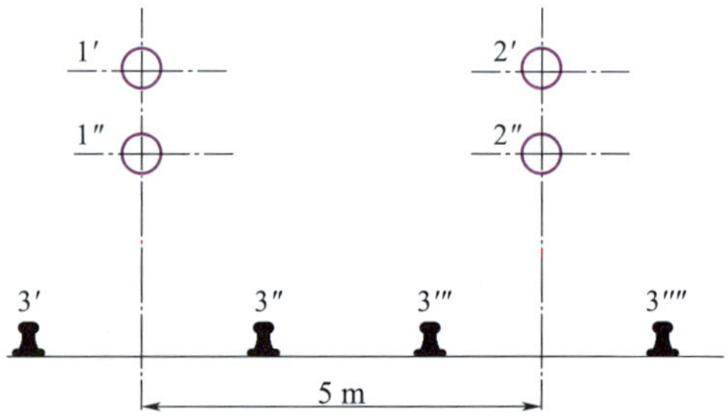

图 4-13　双线铁路接触网单链型悬挂结构

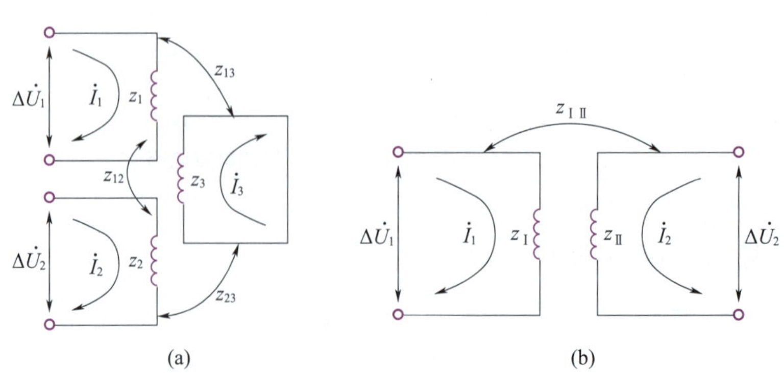

图 4-14　双线铁路牵引网等效电路

(1)电压平衡方程

根据电路理论，图 4-14(a)中三个回路的电压平衡方程为

$$\begin{cases}\Delta u_1=I_1z_1+I_2z_{12}-I_3z_{13}\\\Delta u_2=I_1z_{12}+I_2z_2-I_3z_{23}\\0=-I_1z_{13}-I_2z_{23}+I_3z_3\end{cases}$$

化简上式，消掉中间变量 I_3，可得

$$\begin{cases}\Delta u_1=I_1\left(z_1-\dfrac{z_{13}^2}{z_3}\right)+I_2\left(z_{12}-\dfrac{z_{13}z_{23}}{z_3}\right)\\\Delta u_2=I_1\left(z_{12}-\dfrac{z_{13}z_{23}}{z_3}\right)+I_2\left(z_2-\dfrac{z_{23}^2}{z_3}\right)\end{cases}\tag{4-15}$$

令 $z_{\mathrm{I}}=z_1-\dfrac{z_{13}^2}{z_3}$，$z_{\mathrm{II}}=z_2-\dfrac{z_{23}^2}{z_3}$，$z_{\mathrm{I}\cdot\mathrm{II}}=z_{12}-\dfrac{z_{13}z_{23}}{z_3}$，上式可化简为

$$\begin{cases}\Delta u_1=I_1z_{\mathrm{I}}+I_2z_{\mathrm{I}\cdot\mathrm{II}}\\\Delta u_2=I_2z_{\mathrm{I}\cdot\mathrm{II}}+I_1z_{\mathrm{II}}\end{cases}\tag{4-16}$$

(2)等效网络

根据式(4-16)可以得出双线铁路单链型悬挂牵引网的等效网络，如图 4-14(b)所示。

为分析上、下行接触网中的电流分布、电压损失、功率损失、短路电流，上、下行接触网不能合并为一根导线，因为上、下行运行情况不同，上、下行列车位置及取流就不同。

2. 上行和下行牵引网自阻抗及其相互之间的互阻抗

(1)“上、下行接触网—地回路”的自阻抗

上、下行回路是对称的，因此“上、下行接触网—地回路”自阻抗的计算方法与单线接触网计算方法和数值一样，可根据接触网悬挂方式分别采用相应公式计算。

(2)“钢轨—地回路”的自阻抗

双线牵引网的“钢轨—地回路”是由上、下行四条钢轨组成的，其单位自阻抗为

$$z_g=\frac{z'_g+z_{m\cdot g}}{4}=\frac{r_g}{4}+0.05+\mathrm{j}0.145\lg\frac{D_g}{R'_{eq\cdot g}}\quad(\Omega/\mathrm{km})\tag{4-17}$$

式中 r_g——一条钢轨的有效电阻，Ω/km；

$R'_{eq\cdot g}$——钢轨网回路的等效半径。

$$R'_{eq\cdot g}=\sqrt[8]{R_{eq\cdot g}^2d_{g1g2}d_{g1g3}d_{g1g4}d_{g2g3}d_{g2g4}d_{g3g4}}\quad(\mathrm{mm})\tag{4-18}$$

(3)“接触网—地回路”与“钢轨—地回路”的互阻抗 z_{12}

①“上、下行接触网—地回路”与“钢轨—地回路”之间的单位互阻抗为

$$z_{1g}=z_{2g}=0.05+\mathrm{j}0.145\lg\frac{D_g}{d_{1g}}\quad(\Omega/\mathrm{km})\tag{4-19}$$

式中 d_{1g}——上、下行接触网和钢轨间的几何均距。

$$d_{1g}=\sqrt[8]{d_{jg\cdot1}d_{jg\cdot2}d_{jg\cdot3}d_{jg\cdot4}d_{cg\cdot1}d_{cg\cdot2}d_{cg\cdot3}d_{cg\cdot4}}\quad(\mathrm{mm})\tag{4-20}$$

②"上、下行接触网—地回路"之间的单位互阻抗为

$$z_{12}=z_{21}=0.05+\mathrm{j}0.145\lg\frac{D_{\mathrm{g}}}{d_{12}}\quad(\Omega/\mathrm{km})$$

式中　d_{12}——两接触悬挂间的几何均距。

由于单链型悬挂上、下行线路是对称的，因此

$$d_{12}=\sqrt{d_{\mathrm{j1j2}}d_{\mathrm{j1c2}}}\quad(\mathrm{mm})\tag{4-21}$$

式中　d_{j1j2}——上、下行线路接触线（或承力索）的中心距离；

d_{j1c2}——一条接触线与另一条承力索的中心距离。

③上、下行单链型悬挂牵引网的单位等效阻抗为

$$z_{\mathrm{I}}=z_{\mathrm{II}}=z_1-\frac{z_{1\mathrm{g}}^2}{z_{\mathrm{g}}}\quad(\Omega/\mathrm{km})\tag{4-22}$$

④上、下行牵引网之间的单位互阻抗为

$$z_{\mathrm{I\cdot II}}=z_{12}-\frac{z_{1\mathrm{g}}^2}{z_{\mathrm{g}}}\quad(\Omega/\mathrm{km})\tag{4-23}$$

3. 不同供电方式下双线牵引网阻抗的计算

双线铁路上、下行线路的接触网通常是由各自的馈电线分别供电，上、下行的供电方式又分为末端并联供电方式、分开供电方式和全并联供电方式。

(1)上、下行线路末端并联供电双线牵引网阻抗的计算

双线铁路牵引网上、下行线路末端并联供电示意如图 4-15(a)所示，等效电路如图 4-15(b)所示。

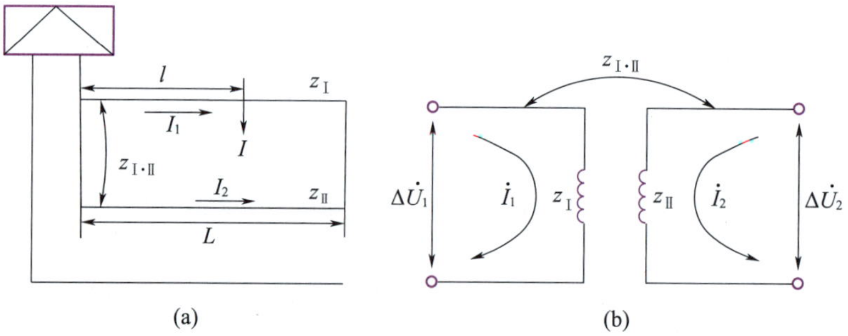

图 4-15　双线铁路牵引网上、下行线路末端并联供电示意

由于上、下行线路牵引网对称，$z_{\mathrm{I}}=z_{\mathrm{II}}$。沿电流 I_1 支路的牵引网电压降为

$$\Delta U_1=(I_1z_{\mathrm{I}}+I_2z_{\mathrm{I\cdot II}})l\tag{4-24}$$

沿电流 I_2 支路的牵引网电压降为

$$\Delta U_2=(I_2z_{\mathrm{I}}+I_1z_{\mathrm{I\cdot II}})l+2I_2(z_{\mathrm{I}}-z_{\mathrm{I\cdot II}})(L-l)\tag{4-25}$$

式(4-24)和式(4-25)相等，且 $I_1+I_2=I$，其中 $I_1=\frac{2L-l}{2L}I$，$I_2=\frac{l}{2L}I$，故

$$\Delta U_1=\left(\frac{2L-l}{2L}Iz_{\mathrm{I}}+\frac{l}{2L}Iz_{\mathrm{I\cdot II}}\right)l=\left(\frac{2L-l}{2L}z_{\mathrm{I}}+\frac{l}{2L}z_{\mathrm{I\cdot II}}\right)Il\tag{4-26}$$

双线牵引网等效阻抗和单位等效阻抗分别为

$$Z=\frac{\Delta U_1}{I_1}=\left(z_{\mathrm{I}}-\frac{z_{\mathrm{I}}-z_{\mathrm{I}\cdot\mathrm{II}}}{2}\frac{l}{L}\right)l \tag{4-27}$$

$$z=\frac{Z}{l}=z_{\mathrm{I}}-\frac{z_{\mathrm{I}}-z_{\mathrm{I}\cdot\mathrm{II}}}{2}\frac{l}{L} \tag{4-28}$$

(2)上下行线路分开供电双线牵引网阻抗的计算

双线铁路牵引网等效回路如图 4-16 所示。

①当线路Ⅰ有负荷电流 I_1，而线路Ⅱ无负荷时，则线路Ⅰ牵引网得单位阻抗为

$$z=z_{\mathrm{I}} \tag{4-29}$$

②当线路Ⅰ有负荷电流 I_1，线路Ⅱ有负荷电流 I_2 时，电压平衡方程为

$$U_1=I_1z_{\mathrm{I}}l_1+I_2z_{\mathrm{I}\cdot\mathrm{II}}l_2$$

则线路Ⅰ牵引网的单位阻抗为

$$z=\frac{\Delta U_1}{I_1l_1}=z_{\mathrm{I}}+\frac{I_2l_2}{I_1l_1}z_{\mathrm{I}\cdot\mathrm{II}} \tag{4-30}$$

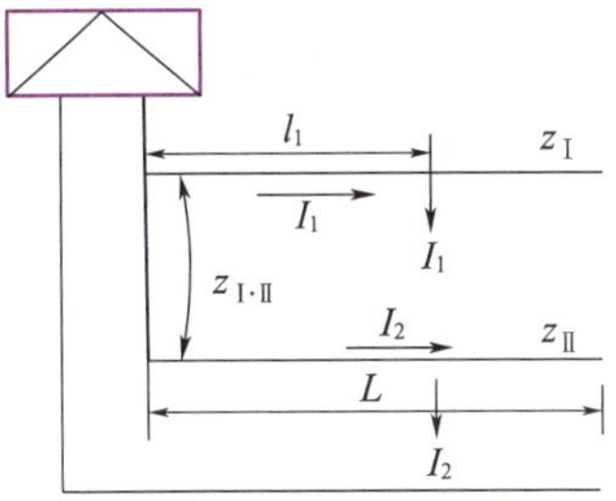

图 4-16　双线铁路牵引网等效回路

$l_2<l_1$ 时(线路Ⅱ的电流 I_2 在线路Ⅰ中产生的互感电压范围 $l_2<l_1$)，则线路Ⅰ牵引网的单位阻抗为

$$z=z_{\mathrm{I}}+\frac{I_2l_2}{I_1l_1}z_{\mathrm{I}\cdot\mathrm{II}} \tag{4-31}$$

$l_2>l_1$ 时(线路Ⅱ的电流 I_2 在线路Ⅰ中产生的互感电压范围 $l_2>l_1$)，超出部分对线路Ⅰ牵引网的单位阻抗不产生影响，因此 $l_2=l_1$，则线路Ⅰ牵引网的单位阻抗为

$$z=z_{\mathrm{I}}+\frac{I_2}{I_1}z_{\mathrm{I}\cdot\mathrm{II}} \tag{4-32}$$

式(4-31)和式(4-32)表明，在两线路分开供电，且两线路都有负荷电流的情况下，双线牵引网单位阻抗 z 不仅随两线路负荷点的位置不同而变化，而且随两线路的负荷电流大小而变化。

技能训练

单线铁路和双线铁路牵引网的“导线—地”回路分别有哪些？等效回路分别有哪些？

____

____。

任务评价

学生评价：____

____。

教师评价：____

____。

任务2 牵引供电系统短路计算

学习目标

知识目标

1. 掌握电力系统三相短路计算和牵引供电系统不对称短路计算；
2. 了解短路计算的目的，标幺值法电力系统元件阻抗的计算；
3. 掌握对称分量法和正序等效定则。

技能目标

1. 具备绘制各种不对称短路复合序网图的技能；
2. 能够利用正序等效定则分析各种不对称短路的能力。

素质目标

1. 养成认真细致的学习习惯；
2. 具备较强的责任心和敬业精神。

预习任务

1. 收集三相短路计算的方法和电力系统元件阻抗计算的方法；
2. 查找对称分量法的相关知识。

任务导入

牵引供电系统不可避免地可能发生短路和断线故障，为降低短路造成的不良影响，需要利用短路计算数据选择电气设备，利用短路数据确定合适的继电保护整定值。

知识链接

一、短路的类型、原因和危害

1. 短路的定义和类型

电力系统发生相与相之间或者相与地（中性线）之间的非正常短接称为短路。不同带电体之间或者带电体与不带电体之间因存在电压大小之差或电压相位之差的短接均可称为短路。短路有金属性短路和非金属性短路（有过渡电阻）之分。短路主要包括三相短路、两相短路、单相接地短路、两相接地短路等。其中单相接地故障率最高，三相短路故障率最低但是造成的后果往往最严重。

2. 引起短路的原因

短路可能是由自然灾害引起的，比如刮风导致的导线发生碰撞，设备遭到雷击等；也可能是因恶劣的工作环境而引起，比如沿绝缘子表面放电；也可能因设备维护不当而引起；甚至可能由于工作人员违章误操作而引起。

3. 短路的危害

短路时会产生热效应和电动力效应，因此会影响电气设备正常运行，甚至造成电气设备损坏。短路还会危及用户的正常生产生活，造成产品报废和设备损坏。而接地短路还会引起不平衡电流，引起负序和过电压等，造成设备和绝缘损坏。最严重的是短路可能使电力系统稳定性遭到破坏，引起电力系统解列。

二、标幺值及其应用

标幺值是实际有名值与同变量相应基准值的比值。

$$标幺值=\frac{实际有名值}{基准值（与实际有名值同单位）}$$

1. 标幺值的表示方法

标幺值可以采用实际比值，也可以表示成小数，也可以表示成百分数，还可以用百分值表示，即以百分数的分子表示，比如

$$Z_*=\frac{Z}{Z_B}=\frac{U_k\%}{100}$$

2. 基准值的选取

基准值的选取首先必须符合电路的基本定律，比如三相系统需要满足以下关系：

$$U_B=\sqrt{3}I_BZ_B$$

$$S_B=\sqrt{3}U_BI_B$$

进而有

$$I_B=\frac{S_B}{\sqrt{3}U_B}$$

$$Z_B=\frac{U_B}{\sqrt{3}I_B}=\frac{U_B^2}{S_B}$$

单相系统需要满足的关系：

$$U_B=I_BZ_B$$

$$S_B=U_BI_B$$

进而有

$$I_B=\frac{S_B}{U_B}$$

$$Z_B=\frac{U_B}{I_B}=\frac{U_B^2}{S_B} \tag{4-33}$$

在实际计算中，一般取$U_B=U_{av}=1.05U_N$，$S_B=100$ MV·A或者取发电机或变压器本身的额定容量。

3. 阻抗标幺值的换算

（1）实际值与标幺值的换算

$$Z_*=\frac{Z}{Z_B}=Z\frac{S_B}{U_B^2}=Z\frac{S_B}{U_{av}^2}$$

$$Z=Z_*\frac{U_{av}^2}{S_B}$$

(2)不同基准值时标幺值的换算

发电机、变压器、电抗器铭牌数据往往给的是以其自身额定容量为基准的标幺值，而在短路分析计算时需要选取统一的基准值，因此需要进行参数换算，换算关系如下：

$$Z_{*(\mathrm{B})}=Z_{*(\mathrm{N})}\frac{S_{\mathrm{B}}}{S_{\mathrm{N}}} \tag{4-34}$$

三、电力系统元件电抗及其标幺值

电气设备在高电压条件下运行时，电气设备的电抗远大于电阻，实际短路计算时往往忽略其电阻值，仅考虑其电抗值。

1. 输电线的电抗及其标幺值

输电线标幺值：
$$X_{\mathrm{L}*}=x_1 l\frac{S_{\mathrm{B}}}{U_{\mathrm{av}}^2} \tag{4-35}$$

式中，x_1 为线路单位长度的电抗值；l 为线路的长度，U_{av} 为电网平均电压。

2. 变压器的电抗及其标幺值

变压器有名值：
$$X_{\mathrm{T}}=\frac{U_{\mathrm{k}}\%}{100}\times\frac{U_{\mathrm{N}}^2}{S_{\mathrm{N}}} \tag{4-36}$$

变压器标幺值：
$$X_{\mathrm{T}*}=\frac{U_{\mathrm{k}}\%S_{\mathrm{B}}}{100S_{\mathrm{N}}} \tag{4-37}$$

3. 同步发电机的电抗及其标幺值

发电机有名值：
$$X''_{\mathrm{d}}=X''_{\mathrm{d}*(\mathrm{N})}\times\frac{U_{\mathrm{N}}^2}{S_{\mathrm{N}}}$$

发电机标幺值：
$$X''_{\mathrm{d}*(\mathrm{B})}=X''_{\mathrm{d}*(\mathrm{N})}\frac{S_{\mathrm{B}}}{S_{\mathrm{GN}}}=X''_{\mathrm{d}*(\mathrm{N})}\frac{S_{\mathrm{B}}}{P_{\mathrm{GN}}/\cos\varphi}=X''_{\mathrm{d}*(\mathrm{N})}\frac{S_{\mathrm{B}}\cos\varphi}{P_{\mathrm{GN}}} \tag{4-38}$$

同步发电机稳态运行时的电抗为同步电抗 x_{d}，在次暂态和暂态时电抗分别为次暂态电抗 X''_{d} 和暂态电抗 X'_{d}，一般情况下三者具有如下关系：

$$X''_{\mathrm{d}}<X'_{\mathrm{d}}<X_{\mathrm{d}}$$

求最大短路电流时一般用次暂态电抗。

4. 电抗器的电抗及其标幺值

电抗器有名值：
$$X_{\mathrm{L}}=\frac{X_{\mathrm{L}}\%}{100}\times\frac{U_{\mathrm{LN}}}{\sqrt{3}I_{\mathrm{LN}}}$$

电抗器标幺值：
$$X_{\mathrm{L}*(\mathrm{B})}=\frac{X_{\mathrm{L}}\%}{100}\times\frac{U_{\mathrm{LN}}}{\sqrt{3}I_{\mathrm{LN}}}\times\frac{S_{\mathrm{B}}}{U_{\mathrm{av}}^2} \tag{4-39}$$

四、三相短路计算

1. 短路过程

电力系统正常运行时，一般电流滞后电压一个功率因数角，发生三相短路时，由于感性元件电流不能突变，实际的短路电流需要经历一个短暂的暂态过程，然后进入短路后的稳态。以电力系统三相中的某一相为例，短路过程如图 4-17 所示，暂态过程的全电流由短路后周期分量 i_{p} 和非周期分量 i_{np} 构成，维持了短路后电流不能突变。非周期分量是衰减的直流量，其衰减为 0 后，即进入短路后稳态。

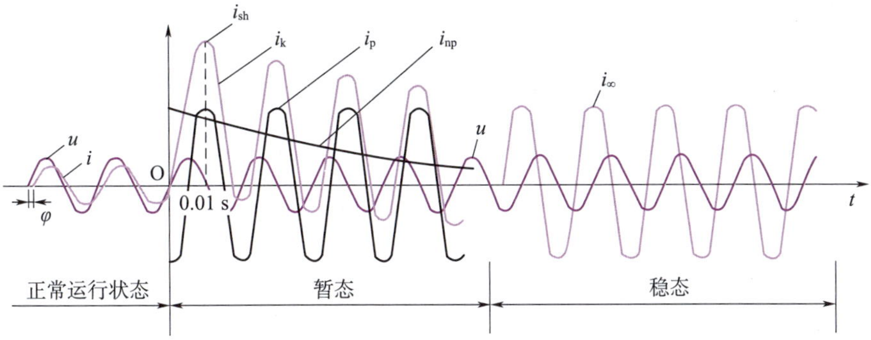

图 4-17　电力系统三相短路过程

2. 短路电流周期分量有效值的计算

在无限大容量电源供电下，三相短路电流的周期分量电流幅值是不衰减的，都等于稳态时的值：

$$I_p = I''_p = I_\infty$$

考虑无限大容量电源的电压恒定且内阻抗为 0，电压一般取电网平均电压 U_{av}，则短路电流周期分量有效值为

$$I_p = I''_p = \frac{U_{av}}{\sqrt{3}X_\Sigma} \tag{4-40}$$

3. 短路冲击电流的计算

短路冲击电流是短路电流可能出现的最大瞬时值为

$$i_{sh} = I_{pm} + I_{np0}e^{-\frac{0.01}{\tau}} = (1 + e^{-\frac{0.01}{\tau}})I_{pm} = K_{sh}I_{pm} = \sqrt{2}K_{sh}I_p \tag{4-41}$$

其中，$1 \leqslant K_{sh} \leqslant 2$。

短路发生在高压网络中时，一般取 $K_{sh}=1.8$，则短路发生在单机容量为 12 MW 及以上的发电机母线和发电厂高压母线上时，一般取 $K_{sh}=1.9$。

短路电流可能出现的最大有效值，称为短路冲击电流有效值，以 I_{sh} 表示：

$$I_{sh} = \sqrt{I''^2_p + [\sqrt{2}(K_{sh}-1)I''_p]^2} = \sqrt{1+2(K_{sh}-1)^2} \times I''_p$$

当短路发生在一般高压网络中时，取 $K_{sh}=1.8$，则 $I_{sh}=1.52I''_p$

当短路发生在发电机母线时，取 $K_{sh}=1.9$，则 $I_{sh}=1.62I''_p$

4. 三相短路功率(短路容量)的计算

三相短路时，任意时刻的短路功率定义为

$$S_{OC} = \sqrt{3}U_{av}I_p \tag{4-42}$$

若以标幺值表示，取 $U_B=U_{av}$，则得

$$S_{OC*} = \frac{S_{OC}}{S_B} = \frac{\sqrt{3}U_{av}I_p}{\sqrt{3}U_BI_B} = I_{p*} \tag{4-43}$$

因此，$S_{OC} = I_{p*}S_B = \sqrt{3}U_{av}I_p$。

五、不对称短路的分析计算

1. 对称分量法

对于三相系统，任意不对称的三相相量(电流、电压等)可分解为具有下列特性的三组对称分量：

(1)正序分量

正序分量三相大小相等，相位相差为 120°，其相序与系统正常运行方式的相序相同，其关系式为

$$\begin{cases}\dot{I}_{a1}=I_m\sin(\omega t+\theta_0)\\ \dot{I}_{b1}=I_m\sin(\omega t+\theta_0-120^\circ)\\ \dot{I}_{c1}=I_m\sin(\omega t+\theta_0+120^\circ)\end{cases}$$

(2)负序分量

负序分量三相大小相等，相位相差为 120°，其相序与系统正常运行方式的相序相反，其关系式为

$$\begin{cases}\dot{I}_{a2}=I_m\sin(\omega t+\theta_0)\\ \dot{I}_{b2}=I_m\sin(\omega t+\theta_0+120^\circ)\\ \dot{I}_{c2}=I_m\sin(\omega t+\theta_0-120^\circ)\end{cases}$$

(3)零序分量

零序分量的三相大小相等，相位差相同，其关系式为

$$\begin{cases}\dot{I}_{a0}=I_m\sin(\omega t+\theta_0)\\ \dot{I}_{b0}=I_m\sin(\omega t+\theta_0)\\ \dot{I}_{c0}=I_m\sin(\omega t+\theta_0)\end{cases}$$

任意一组不对称的三相相量(电流、电压等)都可以分解为具有下列特性的 3 组对称分量，其关系式为

$$\begin{cases}\dot{I}_a=\dot{I}_{a1}+\dot{I}_{a2}+\dot{I}_{a0}\\ \dot{I}_b=\alpha^2\dot{I}_{a1}+\alpha\dot{I}_{a2}+\dot{I}_{a0}=\dot{I}_{b1}+\dot{I}_{b2}+\dot{I}_{b0}\\ \dot{I}_c=\alpha\dot{I}_{a1}+\alpha^2\dot{I}_{a2}+\dot{I}_{a0}=\dot{I}_{c1}+\dot{I}_{c2}+\dot{I}_{c0}\end{cases}\tag{4-44}$$

式中　α——相位算子，其值为

$$\alpha=e^{j120^\circ}=-\frac{1}{2}+j\frac{\sqrt{3}}{2},\alpha^2=e^{j240^\circ}=-\frac{1}{2}-j\frac{\sqrt{3}}{2}$$

将式(4-44)中表达式取逆运算，则

$$\begin{cases}\dot{I}_{a1}=\frac{1}{3}\dot{I}_a+\alpha\dot{I}_b+\alpha^2\dot{I}_c\\ \dot{I}_{a2}=\frac{1}{3}\dot{I}_a+\alpha^2\dot{I}_b+\alpha\dot{I}_c\\ \dot{I}_{a0}=\frac{1}{3}\dot{I}_a+\dot{I}_b+\dot{I}_c\end{cases}\tag{4-45}$$

由式(4-45)可知，只有三相相量之和不为零时才存在零序分量。

在三相参数相同的对称线性电路中，通过某一序的对称分量电流，只产生同一序分量的电压降。反过来，若施以三相某一序的对称分量电压，也只产生同一序的对称电流分量。这种现象称为三相对称电路序分量的独立性：

$$\dot{U}_1=\dot{I}_1 Z_1 \quad \dot{U}_2=\dot{I}_2 Z_2 \quad \dot{U}_0=\dot{I}_0 Z_0$$

2. 各序网络的构成

应用对称分量法分析不对称短路时，需将不对称系统分解为三组对称系统，再分别求解。表示各序对称三相系统的网络分别称为正序、负序和零序网络。

电力系统发生 a 相接地故障如图 4-18(a)所示，故障特征如图 4-18(b)所示，利用对称分量法，将不对称分量可分解为如图 4-18(c)所示的对称分量。

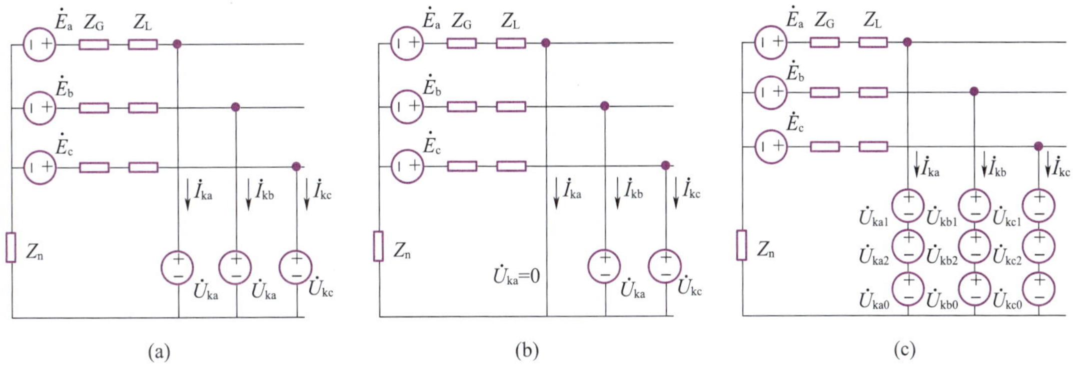

图 4-18　电力线发生单相接地故障时的等值网络

根据三相对称电路序分量的独立性，根据供电系统的接线图 4-18(c)可得出各序网络(由各序的电动势和阻抗构成的等效电路)，如图 4-19 所示，注意绘制各序网络时，必须先了解系统的接线、接地中性点的分布情况，以及各元件的各序参数。因各序网络三相对称，所以各序网络可用单线图表示，如图 4-20 所示。

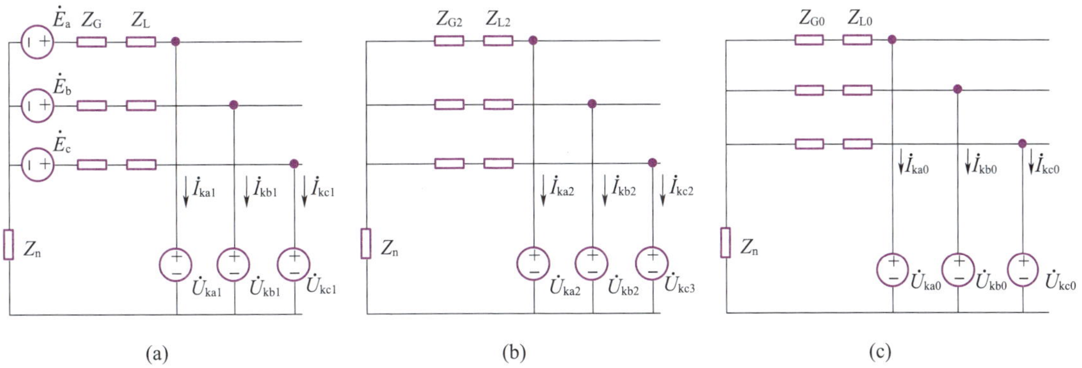

图 4-19　正、负、零序网络

在各序网络中，习惯上认为短路点为首端，记以 k，接地点为末端，记以 N。则短路点处的各序电压总是由首端指向末端。

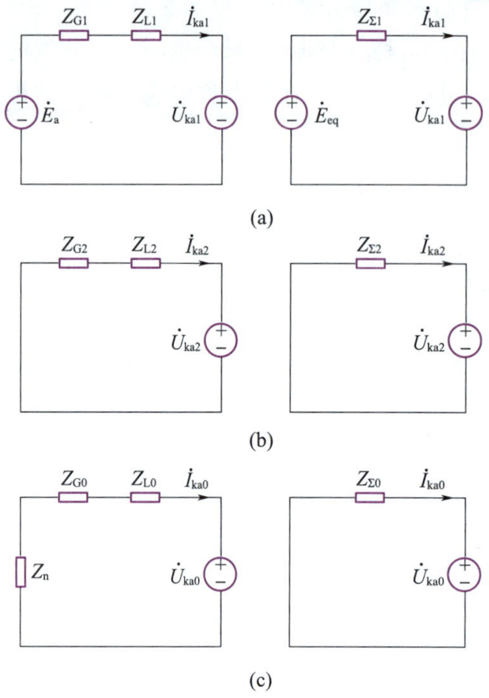

图 4-20　正序、负序、零序网络单线图

(1)正序网络

正序网络中只有正序分量，各元件的阻抗均采用正序阻抗，正序电势就是发电机的电势或综合电势。

不对称短路时，短路点的正序电压 $\dot{U}_{ka1}$、$\dot{U}_{kb1}$、$\dot{U}_{kc1}$ 不一定等于 0。因此短路点不能和零电位线短路。一般正序网络总是从电源电势起，也就是正序网络通常从首端向末端作图。

由图 4-20(a)可知：

$$\dot{U}_{k1}=\dot{E}_{eq}-Z_{\Sigma1}\dot{I}_{ka1} \tag{4-46}$$

(2)负序网络

负序网络与正序网络相似，但各元件的阻抗均采用负序阻抗。静止元件负序电抗等于正序电抗，旋转元件负序电抗一般不等于正序电抗。

发电机不产生负序电势，因此负序网络中的负序电势为零，负序阻抗端点不接电势接零电位线作为负序网络的末端和首端。

由图 4-20(b)可知：

$$\dot{U}_{k2}=-Z_{\Sigma2}\dot{I}_{ka2} \tag{4-47}$$

(3)零序网络

零序网络中只包含零序电流流通的元件，各元件阻抗采用零序阻抗，发电机不产生零序电势，因此网络中不包括电源电势。零序网络应以短路点为起点，在短路点处施加零序电压 $\dot{U}_{k0}$，再从短路点按系统接线图中零序电流可能流通的路径，依次绘制出零序电流流过的元件，构成零序网络。

只有当短路点直接相连的网络中至少具有一个接地的中性点时，才可能形成一个零序电流回路。若短路点直接相连的网络中有几个接地的中性点，便有几个零序电流的并联支路。

由图 4-20(c)可知：

$$\dot{U}_{k0}=-Z_{\Sigma0}\dot{I}_{ka0} \tag{4-48}$$

3. 不对称短路分析计算

(1)单相(a 相)接地短路

当电力系统发生单相接地短路时，单相接地故障电路如图 4-21 所示，短路点边界条件是 $\dot{U}_{ka}=0$，$\dot{I}_{kb}=0$，$\dot{I}_{kc}=0$。

利用对称分量法，由边界条件可知：

$$\begin{cases}\dot{U}_{ka1}+\dot{U}_{ka2}+\dot{U}_{ka0}=0\\ \dot{I}_{ka1}=\dot{I}_{ka2}=\dot{I}_{ka0}\end{cases} \tag{4-49}$$

由式(4-49)可知，单相接地故障时，正序、负序、零序电流相等，正序、负序、零序网络端口电压之和为0，因此单相接地故障时正序、负序、零序网络的复合序网图是串联关系，如图4-22所示。

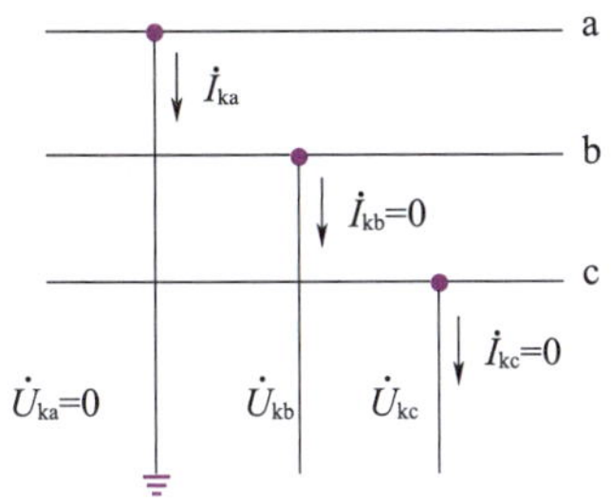

图4-21　单相接地故障电路

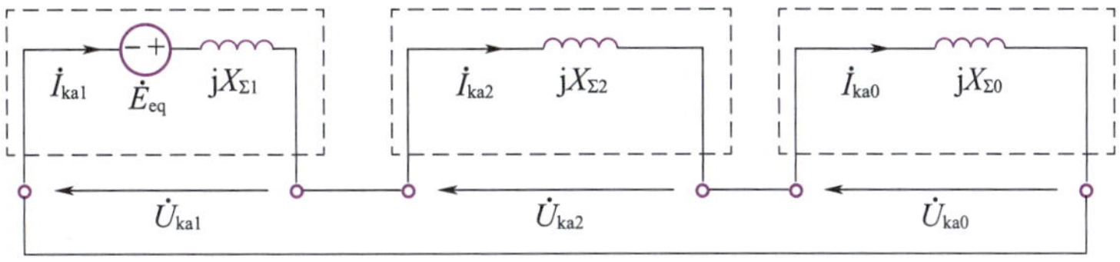

图4-22　单相接地短路的复合序网图

根据复合序网图4-22可知，单相接地短路的正序电流为

$$\dot{I}_{ka1}=\frac{\dot{E}_{eq}}{j(X_{\Sigma1}+X_{\Sigma2}+X_{\Sigma0})} \tag{4-50}$$

根据对称分量法，可知单相接地短路的故障相电流为

$$\dot{I}_{k}^{(1)}=\dot{I}_{ka}=\frac{3\dot{E}_{eq}}{j(X_{\Sigma1}+X_{\Sigma2}+X_{\Sigma0})}=3\dot{I}_{ka1} \tag{4-51}$$

(2)两相(b相和c相)短路

当电力系统发生两相短路时，两相故障电路如图4-23所示，短路点边界条件是$\dot{U}_{kb}=\dot{U}_{kc}$，$\dot{I}_{ka}=0$，$\dot{I}_{kb}+\dot{I}_{kc}=0$。

利用对称分量法，由边界条件可知

$$\begin{cases}\dot{U}_{ka1}=\dot{U}_{ka2}\\ \dot{I}_{ka1}+\dot{I}_{ka2}=0\\ \dot{I}_{ka0}=0\end{cases} \tag{4-52}$$

由式(4-52)可知，发生两相短路故障时，正序、负序电流之和为0，零序电流为0，正序、负序网络端口电压相等，因此发生两相短路故障时，正序、负网络的复合序网图是并联关系，零序网络独立，如图4-24所示。

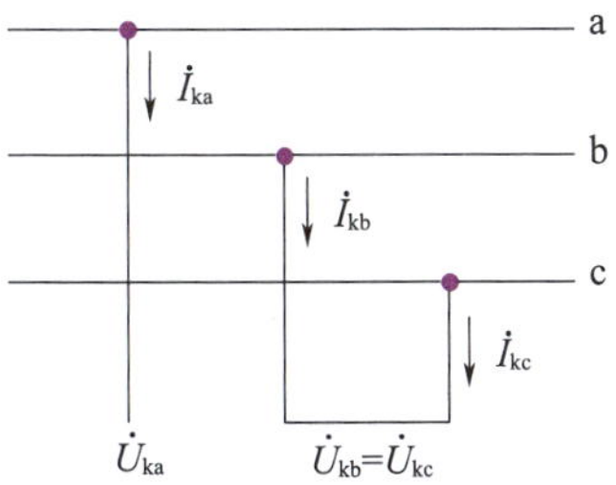

图4-23　两相故障电路

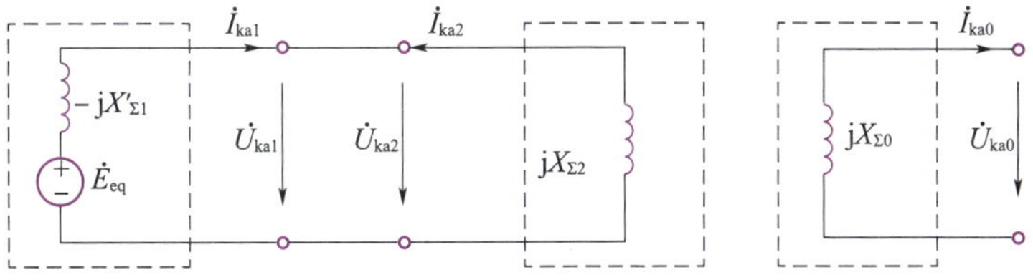

(a)　(b)

图4-24　两相短路的复合序网图

根据复合序网图 4-24 可知，两相短路的正序电流为

$$\dot{I}_{ka1}=\frac{\dot{E}_{eq}}{j(X_{\Sigma1}+X_{\Sigma2})} \tag{4-53}$$

根据对称分量法，可知两相短路的故障相电流为

$$I_k^{(2)}=|\dot{I}_{kb}|=|\dot{I}_{kc}|=\sqrt{3}I_{ka1} \tag{4-54}$$

(3)两相(b 相和 c 相)接地短路

当电力系统发生两相接地短路时，两相故障电路如图 4-25 所示，短路点边界条件是 $\dot{U}_{kb}=\dot{U}_{kc}=0$，$\dot{I}_{ka}=0$。

利用对称分量法，由边界条件可知：

$$\begin{cases}\dot{U}_{ka1}=\dot{U}_{ka2}=\dot{U}_{ka0}\\ \dot{I}_{ka1}+\dot{I}_{ka2}+\dot{I}_{ka0}=0\end{cases} \tag{4-55}$$

由式(4-55)可知两相接地短路故障时，正序、负序、零序电流之和为 0，正序、负序、零序网络端口电压相等，因此两相接地短路故障时，正序、负序、零序网络的复合序网图是并联关系，如图 4-26 所示。

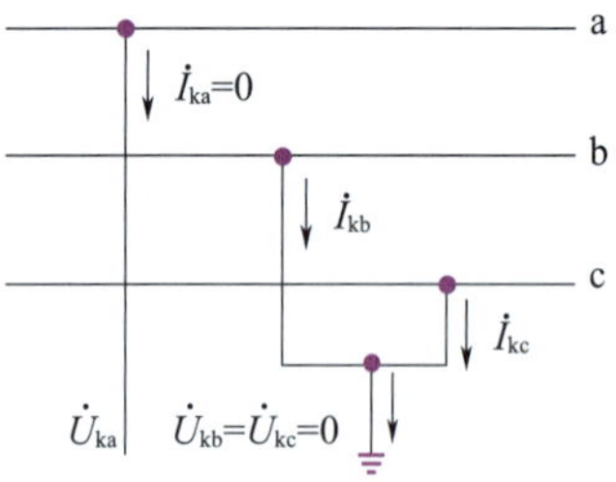

图 4-25　两相故障电路

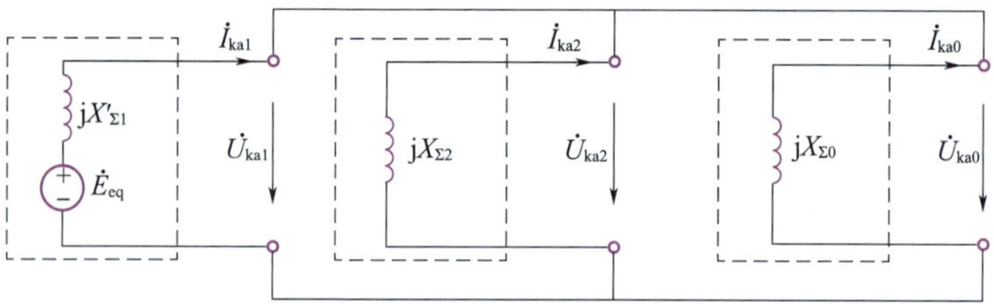

图 4-26　两相接地短路的复合序网图

根据复合序网图 4-26 可知，两相短路的正序电流为

$$\dot{I}_{ka1}=\frac{\dot{E}_{eq}}{j(X_{\Sigma1}+X_{\Sigma2}//X_{\Sigma0})} \tag{4-56}$$

根据对称分量法，可知两相短路的故障相电流为

$$I_k^{(1,1)}=|\dot{I}_{kb}|=|\dot{I}_{kc}|=\sqrt{3}\sqrt{1-j\frac{X_{\Sigma2}X_{\Sigma0}}{(X_{\Sigma2}+X_{\Sigma0})^2}}I_{ka1} \tag{4-57}$$

在应用对称分量法分析不对称短路时，基准相总是选择三相中的特殊相作为基准相。比如：单相接地短路时，发生接地相作为基准相；两相短路和两相短路接地时，非故障相为基准相。

4. 正序等效定则

(1)正序等效定则

根据三种不对称短路分析可知，故障处的正序电流，都具有如下关系：

$$I_{k1}^{(n)}=\frac{\dot{E}_{eq}}{j(X_{\Sigma1}+X_{\Delta}^{(n)})} \tag{4-58}$$

任何不对称短路的正序电流，与同正序网络中在短路点每相加入一个附加电抗，而发生三相短路的附加阻抗为0，这个性质称为正序等效定则。

(2)电流比例系数

电流比例系数，是指任何不对称短路电流的绝对值与其正序分量电流的比值，即

$$I_{k}^{(n)}=m^{(n)}I_{k1}^{(n)} \tag{4-59}$$

电流比例系数的值，由短路类型决定。各种短路的附加电抗和电流比例系数见表4-2。

表4-2　各种短路的附加电抗和电流比例系数

短路类型	附加电抗	电流比例系数
单相接地	$X_{\Sigma2}+X_{\Sigma0}$	3
两相短路	$X_{\Sigma2}$	$\sqrt{3}$
两相短路接地	$\dfrac{X_{\Sigma2}X_{\Sigma0}}{X_{\Sigma2}+X_{\Sigma0}}$	$\sqrt{3}\sqrt{1-\dfrac{X_{\Sigma2}X_{\Sigma0}}{(X_{\Sigma2}+X_{\Sigma0})^2}}$
三相短路	0	1

(3)正序等效定则的应用

正序等效定则可用来求解不对称短路电流，具体步骤如下：

①在每相中加入(串入)附加电抗，以将不对称短路简化为对称短路；

②按照对称短路计算方法，求解对称短路电流。

③将不对称短路的正序电流乘以电流比例系数。所求结果就是不对称短路电流。

5. 牵引供电系统短路计算

牵引供电系统短路计算包括牵引变电所和牵引网短路计算。牵引网阻抗计算时，电阻不能忽略，且采用阻抗绝对值。牵引网任何情况下都不能向电力系统传输零序电流。主变压器一次侧若设有零序电流保护，也与牵引供电系统无关。

牵引变电所短路主要有一臂母线接地短路、异相牵引母线短路和异相牵引母线接地短路。其中一臂母线接地短路发生概率最高。

(1)牵引变电所牵引母线短路分析计算

①三相YN,d11牵引变电所

三相YN,d11牵引变电所发生一臂母线接地短路如图4-27(a)所示，等效电路如图4-27(b)所示。

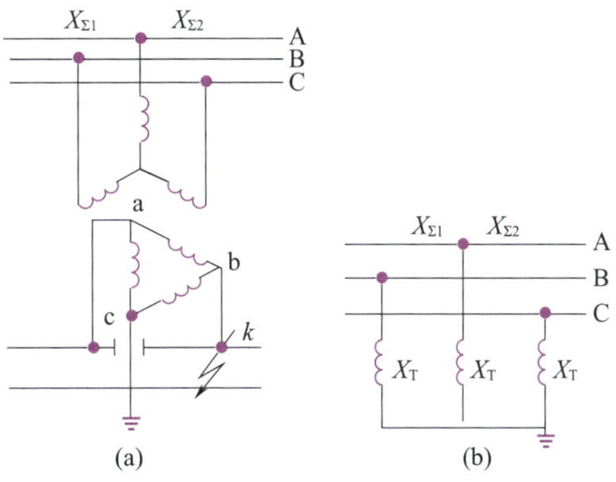

图4-27　三相YN,d11牵引变电所一臂母线接地短路

图4-27中，$X_{\Sigma1}$、$X_{\Sigma2}$为从变压器一次端子至电力系统的综合正序、负序电抗，X_T为变压器的电抗。从牵引侧变压器端子至电力系统的正序电抗$X'_{\Sigma1}$、负序电抗$X'_{\Sigma2}$为

$$\begin{cases}X'_{\Sigma1}=X_{\Sigma1}+X_T\\X'_{\Sigma2}=X_{\Sigma2}+X_T\end{cases} \tag{4-60}$$

由图 4-27(b)可知，一臂母线接地短路属于三相系统的两相短路，故障相电流为

$$I_{\mathrm{k}}=\frac{\sqrt{3}E_{\mathrm{eq}}}{X'_{\Sigma1}+X'_{\Sigma2}}=\frac{\sqrt{3}E_{\mathrm{eq}}}{X_{\Sigma1}+X_{\Sigma2}+2X_{\mathrm{T}}} \tag{4-61}$$

三相 YN，d11 牵引变电所发生异相母线短路如图 4-28(a)所示，等效电路如图 4-28(b)所示。由图 4-28(b)可知，异相母线短路属于三相系统的两相短路，故障相电流为

$$I_{\mathrm{k}}=\frac{\sqrt{3}E_{\mathrm{eq}}}{X'_{\Sigma1}+X'_{\Sigma2}}=\frac{\sqrt{3}E_{\mathrm{eq}}}{X_{\Sigma1}+X_{\Sigma2}+2X_{\mathrm{T}}} \tag{4-62}$$

三相 YN，d11 牵引变电所发生异相母线接地短路如图 4-29(a)所示，等效电路如图 4-29(b)所示。

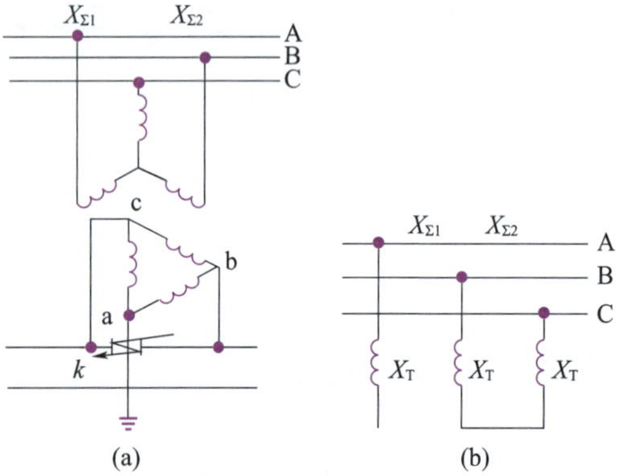

图 4-28　三相 YN，d11 牵引变电所异相母线短路

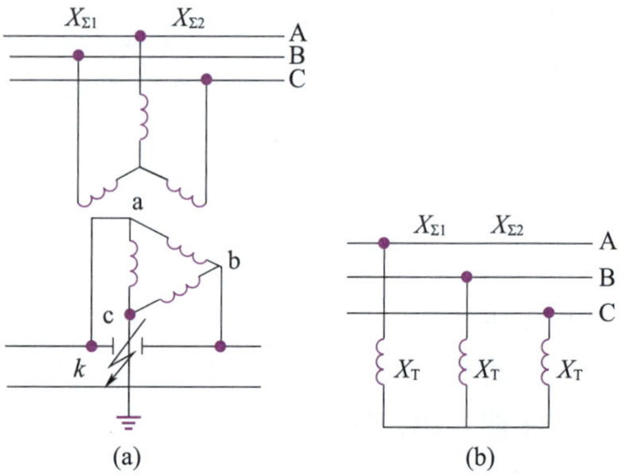

图 4-29　三相 YN，d11 牵引变电所异相母线接地短路

由图 4-29(b)可知，异相母线接地短路属于三相系统的三相短路，故障相电流为

$$I_{\mathrm{k}}=\frac{E_{\mathrm{eq}}}{X'_{\Sigma1}}=\frac{E_{\mathrm{eq}}}{X_{\Sigma1}+X_{\mathrm{T}}} \tag{4-63}$$

式中　$X_{\mathrm{T}}=\frac{U_{\mathrm{k}}\%}{100}\frac{U_{2\mathrm{N}}^{2}}{S_{\mathrm{N}}}$。

②单相 V，v 联结牵引变电所

单相 V，v 联结牵引变电所发生一臂母线接地短路如图 4-30(a)所示。由于牵引侧无零序电流，因而牵引侧接地与否对短路电流数值无影响，即求短路电流时可以不考虑接地。

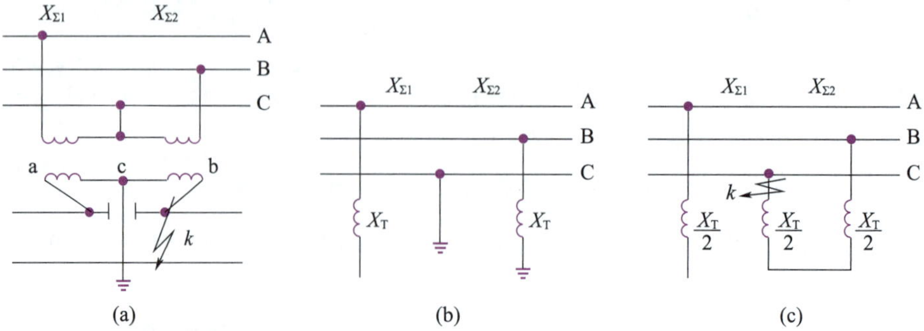

图 4-30　单相 V，v 联结牵引变电所一臂母线接地短路

为方便计算短路电流，将发生短路的供电臂电抗 X_T 平分，分别串在短路供电臂和接地相上，并将短路点由 k 点移到 k' 点。由于未短路供电臂无电流通过，改变其阻抗对电路无任何影响，因此可将其电抗减至 $X_T/2$。这样就可以构成一个等效的对称三相系统。因此从牵引侧变压器端子至电力系统的正序电抗 $X'_{\Sigma1}$、负序电抗 $X'_{\Sigma2}$ 为

$$\begin{cases} X'_{\Sigma1}=X_{\Sigma1}+\dfrac{X_T}{2} \\ X'_{\Sigma2}=X_{\Sigma2}+\dfrac{X_T}{2} \end{cases} \tag{4-64}$$

单相 V,v 联结牵引变电所发生一臂母线接地短路等效电路如图 4-30(c)所示。由此可知一臂母线接地短路属于三相系统的两相短路，故障相电流为

$$I_k=\frac{\sqrt{3}E_{eq}}{X'_{\Sigma1}+X'_{\Sigma2}}=\frac{\sqrt{3}E_{eq}}{X_{\Sigma1}+X_{\Sigma2}+X_T} \tag{4-65}$$

单相 V,v 联结牵引变电所发生牵引网异相母线短路如图 4-31(a)所示，等效电路如图 4-31(b)所示。由于接地相中无电流流过，改变其阻抗对电路无影响，若在该相上接入一个电抗联结，也可以构成一个等效的三相对称电路。

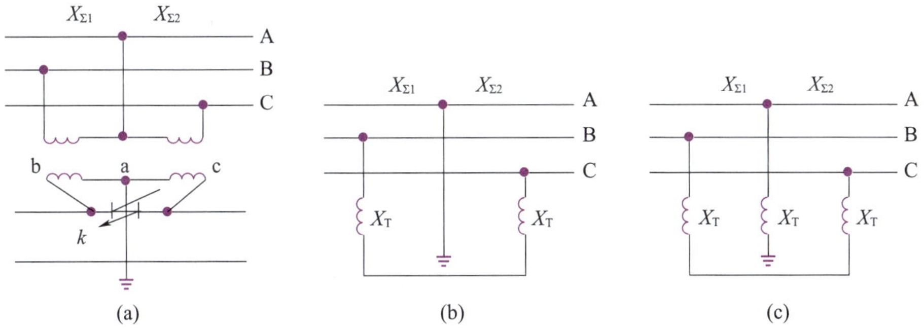

图 4-31 单相 V,v 联结牵引变电所异相母线短路

单相 V,v 联结牵引变电所发生异相母线短路等效电路如图 4-31(c)所示。从牵引侧变压器端子至电力系统的正序电抗 $X'_{\Sigma1}$、负序电抗 $X'_{\Sigma2}$ 为

$$\begin{cases} X'_{\Sigma1}=X_{\Sigma1}+X_T \\ X'_{\Sigma2}=X_{\Sigma2}+X_T \end{cases} \tag{4-66}$$

由此可知异相母线短路属于三相系统的两相短路，故障相电流为

$$I_k=\frac{\sqrt{3}E_{eq}}{X'_{\Sigma1}+X'_{\Sigma2}}=\frac{\sqrt{3}E_{eq}}{X_{\Sigma1}+X_{\Sigma2}+2X_T} \tag{4-67}$$

单相 V,v 联结牵引变电所发生异相母线接地短路如图 4-32(a)所示，等效电路如 4-32(b)所示。这个短路无法化成三相对称电路，只能将原短路点的边界条件转换为变电所高压侧的边界条件，然后用对称分量法求解。

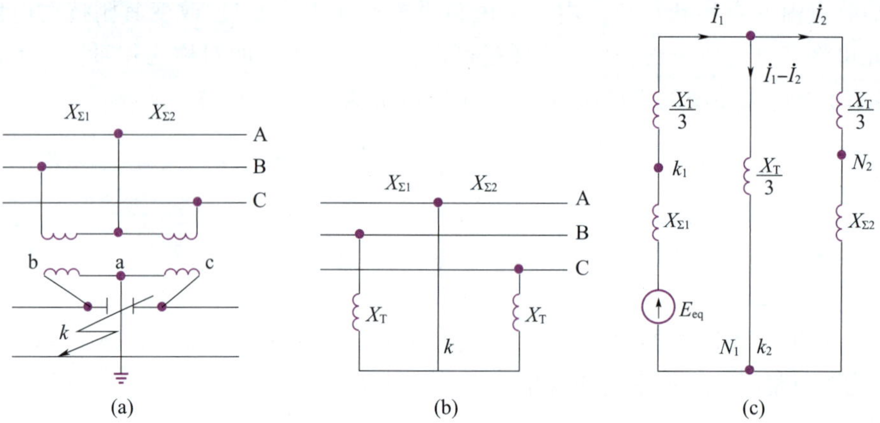

图 4-32　单相 V,v 牵引变电所异相母线接地短路

根据单相 V,v 联结牵引变电所发生异相母线接地短路等效电路如图 4-32(b)所示,列写电路的电压平衡方程:

$$\begin{cases}\dot{U}_{kb}-\dot{U}_{ka}=j\dot{I}_{kb}X_T\\ \dot{U}_{kc}-\dot{U}_{ka}=j\dot{I}_{kc}X_T\\ \dot{I}_0=0\end{cases}\tag{4-68}$$

根据边界条件利用对称分量法分析式(4-68)方程,则有

$$\begin{cases}\dot{U}_1-j\dot{I}_1\dfrac{X_T}{3}=j(\dot{I}_1-\dot{I}_2)\dfrac{X_T}{3}\\ \dot{U}_2-j\dot{I}_2\dfrac{X_T}{3}=j(\dot{I}_2-\dot{I}_1)\dfrac{X_T}{3}\end{cases}\tag{4-69}$$

根据式(4-69)可以得出单相 V,v 联结牵引变电所发生异相母线接地短路等效电路,如图 4-32(c)所示,根据等效电路可知:

$$\begin{aligned}\dot{I}_1&=\frac{\dot{E}_{eq}}{j\left\{X_{\Sigma1}+\dfrac{X_T}{3}+\left[\left(X_{\Sigma2}+\dfrac{X_T}{3}\right)//\dfrac{X_T}{3}\right]\right\}}\\&=\frac{\dot{E}_{eq}(2X_T+3X_{\Sigma2})}{j[X_T^2+2X_T(X_{\Sigma1}+X_{\Sigma2})+3X_{\Sigma1}X_{\Sigma2}]}\end{aligned}\tag{4-70}$$

$$\dot{I}_2=\frac{\dot{E}_{eq}X_T}{j[X_T^2+2X_T(X_{\Sigma1}+X_{\Sigma2})+3X_{\Sigma1}X_{\Sigma2}]}\tag{4-71}$$

因此,最严重故障相的短路电流为

$$\dot{I}_{ka}=\dot{I}_1+\dot{I}_2=\frac{3\dot{E}_{eq}(X_T+X_{\Sigma2})}{j[X_T^2+2X_T(X_{\Sigma1}+X_{\Sigma2})+3X_{\Sigma1}X_{\Sigma2}]}\tag{4-72}$$

若正负序阻抗相等，则短路电流的绝对值为

$$I_{ka}=\frac{3E_{eq}(X_T+X_{\Sigma1})}{X_T^2+4X_TX_{\Sigma1}+3X_{\Sigma1}^2}=\frac{E_{eq}}{X_{\Sigma1}+\frac{X_T}{3}} \tag{4-73}$$

③Scott 联结牵引变电所

Scott 联结牵引变压器一、二次侧参数采用标幺值法进行分析，一、二次侧电压标幺值相等，则绕组匝数满足 $W_1=W_2$。

根据磁链守恒，由图 4-33(a)所示 Scott 联结牵引变电所电路可知：

$$\begin{cases}\dot{E}_\alpha=\frac{2}{\sqrt{3}}\left(\dot{E}_A-\frac{\dot{E}_B+\dot{E}_C}{2}\right)=\sqrt{3}\dot{E}_A\\ \dot{E}_\beta=\dot{E}_B-\dot{E}_C=-j\sqrt{3}\dot{E}_A=-j\dot{E}_\alpha\end{cases} \tag{4-74}$$

则

$$\begin{cases}\dot{E}_\alpha=\sqrt{3}\dot{E}_{eq}\\ \dot{E}_\beta=-j\dot{E}_\alpha=-j\sqrt{3}\dot{E}_{eq}\end{cases} \tag{4-75}$$

根据 Scott 联结电路变换，则图 4-33(a)可等效为图 4-33(b)。

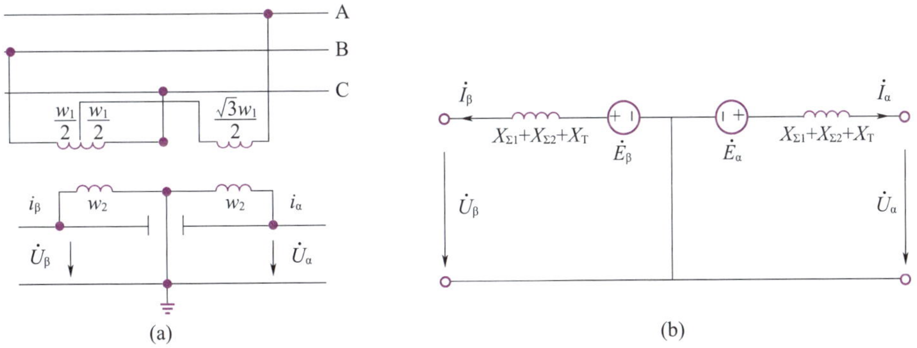

图 4-33　Scott 联结牵引变电所电路

a. 一臂母线接地短路。假设 α 相母线接地短路，根据图 4-33(b)所示 Scott 联结牵引变电所等效电路，可知其边界条件为

$$\begin{cases}\dot{U}_\alpha=0\\ \dot{I}_\beta=0\end{cases} \tag{4-76}$$

则短路电流为

$$\dot{I}_k=\dot{I}_\alpha=\frac{\dot{E}_\alpha}{j(X_{\Sigma1}+X_{\Sigma2}+X_T)}=\frac{\sqrt{3}\dot{E}_{eq}}{j(X_{\Sigma1}+X_{\Sigma z}+X_T)} \tag{4-77}$$

短路电流的绝对值为

$$I_k=\frac{\sqrt{3}E_{eq}}{X_{\Sigma1}+X_{\Sigma2}+X_T} \tag{4-78}$$

b. 异相牵引母线短路。假设 α 相 β 相母线短路，根据图 4-33(b)所示 Scott 联结牵引变电所回路，可知其边界条件为

$$\begin{cases}\dot{U}_\alpha=\dot{U}_\beta\\ \dot{I}_\alpha+\dot{I}_\beta=0\end{cases} \tag{4-79}$$

则短路电流为

$$\dot{I}_k=\dot{I}_\alpha=-\dot{I}_\beta=\frac{\dot{E}_\alpha-\dot{E}_\beta}{j2(X_{\Sigma1}+X_{\Sigma2}+X_T)}=\frac{\sqrt{3}\dot{E}_{eq}(1+j)}{j2(X_{\Sigma1}+X_{\Sigma2}+X_T)} \tag{4-80}$$

短路电流的绝对值为

$$I_k=\frac{\sqrt{2}\times\sqrt{3}E_{eq}}{2(X_{\Sigma1}+X_{\Sigma2}+X_T)} \tag{4-81}$$

c. 异相牵引母线接地短路。假设 α 相 β 相母线发生接地短路，根据图 4-33(b)所示 Scott 牵引联结变电所回路，可知其边界条件为

$$\begin{cases}\dot{U}_\alpha=0\\ \dot{U}_\beta=0\end{cases} \tag{4-82}$$

则短路电流为

$$\dot{I}_k=\dot{I}_\alpha=\dot{I}_\beta=\frac{\dot{E}_\alpha}{j(X_{\Sigma1}+X_{\Sigma2})+X_T}=\frac{\sqrt{3}\dot{E}_{eq}}{j(X_{\Sigma1}+X_{\Sigma2}+X_T)} \tag{4-83}$$

短路电流的绝对值为

$$I_k=\frac{\sqrt{3}E_{eq}}{X_{\Sigma1}+X_{\Sigma2}+X_T} \tag{4-84}$$

由于零序电流为 0，对称的原边三相电流为

$$I_A=I_B=I_C=\frac{2}{\sqrt{3}}I_k=\frac{2E_{eq}}{X_{\Sigma1}+X_{\Sigma2}+X_T} \tag{4-85}$$

由于 Scott 联结牵引变压器等效三相星形电抗是单相电抗的一半，因而从哪一侧看，其短路电压百分比都相等，单相电抗在牵引侧的有名值为

$$X_T=\frac{U_k\%}{100}\times\frac{27.5^2}{0.5S_T} \tag{4-86}$$

(2)牵引网短路类型及计算方法

牵引网短路是指牵引变电所主变压器牵引侧接线端子到接触网的任何地点发生的所有相与相或相与地之间的不正常连接。牵引网发生短路的概率较高，最常见的是一臂接地短路，极少的是牵引网两臂异相接地短路。牵引网短路时，每相牵引网的阻抗可以等效为一个短路阻抗 Z_q。

单相和 Scott 联结牵引变电所供电系统，用牵引供电系统的总阻抗(Z_q+Z_T)代替短路电流计算公式中的变压器电抗 jX_T。

三相牵引变电所供电系统，需要把变压器电抗看成电力系统的附加部分，用牵引网阻抗 Z_q 代替单相变压器阻抗 Z_T，应用单相变电所的短路电流公式，便可得到三相变电所的牵引网短路电流计算公式，牵引变电所牵引侧短路电流计算公式见表 4-3，牵引网短路电流计算公式见表 4-4。

表 4-3　牵引变电所牵引侧短路电流计算公式汇总

牵引变电所类型	一相母线短路	异相母线短路	异相母线接地短路
单相 V,v 接线变电所	$I_k=\dfrac{\sqrt{3}E_{eq}}{X_{\Sigma1}+X_{\Sigma2}+X_T}$	$I_k=\dfrac{\sqrt{3}E_{eq}}{X_{\Sigma1}+X_{\Sigma2}+2X_T}$	$I_k=\dfrac{E_{eq}}{X_{\Sigma1}+X_T/3}$
三相 YN,d 接线变电所	$I_k=\dfrac{\sqrt{3}E_{eq}}{X_{\Sigma1}+X_{\Sigma2}+2X_T}$	$I_k=\dfrac{\sqrt{3}E_{eq}}{X_{\Sigma1}+X_{\Sigma2}+2X_T}$	$I_k=\dfrac{E_{eq}}{X_{\Sigma1}+X_T}$
三相—两相变电所	$I_k=\dfrac{\sqrt{3}E_{eq}}{X_{\Sigma1}+X_{\Sigma2}+X_T}$	$I_k=\dfrac{\sqrt{2}\times\sqrt{3}E_{eq}}{2(X_{\Sigma1}+X_{\Sigma2}+X_T)}$	$I_k=\dfrac{\sqrt{3}E_{eq}}{2X_{\Sigma1}+X_T}$

表 4-4　牵引网短路电流计算公式

牵引变电所类型	一相母线短路	双线异相牵引网短路	双线异相母线接地短路
单相 V,v 接线变电所	$I_k=\dfrac{\sqrt{3}E_{eq}}{X_{\Sigma1}+X_{\Sigma2}+X_T+X_q}$	$I_k=\dfrac{\sqrt{3}E_{eq}}{X_{\Sigma1}+X_{\Sigma2}+2X_T+2X_q}$	$I_k=\dfrac{E_{eq}}{X_{\Sigma1}+\frac{1}{3}(X_T+X_q)}$
三相 YN,d 接线变电所	$I_k=\dfrac{\sqrt{3}E_{eq}}{X_{\Sigma1}+X_{\Sigma2}+2X_T+X_q}$	$I_k=\dfrac{\sqrt{3}E_{eq}}{X_{\Sigma1}+X_{\Sigma2}+2X_T+2X_q}$	$I_k=\dfrac{E_{eq}}{X_{\Sigma1}+X_T+\frac{1}{3}X_q}$
三相一两相变电所	$I_k=\dfrac{\sqrt{3}E_{eq}}{X_{\Sigma1}+X_{\Sigma2}+X_T+X_q}$	$I_k=\dfrac{\sqrt{3}E_{eq}}{\sqrt{2}(X_{\Sigma1}+X_{\Sigma2}+X_T+X_q)}$	$I_k=\dfrac{\sqrt{3}E_{eq}}{2X_{\Sigma1}+X_T+X_q}$

注：X_q 是每条线路牵引网的阻抗。

技能训练

简述各种不对称短路的复合序网图；写出各种不同短路类型正序等效定则的正序电流和故障相电流的计算公式。

____

____

____。

任务评价

学生评价：____

____

____。

教师评价：____

____

____。

任务 3　牵引供电系统电压损失计算

学习目标

知识目标

1. 熟悉电压损失的相关概念，掌握单线和双线铁路电压损失的计算；
2. 掌握牵引变电所电压损失的计算；

3. 熟悉改善牵引网电压水平的措施。

技能目标

1. 具备串电容补偿装置的投退操作技能；
2. 能够判别串电容补偿的危险程度，并具备采取相应保护措施的能力。

素质目标

1. 具备较强的安全意识和责任意识；
2. 具有精益求精的工匠精神。

预习任务

1. 搜集电压损失有关的知识；
2. 查找《铁路电力牵引供电设计规范》(TB 10009—2016)规定与电压相关的知识。

任务导入

牵引供电系统电压损失示意如图 4-34 所示，牵引变电所输出电压为 U_1，负荷(电力机车)电压为 U_2，当机车在线路运行取流时，牵引网阻抗会产生 ΔU 的压降，致使 $U_2<U_1$。当 U_2 下降到 20 kV 以下时，机车不能正常运行，因此必需确切知道机车受电弓上电压 U_2 的大小。

铁路电力牵引供电设计规范(TB 10009—2016)规定，电力牵引变电所牵引侧母线的额定电压为 27.5 kV；电力机车、电动车组受电弓和接触网的标称电压为 25 kV，短时(5 min)最高压为 29 kV；高速铁路、城际铁路接触网最低工作电压为 20 kV；其他铁路接触网最低工作电压为 19 kV。

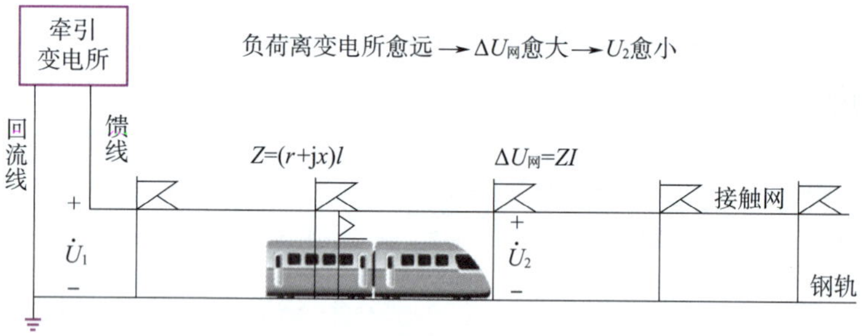

图 4-34 牵引供电系统电压损失示意

知识链接

一、电压损失计算的简化公式

1. 电压降落

电压降落是指元件或者设备首端电压与末端电压的相量之差 $\Delta\dot{U}=\dot{U}_1-\dot{U}_2$。

2. 电压损失计算

电压损失又称电压损耗，是指元件或设备首端电压与末端电压的绝对值之差 $\Delta U=U_1-U_2$。牵引网的电压损失等于牵引变电所牵引侧母线与电力机车受电弓电压的绝对值之差。

【例题1】 牵引网单位长度阻抗 $z=r+jx(\Omega/km)$，线路长度 l，负荷的电流 I 及功率因数角为 φ，求牵引网的电压损失 ΔU。

解：电压降相量如图4-35所示，由电路的基尔霍夫电压定律可知，$\dot{U}_1=zl\cdot\dot{I}+\dot{U}_2=rl\cdot\dot{I}+jxl\cdot\dot{I}+\dot{U}_2$

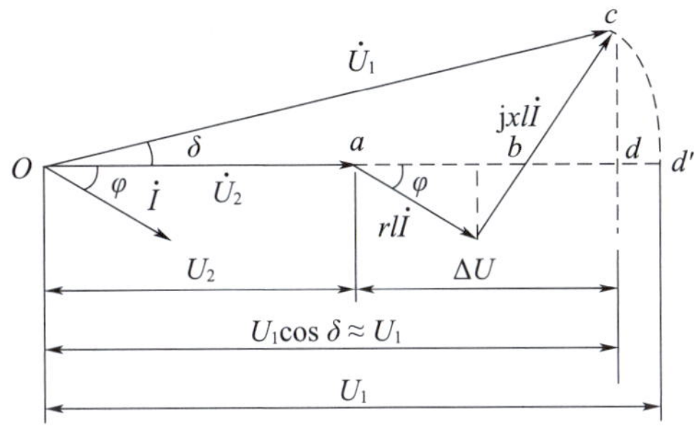

图4-35　电压降落相量图

则电压降落为

$$\Delta\dot{U}=\dot{U}_1-\dot{U}_2=zl\cdot\dot{I}=(rl+jxl)\dot{I}$$

根据电压降落相量图4-35，可知：

$$\Delta U=U_1-U_2\approx U_1\cos\delta-U_2$$

图4-35中，$ad=ab+bd$，而且 $ab\rightarrow rlI\cos\varphi$，$bd\rightarrow xlI\sin\varphi$，因此，电压损失为

$$\begin{aligned}\Delta U&\approx U_1\cos\delta-U_2=ab+bd=IR\cos\varphi+IX\sin\varphi\\&=I(R\cos\varphi+X\sin\varphi)\\&=IZ'\\&=Il(r\cos\varphi+x\sin\varphi)\\&=Ilz'\end{aligned}$$

牵引网等效阻抗为

$$Z'=R\cos\varphi+X\sin\varphi$$

牵引网单位等效阻抗为

$$z'=r\cos\varphi+x\sin\varphi$$

牵引网电压损失为

$$\Delta U=Z'I=z'lI$$

在牵引供电系统中，牵引供电系统电压损失是指牵引变电所电压损失和牵引网电压损失的总和。牵引网有单线和双线之分，牵引网电压损失分为单线牵引网电压损失和双线牵引网电压损失。

二、单线牵引网电压损失计算

单线牵引网一般采用牵引负荷图法确定电压损耗，牵引负荷图是供电臂中标有带电列车的位置和电流大小的图。

1. 单线牵引网的电压损失计算条件

在电压损失计算中，只需计算最严重运行条件下的最大电压损失。因此单线铁路需要按非平行运行能力，计算出供电臂平均区间列车带电概率 p，根据 p 和区间数 n，确定牵引负荷图。最后根据牵引负荷图确定最大电压损失。单线铁路供电臂牵引网电压损失计算条件见表 4-5。

表 4-5　单线铁路供电臂牵引网电压损失计算条件一览表

区间数	列车位置
1	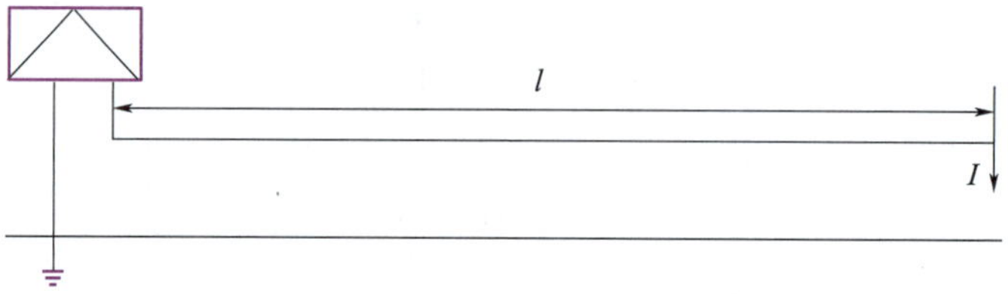
2	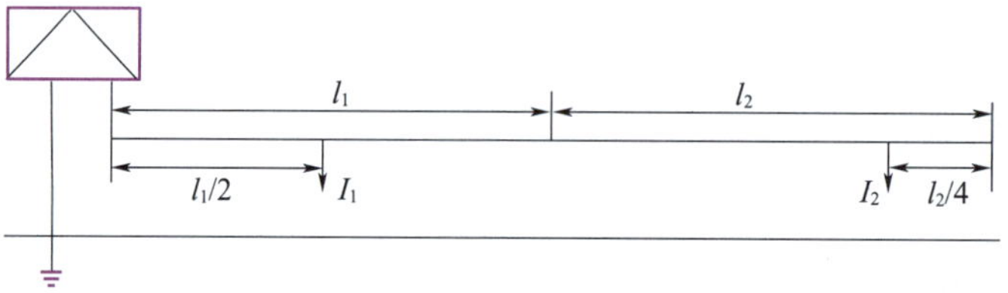
3	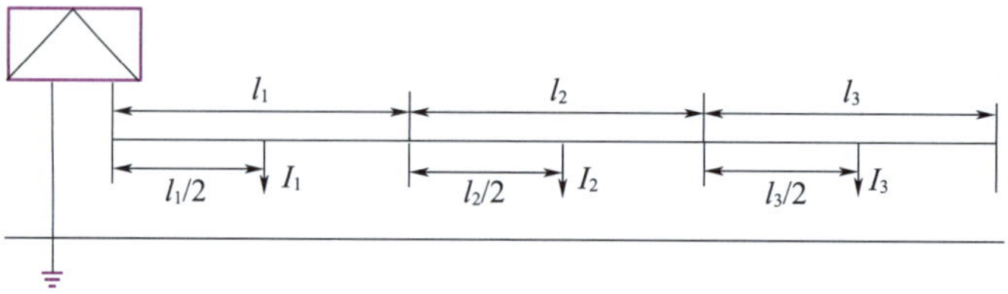
4	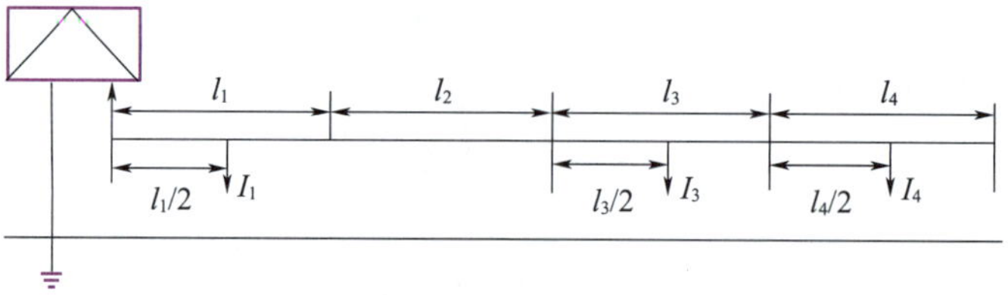

注：3 个区间的单线铁路带电概率低于 0.35，4 个区间的单线铁路带电概率低于 0.25 时，都可以忽略第一个区间的负荷。

2. 单线牵引网电压损失计算

以 4 区间单线铁路为例，列车分布如图 4-36 所示，最大电压损失为

$$\begin{aligned}\Delta U_{\max} &= (I_1+I_2+I_3+I_4)z'l_1+(I_2+I_3+I_4)z'(l_2-l_1)+\\&\quad (I_3+I_4)z'(l_3-l_2)+I_4z'(l_4-l_3)\\&=(I_1l_1+I_2l_2+I_3l_3+I_4l_4)z'=z'\sum_{k=1}^{4}(I_kl_k)\end{aligned} \tag{4-87}$$

式中　z'——牵引网单位等效阻抗；

I_k——各区间列车带电平均电流；

l_k——各带电列车与牵引变电所的距离；

$I_k l_k$——电流矩。

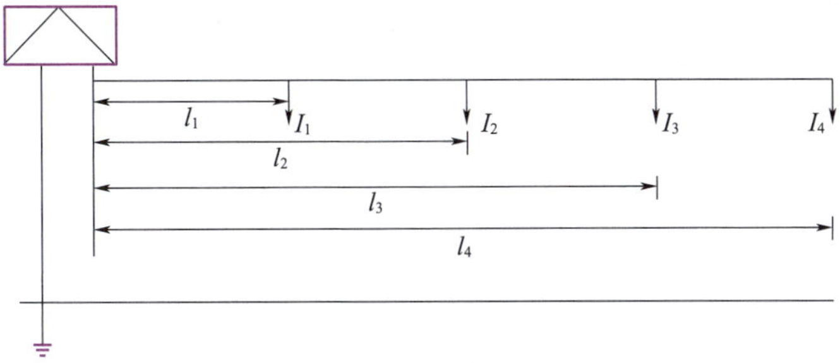

图 4-36　4 个区间的单线铁路负荷分布图

【例题 2】 某一单线铁路供电臂参数如图 4-37 所示，牵引网阻抗的功率因数是 0.8，牵引网单位阻抗是 $z=0.125+\mathrm{j}\,0.426$ （Ω/km），求：该供电臂牵引网的最大电压损失，并校验牵引网电压水平是否满足要求。

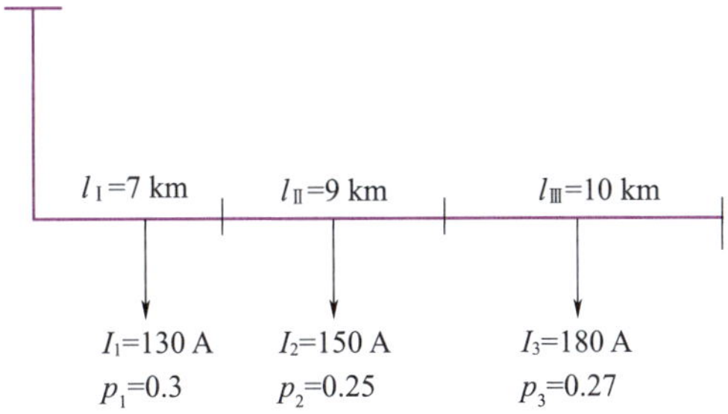

图 4-37　单线铁路带电列车分布

解：单位等效阻抗为

$$
\begin{aligned}
z' &= r\cos\varphi + x\sin\varphi \\
&= 0.125\times 0.8 + 0.426\times\sin(\arccos 0.8) \\
&= 0.355\,6(\Omega/\mathrm{km})
\end{aligned}
$$

单线铁路平均带电概率为

$$p=\frac{\sum p_i}{n}=\frac{0.3+0.25+0.27}{3}=0.273<0.35$$

最大电压损失计算为

$$
\begin{aligned}
\Delta U_{\max} &= z'\sum_{i=1}^{n} l_i I_i \\
&= [150\times(7+9\times 0.5)+180\times(7+9+10\times 0.5)]\times 0.355\,6 \\
&= 1\,958(\mathrm{V})
\end{aligned}
$$

校验电压水平为

$$U_2=U_1-\Delta U_{\max}=27\,500-1\,958=25\,542(\mathrm{V})>20\,000(\mathrm{V})$$

因此，电压水平满足要求。

练一练

某一单线铁路供电臂参数如图 4-38 所示，牵引网等效单位阻抗 $z'=0.482$，求：该供电臂的牵引网的最大电压损失，并校验牵引网电压水平是否满足要求。

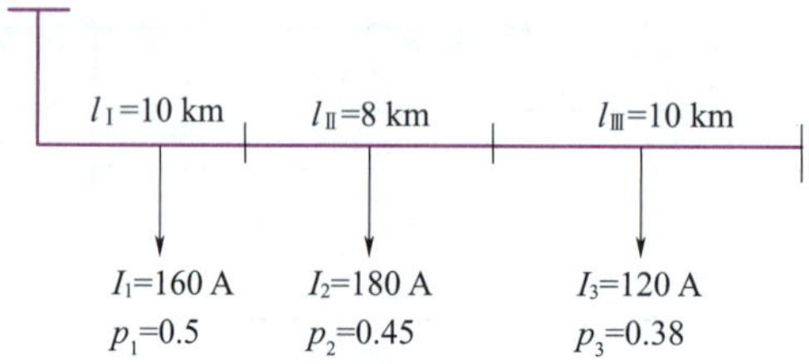

图 4-38　单线铁路供电臂参数图

____

____

____。

三、双线铁路电压损失计算

1. 双线铁路电压损失计算条件

(1)分别计算分区所上、下行接触网联络断路器分闸和合闸时，最大电压损失。

(2)联络断路器合闸时(末端并联供电)，计算电流分界点的最大电压损失，因此需要先确定电流分点，再计算最大的电压损失。

(3)分区所上、下行接触网联络断路器分闸(单边分开供电)，一般计算重负荷方向最大电压损失。

(4)重负荷方向最大电压损失，联络断路器分闸对应列车数是远期输送能力概率积分为95%的最大列车数，联络断路器合闸对应追踪间隔由重货物列车运行时分与追踪间隔时分确定，列车位置同单线铁路。

2. 双线铁路单边末端并联供电电压损失计算

(1)双线铁路牵引网电流分配规律

双线铁路牵引网在供电分区末端并联时，列车电流由上、下行牵引网同时供给电力机车。因此必须先确定列车运行时上、下行牵引网的电流分配。

以一列列车为例，设供电臂长度为 L，列车电流为 I，与牵引变电所距离为 l，如图 4-39 所示。

列车电流由上、下行两路牵引网提供为

$$I=I_1+I_2$$

由于上、下行牵引网单位阻抗相同，根据并联电路并联分流公式，可知上行牵引网提供的电流为

$$I_1=\frac{2L-l}{2L}I \tag{4-88}$$

同理，可知下行牵引网提供的电流为

$$I_2=\frac{l}{2L}I \tag{4-89}$$

双线铁路单边末端并联供电多辆列车取流时的电流分布如图 4-40 所示。

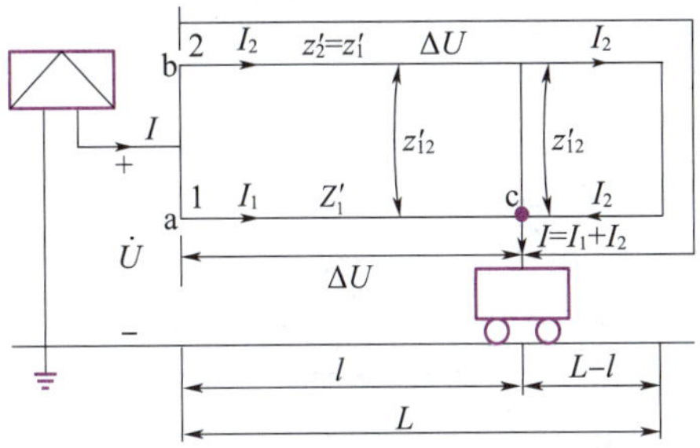

图 4-39　一辆列车取流双线铁路单边末端并联供电

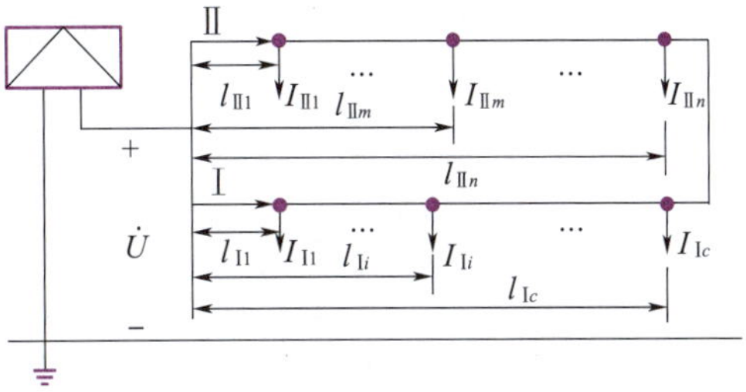

图 4-40　多辆列车取流双线铁路单边末端并联供电

利用叠加定理，可知上、下行牵引网提供的电流分别为

$$I_{Ⅰ}=\sum_{i=1}^{c}\frac{2L-L_{Ⅰi}}{2L}I_{Ⅰi}+\sum_{m=1}^{n}\frac{L_{Ⅱm}}{2L}I_{Ⅱm} \tag{4-90}$$

$$I_{Ⅱ}=\sum_{i=1}^{c}\frac{L_{Ⅰi}}{2L}I_{Ⅰi}+\sum_{m=1}^{n}\frac{2L-L_{Ⅱm}}{2L}I_{Ⅱm} \tag{4-91}$$

(2)电流分界点

电流分界点通常有两种情况，一是机车电流由相邻两段的线路供给情况，如图 4-41(a)所示；一是相邻两段线路中有一段线路中的电流是零，如图 4-41(b)所示。原因是当两边电流均流入该点时，该点电位最低(类似水往水位低处流)。

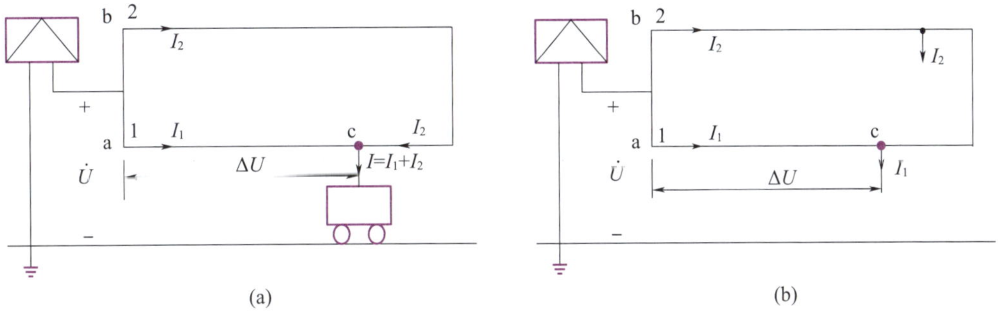

图 4-41　双线铁路单边末端并联供电电流分界点

(3)双线铁路单边末端并联供电电压损失计算

①双线铁路单边末端并联供电一辆列车取流电压损失计算如下：

图 4-39 中电流分界点所在接触网求电压损失为

$$\Delta U=z_1'lI_1+z_{12}'lI_2=(z_1'I_1+z_{12}'I_2)l \tag{4-92}$$

由非电流分界点所在接触网求电压损失为

$$\begin{aligned}\Delta U&=z_1'(2L-l)I_2+z_{12}lI_1-z_{12}'(L-l)I_2-z_{12}'(L-l)I_2\\&=(z_1'I_2+z_{12}'I_1)l+2I_2(L-l)(z_1'-z_{12}')\end{aligned} \tag{4-93}$$

②图 4-40 中双线铁路单边末端并联供电多辆列车取流电压损失计算如下：

$$\Delta U=\sum_{i=1}^{c} I_{\mathrm{I}i}l_{\mathrm{I}i}\left(\frac{l_{\mathrm{I}i}}{2L}z'_{\mathrm{I}\cdot\mathrm{II}}+\frac{2L-l_{\mathrm{I}i}}{2L}z'_{\mathrm{I}}\right)+\sum_{m=1}^{n} I_{1m}l_{1m}\left(\frac{l_{\mathrm{I}m}}{2L}z'_{\mathrm{I}}+\frac{2L-l_{\mathrm{I}m}}{2L}z'_{\mathrm{I}\cdot\mathrm{II}}\right) \tag{4-94}$$

3. 双线铁路单边分开供电电压损失计算

双线铁路单边分开供电的负荷分布如图 4-42 所示。

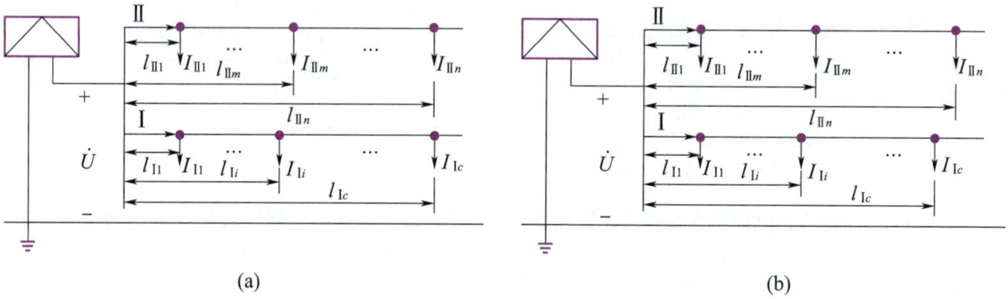

图 4-42　双线铁路单边分开供电

$l_c>l_n$ 时Ⅰ线供电电流为

$$\Delta U_{\mathrm{I}c}=z'_{\mathrm{I}}\sum_{i=1}^{c}(I_{\mathrm{I}i}l_{\mathrm{I}i})+z'_{\mathrm{I}\cdot\mathrm{II}}\sum_{m=1}^{n}(I_{\mathrm{II}m}l_{\mathrm{II}m}) \tag{4-95}$$

$l_c<l_n$ 时Ⅱ线供电电流为

$$\Delta U_{\mathrm{I}c}=z'_{\mathrm{I}}\sum_{i=1}^{c}(I_{\mathrm{I}i}l_{\mathrm{I}i})+z'_{\mathrm{I}\cdot\mathrm{II}}\left[\sum_{m=1}^{n-1}(I_{\mathrm{II}m}l_{\mathrm{II}m})+I_{\mathrm{II}c}l_{\mathrm{I}c}\right] \tag{4-96}$$

【例题 3】 双线牵引网阻抗参数：$z'=0.6\ \Omega/\mathrm{km}$，$z'_{\mathrm{m}}=0.1\ \Omega/\mathrm{km}$，如图 4-43 所示，求联络断路器分开和并联供电时，牵引网电压水平是否满足要求。

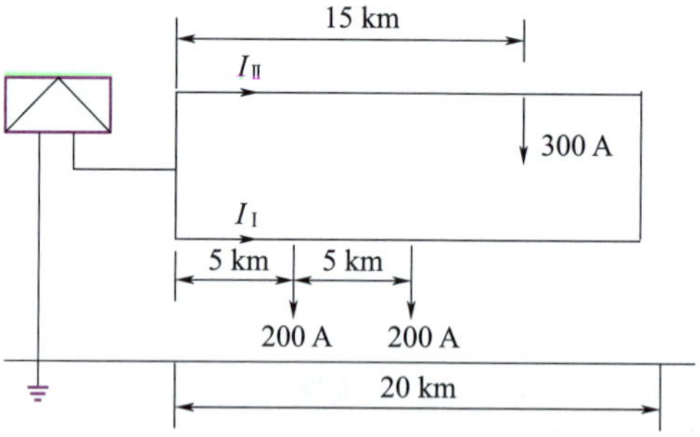

图 4-43　双线铁路列车取流参数

解：(1) Ⅰ、Ⅱ线供电电流值为

$$I_{\mathrm{I}}=\frac{20\times2-5}{20\times2}\times200+\frac{20\times2-10}{20\times2}\times200+\frac{15}{20\times2}\times300=437.5(\mathrm{A})$$

$$I_{\mathrm{II}}=\frac{20\times2-15}{20\times2}\times300+\frac{10}{20\times2}\times200+\frac{5}{20\times2}\times200=262.5(\mathrm{A})$$

或者 $I_{\mathrm{II}}=300+200+200-437.5=262.5(\mathrm{A})$

(2)计算各段牵引网电流分布

双线铁路单边末端并联供电电流分布如图4-44所示。

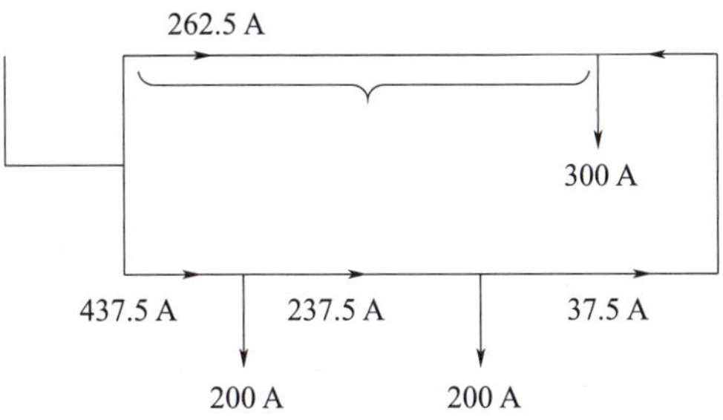

图4-44　双线铁路单边末端并联供电电流分布图

由图4-44可知，300 A列车所在位置由相邻两段的线路供给，即为电流分界点。

(3)联络断路器合闸，即末端并联供电电压损失为

$$\Delta U=0.6\times15\times262.5+0.1\times(437.5\times5+237.5\times5+37.5\times5)=2\ 718.75(\text{V})$$

$$U_2=U_1-\Delta U_{max}=27.5-2.718\ 75=24.78(\text{kV})\geqslant20\ \text{kV}$$

(4)联络断路器分闸，即分开供电电压损失为

$$\Delta U_{\text{I}}=0.6\times(5\times200+10\times200)+0.1\times10\times300=1\ 020(\text{V})$$

$$\Delta U_{\text{II}}=0.1\times(5\times200+10\times200)+0.6\times15\times300=3\ 000(\text{V})$$

联络断路器合闸时最大电压损失是2 718.75 V；联络断路器分闸时最大的电压损失是3 000 V。联络断路器合闸与联络断路器分闸比较，联络断路器分闸电压损失大，联络断路器合闸电压损失小。联络断路器分闸时电压损失最大是3 000 V。

$$U_2=U_1-\Delta U_{max}=27.5-3=24(\text{kV})\geqslant20\ \text{kV}$$

电压水平满足要求。

练一练

图4-45为某双线铁路供电臂负荷分布图，其中牵引网阻抗参数：$z'=0.58\ \Omega/\text{km}$，$z'_m=0.1\ \Omega/\text{km}$，求联络断路器分开和并联供电时，牵引网电压水平是否满足要求。

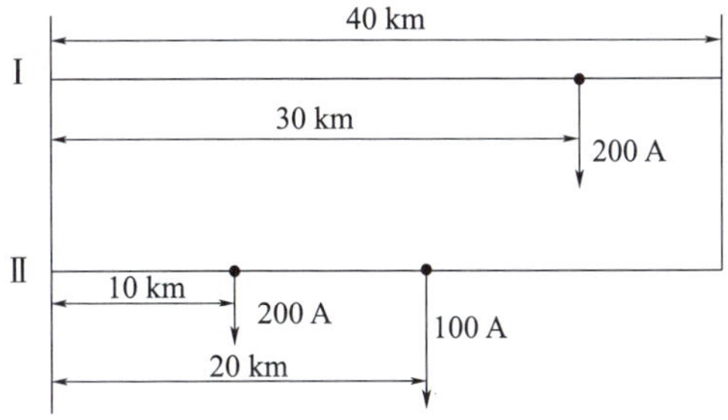

图4-45　双线铁路供电臂负荷分布图

____

____

____。

四、牵引变电所电压损失计算

由于牵引变压器的电阻远小于电抗($R_T \ll X_T$)，计算牵引变电所电压损失时通常忽略电阻的影响。电压损失的计算公式也由 $\Delta U = IR_T\cos\varphi + IX_T\sin\varphi$ 简化成 $\Delta U = IX_T\sin\varphi$。

1. 单相牵引变压器电压损失

不同类型机车功率因数不同，常见的牵引变电所负荷侧功率因数有 0.8、0.82 和 0.98，因此不同功率因数下，两供电臂同相时电压损失分别为

$$\text{当}\cos\varphi = 0.8\text{ 时，}\Delta U_{\text{Tmax}} = 0.6(I_{1\max} + I_{2\text{av}})X_T \tag{4-97}$$

$$\text{当}\cos\varphi = 0.82\text{ 时，}\Delta U_{\text{Tmax}} = 0.57(I_{1\max} + I_{2\text{av}})X_T \tag{4-98}$$

$$\text{当}\cos\varphi = 0.98\text{ 时，}\Delta U_{\text{Tmax}} = 0.2(I_{1\max} + I_{2\text{av}})X_T \tag{4-99}$$

式中 I_1——重负荷臂；

I_2——轻负荷臂；

X_T——变压器电抗，其值为

$$X_T = \frac{U_k\%}{100} \times \frac{U_N}{I_N} = \frac{U_k\%}{100} \times \frac{U_N^2}{S_N} \tag{4-100}$$

2. 单相 V,v 联结牵引变压器电压损失

两供电臂由各自变压器供电时电压损失为

$$\text{当}\cos\varphi = 0.8\text{ 时，}\Delta U_{\text{Tmax}} = 0.6I_{\max}X_T \tag{4-101}$$

$$\text{当}\cos\varphi = 0.82\text{ 时，}\Delta U_{\text{Tmax}} = 0.57I_{\max}X_T \tag{4-102}$$

$$\text{当}\cos\varphi = 0.98\text{ 时，}\Delta U_{\text{Tmax}} = 0.2I_{\max}X_T \tag{4-103}$$

3. 三相 YN,d11 联结牵引变压器电压损失

三相 YN,d11 联结牵引变压器二次侧电流关系如图 4-46 所示。

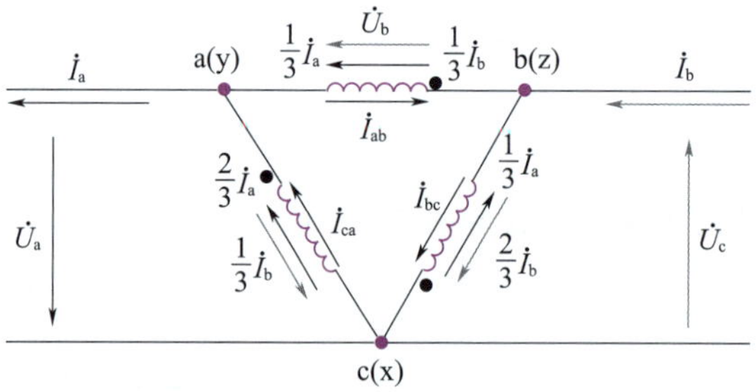

图 4-46 三相 YN,d11 联结变压器二次侧电流关系

(1)超前相电压损失 ΔU_{bc}

以 $\dot{U}_c$ 为基准相量，则 $\dot{I}_b = I_b\angle -\varphi_b$，$\dot{I}_a = I_a\angle -120° - \varphi_a$，则

$$\begin{aligned}\dot{I}_{bc} &= -\frac{1}{3}\dot{I}_a + \frac{2}{3}\dot{I}_b = -\frac{1}{3}I_a\angle(-120° - \varphi_a) + \frac{2}{3}I_b\angle(-\varphi_b)\\ &= \frac{1}{3}[2I_b\cos\varphi_b + I_a\cos(60° - \varphi_a)] - \mathrm{j}\,\frac{1}{3}[2I_b\sin\varphi_b - I_a\sin(60° - \varphi_a)]\\ &= I_{bc}\cos\varphi_{bc} + \mathrm{j}I_{bc}\sin\varphi_{bc}\end{aligned}$$

超前相电压损失为

$$\Delta U_{bc}=\frac{1}{3}[2I_b\sin\varphi_b-I_a\sin(60°-\varphi_a)]X_T \tag{4-104}$$

(2)滞后相电压损失 ΔU_{ac}

以 $\dot{U}_a$ 为基准相量，则 $\dot{I}_a=I_a\angle-\varphi_a$，$\dot{I}_b=I_b\angle120°-\varphi_b$，则

$$\begin{aligned}\dot{I}_{ca}&=\frac{2}{3}\dot{I}_a-\frac{1}{3}\dot{I}_b=\frac{2}{3}I_a\angle(-\varphi_a)-\frac{1}{3}I_b\angle(120°-\varphi_b)\\&=\frac{1}{3}[2I_a\cos\varphi_a+I_b\cos(60°+\varphi_b)]-j\frac{1}{3}[2I_a\sin\varphi_a+I_b\sin(60°+\varphi_b)]\end{aligned}$$

滞后相电压损失为

$$\Delta U_{ac}=\frac{1}{3}[2I_a\sin\varphi_a+I_b\sin(60°+\varphi_b)]X_T \tag{4-105}$$

由超前相和滞后相电压损失公式可知，一般 $\Delta U_{ac}>\Delta U_{bc}$，即滞后相电压损失大于超前相电压损失。如牵引变电所两供电臂负荷不相等，应以滞后相向轻负荷臂供电，超前相向重负荷臂供电。

超前相和滞后相的最大电压损失分别为

当 $\cos\varphi=0.8$ 时，

$$\begin{cases}\Delta U_{T1max}=(0.4I_{1max}-0.13I_{2av})X_T\\\Delta U_{T2max}=(0.4I_{2max}+0.33I_{1av})X_T\end{cases} \tag{4-106}$$

当 $\cos\varphi=0.82$ 时，

$$\begin{cases}\Delta U_{T1max}=(0.38I_{1max}-0.14I_{2av})X_T\\\Delta U_{T2max}=(0.38I_{2max}+0.332I_{1av})X_T\end{cases} \tag{4-107}$$

当 $\cos\varphi=0.98$ 时，

$$\begin{cases}\Delta U_{T1max}=(0.13I_{1max}-0.25I_{2av})X_T\\\Delta U_{T2max}=(0.13I_{2max}+0.32I_{1av})X_T\end{cases} \tag{4-108}$$

4. Scott 联结牵引变压器电压损失

计算变电所电压损耗时，首先计算变电所阻抗(包括系统阻抗和变压器阻抗)；然后画出供电臂负荷矢量图；再计算变压器绕组电流及与本绕组功率因数角；最后根据公式计算变压器绕组电压损失。

$$\begin{cases}\Delta U_{Mmax}=I_{Mmax}X_T\sin\varphi_M(\text{滞后})\\\Delta U_{Tmax}=I_{Tmax}X_T\sin\varphi_T(\text{超前})\end{cases} \tag{4-109}$$

练一练

已知某变电所两台 YN,d11 联结牵引变压器并列运行，单台阻抗 $Z_{\Delta}=1.09+j15.9(\Omega)$，其他参数如图 4-47 所示，求：$\Delta U_a$、$\Delta U_c$。

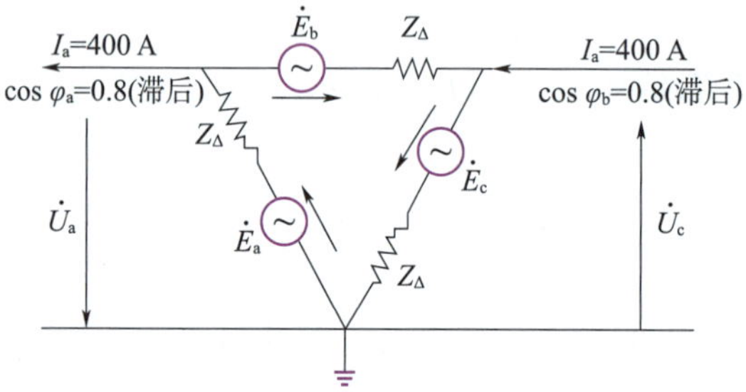

图 4-47　两台 YN,d11 牵引变压器并列运行参数

五、改善供电臂电压水平的措施

随着铁路运量的增加，牵引负荷增大，造成的电压损失也增大。电压损失主要是由牵引负荷在牵引供电系统串联阻抗中引起的，为满足机车正常运行电压水平的需要，需要采取措施降低牵引供电系统的电压损失。

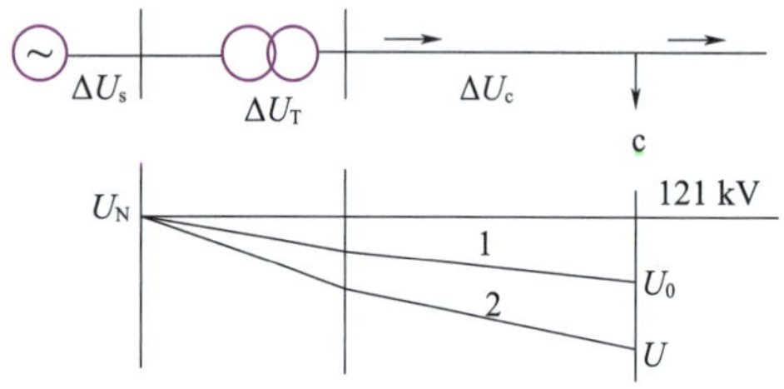

图 4-48　牵引供电系统电压损失示意

提高牵引供电系统的电压水平，需要供用电双方共同努力。电力部门要保证牵引变电所进线母线电压波动不超过±10%。

牵引供电系统电压损失示意如图 4-48 所示。

由图 4-48 可知，牵引负荷电压为

$$U_{min}=U_{牵引母线}-\Delta U_c-\Delta U_{Tmax}-\Delta U_s \tag{4-110}$$

为了提高供电臂的供电电压水平，常常将牵引变电所牵引侧的空载母线电压调到接近 29 kV。另外，牵引网的最低允许电压为 20 kV，非正常情况下不得低于 19 kV。因此在严重情况下，允许牵引负荷在牵引网、牵引变压器，以及电力系统中的电压损失总和不得超过 9 kV，非正常情况下不得超过 10 kV，则供电臂末端的最低电压水平为

$$U_{min}=29-\Delta U_c-\Delta U_{Tmax}-\Delta U_s$$

为提高牵引网的电压水平，可以采取的措施如下：

1. 提高变电所牵引侧母线电压

通过改变电源进线侧牵引变压器分接开关位置，能够提升牵引侧母线空载电压。一般牵

引变电所牵引侧母线电压在空载时被提高到 28～29 kV，比额定电压高 500～1 500 V。该调压方法虽然简单方便，但只能进行无载调节，并且当电力系统电压波动量较大时，不能满足要求。因此，无载调压只适用于高压侧系统电压虽然偏低(或偏高)，但比较稳定的情况。

另一种采用带有载分接开关的牵引变压器，可以在系统电压变化时带负载调节分接开关的位置：系统电压降低时调至低位，升高时调至高位。可用于高压侧系统电压波动幅度较大，波动次数较频繁的情况。

【例题 4】 电力系统输入电压 110 kV，输出电压由分接头位置决定，变压器分接头示意如图 4-49 所示，分接头参数见表 4-6。求分接头在Ⅰ和Ⅱ位置时输出电压分别为多少？

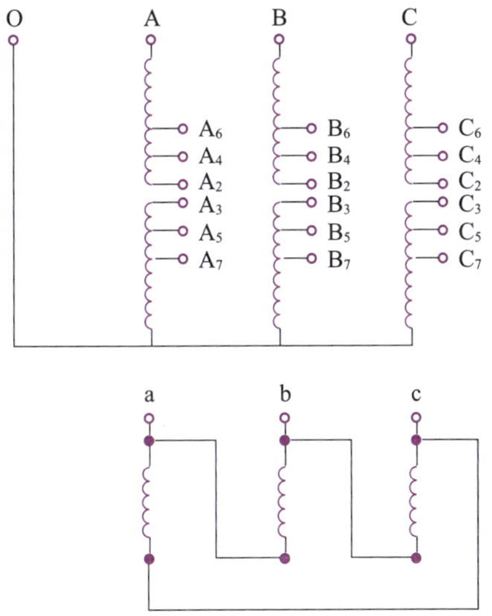

图 4-49　变压器分接头示意

表 4-6　牵引变压器分接头参数表

分接头位置	各相抽头连接	高压侧电压/V	低压侧电压/V	变比
Ⅰ	2—3	115 500	27 500	4.2∶1
Ⅱ	3—4	112 750	27 500	4.1∶1
Ⅲ	4—6	110 000	27 500	4.0∶1
Ⅳ	5—6	107 250	27 500	3.9∶1
Ⅴ	6—7	104 500	27 500	3.8∶1

解：根据变压器变压原理，$U_2=\frac{U_{2N}}{U_{1N}}\times U_1$ 可知：

$$Ⅰ：U_2=\frac{U_{2N}}{U_{1N}}\times U_1=\frac{27\ 500}{115\ 500}\times 110=26.19(\text{kV})$$

$$Ⅱ：U_2=\frac{U_{2N}}{U_{1N}}\times U_1=\frac{27\ 500}{112\ 750}\times 110=26.83(\text{kV})$$

2. 降低牵引网阻抗提升电压水平

(1)采用串联电容补偿装置降低牵引网阻抗

利用串电容补偿装置能够减小牵引网阻抗,串电容补偿接线如图 4-50 所示。

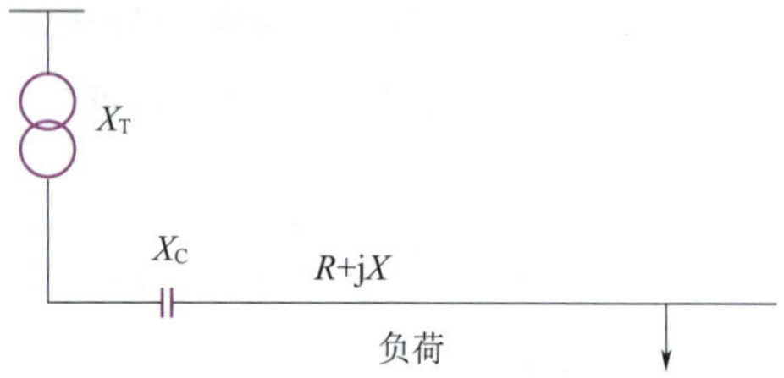

图 4-50　串电容补偿

补偿前牵引供电系统的电压损失为

$$\Delta U = I[R\cos\varphi + (X_T + X)\sin\varphi] \tag{4-111}$$

补偿后牵引供电系统的电压损失为

$$\Delta U' = I[R\cos\varphi + (X_T + X - X_C)\sin\varphi] \tag{4-112}$$

串联电容器提升的电压值为

$$\Delta U_C = -X_C I\sin\varphi \tag{4-113}$$

由式(4-113)可知,采用串电容补偿的补偿电压与电流成正比,能够平滑无惯性补偿电压。馈电线电流越大,补偿越多;馈电线电流越小,补偿越少;馈电线电流为 0,补偿为 0。还可以改善供电臂功率因数,降低变电所运行不对称度。但是串电容补偿致使电容器通过牵引负荷全电流,要求的容量较大。实际应用中,负荷的感性阻抗和电容器容性阻抗有可能对某次谐波电流产生谐振,引发谐振危害。

①安装位置。串联补偿安装地点设置在接触网上,补偿效果比较理想,但是在接触网上会产生开口,造成机械和电气弱点,而且维修管理不方便。串联补偿安装地点设置在馈电线上,能够消除接触网上的开口,维修管理方便。但是可能造成牵引网前半段电压偏高。串联补偿安装地点设置在变电所回流线处,电容器绝缘水平较低,综合效果较好,因此,串电容补偿一般设置在变电所回流线处。

②主接线。串电容补偿装置的主接线如图 4-51 所示。串联电容减小电压损失的同时,也减小了短路回路总阻抗,牵引网短路电流稳态值可能较大,当该短路电流流经串联补偿电容器时,电容器上的电压可能升高到危及极板间绝缘的数值,所以必须采取必要的保护措施,以便在串联电容器组出现过电压时,能够瞬时把串联电容器组旁路,撤出短路回路。因此,通常在电容器两端并联放电间隙 F 来保护电容器,在电容器两端电压值超过放电间隙击穿电压整定值时,放电间隙被击穿,电容器被短接,从而消除电容器两端的过电压。一般保护间隙整定电压值不小于 2.5 倍电容器额定电压,这样保护间隙将在该供电臂发生短路的第一个 1/4 周期内击穿。保护间隙回路中只要有电流,通过电流互感器 TA 的二次侧使 QF 合闸,保护保护间隙。因此,放电间隙并联一台断路器 QF,用于放电间隙灭弧。在放电间隙和断路器回路中串有阻尼元件(电感 L 和电阻 R),用来释放放电间隙击穿时或并联断路器合闸时的电容器放电电流,这样大大改善了电容器、放电间隙和并联断路器的工作条件。断路器与隔离开关 QS_1、QS_2、QS_3 配合,还可实现电容器投退操作。

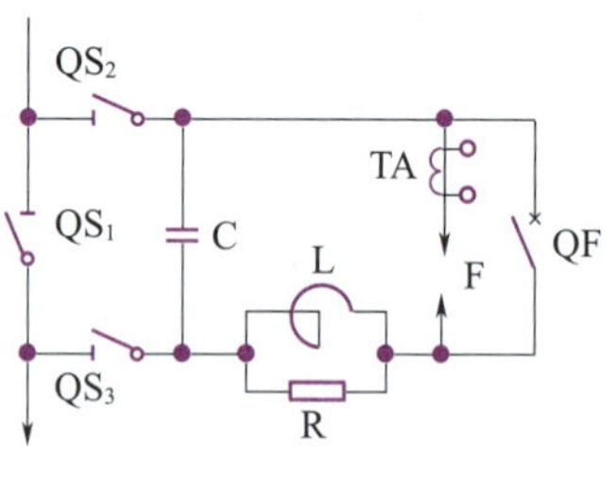

图 4-51　串电容补偿装置的主接线

串联电容器未投入时,QS_1 和 QF 处于闭合状态,其他设备都处于断开状态。

串联电容器运行时时,QS_1 开、QF 开,其他设备都处于闭合状态。

串联电容器投入时，闭合 QS2 和 QS3；断开 QS1；断开 QF，实现 C 投入。

串联电容器退出时，闭合 QF，实现 C 退出；闭合 QS1；断开 QS2 和 QS3。

电容器组内部接线应满足以下要求：

a. 某一台电容器被击穿时，由故障电容器内部释放出来的能量不应大于 8 kW·s，以防止电容器发生爆炸。

b. 当一台电容器被击穿时，不致使其他电容器承受危险的过电压。

c. 当某一并联支线断线时，不致使其他电容器承受危险的过电流。

当电容器损坏而引起 K 台电容器被短接时，释放的能量 W 可用式(4-114)确定：

$$W=\frac{A_C U_0^2 C_0}{2} \tag{4-114}$$

③串联电容器组的容量计算。串联电容器组的容量，主要是根据电压补偿所需要的容抗 X_C 及通过的最大馈电线电流 I_{max} 数值来确定。

a. 需要的容抗 X_C 为

$$X_C=\frac{\Delta U_C}{I_{max}\sin\varphi} \tag{4-115}$$

b. 对应的电容器组电压 U_C 为

$$U_C=I_{max}X_C=\frac{\Delta U_C}{\sin\varphi} \tag{4-116}$$

c. 电容器组的并联支路数 m 为

$$m=I_{max}/I_{CN}=\frac{I_{max}}{Q_{CN}/U_{CN}}$$

d. 每条并联支路应串联的电容器台数 n 为

$$n=\frac{mX_C}{X_{CN}}=\frac{mX_C}{U_{CN}^2/Q_{CN}}\times 10^{-3}$$

e. 实际选择的串联补偿电容器组的容量和容抗为

按 m、n 分别计算的值取邻近的稍大的整数值，则

$$Q_C=mnQ_{CN};Q'_C=\frac{nX_{CN}}{m}$$

f. 验算补偿效果：$\Delta U'_C=I_{max}X'_C\sin\varphi$

(2)采用合理的牵引网供电方式和合适的电力机车供电方式降低牵引网阻抗

牵引网采用单边独立供电会增大牵引网阻抗，采用单边末端并联供电可以降低牵引网阻抗。同样采用带回流线的直供方式相比与直供方式阻抗要小，从而达到降低电压损失的目的。

(3)优选牵引网结构、材质、导线、截面等能够降低牵引网阻抗

对牵引网结构布置、材质、导线、截面进行优选，比如采用铜或铜合金材质接触线，采用载流承力索或加强线，载流承力索可采用硬铜绞线或钢芯铝绞线，加强线一般采用铝绞线或钢芯铝绞线，由于靠近牵引变电所的供电臂电流最大，因此在靠近牵引变电所的区段加设加强线效果最好。

(4)加设捷接线降低牵引网阻抗

在山区的迂回线路中加设捷接线，能够降低牵引网阻抗。

以上措施都能够降低牵引网阻抗，进而降牵引网电压损耗。

技能训练

提升牵引变压器牵引侧母线电压，是应该提升还是降低分接头的位置？

____。

任务评价

学生评价：____。

教师评价：____。

任务4　高压开关电器和熔断器认知与选择

学习目标

知识目标

1. 掌握高压断路器、隔离开关和熔断器的选择方法；
2. 了解断路器、隔离开关和熔断器的型号含义。

技能目标

1. 具备高压开关电器识别和选择、施工作业、试验操作和运行维护的技能；
2. 能够识别断路器、隔离开关和熔断器等电气设备的型号含义。

素质目标

1. 养成按图施工、按图检修和按图操作的习惯；
2. 具有精益求精的工匠精神；
3. 具备较强的责任心和敬业精神。

预习任务

1. 收集各类高压开关电气相关手册和资料；
2. 查找高压电器的相关规范和标准。

任务导入

高压开关电器在正常工作情况下，能可靠地接通或断开电路；在改变电力系统运行方式时，能灵活地进行切换操作；在电力系统发生故障时，能迅速切除故障部分以保证非故障部分的正常运行；在电气设备检修时，能隔离带电部分以保证工作人员的安全。负荷开关只能在正常情况下断开或闭合正常工作电流，熔断器只能断开故障情况下的过负荷电流或短路电流，断路器既能断开或闭合正常工作电流，又能断开或闭合过负荷电流或短路电流；隔离开关一般不用来断开或闭合电路，只是在检修时用来隔离可能带电的电源。因为电弧的存在导致不同开关电器只能断开不同大小的电流。

知识链接

一、电弧的形成和熄灭过程

1. 电弧现象

电弧是一种气体游离放电现象，在开关电器通断电路时非常常见，当开关电器断开电路电流不小于 80～100 mA，触头间电压不小于 10～20 V 时，在断口处就会出现温度极高的白光，这种白光就是人们说的电弧。电弧具有能量集中、温度很高、导电性好的特点，电弧是一种质量很轻的游离气体，外力作用下容易变形，而且电弧稳定燃烧的电压很低。

2. 电弧的产生

当开关电器分开载流电路时，在强电场和热发射等因素影响下，自由电子会高速移动，碰撞到中性质点，还会产生碰撞游离，进而形成链式增值反应式积累游离和碰撞游离，增强了电弧的导电性。同时，在外电场的作用下，带电质子的定向移动造成触头间隙被击穿，有电流流过，进而产生电弧。随着积累游离和碰撞游离，带电质点增多会形成热游离，热游离使得触头间隙的大量带电质点定向移动，此时电弧主要是靠热游离维持。游离过程中还存在相反带电质点的中和现象，这种现象称为去游离。当游离和去游离过程达到动态平衡时，电弧便会稳定燃烧。

3. 电弧的熄灭

电弧的存在会延长开关切断故障的时间，甚至引起电气设备燃爆，危及电力系统运行，造成设备和人员损伤，因此需要采取措施加速电弧的熄灭。电弧熄灭的关键是削减游离，增强去游离，常用的灭弧方法有拉弧、吹弧、冷却灭弧、加压灭弧、真空灭弧、多断口灭弧、并联电阻灭弧等。

(1)拉弧

拉弧是利用开关电器的快速动作，加快触头的分离，使电弧迅速拉长，增大冷却表面，尽快达到绝缘要求的断开距离。其实质是减小了间隙处于高电场强度下的时间，减少了自由电子数量，也就是减小了电流量，进而降低了间隙能量和温度，使电弧不易形成。

(2)吹弧

吹弧是利用气体或液体绝缘介质吹动电弧，也可以利用电磁吹动电弧，通过拉长电弧，增大冷却面，使电弧中游离介质扩散，进而熄灭电弧。电弧吹动的方式有横吹和纵吹之分，横吹能够增加弧柱面积，把电弧拉长切断，熄弧效果好。纵吹能加大介质压强，加强去游离，使电弧冷却变细，熄灭电弧。不少断路器采用纵横混合吹弧方式，灭弧效果更好。吹弧方式如图 4-52 所示。

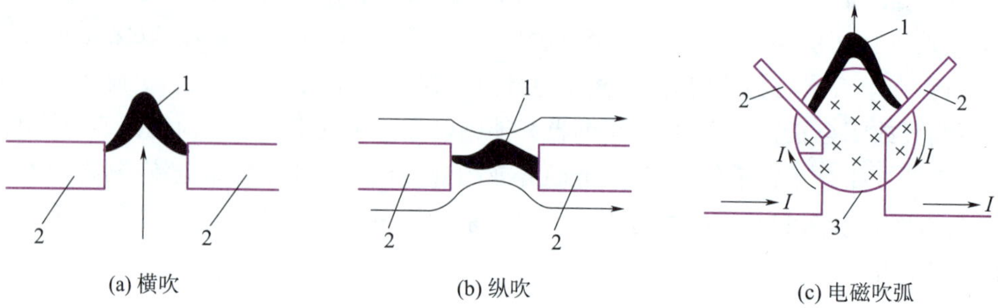

1—电弧；2—灭弧触头；3—磁吹线圈。

图 4-52　吹弧方式

(3)冷却灭弧

冷却灭弧是利用冷却介质降低电弧温度，削弱热发射和热游离，并增强离子的复合作用，进而达到熄灭电弧。一般可以通过使用铜钨合金、大面积金属片、水冷系统等措施实现。

(4)加压灭弧

加压灭弧是在电路断开的过程中，通过提高触点间的压力或引入外部介质，改变电弧的物理条件，使其迅速熄灭。这种加压可以通过机械力、气体压力或电磁力等方式实现。在实际应用中，加压灭弧通常结合气体吹扫、磁场控制、触点设计等其他灭弧技术一起使用。

(5)真空灭弧

真空灭弧是利用真空的高绝缘强度来熄灭电弧，利用电流过零时，真空容器中的金属蒸汽迅速飞散，电弧随之熄灭。真空灭弧具有无污染、长寿命、体积小巧、重量轻，方便安装和维护等优点，广泛应用于高压开关设备中。

(6)多断口灭弧

多断口灭弧是通过串联的多个断口同时断开，形成多个电弧相串联的灭弧方式。这种方式使得电弧的总长度得以加长，从而导致弧隙电导下降，弧隙电阻值增大且增长速度快，提高介质强度的恢复速度，同时加在每个断口的电压降低，使得弧隙的恢复电压也相应降低，更易于电弧的熄灭。图 4-53 所示为钢灭弧栅(又称去离子栅)灭弧，当电弧在其电流回路产生的电动力及铁磁力共同作用下进入钢灭弧栅内时，电弧被切割为若干短弧，使电弧电压降低，同时钢片还能进行冷却降温，进而加速了电弧的熄灭。

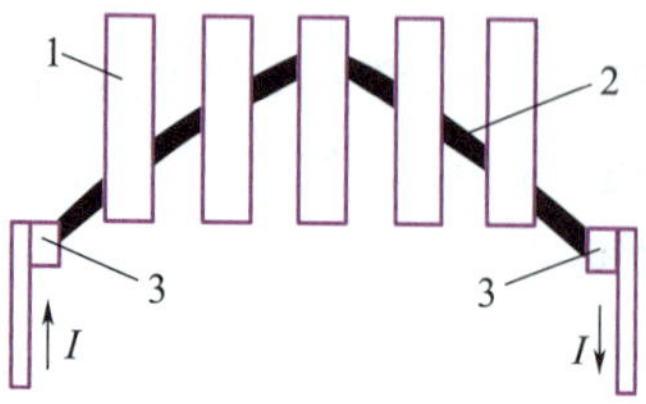

1—钢栅片；2—电弧；3—触头。

图 4-53　钢灭弧栅灭弧

为充分发挥每个灭弧室的作用，通常会在每个断口处并联一个比断口对地电容和断口间电容大得多的电容(均压电容)。确保电压能均匀分配在每个断口上，提高灭弧的均匀性和效率，从而提高灭弧效果。

(7)并联电阻灭弧

并联电阻灭弧的原理是利用并联电阻分流和降低恢复电压达到灭弧作用。当断路器断开电路时，主触头断开，同时并联在主触头断口上的电阻开始分流，加快了主触头断口电弧的熄灭。当主触头的电弧熄灭后，并联电阻串联在电路中，有效地降低触头上的恢复电压数值及电压恢复速度。因此通过合理设计并联电阻的阻值和容量，可以实现对电弧的有效控制，提高断路器的灭弧性能。

此外，并联电阻在断路器合闸时也能起到阻尼电阻的作用，减小振荡，降低合闸后在系统产生的操作过电压。

高压设备中具有灭弧能力的主要是断路器、负荷开关和熔断器。

二、高压断路器

高压断路器主要用于高压电路正常运行检修时的停送电控制和故障时的断电保护控制。

1. 高压断路器的结构

高压断路器的组成示意如图4-54所示。它由通断元件、中间传动元件、绝缘支撑元件、操动机构和基座等组成。

(1)通断元件

通断元件主要是执行电路接通或断开的任务。其核心部分是触头，是否具有灭弧装置或灭弧能力的大小决定了开关的开断能力。

(2)中间传动元件

中间传动元件包含操动机构和传动机构。

①操动机构

操动机构是向通断元件提供分、合闸操作的动力能源，维持开关的合闸状态。

②传动机构

传动机构是将操动机构提供的操作动力能源及发出的操作指令传递给通断元件。

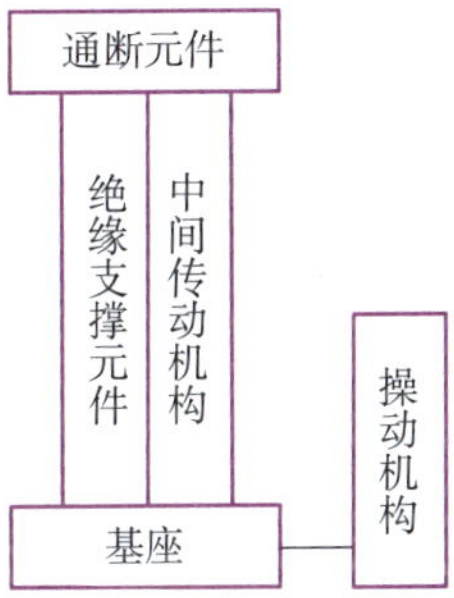

图4-54　高压断路器的组成示意

(3)绝缘支撑元件

绝缘支撑元件用于支撑固定通断元件，实现带电和不带电各结构部分之间的绝缘。

(4)基座

基座用于支撑、固定和安装开关电器的各部分。

2. 高压断路器的分类

高压断路器有户内和户外之分。根据灭弧介质的不同，高压断路器可分为四类，真空断路器、六氟化硫(SF_6)断路器、油断路器和空气断路器。

(1)真空断路器

真空断路器具有开断能力强，可连续多次操作，触头不易氧化损坏，运行维护简单，灭弧室不需检修，无火灾和爆炸危险等特点，但是对材料和密封要求严格，因此一般用于35 kV及以下频繁操作及有易燃易爆炸危险的场所。

真空断路器是利用“真空”作为绝缘和灭弧介质，属于高速断路器，具有结构简单、体积小、重量轻、无污染、可靠性高、灭弧能力强、电气磨损少、低噪声、寿命长、无爆炸风险、维修方便等优点。它造价比油断路器高，适合要求频繁操作和高速开断的场合，尤其是安全要求较高的工矿企业、住宅区、商业区等。它的结构有落地式、悬挂式和手车式三种。

①灭弧室的结构。

高压真空断路器灭弧室由静触头、动触头、波纹管、真空室、金属屏蔽罩、动触杆和绝缘外壳组成。真空断路器灭弧室结构如图 4-55 所示。

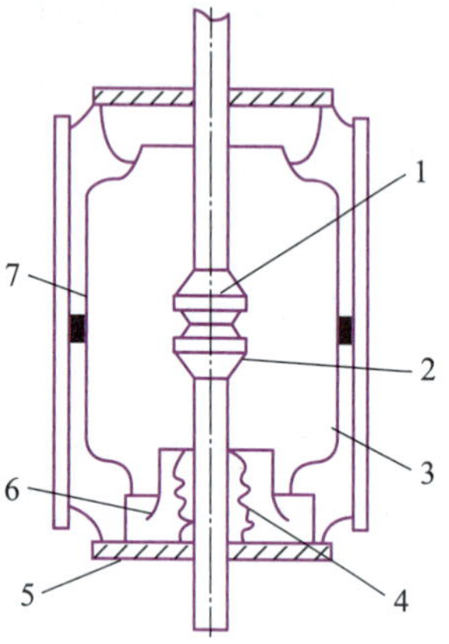

1—静触头；2—动触头；3—屏蔽罩；4—波纹管；5—与外壳封接的金属法兰盘；6—金属屏蔽罩；7—绝缘外壳。

图 4-55 真空断路器灭弧室结构

②灭弧原理。

在真空断路器触头刚分离时，触头间只产生真空电弧。电弧的温度很高，在金属触头表面会产生金属蒸汽，圆盘状的触头使真空电弧在主触头表面快速移动，使得金属离子在屏蔽罩内壁上凝聚，致使电弧在电流过零后极短时间内，触头间隙很快恢复了原有的高真空状态，电弧熄灭。由于触头间介质强度的迅速恢复；因此电流过零后外加电压虽然也很快恢复，触头间隙不能再被击穿，因此真空电弧在电流第一次过零时就能完全熄灭。

(2)SF_6 断路器

SF_6 断路器使用六氟化硫（SF_6）气体，是一种无色、无味、无毒、不燃的惰性气体，具有良好的灭弧和绝缘性能，其绝缘强度约为空气的 3 倍，其绝缘恢复的速度约为空气的 100 倍，因此，SF_6 断路器具有开断能力强、断口距离小、开断迅速、体积小、使用寿命长、无火灾和爆炸危险、重量轻、体积小、维修量小等优点，但是对材料和密封要求严格，SF_6 断路器一般用于需频繁操作及有易燃易爆炸危险的场所。

SF_6 断路器有瓷柱式、落地式和手车式三种。

①SF_6 气体特性。SF_6 在 150 ℃以下时，其化学性能相当稳定，具体如下：

a. 由于 SF_6 中不含碳(C)元素，对于灭弧和绝缘介质来说，具有极为优越的特性，检修周期长；

b. SF_6 不含氧(O)元素，因此不存在触头氧化问题，触头磨损少，使用寿命长。

c. SF_6 具有优良的电气绝缘性能，电流过零时电弧暂时熄灭后，SF_6 能迅速恢复绝缘强度，使电弧很快熄灭，无火灾爆炸危险，属于高速断路器。

d. 在电弧的高温作用下，SF_6 会分解出氟(F_2)，具有较强的腐蚀性和毒性，因此加工精度要求高，密封要求严格，氟与触头的金属蒸汽会化合为一种具有绝缘性能的白色粉末状的氟化物，因此，SF_6 断路器的触头一般都设计成具有自动净化的功能。使氟化物在电弧熄灭后的极短时间内能自动还原。对残余杂质可用特殊的吸附剂清除，基本上对人体和设备没有什么危害。

②灭弧原理。SF_6 断路器的静触头和灭弧室中的压气活塞是相对固定的。SF_6 高压断路器灭弧室结构示意如图 4-56 所示。断路器跳闸时，装有动触头和绝缘喷嘴的气缸由断路器的操动机构通过连杆带动离开静触头，在动、静触头间产生电弧，气缸和活塞的相对运动压缩 SF_6 气体并使之通过绝缘喷嘴吹出，用吹弧法使电弧迅速熄灭。

(3)油断路器

油断路器分为多油断路器和少油断路器。多油断路器的油量多,兼有灭弧和绝缘的双重作用;少油断路器的油量少,只作灭弧介质用而无绝缘功能。油断路器一般用于不需频繁操作和不要求高速开断的电网中。油断路器结构简单、体积小、价格低,但存在漏油、爆炸和火灾等安全隐患,因此,逐渐被真空断路器所取代。

(4)空气断路器

空气断路器以压缩空气作为灭弧介质和绝缘介质,一般用于110 kV及以上频繁操作的场所。空气断路器具有灭弧能力强、开断迅速、无火灾危险等优点,但其结构复杂、金属消耗量大、噪声大、维修周期长,需要配备空气压缩装置,逐渐被SF_6断路器所取代。

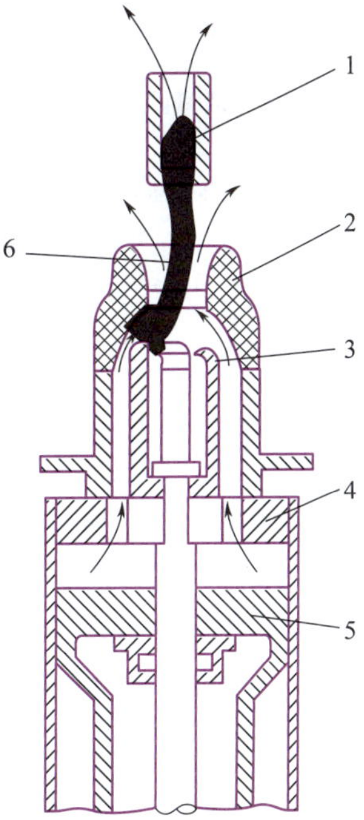

1—静触头;2—绝缘喷嘴;
3—动触头;4—汽缸;
5—压气活塞;6—电弧。

图4-56　SF_6高压断路器灭弧室结构示意

3. 高压断路器的技术参数

(1)额定电压

额定电压是断路器长期运行时所承受的最高允许工作电压。是断路器设计和选择的重要依据,它决定了断路器能够安全、稳定地工作的电压范围。

(2)额定电流

额定电流是断路器在规定的使用和性能条件下(含环境温度)长时间持续通过电流的最大有效值。当长期通过额定电流时,断路器各部分发热不超过规定的允许温升值。反映了断路器在正常工作条件下的电流承载能力。

(3)额定开断电流(kA)

额定开断电流是断路器能够安全切断的最大短路电流值。反映了断路器在短路故障条件下的分断能力。

(4)额定短路持续时间

断路器设备在合闸状态下能够承载的额定短时耐受电流的时间间隔。这个时间间隔内,断路器应能够维持其分断能力,确保电力系统的安全。

(5)额定动稳定电流(额定峰值耐受电流)

规定额定峰值耐受电流应等于2.5倍额定短时耐受电流的数值,且等于额定短路关合电流数(峰值)。这一参数反映了断路器在短路电流冲击下的耐受能力。

此外,高压断路器还有其他一些重要的技术参数,如机械寿命、电气寿命、操动机构类型等,这些参数共同决定了断路器的性能和使用条件。

4. 高压断路器的符号和型号

(1)高压断路器的文字符号为QF。

(2)高压断路器的型号及含义如图4-57所示。

例如:ZN28-12/1250-25,表示户内式真空断路器,设计序号为28,最高工作电压12 kV,额

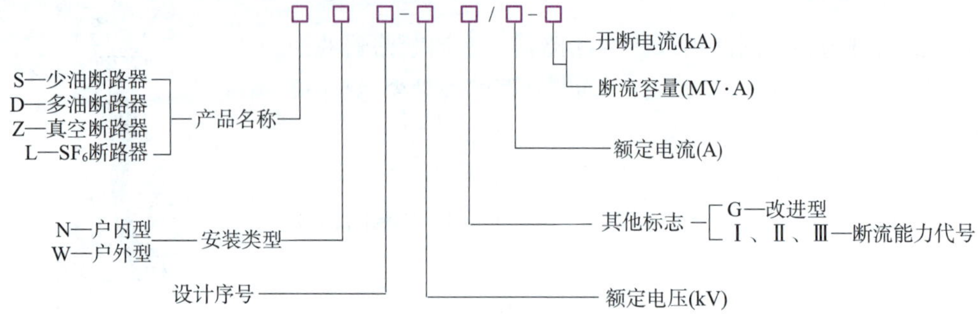

图 4-57　高压断路器的型号及含义

定电流为 1 250 A，额定开断电流为 25 kA。

5. 高压断路器的选型

(1)一般开关电气设备选型方法

一般开关电气设备选型时，首先需要根据电气装置所处的位置(户内或户外)、使用环境(比如海拔高度、地震烈度、环境温度、污染情况、风速等)和工作条件(比如有无防尘、防腐、防火、防爆等要求)，初步选择电气设备型号(包括设备的类型和形式)。然后按正常工作条件选择电气设备的额定电压和额定电流等，电气设备的额定电压 U_N 应不低于其所在线路的额定电压 $U_{W\cdot N}$，即，$U_N \geqslant U_{W\cdot N}$。电气设备的额定电流应不小于实际通过它的最大负荷电流 I_{max}(或计算电流 I_{30} 即，$I_N \geqslant I_{max}$ 或 $I_N \geqslant I_{30}$)。最后按短路条件校验电气设备的动稳定($i_{max} \geqslant i_{sh}^{(3)}$ 或者 $I_{max} \geqslant I_{sh}^{(3)}$，$i_{max}$ 为电气设备的极限通过电流峰值；I_{max} 为电气设备的极限通过电流有效值)和热稳定($I_t^2 t \geqslant I_{\infty}^{(3)2} t_{ima}$，$I_t$ 为电气设备的热稳定电流；t 为热稳定时间；$t_{ima} = t_{oc} + t_{op} + 0.05$ s，t_{oc} 为断路器动作时间 t_{op} 为保护动作时间)。对具有断流能力的高压开关设备需校验其断流能力，开关设备的断流容量不小于安装地点最大三相短路容量，即 $S_{oc} \geqslant S_{k\cdot max}$ 或 $I_{oc} \geqslant I_{k\cdot max}^{(3)}$，$I_{oc}$、$S_{oc}$ 为制造厂提供的最大开断电流和开断容量。

(2)高压断路器选型案例

高压断路器选型见表 4-7。

表 4-7　高压断路器选型参数表

序号	ZN-27.5/1250		选择要求	装设地点电气条件		结论
	项目	数据		项目	数据	
1	U_N	27.5 kV	≥	$U_{W\cdot N}$	27.5 kV	合格
2	I_N	1 250 A	≥	I_c	315 A	合格
3	I_{oc}	25 kA	≥	$I_k^{(3)}$	3.5 kA	合格
4	i_{max}	63 kA	≥	$i_{sh}^{(3)}$	8.93 kA	合格
5	$I_t^2 \times t$	$25^2 \times 4 = 2\,500$ kA² · s	≥	$I_{\infty}^2 \times t_{ima}$	$3.5^2 \times 0.6 = 7.35$ kA² · s	合格

6. 高压断路器的操动机构

高压断路器的操动机构主要有手动操动机构、弹簧操动机构、液压操动机构、气动操动机构和电磁操动机构等。

(1)手动操动机构

手动操动机构依靠人力来完成断路器的分合闸操作，虽然现在自动化水平很高，但手动操动机构仍具有不可替代的作用；结构简单，价格低廉；无自动重合闸功能；采用交流操作电源；操作速度有限，所操作的断路器开断短路容量不宜过大。CS2 型手动操动机构的外形结构如图 4-58 所示。

(2)弹簧操动机构

弹簧操动机构利用弹簧储能可以实现手动和远距离分、合闸，操作电源交、直流均可，还可实现一次重合闸。弹簧操动机构可靠性高、电源功率小、运行维护简单、机械寿命长。但其结构复杂、加工工艺要求高、价格较贵，在 110 kV 及以下断路器中应用非常广泛。

(3)液压操动机构

液压操动机构由储能元件、控制元件、执行元件、辅助元件等组成。利用液压传递能量能实现手动和远距离分、合闸，也可实现自动重合闸。液压操动机构动作平稳、无噪声、速度快、输出功率大，容易实现自动控制。但其结构复杂、加工工艺要求高、价格较贵，广泛应用于 110 kV 及以上断路器中。

(4)气动操动机构

气动操动机构利用压缩气体实现断路器合闸利用弹簧储能实现分闸。其动作速度快，所需电源功率小，但需要配备空气压缩设备，一般用于 110 kV 及以上断路器中。

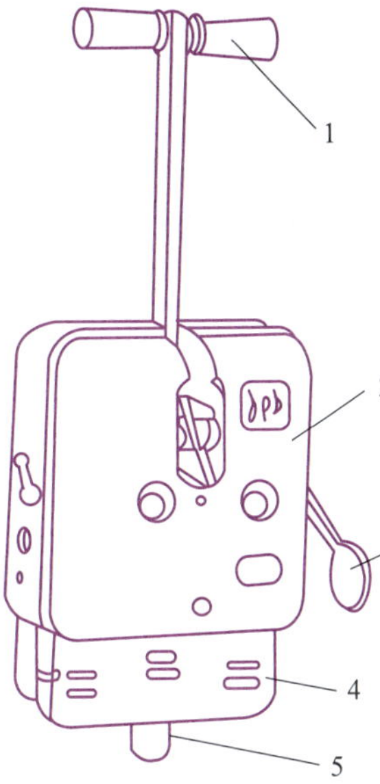

1—操作手柄；2—外壳；3—跳闸指示牌；
4—脱扣器盒；5—跳闸铁芯。

图 4-58　CS2 型手动操动机构的外形结构

(5)电磁操动机构

电磁操动机构利用分、合闸线圈实现手动和远距离分、合闸，也可实现自动重合闸，需要配备大功率直流操作电源。其工作可靠、价格便宜，但结构笨重、合闸速度慢，一般用于 35 kV 及以下断路器中。

三、高压隔离开关

额定电压在 1 kV 及其以上的隔离开关为高压隔离开关。隔离开关处于分闸位置时，触头间有明显的断开间隙和符合规定的绝缘距离；处于合闸位置时，能承载正常条件下的回路电流，以及在规定时间内异常或故障情况下的电流。隔离开关没有灭弧装置，所以不允许带负荷操作。但可允许通断一定的小电流，如 35 kV、1 000 kV · A 及以下的空载变压器，10 kV 长 5 km 的空载输电线路，以及电压互感器和避雷器回路等。隔离开关一般用来实现电源隔离、倒闸操作、分合小电流电路等。隔离开关一般跟断路器配合使用，隔离开关在断路器分断状态下才能进行分合操作。

1. 高压隔离开关的类型

高压隔离开关有不接地、单侧接地和双侧接地之分；高压隔离开关根据刀闸运动方向不同可以分为水平旋转、垂直旋转和插入式等。

2. 高压隔离开关的符号和型号

高压隔离开关的文字符号为 QS，型号如图 4-59 所示。

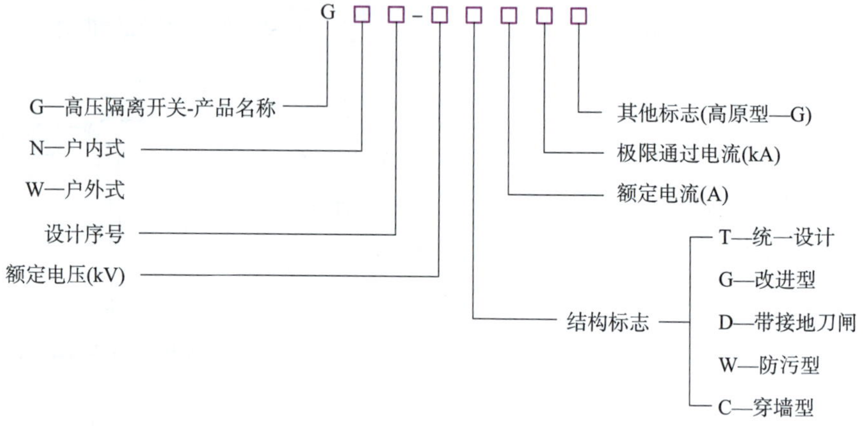

图 4-59　高压隔离开关的型号

例：GW4-12D/630 符号的含义是户外隔离开关，设计序号为 4，额定电压 12 kV，额定电流 630 A 带接地刀闸。GN10-35G(T)/1000 号的含义是户内隔离开关，设计序号为 10，额定电压 35 kV，额定电流 1 000 A。

3. 高压隔离开关的选型

高压隔离开关选型需要首先考虑安装地点的环境条件，然后考虑正常运行的电压和电流条件，初选高压隔离开关的型号，最后是进行动稳定和热稳定校验。

(1)高压隔离开关的额定电压应大于或等于安装处的线路额定电压，即

$$U_{N} \geqslant U_{W \cdot N}$$

(2)高压隔离开关的额定电流应不小于通过它的计算电流，即

$$I_{N} \geqslant I_{30}$$

(3)高压隔离开关的动稳定度校验，即

$$i_{max} \geqslant i_{sh}^{(3)} \text{ 或 } I_{max} \geqslant I_{sh}^{(3)}$$

(4)高压隔离开关的热稳定度校验，即

$$I_{t}^{2} t \geqslant I_{\infty}^{(3)^2} t_{ima}$$

其中，$t_{ima}=t_{k}+0.05$ s；当 $t_{k}>1$ s 时，$t_{ima}=t_{k}=t_{oc}+t_{op}$($t_{oc}$ 为继路器动作时间，t_{op} 为保护动作时间)。

4. 带地刀的隔离开关

隔离开关的地刀是用来实现电气设备的短接、连锁和隔离，将退出运行的电气设备和成套设备部分接地或短接。

仅用于接地的隔离开关又称接地开关，高压开关柜中的接地开关是作为检修时保证人身安全的一种机械接地装置。在对电气设备进行检修时，为了防止检修人员在停电设备(或停电

工作点）工作时突然来电，对于可能送电至停电设备的各个方向或停电设备可能产生感应电压的都要合上接地开关（或挂上接地线），这是确保检修人员人身安全的可靠安全措施，同时开关柜所断开的电气设备上的剩余电荷，也可由接地开关合上接地而释放殆尽。接地开关的图形符号如图 4-60 所示。

图 4-60　接地开关的图形符号

例如：JN15-12/31.5-230，表示户内接地开关，设计序号为 15，最高工作电压 12 kV，额定短时耐受电流 31.5 kA，极间中心距 230 mm。

四、高压熔断器

高压熔断器是通过电流超过规定值并经过一定时间后熔体（熔丝或熔片）熔化分断电路，实现短路保护和过负荷保护的设备。熔断器的体积很小，但却能分断很大的短路电流。高压熔断器广泛用于容量小且不太重要负荷的高压输配电线路、电力变压器、电压互感器和电力电容器等电气设备的短路和过负荷保护中。户内广泛采用 RN 系列的高压管式限流熔断器。户外则广泛使用 RW 系列的高压跌开式或高压限流熔断器。高压熔断器的文字符号 FU。

1. 高压熔断器的型号

熔断器有户内和户外之分，还有限流型熔断器，熔断器具体型号及含义如图 4-61 所示。

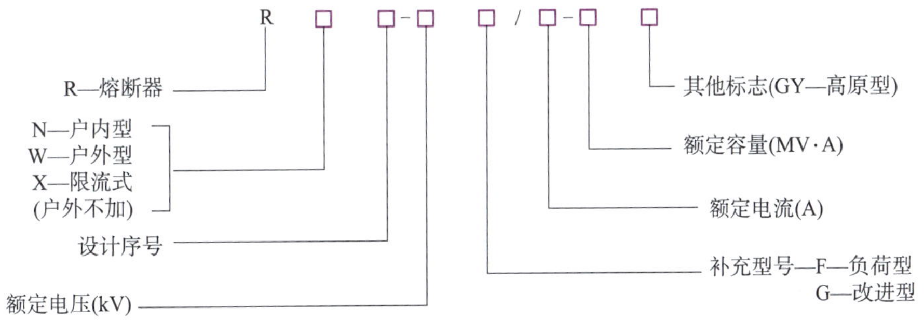

图 4-61　高压熔断器型号及含义

2. 高压熔断器的应用

(1)RN1 型普遍用于高压电力线路和电力变压器的短路保护和过负荷保护。其熔体通过主电路的大电流，因此结构尺寸较大，额定电流可达 100 A。当工作熔体熔断后，指示熔体也相继熔断，熔断指示器弹出，给出熔体熔断的指示信号。

(2)RN2 型用于电压互感器的短路保护。由于电压互感器的二次侧近于开路状态，熔断器结构尺寸较小，熔体额定电流一般为 0.5 A。当工作熔体熔断后，无熔断指示器，用电压互感器二次侧仪表的读数来判断其熔体的熔断情况。

(3)“限流”式熔断器，能在短路后不到半个周期即短路电流未达到冲击电流值(i_{sh})时就能完全熄灭电弧、切断短路电流。

3. 高压熔断器的选型

高压熔断器选型需要首先考虑安装地点的环境条件和用途，然后根据正常运行的电压和电流条件，初选高压熔断器的型号，最后确定用于短路或过负荷保护的熔体整定值，并校验其断流能力。

(1)高压熔断器额定电压

熔断器额定电压一般不超过 35 kV，对于一般的高压熔断器，其额定电压必须大于或等于电网的额定电压;对于高压限流熔断器,则只能用在等于其额定电压的电网中。

(2)高压熔断器额定电流

高压熔断器的额定电流必须不小于电网的额定电流或最大负荷电流。同一熔断器可配置不同额定电流的熔体,但熔断器的额定电流应不小于熔体的额定电流。

(3)线路保护熔断器熔体额定电流

高压熔断器除了选择熔断器额定电流,还要选择熔体额定电流。对限流式熔断器,其断流能力 I_{oc} 应满足不小于断开的短路电流 $I''^{(3)}$(熔断器安装点的三相次暂态或周期短路电流的有效值),即 $I_{oc} \geq I''^{(3)}$。对非限流式熔断器可能开断的短路电流是短路冲击电流,其断流能力应不小于三相短路冲击电流有效值 $I_{sh}^{(3)}$。断流能力有下限值的熔断器还应满足:

$$I_{oc \cdot min} \leqslant I_K^{(2)}$$

式中 $I_{oc \cdot min}$——熔断器分断电流下限值;

$I_K^{(2)}$——线路末端两相短路电流。

(4)电力变压器(高压侧)保护熔断器熔体额定电流

考虑变压器的正常过负荷能力(20%左右)、变压器低压侧尖峰电流及变压器空载合闸时的励磁涌流,熔断器熔体额定电流应满足:

$$I_{N \cdot FE} = (1.5 \sim 2.0) I_{TN \cdot T}$$

式中 $I_{N \cdot FE}$——熔断器熔体额定电流;

$I_{TN \cdot T}$——变压器一次绕组额定电流。

(5)电压互感器保护熔断器熔体额定电流

因为电压互感器二次侧电流很小,因此选择 RN2 型专用熔断器作电压互感器短路保护,其熔体额定电流为 0.5 A。

熔断器没有触头,而且分断短路电流后熔体熔断,故不必校验动稳定和热稳定。

注意事项:

户外型跌落式熔断器需校验断流能力的上下限值,应使被保护线路的三相短路的冲击电流小于其上限值,而两相短路电流大于其下限值。

技能训练

1. 高压断路器和高压隔离开关选型时有什么异同?

____。

2. 断路器的操动机构有哪些?

____。

3. 高压熔断器选择条件有哪些？尤其要注意哪些事项？

____

____

____

____

____。

任务评价

学生评价：____

____

____

____。

教师评价：____

____

____

____

____

____。

任务5　高压互感器认知与选择

学习目标

知识目标

1. 了解互感器的类型、作用；
2. 掌握互感器的选择和应用方法；
3. 熟悉互感器的接线方式和注意事项。

技能目标

1. 具备互感器认知、选择和接线的技能；
2. 能够识别互感器的型号含义。

素质目标

1. 养成按图施工、按图检修和按图操作的习惯；
2. 具有精益求精的工匠精神；
3. 具备较强的责任心和敬业精神。

预习任务

1. 收集互感器的相关产品手册；
2. 查找互感器的相关规范和标准。

任务导入

互感器是电流互感器和电压互感器的统称，又称仪用变压器或测量互感器。互感器是根据变压器的变压、变流原理将一次电量(电压、电流)转变为同类型的二次电量，该二次电量可作为二次回路中测量仪表、保护继电器等设备的电源或信号源。因此互感器的作用有变换功能，将一次回路的大电压和大电流变换成适合仪表、继电器工作的小电压和小电流；隔离和保护功能，作为一、二次电路之间的中间元件，不仅使仪表、继电器等二次设备与一次主电路隔离，提高了电路工作的安全性和可靠性，而且有利于人身安全。互感器二次侧的电流或电压额定值统一规定为 5 A(1 A)及 100 V。

知识链接

一、电流互感器

电流互感器是一种专门用作变换电流的特种变压器，简称 CT，文字符号是 TA。工作时，电流互感器是将一次侧交流电流按额定电流比转换成可供电侧仪表、继电保护装置或者控制装置使用的二次侧电流的设备。电流互感器测量时，电流互感器二次绕组电路不允许开路，否则，二次侧会感生出很高的感应电动势，危及设备及人身安全。

1. 电流互感器的结构特点

电流互感器的外形结构如图 4-62 所示。由于电流互感器将大电流变成小电流，因此一次绕组导体较粗，二次绕组导体细；而且一次绕组匝数少，二次绕组匝数多；一次绕组串接在一次电路中，二次绕组与仪表、继电器电流线圈串联，形成闭合回路。由于电流互感器阻抗很小，工作时电流互感器的二次回路接近短路状态。

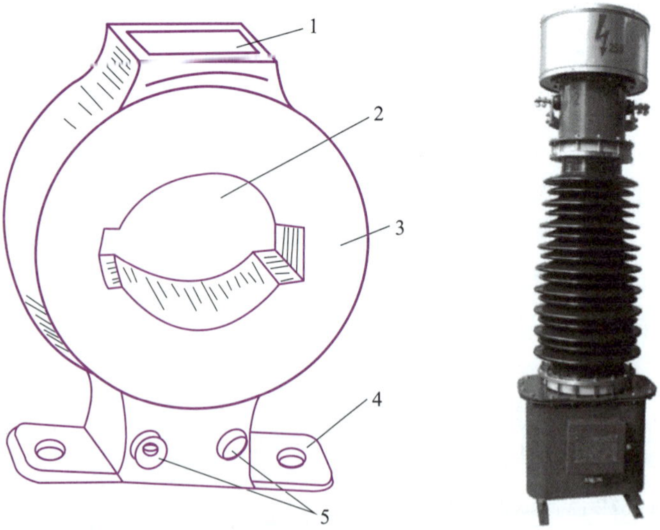

1—铭牌；2—二次母线穿孔；3—铁芯；4—安装板；5—二次接线端。

图 4-62 电流互感器的外形结构

2. 电流互感器的符号和参数

在一次系统图中，电流互感器采用如图 4-63(a)所示电气图形符号，直线表示一次绕组，圆圈表示二次绕组，一个圆圈代表一个二次绕组，两个圆圈代表两个二次绕组。圆圈引出线上两根斜线表示每个二次绕组输出的两接线端子。在二次接线原理图中，采用如图 4-63(b)所示图形符号。

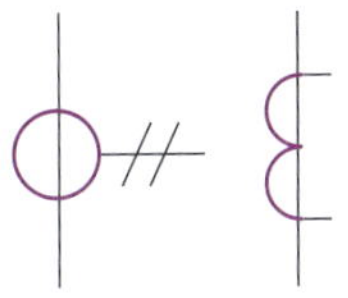

图 4-63　电流互感器的电气图形符号

电流互感器的变流比用 K_i 表示，一般表示成如 100/5 A 的形式。

$$K_i = I_{1N}/I_{2N} = N_2/N_1$$

3. 电流互感器的接线方式

(1)单相接线(一台电流互感器的单相式接线)

电流互感器的单相接线如图 4-64(a)所示，只有一台单相电流互感器组成，接线简单。这种接线主要用于单相负荷电流、三相对称负载的一相电流、变压器中性点、电缆线路的零序电流的测量或过负荷保护等。三相对称电路互感器通常接在 B 相，反应的是该相的电流。

(2)两相 V 形接线(两台电流互感器的不完全星形接线)

电流互感器的两相 V 形接线如图 4-64(b)所示。由两台单相电流互感器组成，通常接于 A、C 相上，在 6～10 kV 中性点不接地系统的保护回路中应用较广泛，很少应用于测量回路。与三相星形接线电流互感器相比，因缺少了一相(一般为 B 相)，又称不完全星形接线。它节省了一台电流互感器，根据三电流相量和为零，可用 A、C 相的电流表示出 B 相电流为

$$\dot{I}_a + \dot{I}_c = -\dot{I}_b$$

在中性点不接地的三相三线制系统中，可用于测量三相电流、电能及作过电流继电保护，中性线上增加一台继电器时，称“两相三继电器式接线”。

(3)星形接线(三台电流互感器的完全星形接线)

电流互感器的星形接线如图 4-64(c)所示。由三台单相电流互感器接成星形，相当于三台电流互感器共用一路零线。三相平衡系统正常运行时零线没有电流通过($3I_0=0$)，该零线也不能省略。三相星形接线能反应任何一相、任何形式的电流变化。广泛用于负荷平衡或不平衡(如 TN 系统)的三相电力系统中的三相电流、有功功率、无功功率、电能等的测量和过电流保护。

(4)三角形接线(三台电流互感器的三角形接线)

电流互感器的三角形接线如图 4-64(d)所示。三台单相电流互感器接成三角形，回路中零序电流和三次谐波电流等在三相绕组内循环流动，不会出现在引出线中。YN，d11 联结牵引变压器的差动保护中多采用三角形接线的电流互感器，供电系统中无特殊要求，一般不采用三角形接线。

(5)两相电流差接线

电流互感器的两相电流差接线如图 4-64(e)所示。不仅节省一台电流互感器，而且也可以用一台继电器反映三相电路中的各种相间短路，又称两相一继电器接线，用最少的继电器完成三相过电流保护(一般用作电动机保护)，可节省投资，很少应用于测量回路。两相一继电器接线，流过电流继电器线圈的电流为 $\dot{I}_a-\dot{I}_c$，由相量关系 $\dot{I}_a-\dot{I}_c=\dot{I}_{ac}=\sqrt{3}\dot{I}_a e^{-j30°}$ 可知，继电器电流是相电流的$\sqrt{3}$倍。两相电流差接线适用于中性点不接地的三相三线制系统，作电流保护用。

(6)电流互感器的和式接线

电流互感器的和式接线如图 4-64(f)所示。这种接线主要用于一台半断路器接线、三角形接线、桥形接线的测量和保护回路。

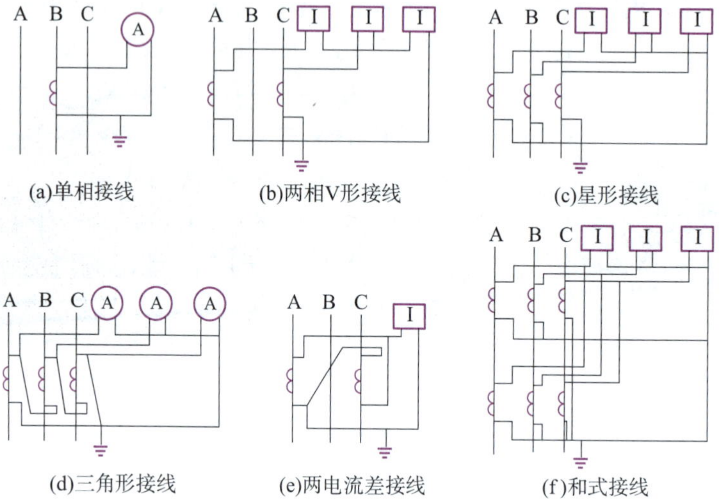

图 4-64　电流互感器接线形式

3. 电流互感器的类型和型号

电流互感器的型号及含义如图 4-65 所示。电流互感器按一次绕组匝数分包括单匝（包括母线式、芯柱式、套管式）和多匝式(包括线圈式、线环式、串级式)；按用途分包括测量用和保护用；按准确度级分包括测量用的 0.1、0.2、0.5、1、3 等级和保护用的 5P 和 10P 两级。

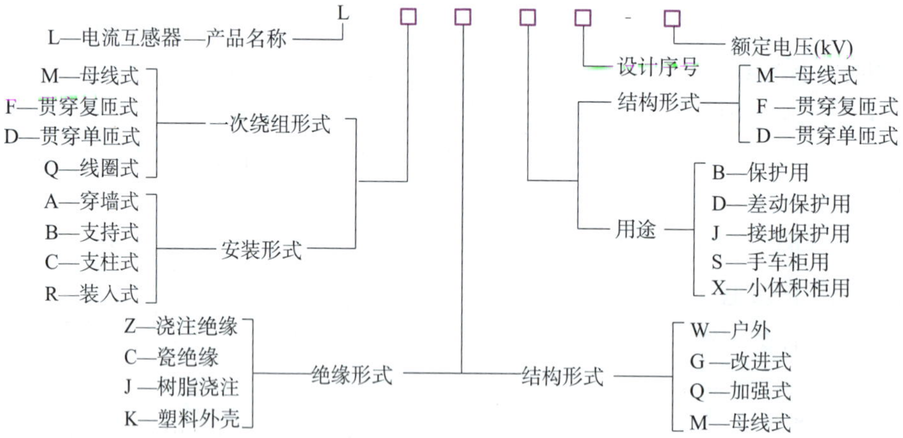

图 4-65　电流互感器型号及含义

电流互感器通常有两个不同准确度级的铁芯和二次绕组，分别接测量仪表和继电器。测量用的电流互感器铁芯在一次回路短路时容易饱和，以限制二次电流的增大，保护仪表。保护用的电流互感器铁芯在一次回路短路时不应饱和，二次电流与一次电流成比例，以保证保护灵敏度的要求。例：LQJ-10 用于 10 kV 高压开关柜中，有两个铁芯和两个二次绕组，分别为 0.5 级和 3 级，0.5 级用于测量，3 级用于继电保护。

4. 电流互感器的选型

(1)电流互感器形式

根据安装地点和工作要求选择电流互感器的形式。

(2)电流互感器额定电压

电流互感器额定电压应不低于装设点线路额定电压。

(3)电流互感器额定电流变比

电流互感器一次侧额定电流有20、30、40、50、75、100、150、200、300、400、600、800、1 000、1 200、1 500、2 000(A)等多种规格，二次侧额定电流均为5 A。一般测量用的电流互感器需要根据负荷电流或设备容量选择额定电流比，应使其一次额定电流不小于线路中的计算电流。保护用电流互感器一般根据短路电流选择额定电流比，为保证其准确度要求，可将变比选得大一些。

(4)电流互感器准确度级

准确度级是指在规定的二次负荷变化范围内，一次电流为额定值时的最大电流误差。测量用有5个准确度级。0.1和0.2级主要用于试验室精密测量和供电容量超过一定值(月供电量超过100万kW·h)的线路或用户，0.5级可用于一般计量电费用的电能表；1.0级主要用于发电厂、变配电所配电盘上的仪表和计量上用的电能表；3级可用于一般指示仪表及继电保护装置。保护用的5P和10P分别表示在额定准确限值i_N时的复合误差值为5%、10%；其准确限值系数标准值系列为5、10、15、20、30等，表示在短路故障时，若短路电流i与额定i_N相比的倍数小于该值，则误差控制在准确级范围内。

保护用电流互感器的准确度级应同时满足准确限值系数，如5P20及1 200/5 A，表示$i \leqslant$ 20倍额定i_N，即$i \leqslant 20 \times 1\,200 = 24$(kA)范围之内时，复合误差≤5%；

同一台电流互感器使用在不同的准确度级时，规定有相应的额定容量。例如LMZ1-10-3000/5型电流互感器，0.5级对应的二次额定负载Z_{2N}为1.6 Ω(40 V·A)，1级时，Z_{2N}为2.4 Ω(60 V·A)。当电流互感器用于向收费用电能表供电时，应控制二次负载阻抗数不大于1.6 Ω，否则会降低准确度级，使计量的电能数不准确。

准确度级校验公式为

$$S_2 \leqslant S_{2N}$$

式中　S_{2N}——二次侧额定负荷；

S_2——二次回路的负荷，S_2取决于二次回路的阻抗Z_2的值。

二次回路负荷S_2的计算公式为

$$S_2 = I_{2N}^2 |Z_2| \approx I_{2N}^2 (\sum |Z_i| + R_{WL} + R_{XC}) \text{ 或 } S_2 \approx \sum S_i + I_{2N}^2 (R_{WL} + R_{XC})$$

式中　S_i、Z_i——二次回路中的仪表、继电器线圈的额定负荷和阻抗；

R_{XC}——二次回路中所有接头、触点的接触电阻，一般取0.1 Ω；

R_{WL}——二次回路导线电阻，其值为

$$R_{WL} = \frac{L_c}{\gamma S}$$

其中　S——导线截面，mm²，

γ——导线电导率，铜线$\gamma = 53$ S/m，铝线$\gamma = 32$ S/m，

L_c——导线的计算长度，m。

设互感器到仪表单向长度为 l_1，则

$$L_c=\begin{cases} l_1 & \text{星形接线} \\ \sqrt{3}l_1 & \text{两相 V 形接线} \\ 2l_1 & \text{一相式接线} \end{cases}$$

电流互感器的 10%误差曲线如图 4-66 所示，保护用电流互感器 10%误差曲线具体校验步骤如下：

①计算电流互感器的一次电流倍数。

②根据电流互感器的型号、变比和一次电流倍数，在 10%误差曲线上确定电流互感器的允许二次负荷 $Z_{2.al}$。

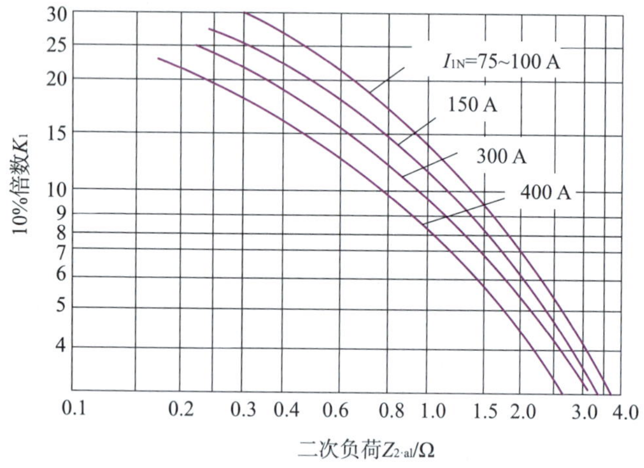

图 4-66　电流互感器的 10%误差曲线

③计算电流互感器的实际二次负荷 Z_2。

④校验二次负荷，若 $Z_2 \leqslant Z_{2.al}$，满足准确度要求；若 $Z_2 > Z_{2.al}$，则应采取下述措施，使其满足 10%误差：增大连接导线截面或缩短连接导线长度，以减小实际二次负荷；选择变比较大的电流互感器，减小一次电流倍数，增大允许二次负荷。

(5)动稳定度校验

动稳定度校验公式为

$$K_{es}\times\sqrt{2}I_{1N}\geqslant i_{sh}$$

式中　K_{es}——动稳定倍数。

(6)热稳定度校验

热稳定度校验公式为

$$(K_t\times I_{1N})^2 t\geqslant[I_{\infty}^{(3)}]^2 t_{ima}$$

式中　K_t——热稳定倍数；

t——热稳定电流时间。

5. 电流互感器的应用及注意事项

电流互感器的一次侧电流是从 P_1 端子进入，从 P_2 端子出来；即 P_1 端子连接电源侧，P_2

端子连接负载侧。电流互感器的二次侧电流从 S_1 流出，进入电流表的正接线柱，电流表负接线柱出来后流入电流互感器二次端子 S_2，S_2 端子需要接地。有的电流互感器一次侧标 L_1、L_2，二次侧标 K_1、K_2。贯穿式电流互感器的一次侧需要线路从互感器的P1面穿过，P2面出来，用线路作一次绕组。

电流互感器使用时需要注意的事项有以下几点：

1. 电流互感器工作时其二次侧不得开路

为了防止二次绕组开路，规定在二次回路中不准接入熔断器等开关电器。如果在运行中必须拆除测量仪表或继电器及其他工作时，应首先将二次绕组短路。

二次绕组开路将产生严重后果，铁芯由于磁通量剧增而过热，并产生剩磁，降低铁芯准确度级；由于二次绕组匝数远比一次绕组匝数多，所以在二次侧开路时会感应出危险的高压，危及人身和设备的安全。

2. 电流互感器的二次侧必须有一端接地

为了防止一、二次绕组之间绝缘损坏或击穿时，一次高电压串入二次回路，危及人身和设备安全，电流互感器的二次侧必须有一端接地。

3. 电流互感器在连接时，要注意其端子极性

一次绕组与被测电路串联，二次绕组与连接的所有测量仪表、继电保护装置或自动装置的电流线圈串联；要注意极性的正确性，一次绕组与二次绕组之间应为减极性关系，即一次电流若从同名端(减极性标示法)流入，则二次电流应从同名端流出。电流互感器的一、二次侧绕组端子分别用 P_1、P_2 和 S_1、S_2 表示，对应的 P_1 和 S_1，P_2 和 S_2 为“同极性端”。

如果接错端子，二次侧的仪表和继电器流过的电流不是要求的电流，可能使继电保护误动作，也可能使电流表烧坏。

练一练

电流互感器的接线方式有几种？适合什么场合？二次侧负载有哪些？

____

____

____。

二、电压互感器

电压互感器是一种专门用作变换电压的特种变压器，简称PT，文字符号是TV。工作时，电压互感器是将一次侧交流电压按额定电压比转换成可供电测量的仪表、继电保护装置或者控制装置使用的二次侧电压的设备。测量时二次绕组电路不允许短路，否则二次侧会有很大的电流，可能会危及设备及人身安全。电压互感器有单相和三相两类，在成套装置内，常采用单相电压互感器。

1. 电压互感器的结构特点

电压互感器一次绕组并联在主回路中，二次绕组并联二次回路中的仪表、继电器等的电压线圈，由于这些二次绕组的电压线圈阻抗很大，电压互感器工作时二次绕组接近于开路状态。

一次绕组匝数较多，二次绕组的匝数较少，相当于降压变压器。一次绕组的导线较细，二次绕组的导线较粗。二次侧额定电压一般为 100 V，用于接地保护的电压互感器二次侧额定电压为$(100/\sqrt{3})$V，辅助二次绕组则为(100/3)V。

2. 电压互感器的符号和参数

在一次系统图中，电压互感器采用圆圈表示绕组，一个圆圈代表一个绕组，两个圆圈代表两个绕组。圆圈内短线段的数量表示相数，短线段的接法代表互感器的联结组别，斜线代表接入电压互感器的相数。图 4-67(a)和图 4-67(b)分别为单相两绕组和四绕组电压互感器，图 4-67(c)和图 4-67(d)分别为三相两绕组 YN，yn 和 V，v 联结电压互感器，图 4-67(e)和图 4-67(f)分别为三相三绕组和四绕组电压互感器。

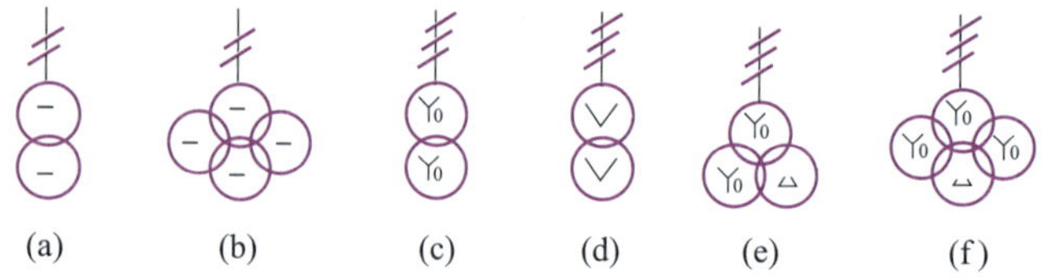

图 4-67　电流互感器的图形符号

电压互感器的变压比用 K_u 表示即

$$K_u = U_{1N}/U_{2N}$$

3. 电压互感器的接线方式

在三相系统中需要测量的有线电压(一般测量仪表和继电器的电压线圈都用线电压)、相对地的电压，以及发生单相接地故障时出现的零序电压。为了测量这些电压，PT 有各种不同的接线，图 4-68 为最常见的几种接线。

(1)一台单相电压互感器

对小接地电流系统，采用图 4-68(a)所示的单相接线。这种接线只能测量相间电压(线电压)，其 $U_{1N}=U_{W.N}$，$U_{2N}=100$ V。一次侧不能接地，二次侧一端接地。

对大接地电流系统，采用图 4-68(b)所示的单相接线。这种接线只能测量相对地电压，其 $U_{1N}=U_{W.N}/\sqrt{3}$，$U_{2N}=100$ V。

图 4-68(c)为系统接线图。一台单相电压互感器适用于电压对称的三相线路，如用作备用线路的电压监视，也可以供仪表和继电器接一个线电压。

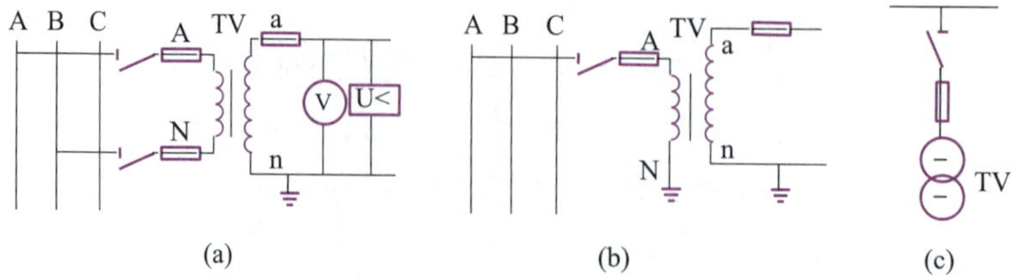

图 4-68　一台单相电压互感器接线

(2)两台单相 PT 接成 V，v 形接线(又称不完全星形)

两台单相 PT 接成的 V，v 形接线如图 4-69 所示，可测量各线电压，但不能测量相对地电压，广泛用于小电流接地系统中，其中 $U_{1N}=U_{W\cdot N}$，$U_{2N}=100$ V。一次绕组不接地，二次绕组 B 相接地。

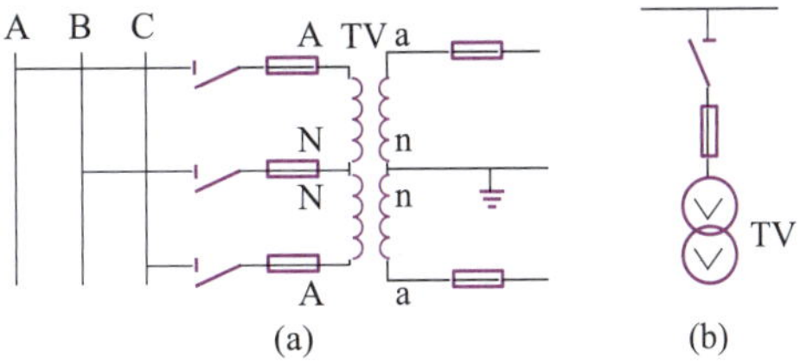

图 4-69　两台单相 PT 接成的 V，v 形接线

(3)三相三柱式 Y，y 形 PT 接线

三相三柱式 Y，yn 形 PT 接线如图 4-70 所示，只能用来测量线电压和相电压，不能用来测量绝缘监视的相对地电压，因为它的一次侧绕组中性点不能接地，缺少中性点，故不能用来监视电网对地绝缘。其中 $U_{1N}=U_{W\cdot N}$，$U_{2N}=100$ V。一次绕组中性点不允许接地，原因是中性点非直接接地电网发生单相接地故障时，非故障相对地电压升高 $\sqrt{3}$ 倍，三相对地电压失去平衡，在三个铁芯柱中将出现零序磁通。由于零序磁通同相位，不能通过三个铁芯柱形成闭合回路，而只能经过空气间隙和互感器外壳构成通路。因此磁路磁阻很大，零序励磁电流很大，会造成电压互感器铁芯过热甚至烧坏。

(4)三台单相 YN，yn 形 PT 接线

三台单相 YN，yn 形 PT 接线如图 4-71 所示，常用于三相三线和三相四线制线路。一次、二次绕组接成中性点接地的星形，互感器接于相一地之间，测量的是相对地电压，并非各相与中性点之间电压。用于测量线电压的仪表和继电保护在小接地电流系统中，还可用于测量相电压的绝缘监视，由于小电流接地系统发生单相接地故障时，非故障相电压升高为线电压，因此电压表应按线电压选择。其中 $U_{1N}=U_{W\cdot N}$，$U_{2N}=100$ V。

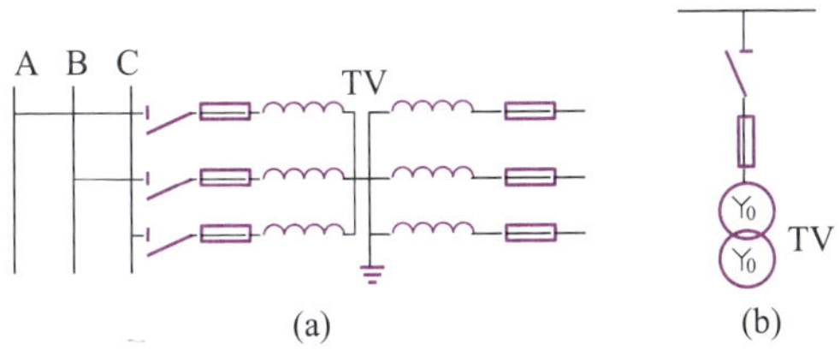

图 4-70　三相三柱式 Y，yn 形 PT 接线

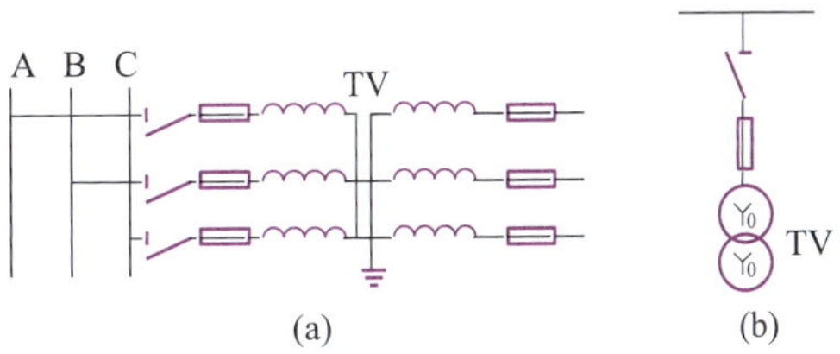

图 4-71　三台单相 YN，yn 形 PT 接线

(5)三相五柱式 YN，yn，△形 PT 接线

三相五柱式 YN，yn，△形 PT 接线如图 4-72 所示。一次绕组接成中性点接地的星形，二次绕组一个接成中性点接地的星形，一个接成开口三角形。这种接线方式可用来测量线电压、相电压和绝缘监视的零序电压，故广泛用于小接地电流电网中。其中 $U_{1N}=U_{W\cdot N}$，$U_{2N}=100$ V，二次绕组开口三角形两端子的额定电压为 100 V，故二次绕组的每相电压为 100/3 V。一、二次绕组中性点及开口三角形绕组一端接地。正常工作时，开口三角零序电压接近于零；发生单相接地故障时，开口三角零序电压接近 100 V，使电压继电器 KV 动作，发出故障信号，适用于三相三线制系统。

(6)三台单相三绕组 YN，yn，△形 PT 接线

三台单相三绕组 YN，yn，△形 PT 接线如图 4-73 所示，这种接线可测量线电压、相对地电压和零序电压，开口三角形接线绕组可作接地保护。其 $U_{1N}=U_{W\cdot N}/\sqrt{3}$，$U_{2N}=100/\sqrt{3}$ V，辅助二次绕组开口三角形两端子的额定电压为 100 V，故二次绕组的每相电压为 100/3 V。一、二次绕组中性点及开口三角形绕组一端接地，适用于三相三线制系统。

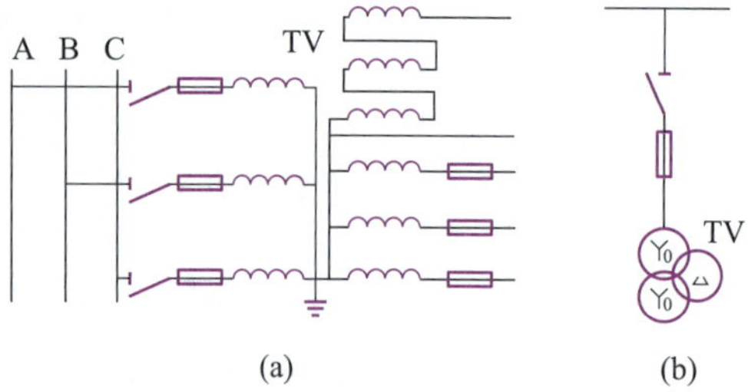

图 4-72　三相五柱式 YN,yn,⊿形 PT 接线

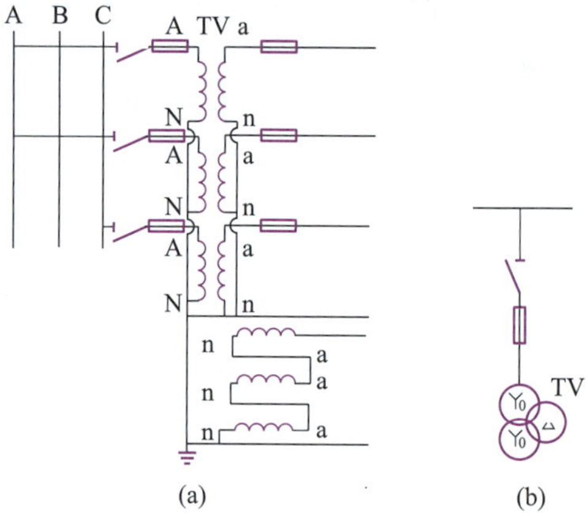

图 4-73　三台单相三绕组 Y0,Y0,⊿形 PT 接线

除三相三柱式 TV 外，一次绕组接成星形的 PT 中性点都接地，不论电力系统中性点是直接接地还是小电流接地(将 PT 的中性点直接接地，均不会改变系统的接地性质。因为 PT 容量很小，阻抗极大，对单相接地电流基本没影响)，绕组中性点接地属于工作接地。

4. 电压互感器的保护

PT 一般用熔断器保护，用隔离开关操作。当 PT 出现短路时，熔断器自动熔断切除故障，但不作为二次侧过负荷保护。因为熔断器熔体的截面是根据机械强度选择的，其额定电流比电压互感器的工作电流大很多倍，二次侧过负荷时可能不熔断。

一般 3～35 kV 的 PT 经隔离开关和熔断器接入高压电网。110 kV 及以上电网，PT 只经过隔离开关与电网连接。380～500 V 的低压配电装置中，PT 可以直接经熔断器与电网连接，而不用隔离开关。PT 的二次侧都必须装设低压熔断器，作互感器二次侧过负荷或短路保护。

两只单相 PT 接成 V，v 形，中性线 N 不能装设熔断器，二次绕组接成开口三角形一般也不装熔断器。因此，电压互感器中性线和开口三角形接线二次绕组回路中，均不装设保护设备。

5. 电压互感器的类型和型号

电压互感器按用途分包括测量用和保护用两种。测量用准确度要求较高，规定为 0.1、0.2、0.5、1、3；保护用准确度较低，一般有 3P 级和 6P 级，用于小接地系统三相五芯柱式电压互感器的开口三角形绕组准确度规定为 6P 级。按结构原理分包括电容分压式、电磁感应式(全绝缘和半绝缘)、数字式、光电式。图 4-74 所示为电压互感器型号及含义。

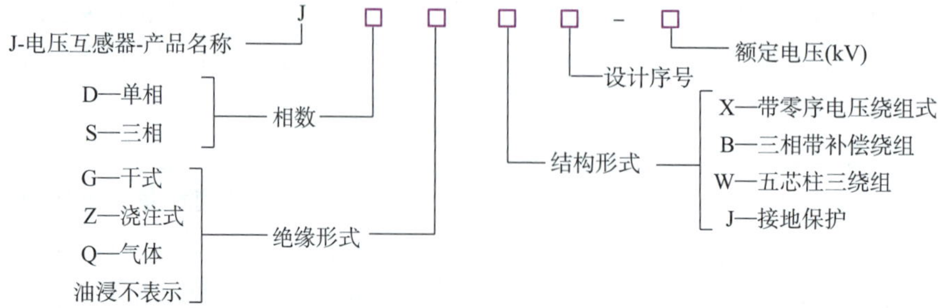

图 4-74　电压互感器型号及含义

例如:型号 JDCF(6)-110W 的含义,J 表示电压互感器,D 表示单相,C 表示串级式带剩余电压绕组,F 表示分别有测量与保护用二次绕组,6 为设计序号,110 表示额定电压为 110 kV,W 表示防污型产品。

6. 电压互感器的选型

(1)电压互感器形式

根据安装地点和工作要求选择电压互感器的形式。

(2)电压互感器额定电压

电压互感器额定电压应不低于装设点线路额定电压,二次侧额定电压均为 100 V。

(3)电压互感器的准确度

准确度是指在规定的一次电压和二次负荷变化范围内,负荷的功率因数为额定值时,电压误差的最大值,有六个准确度级——0.1、0.2、0.5、1、3、3P、6P。电压互感器的准确度按测量仪表要求选择,0.5 级及以下用于收费用的电度计量表。1.0～3.0 级一般用于测量和继电保护装置,3P 和 6P 用于继电保护。

额定容量是指最高准确度下的额定容量。JDZ-10 型电压互感器,各准确级下的额定容量为:0.5 级——80 V·A,1 级——120 V·A,3 级——500 V·A,则该电压互感器准确度为 0.5 级的额定容量为 80 V·A。与 TA 一样,要求在某些准确度下测量时,二次负载不应超过该准确度级规定的容量,否则准确度级下降,测量误差满足不了要求。

准确度的校验要满足

$$S_{2N} \geqslant S_2 = \sqrt{(\sum P_u)^2 + (\sum Q_u)^2}$$

式中　S_{2N}——二次侧额定负荷;

S_2——二次回路负荷;

$\sum P_u$,$\sum Q_u$——所接测量仪表和继电电压线圈消耗的总有功功率和总无功功率,其值分别为

$$\sum P_u = \sum (S_u \cos \varphi_u)$$

$$\sum Q_u = \sum (S_u \sin \varphi_u)$$

※ 电压互感器使用注意事项

1. 电压互感器工作时,一、二次侧不得短路

由于电压互感器二次回路中的负载阻抗较大,其运行状态接近于开路,当发生短路时,将产生很大的短路电流,可能造成电压互感器烧毁;其一次侧并联在主回路中,若发生短路会影响主电路的安全运行。因此电压互感器工作时,一、二次侧不得短路,一、二次侧都必须装设熔断器进行短路保护。

2. 电压互感器二次侧有一端必须接地

为了防止一、二次绕组间绝缘击穿时,一次侧的高压串入二次侧,危及设备及人身安全。通常将电压互感器二次侧的公共端接地。

3. 电压互感器接线时,必须注意其端子的极性

电压互感器接线时,按要求的相序进行接线,防止接错极性,否则会引起某一相电压升高,引发事故。

技能训练

电压互感器的接线方式有几种？适合什么场合？

____。

任务评价

学生评价：____。

教师评价：____。

任务6　高压开关柜认知

学习目标

知识目标

1. 了解高压开关柜的类型、作用和特点；
2. 掌握高压开关柜的选型方法和“五防”知识。

技能目标

1. 具备高压开关柜识别、选择和接线的技能；
2. 能够识别高压开关柜的型号含义；
3. 具备高压开关柜的“五防”技能。

素质目标

1. 养成按图施工、按图检修和按图操作的习惯；
2. 具有精益求精的工匠精神；
3. 具备较强的责任心和敬业精神。

预习任务

1. 收集高压开关柜的相关产品手册；
2. 查找开关柜的相关规范和标准。

任务导入

高压开关柜是以断路器为主的电气设备，生产厂家根据电气一次主接线图的要求，将有关的高低压电器（包括控制电器、保护电器、测量电器），以及母线、载流导体、绝缘子等装配在封闭的或敞开的金属柜体内，作为电力系统中接受和分配电能的装置，即是按一定的线路方案将有关电气设备组装在封闭的金属外壳内的成套配电装置。

知识链接

一、高压开关柜的用途

高压开关柜广泛应用于配电系统，作接受与分配电能之用。既可根据电网运行需要将一部分电力设备或线路投入或退出运行，也可在电力设备或线路发生故障时将故障部分从电网中快速切除，从而保证电网中无故障部分的正常运行，以及设备和运行维修人员的安全。因此，高压开关柜是非常重要的配电设备，其安全、可靠运行对电力系统具有十分重要的意义。

二、高压开关柜的特点

高压开关柜具有电能汇集、分配、计量和保护等功能。高压开关柜是按一定的线路方案将有关一、二次设备组装在一起的机械/电气联锁机构，装有接地的金属外壳，其外壳有支承和防护作用，同时具有抑制内部故障的功能。

开关柜正常使用需要满足一定的条件，比如周围环境温度上限和下限；海拔高度上限，地震烈度上限；日平均环境湿度上限；还有火灾、爆炸危险、污染、化学腐蚀及振动的要求等。

三、高压开关柜的分类

高压开关柜按断路器安装方式可分为手车式（或移开式，用 Y 表示）和固定式（用 G 表示）。手车式开关柜柜内的主要电器元件（如：断路器）是安装在可抽出的手车上，常用的手车有隔离手车、计量手车、断路器手车、PT 手车、电容器手车和所用变手车等。固定式开关柜柜内所有的电器元件（如：断路器或负荷开关等）均为固定式安装。

根据断路器的放置位置可分为中置式和落地式两种，中置式断路器放置在柜子中间，落地式断路器放置在柜子底部。

按开关柜结构类型可分为铠装式、间隔式和箱式变电站。铠装式开关柜各室间用金属板隔离且接地，如 KYN 型和 KGN 型开关柜。间隔式开关柜各室间是用一个或多个非金属板隔离，如 JYN 型。箱式变电站具有金属外壳，但间隔数目少于铠装式或间隔式，如 XGN 型。

根据开关柜的绝缘类型可分为空气绝缘金属封闭开关柜和 SF_6 气体绝缘金属封闭开关设备。

四、高压开关柜的结构

手车铠装式高压开关柜由固定的柜体和可抽出部件（简称手车）两大部分组成，具体包括柜体、母线室、手车室、电缆室、继电器仪表室等。

1. 柜体

开关柜的外壳和隔板可采用镀铝锌钢板，柜体不仅要求具有高精度、抗腐蚀与抗氧化，还要求高机械强度、外形美观，柜体一般采用组装结构，用拉铆螺母和高强度螺栓连接而成，保证装配好的开关柜尺寸上保持统一性。

开关柜用隔板分成手车室、母线室、电缆室和继电器仪表室，每一单元均要良好接地。

2. 母线室

母线室一般布置在开关柜的背面上部，用于安装布置三相高压交流母线及通过支路母线实现与静触头连接。母线全部需要用绝缘套管塑封，母线穿越开关柜隔板时，用母线套管固定，当内部出现故障电弧时，能限制事故蔓延到相邻柜体，并能保障母线的机械强度。

3. 手车室

在手车室内安装有特定的导轨，方便设备手车在导轨上滑行与工作。手车能在工作位置、试验位置来回移动。静触头的隔板（活门）安装在手车室的后壁上。手车从试验位置移动到工作位置过程中，隔板能自动打开，手车从工作位置移动到试验位置过程中，隔板能自动闭合，从而保障了操作人员不触及带电体。

4. 电缆室

电缆室内可安装电流互感器、接地开关、避雷器（过电压保护器），以及电缆等附属设备，并在其底部配制开缝的可装卸铝板，确保现场施工的方便。

5. 继电器仪表室

继电器室的面板上装有微机保护装置、操作手柄、保护出口硬压板、各种仪表、状态指示灯（或状态显示器）等；继电器室内，安装有端子排、微机保护控制回路直流电源开关、微机保护工作直流电源、储能电机工作电源开关（直流或交流），以及特殊要求的二次设备等。

五、高压开关柜的手车位置

1. 工作位置

工作位置手车设备与一次设备有直接电的联系，手车二次插头可以插在插座上，二次回路能够获得电源。比如断路器合闸后，电功率可以从母线经断路器传至输电线路，可以对断路器进行分合闸操作，对应指示灯能够点亮。

2. 试验位置

试验位置手车二次插头可以插在插座上，二次回路能够获得电源，但是手车设备与一次设备没有直接电的联系。比如断路器的二次控制回路获得电源，可以进行分合闸操作，对应指示灯能够点亮；但是断路器与一次设备没有直接的联系，进行各项操作不会对负荷侧有任何影响，这就是试验位置。

3. 检修位置

检修位置手车设备与一次设备（母线）彻底没有任何联系，比如断路器失去操作电源（二次插头已经拔下），断路器只能处于分闸位置。

六、高压开关柜的“五防”

电力系统的电气操作都需要遵循一定的操作程序，每一个操作步骤都是固定且不可跳跃的，因此为了防止运行人员、检修人员和其他的人员因为操作不当而引起不必要的事故，提出了“五防”闭锁措施。

即所谓“五防”：

(1)防止误分、误合断路器。断路器手车必须处于工作位置或试验位置时，断路器才能进行合、分闸操作。

(2)防止带负荷误拉、误合隔离开关(包括防带负荷移动断路器手车)。隔离开关带负荷操作会拉出电弧损坏设备，因此不允许带负荷操作。断路器手车只有断路器处于分闸状态时才能进行拉出或推入工作位置操作。

(3)防止带电误挂地线(带电合接地刀闸)。断路器手车必须处于试验位置时，才能进行接地刀闸的合闸操作。

(4)防止带接地线(接地刀闸处于闭合位置时)误合断路器或负荷开关或隔离开关。接地刀闸必须处于分闸位置时，断路器手车才能推入工作位置进行合闸操作。

(5)防止人员误入带电间隔。断路器手车必须处于试验位置，接地刀处于合闸状态时，才能打开后门；没有接地刀的开关柜必须在高压停电后(打开后门电磁锁)，才能打开后门。

“五防”常采用断路器、隔离开关、接地开关与柜门间的机械方式和电磁联锁方式。为防止误分、误合断路器可采用提示性闭锁，即通常采用的红、绿牌或专用钥匙对应锁定闭锁。其余四防必须使用强制性闭锁。

开关柜的“五防”优先采用机械程序闭锁，“五防”闭锁应不影响断路器分(合)闸速度特性，并具有紧急解锁机构。

七、高压开关柜的型号及含义

高压开关柜全型号的表示和含义如图 4-75 所示。

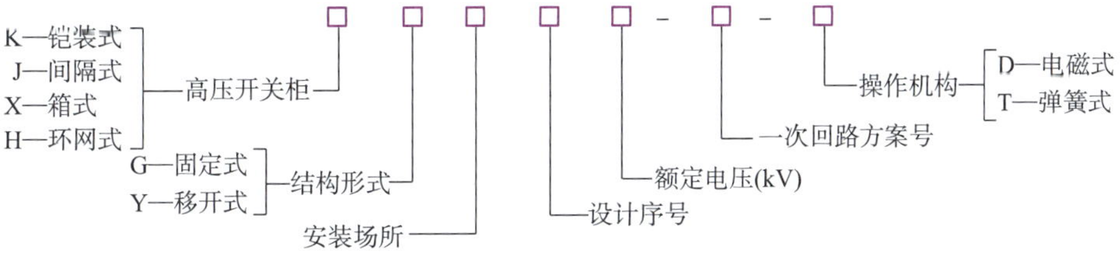

图 4-75　高压开关柜全型号的表示和含义

老系列高压开关柜全型号的表示和含义如图 4-76 所示。

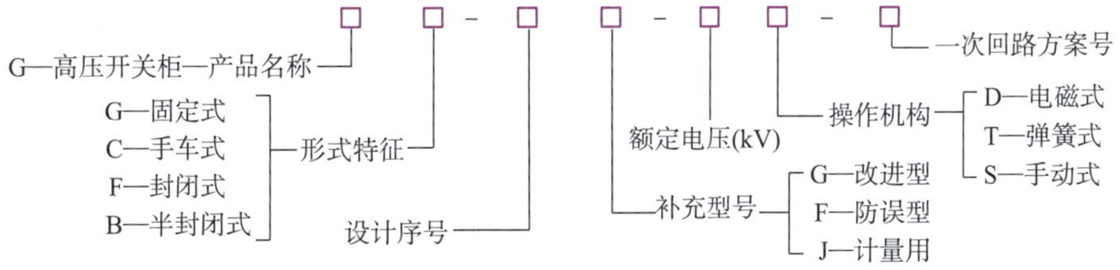

图 4-76　老系列高压开关柜全型号的表示和含义

八、高压开关柜的选型

1. 选择开关柜的型号

主要根据负荷等级选择开关柜系列型号，一般一、二级负荷选择移开式(手车式)开关柜，如 KYN2-10、JYN2-10、JY N1-35 型开关柜，三级负荷选固定式开关柜，如 KGN-10 型开关柜。小型工厂，选用固定式高压开关柜比较多，大中型工厂、高层建筑和牵引供电系统多选用移开式高压开关柜。固定式高压开关柜柜内所有电器部件都固定在不能移动的台架上，构造简单，也较为经济。防误型开关柜装设了防止电气误操作和保障人身安全的闭锁装置。

2. 选择开关柜回路方案号

每一种型号的开关柜，其回路方案号有几十种甚至上百种，用户可以根据主接线方案，选择与主接线方案一致的开关柜回路方案号，然后选择柜内设备(型号)规格。每种型号的开关柜主要有电缆进(出)线柜、架空线进(出)线柜、联络柜、避雷器及电压互感器柜、所用变柜、计量柜等，但各型号开关柜的方案号可能不同。

普通工厂的变配电所及对防爆、防火要求不高的场所，可选用配置少油断路器的高压开关柜，而高层建筑和居民区等防火要求较高的场所，应采用配有不可燃的真空断路器或 SF_6 断路器的高压开关柜。

任务评价

学生评价：____

____

____

____。

教师评价：____

____

____

____

____

____。

任务 7　输电线路和杆塔认知与选择

学习目标

知识目标

1. 了解变电所输电线路和杆塔；
2. 掌握输电线路的选择方法；
3. 熟悉杆塔和支柱结构。

技能目标

1. 具备识别杆塔、支柱、母线的技能；
2. 能够识别母线的悬挂或支撑方式。

素质目标

1. 养成按图施工、按图检修和按图操作的习惯；

2. 具有精益求精的工匠精神；

3. 具备较强的责任心和敬业精神。

预习任务

1. 收集母线的分类、材质、断面形状等相关知识；

2. 查阅《铁路电力牵引供电工程施工质量验收标准》(TB 10421—2018)，查找支柱或杆塔与母线的固定方式，支柱和杆塔的种类；

3. 查阅母线对地电气安全距离。

任务导入

牵引供电系统通过输电线路传输电能，用杆塔来固定输电设备，保证设备之间和设备对地之间的绝缘，但是不同电压等级设备具有不同的结构和电气参数要求。

知识链接

牵引变电所输电线路通常采用母线作输电线路，母线是牵引供电系统输配电的重要组成部分，母线将输配电设备的各个载流支路连接在一起，起着汇集、分配和传送电能的作用。它的材质、截面积、连接方式直接关系到传输电流的大小。母线通过绝缘子与支柱或杆塔连接，保证了母线对地的绝缘。

一、牵引变电所输电线路认知

1. 母线的划分

母线根据其结构特征通常分为硬母线、软母线两种。硬母线用铜或铝做成，形状有矩形、圆形、槽形和管形等种类；软母线一般用铜绞线、铝绞线、钢芯铝绞线、扩径空心导线做成，形状多为圆形。铜矩形母线一般用于主变压器至配电室内，其优点是施工安装方便，运行中变化小、载流量大，但造价较高。软母线一般用于室外，因空间大，导线有所摆动也不至于造成线间距离不够。软母线施工简便，造价低廉。常规牵引变电所中 110(220)kV 侧采用钢芯铝绞线为输电母线，27.5(2×27.5)kV 侧采用铜排作输电母线。

2. 变电所用硬母线与软母线型号识别

(1)常规硬母线识别

硬母线实物如图 4-77 所示，硬母线采用铜排或者铝排，其电流密度大、电阻小、集肤效应小、损耗小。而多股细铜线电缆芯面积较同电流等级的母线要大，集肤效应严重，减少了载流量，增加了电压降，损失大，容易发热老化。

牵引变电所常用的两种硬母线的规格有 TMY 和 LMY。比如：TMY-100×10，T—铜，M—母线，Y—硬，100×10—截面长 100 mm×宽 10 mm，即截面为 100 mm×10 mm 的铜排。比如：LMY-80×8，L—铝，M—母线，Y—硬，100×10—截面长 80 mm×宽 8 mm，即截面为 80 mm×8 mm 的铝排。

(a)

(b)

图 4-77　硬母线实物

(2)常规软母线识别

软母线一般就是普通的架空裸导线，软母线实物如图 4-78 所示，常见的有钢芯铝绞线、铜绞线和铝绞线等，牵引变电所常用的两种软母线的规格有 LGJ、TJ、LJ。比如：LGJ-300/35，L—铝，G—钢芯，J—绞线，300—铝芯截面积 300 mm^2，35—钢芯截面积 35 mm^2。软母线结构如图 4-79 所示。

图 4-78　软母线实物

(a)钢芯铝绞线

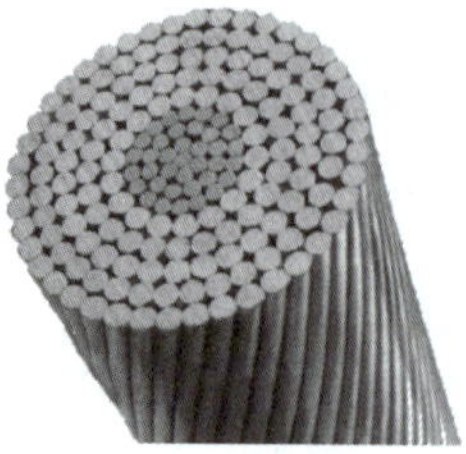

(b)钢芯铝绞线

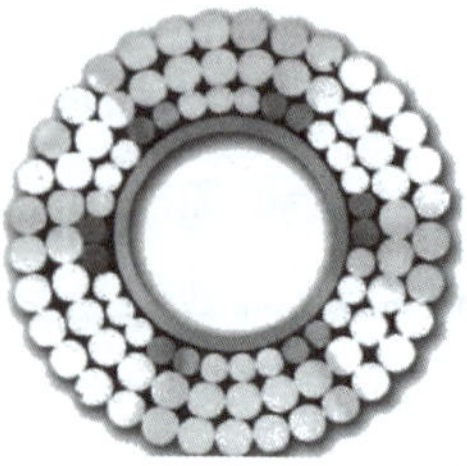

(c)扩径空心导线

(d)扩径空心导线

图 4-79　软母线结构

3. 变电所用导线和避雷线的材料

导线是输电线路的主体，起着传导电流的作用。导线的常用材料有铜、铝、钢，避雷器常用钢和铝。

二、杆塔和支柱认知

牵引变电所内常用的杆塔和支柱根据材质组成可分为，由钢筋混凝土制成的砼柱（图 4-80）和钢材制成的 H 型钢柱或格构式钢柱（图 4-81），砼柱一般用在 110 kV 牵引变电所内，高铁 220 kV 牵引变电所内一般使用钢柱和格构式钢柱，钢柱主要用于牵引所内设备的支柱，格构式钢柱主要用于组装外电源进线 H 型门型架构（图 4-82）、II 型终端架构。

图 4-80　砼柱

图 4-81　钢柱

三、母线与支柱或杆塔固定方式

1. 支撑方式

棒式支持绝缘子固定在支柱上后，硬母线或软母线采用相应型号的母线固定金具固定在支持绝缘子上，支持绝缘子如图 4-83 所示。

图 4-82　进线 H 型门型架构

图 4-83　支持绝缘子

2. 悬挂方式

悬式绝缘子如图 4-84 和图 4-85 所示，悬式绝缘子与杆塔悬挂点连接后，绝缘子通过金具与软母线连接固定。每一节绝缘子大约承受电压10～20 kV，电压等级越高，所需绝缘子片数就越多，通常750 kV一般采用32片，500 kV一般采用23～25片，330 kV一般采用16～18片，220 kV一般采用11～13片，110 kV一般采用7～8片，66 kV一般采用5片，35 kV一般采用3～4片，10 kV只用1～2片绝缘子。根据不同电压等级有相应型号的复合材料绝缘子。

图4-84　悬式绝缘子(一)

图4-85　悬式绝缘子(二)

四、牵引变电所输电线路选择

1. 架空输电线路截面选择及校验

(1)经济电流密度

35 kV及以上或35 kV以下但长距离、大电流的线路一般都是按经济电流密度选择导线，架空和电缆线路经济电流密度见表4-8。

表4-8　架空和电缆线路经济电流密度

线路类别	导线材质	年最大负荷利用小时数		
		3 000 h以下	3 000～5 000 h	5 000 h以上
架空线路	铝	1.65	1.15	0.9
	铜	3	2.25	1.75
电缆线路	铝	1.92	1.73	1.54
	铜	2.5	2.25	2

(2)校验机械强度和电压损耗条件

电压损耗计算公式为

$$\Delta U=\frac{PR+QX}{U_N}$$

式中　P——通过线路的有功功率，kW；

Q——通过线路的无功功率，kV；

R——线路的串联电阻，Ω；

X——线路的串联电抗，Ω。

在供电规程中对电压偏差$\Delta U\%$作了规定，当$U_N\geqslant35$ kV时，电压偏差$\Delta U\%$的最大允许变化范围是$10\%U_N$；当$U_N\leqslant10$ kV时，电压偏差$\Delta U\%$的最大允许变化范围是$\pm7\%U_N$导线机械强度应满足的最小截面见表4-9。

表 4-9　导线机械强度最小截面积

线路类别		导线最小截面/mm^2		
		铝及铝合金绞线	钢芯铝绞线	铜绞线
35 kV 及以上线路		35	35	35
3～10 kV 线路	居民区	35	25	25
	非居民区	25	16	16
低压线路	一般	16	16	16
	与铁路交叉跨越	35	16	16

2. 母线的选择和校验

(1)一般汇流母线按持续工作电流选择母线截面,应满足:

$$I_{al} \geqslant I_{30}$$

(2)对年平均负荷、传输容量较大的母线,宜按经济电流密度选择其截面:

$$A_{ec} \geqslant \frac{I_{30}}{J_{ec}}$$

(3)硬母线动稳定度校验:

母线材料最大允许应力 σ_{al}(Pa)满足:

$$\sigma_{al} \geqslant \sigma_c$$

式中　σ_c——母线通过 $i_{sh}^{(3)}$ 时所受到的最大计算应力,其值为

$$\sigma_c = \frac{M}{W}$$

其中,M——母线通过三相短路冲击电流 $i_{sh}^{(3)}$ 时受到的弯曲力矩,其值为

$$M = \frac{F_c^{(3)} l}{K}$$

其中,K 为系数当母线档数为 1～2 档时,$K=8$;当母线档数大于 2 时,$K=10$。l 为档距,m;其中,W 为母线截面系数,矩形母线截面系数 W 满足 $W=\frac{b^2h}{6}$,其中,b 为母线截面的水平宽度,m;h 为母线截面的垂直高度,m。圆形母线截面系数 W 满足 $W=\frac{\pi d^3}{32}$,其中,d 为截面直径,m。

三相短路时,中间相受到的最大计算电动力为

$$F_c^{(3)} = \sqrt{3}(i_{sh}^{(3)})^2 \frac{l}{a} \times 10^{-7} \quad (\text{N})$$

式中　a——相邻导线的轴线间距离,m;

l——导线两相邻支点间距离,即档距;

$i_{sh}^{(3)}$——三相短路电流的峰值,高压电网三相短路冲击电流的峰值 $i_{sh}^{(3)}=2.55I_k^{(3)}$,低压电网三相短路冲击电流的峰值,$i_{sh}^{(3)}=1.84I_k^{(3)}$。

(4)校验热稳定度:

导线短路时的最高允许温度不能低于导线短路时的最高温度,根据短路热稳定度要求确定其最小允许截面积,此时最小允许截面积要满足:

$$A \geqslant A_{min} = \frac{I_k^{(3)}}{C}\sqrt{t_{ima}}$$

式中　C——导体的热稳定系数，C 查母线相关设计手册，部分参数见表 4-10；

t_{ima}——短路发热假想时间，其计算公式为 $t_{ima}=t_k+0.05=t_{op}+t_{oc}+0.05$。$t_{oc}$ 为继电保护装置实际最长动作时间。t_{op} 为断路器（开关）的断路时间，对一般高压断路器（如油断路器）取 0.2 s；对高速断路器（如真空断路器）取 0.1～0.15 s。

表 4-10　导体正常和短路时的最高允许温度及热稳定系数

导线种类	导线材料	最高允许温度/℃		热稳定系数 C/A
		正常(θ_L)	短路(θ_K)	
母线	铜	70	300	171
	铜(接触面有锡层)	85	200	164
	铝	70	200	87

技能训练

1. 27.5 kV 软母线室外对地安全距离是多少？答：________________。
2. 110 kV 软母线室外对地安全距离是多少？答：________________。
3. 220 kV 软母线室外对地安全距离是多少？答：________________。

任务评价

学生评价：____

____

____

____。

教师评价：____

____

____

____

____

____。

任务 8　集中接地箱认知

学习目标

知识目标

1. 了解集中接地箱的重要性；
2. 掌握集中接地箱的组成。

技能目标

1. 具备识别和绘制集中接地箱主接线的技能；

2. 能够识别集中接地箱的各部件。

素质目标

1. 养成按图施工、按图检修和按图操作的习惯；
2. 具有精益求精的工匠精神；
3. 具备较强的责任心和敬业精神。

预习任务

1. 收集 AT 牵引所、直供牵引所集中接地箱主接线图；
2. 查找资料了解接地箱的组成部分。

任务导入

牵引变电所集中接地箱是牵引变电所内的集中接地回流装置，提供主变压器地、轨(架空)回流，以及并联电容器组、所用变、动力变等设备的接地回流，是使牵引变压器馈出相电流与变压器流回电流相同的关键连接设备。在运行中集中接地箱是一件看似安全其实很危险的设备，若回流线接触不好回流不畅，大电流在钢轨或地中传导，可能导致铁路信号设备烧毁、钢轨烧毁、接触网支柱烧毁等事故发生。

知识链接

一、集中接地箱主要组成部件

牵引变电所集中接地箱通常包括箱体外壳、汇流铜母排、电流互感器、绝缘小磁柱，以及电流回路二次端子排这些部件。

二、集中接地箱主接线

1. AT 牵引变电所集中接地箱主接线

AT 牵引变电所集中接地箱主接线如图 4-86 所示，AT 供电方式常规集中接地箱实物如图 4-87 所示。

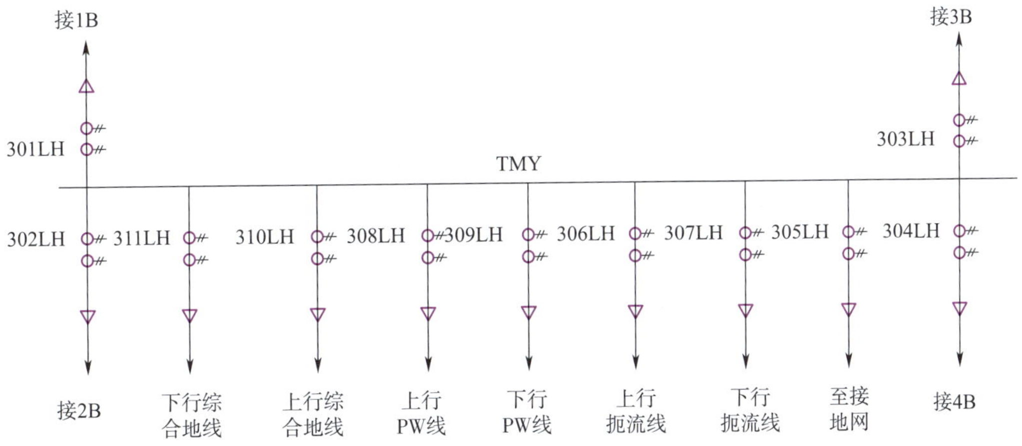

图 4-86　AT 牵引变电所集中接地箱主接线

图 4-87　AT 供电方式常规集中接地箱实物

2. 直供牵引变电所集中接地箱主接线

直供方式常规集中接地箱主接线如图 4-88 所示。回流电缆采用 1 kV 交联聚乙烯绝缘电力电缆,非磁性铠装。直供方式常规集中接地箱实物如图 4-89 所示。

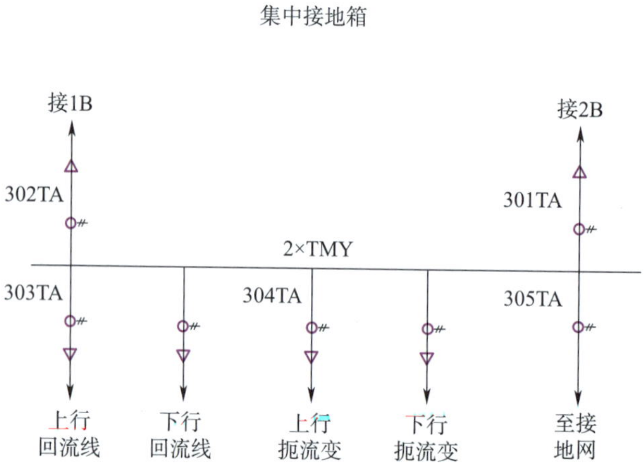

图 4-88　直供方式常规集中接地箱主接线

图 4-89　直供方式常规集中接地箱实物

技能训练

集中接地箱的二次电流额定值选取 1 A 还是 5 A，是根据什么确定的？

____

____

____。

任务评价

学生评价：____

____

____

____。

教师评价：____

____

____

____

____

____。

任务 9　牵引供电系统一次设备施工

学习目标

知识目标

1. 了解电气设备施工顺序、运行维护方法等；
2. 熟悉电气设备的施工工艺和方法；
3. 掌握牵引供电系统的施工顺序、工序和方法；
4. 理解对牵引供电系统施工界限划分。

技能目标

1. 具备一次设备施工作业、试验操作和运行维护的技能；
2. 能够识别牵引供电系统施工限界。

素质目标

1. 养成按图施工、按图检修和按图操作的习惯；
2. 具有精益求精的工匠精神；
3. 具备较强的责任心和敬业精神。

预习任务

1. 收集资料查找牵引供电系统施工包含哪几部分；

2. 查阅《铁路电力牵引供电工程施工质量验收标准》(TB 10421—2018)的附录B单位工程、分部工程、分项工程、检验批划分表,了解牵引供电系统施工单位工程划分原则;

3. 根据牵引变电所主要设备类型了解其安装方式和技术要求。

任务导入

牵引变电所一次侧设备是直接用于输、配电能的高压电气设备,如:变压器、断路器、隔离开关、电流互感器、电压互感器、避雷器、GIS组合电气柜、AIS开关柜、GIS开关柜。不同设备的施工安装方式和技术要求参数不同。

知识链接

牵引供电系统施工按照设计图纸和概算组成可划分为牵引变电和接触网两个专业。牵引变电专业施工按单位工程划分包含牵引变电所、分区所、AT所、开闭所、调度系统、接触网隔离开关控施工,接触网专业施工包含线路接触网、供电线、回流线三大部分。运行维护单位供电段内对牵引供电系统划分界限同施工划分界限基本一致。

一、施工顺序

(1)施工前准备工作包括:现场勘察、设计联络、作业指导书及技术交底书编制、图纸审核、设备及材料计划、专项施工方案编制等。

(2)房建专业施工期间准备工作包括:标高引入、场坪放坡、室内槽钢预埋、管线预埋、场坪回填与接地网施工配合、交叉施工时合理划分施工区域,并合理安排设备到货计划等。

(3)基础施工及构支架组立包括:核对图纸基础数量及类型,确保满足现场实际需求;整体放线,确保各设备基础在同一直线、同一平面上;基础制作一次成型,完成后着重成品保护;构支架组立时确保朝向一致,各型支架预留孔位正确,安装完成后在同一垂直平面。

(4)设备安装:设备到货时做好开箱检查记录,根据提前编制好的作业指导书及技术交底书针对变压器、断路器、互感器、隔离开关、避雷器、盘柜等不同设备分别安装,要求厂家到场指导,对需要进行试验、测试的设备及时联系有相关资质的测试单位进行试验,并出具试验报告。

(5)电缆敷设及配线:电缆敷设前需对整盘电缆进行测试,电缆敷设时应按照图纸要求进行敷设,在满足实现功能的条件下确保敷设及配线整齐美观。施工完成后进行设备单体测试,并进行整组传动试验,综合自动化系统调试,电力调度所远动调试。

(6)所有施工完成进行静态验收、施工缺陷处理、送电开通、动态验收及参与联调联试。

二、主要施工工序及方法

1. 设备基础施工

(1)基坑开挖(图4-90)

基坑开挖的位置应以施工测量的中心桩为准,分区域、分批次开挖。基坑开挖的尺寸应按基础的外形及土质的种类来确定。松软土质和填方地带应适当加大坑口,以方便支模及拆模。坚硬土质地带宜不设外模板,按基础外形尺寸挖坑,露出地面部分仍应用模型板。整体坚石地带宜按杯形基础内口尺寸或支柱外径加大50～100 mm开挖。基坑开挖后,采用动力触探仪检测土壤承载力,确认压实系数。如地质情况与设计不符,不能保证工程质量时,应与设计单位联系解决。

(2)基础浇筑

①工艺流程：a. 垫层浇筑(图4-91)；b. 模板支护(也称基础支模，见图4-92)；c. 地脚螺栓安装或预埋件安装；d. 混凝土浇筑；e. 基础收面(也称成形基础，见图4-93)；f. 基础拆模；g. 基础养护。

②工艺要求：a. 基础表面应光滑平整、棱角分明。b. 同型基础纵横排列整齐、中心线、外沿线分别在一直线上。独立电气设备基础纵横轴线中心位置允许偏差±10 mm，顶面高程允许偏差$^{0}_{-20}$ mm；三相联动设备基础纵横轴线中心位置允许偏差±10 mm，顶面高程允许偏差$^{0}_{-10}$ mm；构架、支架基础纵横轴线中心位置允许偏差±20 mm，顶面高程允许偏差$^{0}_{-10}$ mm。

图4-90　基坑开挖

图4-91　垫层浇筑

图4-92　模板支护

图4-93　基础收面

2. 构支架组立施工

(1)构支架机械吊装组立

牵引变电所内的构支架主要类型有H型钢柱、格构式钢柱、门型架构、砼柱，现以钢柱为例进行施工说明。根据被吊钢柱重量、高度和所内场坪情况确定起重机停靠位置，确定吊绳绑扎位置，在距吊绳上端100 mm处绑扎3根晃绳。指挥起重机将钢柱吊离地面转到基础上方，用手稳住钢柱使其底座孔对准螺栓，然后落钩就位。放松吊钩使吊绳处于松弛状态，同时拉紧晃绳使钢柱立直。确认钢柱位置调好后，紧固螺栓，使其固定可靠，且晃绳不得再进行调整或承受外力。指挥起重机落钩，摘钩。拉脱扣绳将吊绳从钢柱上拽脱。检查确认钢柱的垂直度无异常后，同时松开全部晃绳，逐根甩脱。格构式横梁吊装如图 4-94 所示。

(2)构支架组立工艺要求

进线及终端构架在架线后倾斜度不得大于 3‰，严禁向受力侧倾斜；中间构架及设备支架电杆与地面垂直，倾斜度不得大于 3‰。组立后的母线构架和设备支架应及时进行接地连接。横梁、爬梯、地线架及设备托(支)架安装牢固、紧固件齐全。金属结构件的接地线连接牢固、可靠，布置方式一致。组立架线后的门型架构如图 4-95 所示。

图 4-94　格构式横梁吊装

图 4-95　组立架线后的门型架构

3. 变压器安装施工

(1)变压器施工

在具备大型吊车进场情况下，变压器安装采用机械吊装就位，不具备大型吊车进场情况下采用人工液压顶推就位方式。吊装或顶升的受力点应符合制造厂的规定，受力应均匀。钟罩式变压器起吊时，应将钢丝绳系在油箱专供整体起吊的耳上。主体就位后进行变压器油枕、散热片、绝缘套管、气体继电器、温度传感器等附件组装。安装完毕后的牵引变压器如图 4-96 所示。

图 4-96　安装完毕后的牵引变压器

向变压器注油从下部油阀进油，注油速度不宜大于 100 L/min。220 kV 及以上的变压器宜采用真空注油，不宜在雨天或雾天进行。注油完毕，220 kV 变压器静置 48 h 后，应将各部位的残余气体排尽。变压器安装完毕后，应在储油柜上用气压或油压进行整体密封试验，其压力为 0.03 MPa，试验持续时间为 24 h，应无渗漏。

(2)变压器安装工艺要求

变压器基准线与基础中心线吻合，主体应呈水平状态，允许偏差±10 mm。变压器器身穿芯螺栓与铁芯、铁轭与夹件、螺栓与夹件间的绝缘良好，铁芯应单点接地，如图 4-97 所示。牵引变电所主变压器油池除了铺设鹅卵石外还应安装栅格便于巡视，如图 4-98 所示。

图 4-97　变压器铁芯和夹件分别接地

图 4-98　变压器油池安装网格栅

4. 室外支柱上设备安装

室外支柱上安装设备主要有三级隔离开关、双极隔离开关、单极隔离开关、电流互感器、电压互感器、电流互感器、避雷器、断路器、抗雷线圈等，现就支柱上设备安装共性施工流程和要求进行介绍。室外 220 kV 高压设备安装如图 4-99 所示。

(1)室外支柱上设备安装流程及要求

设备安装前清点包装件数与到货清单是否相符，产品包装是否完整无损，安装设备所有部件、附件、备件齐全，无损伤变形及锈蚀。将设备主体吊装至支柱杆顶板上，螺杆朝上穿入连接螺栓，戴上螺帽，调整其水平度和垂直度，紧固螺栓，装设备附件。

图 4-99　室外 220 kV 高压设备安装

设备安装稳固、紧固力矩符合要求，螺栓穿向一致。设备的接线端子、电缆接线盒位置及朝向统一，高压套管、机构箱、金属构件颜色协调。高压设备保护接地及工作接地连接(图 4-100)可靠。高压设备电缆保护管安装牢固、封堵良好。设备铭牌、观察窗、避雷器计数器宜位于巡视道路侧。电缆保护管紧固法兰如图 4-101 所示。

图 4-100　工作接地与保护接地

图 4-101　电缆保护管紧固法兰

(2)隔离开关、负荷开关安装主要要求

隔离开关、负荷开关分闸时触头打开的距离或角度、合闸时相间的不同期值应符合设计文件要求和产品的技术规定,位置指示器与开关的实际位置相符。110 kV 及以下开关相间距离偏差不应大于 10 mm,220 kV 及以上开关相间距离偏差不应大于 20 mm,相间连杆处于同一水平线上。操动机构固定牢靠,机械闭锁或电气闭锁装置动作灵活、准确可靠。带接地刀闸的隔离开关、接地刀闸开口方向符合设计文件要求。隔离开关安装如图 4-102 所示。

图 4-102　隔离开关安装

(3)互感器安装主要要求

互感器的绕组个数、变比和极性方向符合设计文件要求,电流互感器备用二次绕组应经短路后接地。分级绝缘的电压互感器一次绕组接地端子应单独引至主接地网。具有均压环的互感器,均压环应安装牢固、水平,且方向正确,保护间隙符合产品技术文件要求。互感器安装基座水平,铭牌齐全,相色标志正确,其支架无锈蚀现象。

(4)避雷器安装主要要求

避雷器的安装应垂直牢固可靠,各单元节间接触紧密,均压环应水平,放电计数器密封良好、动作可靠。铭牌应位于易于观察的同侧,工作接地与保护接地线应分别与地网连接,放电计数器绝缘安装。避雷器安装如图 4-103 所示。

(5)高压断路器安装主要要求

高压断路器及其操动机构的安装位置符合设计文件要求,安装牢固,相间距符合产品技术文件要求。高压断路器按产品的部件编号和规定顺序进行组装,不得混装。高压断路器及其传动装置的所有连接部位连接可靠,放松螺母拧紧、锁片锁牢、开口销撇开。高压断路器处于分闸或合闸位置时,各相或各柱传动杆拐臂与分、合闸止钉间的间隙应符合产品技术规定。其传动试验正常,辅助开关、电气和机械闭锁装置动作准确可靠,所有传动部位无卡滞。高压断路器安装如图 4-104 所示。

图 4-103　220 kV 避雷器安装

图 4-104　断路器安装

5. 27.5 kV 高压柜安装施工

预留槽钢、沟槽管洞应与设备要求相符，预留槽钢应高出最终地面 10 mm，并采取防腐措施，底座槽钢、框架和接地母线应接地可靠。槽钢允许偏差不超过 1 mm/m，槽钢全长偏差不超过 5 mm。

柜体及二次回路接地线的安装位置符合设计文件要求，柜内的接地母线两端分别与接地母排或接地网进行连接。开关柜固定牢靠，排列整齐，垂直度偏差小于 1.5 mm/m，相邻两屏柜顶部水平度偏差小于 2 mm/m，成列屏柜水平度偏差小于 5 mm。高压开关柜盘眉、编号、标识、铭牌、模拟线布置整齐统一。柜内配线连接可靠、排列整齐，开关柜与电缆回路对应，进出线电缆的方向、相别正确。开关柜与电缆终端的连接应固定牢靠。开关柜底板处的电缆孔防火封堵符合要求。成列高压柜安装如图 4-105 所示。

(a)　　　　(b)

图 4-105　成列高压柜安装图

技能训练

高压柜、屏接缝允许偏差是多少？________________________。

任务评价

学生评价：____

____

____

____。

教师评价：____

____

____

____

____

____。

任务10　牵引变电所一次设备运行维护

学习目标

知识目标

1. 了解倒闸操作的内容；
2. 熟悉倒闸操作的规范和流程；
3. 掌握变电所倒闸操作；
4. 熟悉牵引变电所倒闸作业的内容和遵守的原则，以及牵引变电所倒闸作业的安全操作步骤。

技能目标

1. 具备按图操作的能力；
2. 具备操作票的书写能力。

素质目标

1. 养成按图设计、按图施工、按图检修和按图操作的习惯；
2. 具有规范和安全意识；
3. 具备文化自信和民族自豪感。

预习任务

1. 倒闸操作的内容；
2. 收集倒闸操作的规范；
3. 查找各类操作票的形式和内容。

任务导入

视频

牵引变电所倒闸操作虚拟仿真

牵引供电系统运行维护的主要工作任务有倒闸操作、事故处理、设备巡视检查、维护和定期切换试验、设备运行参数的收集和归档，以及其他建设和报表工作等。

牵引变电所一次侧设备是直接用于输配电能的高压电气设备，如：变压器、断路器、隔离开关、电流互感器、电压互感器、避雷器、GIS组合电气柜等。牵引供电系统是铁路运输系统的重要组成部分，牵引供电系统施工、运行维护需要完成电气设备安装和操作。牵引变电所电气设备运行维护操作是指牵引供电系统改变运行方式和故障停电检修等停送电操作。倒闸操作要确保工作人员和设备的安全，倒闸操作必须严格执行操作票制度、工作许可制度和工作监护制度。

知识链接

一、牵引变电所倒闸作业要遵守的原则

1. 牵引变电所倒闸作业的内容

牵引变电所倒闸作业主要是倒换电源、倒换变压器、断路器投入和退出等。倒闸操作的具体工作涉及开断断路器、隔离开关和接地刀闸，装设和拆除接地线，安装与取下熔断器

(二次小开关),切换保护回路,检查母线电压、负荷分布和保护状态,调整变压器分接头位置等。

2. 牵引变电所内倒闸作业要遵守的原则

倒闸操作要全面完成操作任务,不得出现任何差错,并保证运行合理(便于事故处理和安全经济),对用户可靠供电并保证供电质量,以及继电保护及自动化装置的可靠运行,此外还要确保在继电保护投入的情况下投入一次设备,绝不允许一次设备不带保护运行。

因此牵引变电所的倒闸作业必须严格遵守操作票制度,倒闸作业不能影响系统功率穿越(变电所汇流母线上有其他变电所的负荷电流流过),不能中断向牵引负荷供电。

3. 牵引变电所内倒闸作业的安全操作步骤

牵引变电所内倒闸作业时,首先需要明确正常运行时两回电源的供电状况和各开关通断情况。再根据倒闸作业任务,依据安全倒闸操作规范完成。

比如:停电时,需要先断开负荷侧设备,后断开电源侧设备;送电时,先闭合电源侧设备,再闭合负荷侧设备。隔离开关与断路器串联时,隔离开关先合后分,断路器先分后合,也就是停电时,先断开断路器后断开隔离开关,送电时,先闭合隔离开关后闭合断路器。而隔离开关与断路器并联时,隔离开关先分后合,断路器先合后分,也就是停电时,先断开隔离开关后断开断路器,送电时,先闭合断路器后闭合隔离开关。而当隔离开关带接地刀闸时,送电需要先断开接地刀闸,后闭合主刀闸;停电需要先断开主刀闸,后闭合接地刀闸。严禁带接地刀闸闭合主刀闸,主刀闸闭合时接通接地刀闸。

二、倒闸操作的顺序

1. 倒闸操作现场必须具备的条件

倒闸操作现场必须具备的条件:变电所的电气设备应有双重编号,即调度名称和编号,一次设备应涂相色漆;运行方式接线图板应和现场相符,未投运设备应标明备用并对开关编号,现场一、二次图纸应与实际相符;接地隔离开关的垂直连杆应漆成黑色,临时接地线的桩头也应漆成黑色并有接地标记;电气设备应具备防误操作功能;现场应具备合格的安全工具、操作工具,接地线必须编号定置存放;具备一定数量的备品备件,如控制熔断器、合闸熔断器等;现场应具有足够的照明,交直流灯具分布应该合理,供操作人员通行的通道应平整畅通,不得有障碍物。

2. 倒闸操作的主要环节

(1)接受预发调度命令(接受操作任务)。

受令人应检查录音设备,并保持录音设备正常运行,使接受调度命令全过程录音;发令人和受令人应互报单位、姓名和本人岗位;受令人在调度命令票上记录调度命令的全文内容,记录发令时间,明确操作目的和意图,询问清楚注意事项,有疑问应及时询问清楚;受令完毕,应逐字逐句复诵,经双方核对无误后,立即记入"运行记录簿"内,受令人立即汇报值班负责人;发布及接受调度命令均应由具备相应资格的人员(正值值班员、副值调度员)进行,并使用标准调度术语,有权发布、接受调度命令人员名单应事先书面公布。

(2)分析操作任务。分析操作任务,要确保设备状态与调令状态一致。

(3)填写操作票。操作票由操作人填写。

(4)审核操作票。监护员要核验操作票并签名,还要在空白处标注"以下空白"。

(5)操作前准备。操作员和监护员做好操作前工器具和安全用具(合格证和绝缘性能)准备和检查。

(6)接受正式操作命令。受令人向发令人汇报准备工作,发令人下发正式调令,受令人做好记录。

(7)模拟预演。一人监护一人操作完成。

(8)正式操作。一人监护,一人操作,逐一唱票,并做好记录。

(9)完成操作,复核运行方式。

(10)汇报完成。受令人向发令人汇报操作完成,并做好记录。

(11)操作评价。

(12)完善记录。

三、电气设备运行操作规范

1. 操作指令

操作指令分为逐项指令、综合指令和单项指令。

(1)逐项指令是指涉及两个及以上单位配合的操作或需要根据前一项操作后对电网产生的影响才能决定下一项的操作。

(2)综合指令是指不需要其他单位配合仅一个单位的单项或多项的操作。

(3)单项指令是指只有一项操作内容,由值班调度员或现场运行人员完成的操作指令。

2. 操作票制度

操作票制度是电力系统防止误操作的主要措施,是操作的书面命令。操作票编制应遵循以下原则:

(1)应拉合的设备[断路器(开关)、隔离开关(刀闸)、接地刀闸等],验电,装拆接地线,安装或拆除控制回路或电压互感器回路的熔断器,切换保护回路和自动化装置及检验是否确无电压。

(2)拉合设备[断路器(开关)、隔离开关(刀闸)、接地刀闸等]后检查设备的位置。

(3)进行停、送电操作时,在拉、合隔离开关(刀闸)、手车式开关拉出、推入前,检查断路器(开关)确在分闸位置。

(4)在进行倒负荷或解、并列操作前后,检查相关电源运行及负荷分配情况。

(5)设备检修后合闸送电前,检查送电范围内接地刀闸已拉开,接地线已拆除。

3. 操作分类

倒闸操作分为:监护操作、单人操作和检修人员操作。

(1)监护操作:由两人进行同一项的操作。监护操作时,其中一人对设备较为熟悉者作监护。特别重要和复杂的倒闸操作,由熟练的运行人员操作,运行值班负责人监护。

(2)单人操作:单人值班的变电站操作时,运行人员根据发令人用电话传达的操作指令填写操作票,复诵无误后进行操作。

(3)检修人员操作:设备检修过程中,由检修人员进行的操作。实行单人操作的设备、项目及运行人员需经设备运行管理单位批准,人员应通过专项考核。

4. 操作规程

(1)电气操作人员应思想集中,电气线路在未经测电笔确定无电前,应一律视为“有电”,不可用手触摸，不可绝对相信绝缘体，应认为有电操作。

(2)工作前应详细检查自己所用工具是否安全可靠，穿戴好必需的防护用品，以防工作时发生意外。

(3)维修线路要采取必要的措施，在开关手把上或线路上悬挂“有人工作、禁止合闸”的警告牌，防止他人中途送电。

(4)使用测电笔时要注意测试电压范围，禁止超出范围使用，电工人员一般使用的电笔，只许在 500 V 以下电压使用。使用验电器验电时，要逐渐靠近带电体验电。

(5)工作中所有拆除的电线要处理好，带电线头包好，以防发生触电。

(6)所用导线及熔断丝，其容量大小必须合乎规定标准，选择开关时必须大于所控制设备的总容量。

(7)工作完毕后，必须拆除临时地线，清点拆除地线数量与安装时一致，并检查是否有工具等物漏忘电杆或接触网上。

(8)检查完工后，送电前必须认真检查，看是否合乎要求并和有关人员联系好，方能送电。

(9)发生火警时，应立即切断电源，用四氯化碳粉质灭火器或黄沙扑救，严禁用水扑救。

(10)工作结束后，必须全部工作人员撤离工作地段，拆除警告牌，所有材料、工具、仪表等随之撤离，原有防护装置随时安装好。

(11)操作地段清理后，操作人员要亲自检查，如要送电试验一定要和有关人员联系好，以免发生意外。

5. 保证安全技术措施

保证安全技术措施主要是停电、验电、装设接地线、悬挂标识牌等。

(1)停电。将检修设备停电，必须把有关的电源完全断开，即断开断路器，打开两侧的隔离开关或者将断路器由“工作”位置摇至“试验”位置，形成明显的断开点，并锁住操作手柄(把手)。

(2)验电。停电后，必须检验已停电设备有无电压，以防出现带电装设接地线或带电合接地刀闸等恶性事故的发生。

(3)装设接地线。当验明设备确实已无电压后，应立即将检修设备装设接地线或闭合接地刀闸。

(4)悬挂标示牌和装设遮拦。工作人员在验电和装设接地线后，应在一经合闸即可送电到工作地点的开关和刀闸的操作手柄(把手)上，悬挂“禁止合闸，有人工作!”的标示牌或在线路开关和刀闸的操作手柄(把手)上悬挂“禁止合闸，线路有人工作!”的标示牌。

四、牵引变电所倒闸操作

电气设备分为运行、备用(冷备用和热备用)、检修三种状态。运行状态是指设备的隔离开关及断路器都在合闸位置。热备用状态是指设备隔离开关在合闸位置，只断开断路器的设备。冷备用状态是指设备断路器，隔离开关均在断开位置，未作安全措施。检修状态是指电气设备的断路器和隔离开关均处于断开位置，并按《牵引变电所安全工作规程》和检修要求做好安全措施。

电气设备由一种状态转换到另一种状态的过程称为倒闸。通过操作隔离开关、断路器，以及挂、拆接地线等方式，使电气设备由一种状态转换到另一种状态或改变系统运行方式时，所进行的一系列操作就是倒闸操作。

1. 牵引变电所一次设备投入运行

牵引变电所安装新设备或者设备检修完成后需要投入运行时，一次设备处于冷备用(所有开关设备均处于断开状态)，要投入运行，首先需要将相关二次设备投入运行，尤其是继电保护设备必须处于投入运行状态，才可以将一次电气设备投入。送电需要首先给 110(220)kV 侧电气设备送电，再给 27.5(55)kV 侧电气设备送电。

一次电气设备投入运行，首先需要处于热备用状态(闭合处于隔离开关)，也就是需要将 110(220)kV 侧和 27.5(55)kV 侧一次电气设备中隔离开关地刀断开，同时闭合隔离开关主刀开关。对于分支接线母线的只需将非电动隔离开关主刀闸闭合。牵引变电所主接线如图 4-106 所示，闭合 1011QS(进线隔离开关)，101QF 之前进线侧所有连通部分设备将全部带电，只有 1011DQS、1012DQS 和 1013DQS 隔离开关的接地刀闸部分不带电。

闭合 101QF(断路器)，变压器和变压器之前进线侧所有连通部分设备均带电。只有 1011DQS、1012DQS 和 1013DQS 接地刀闸不带电。

2. 牵引变电所设备退出运行

牵引变电所设备退出运行时，只需要断开断路器，使系统设备处于热备用状态(隔离开关处于闭合状态)。比如图 4-106 中，断开 101QF(断路器)，进线侧 101QF 之前所有连通部分设备全部带电，101QF 之后设备全部断电。

3. 牵引变电所断路器停电检修(由热备转冷备，再由冷备转检修)

牵引变电所设备停电检修，首先需要断开断路器，使系统设备处于热备用状态(隔离开关处于闭合状态)；然后断开隔离开关主刀，使系统设备处于冷备状态；最后合上地刀，使系统设备处于检修状态。

比如图 4-106 中，101QF(断路器)检修操作过程(设备由热备转冷备，由冷备转检修)。首先断开 101QF(断路器)，然后断开 1011QS(隔离开关)，断开 1013QS(隔离开关)。最后闭合 1013DQS(隔离开关接地刀闸)。

4. 牵引变电所断路器检修结束恢复送电(由检修转冷备，再由冷备转热备，最后由热备转运行)

牵引变电所设备检修结束恢复送电(由检修转冷备，再由冷备转热备，最后由热备转运行)，与停电检修顺序正好相反。首先断开地刀，使系统设备由检修状态，进入冷备状态；然后闭合隔离开关主刀，使系统设备由冷备状态进入热备状态；最后闭合断路器，使系统设备由热备用状态进运行状态。

比如图 4-106 中，101QF(断路器)检修结束恢复送电操作过程(设备由检修转冷备，由冷备转热备)，首先断开 1013DQS 地刀(隔离开关接地刀闸)，然后闭合 1013QS(隔离开关)主刀，再闭合 1011QS(隔离开关)。最后闭合 101QF(断路器)恢复送电。

五、隔离开关操作

牵引供电系统的主要一次设备主要有断路器、隔离开关、熔断器、电流互感器、电压互感器

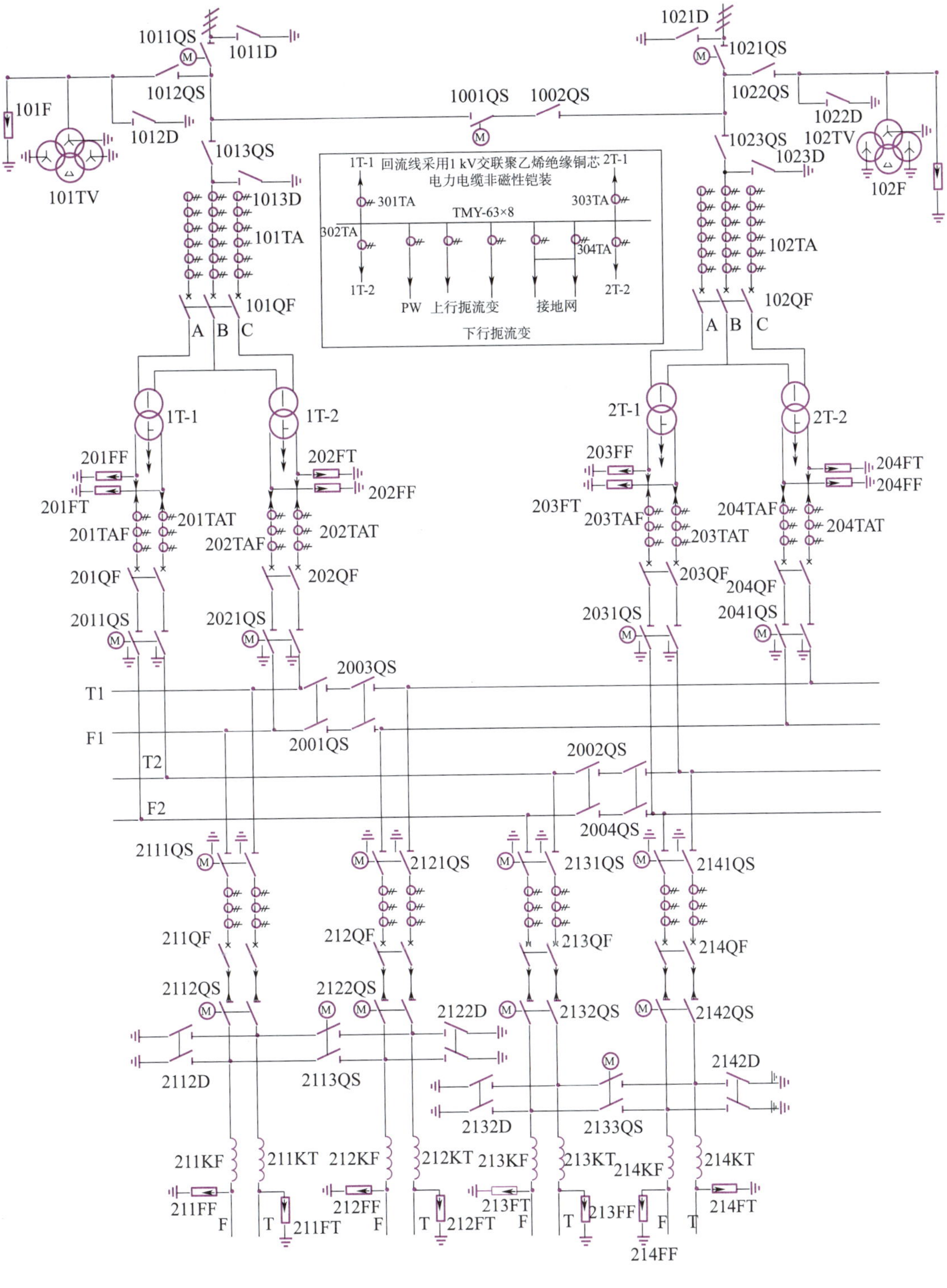

图 4-106　牵引变电所主接线

等。其中隔离开关在改变系统运行方式时经常需要配合断路器工作，在系统维护检修时用来保证工作人员安全。

隔离开关是牵引供电系统运行操作的主要电气设备，需要根据操作规范进行操作。

1. 隔离开关的作用和分类

隔离开关在检修设备时,可以实现停电检修部分与带电部分之间的可靠隔离,形成具有明显可见断口的绝缘间隔,保证工作人员(检修人员工作时)和设备的安全;与断路器相配合实现倒闸作业,改变系统运行方式;隔离开关还能够开断小电流电路和旁路电路。隔离开关断开和闭合状态如图 4-107 所示。

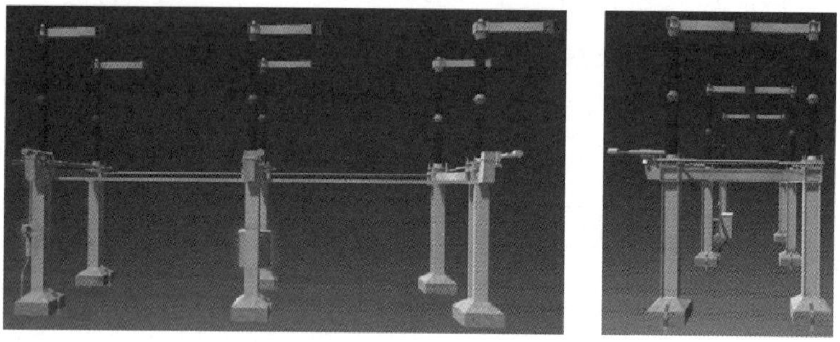

(a) (b)

图 4-107 隔离开关断开和闭合状态

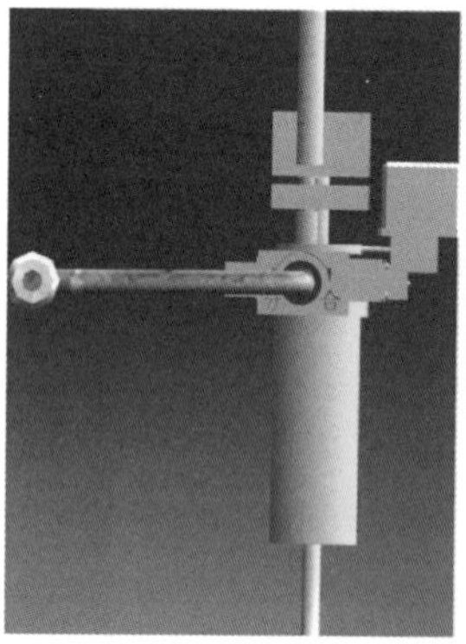

图 4-108 手动操动机构

隔离开关按照装设地点分有户内和户外隔离开关;按照动触头运动方式分有水平旋转式、垂直旋转式、水平伸缩式、垂直伸缩式;根据隔离开关的操动机构又分为手动操动机构(图 4-108)、电动操动机构(图 4-109)、气动操动机构和液压操动机构,其中,用得比较多的是手动和电动操动机构。根据是否有接地刀闸可以分为两种,带接地刀闸的隔离开关和不带接地刀闸的隔离开关,带接地刀闸的隔离开关又分为一侧带接地刀闸的隔离开关和两侧带接地刀闸的隔离开关。

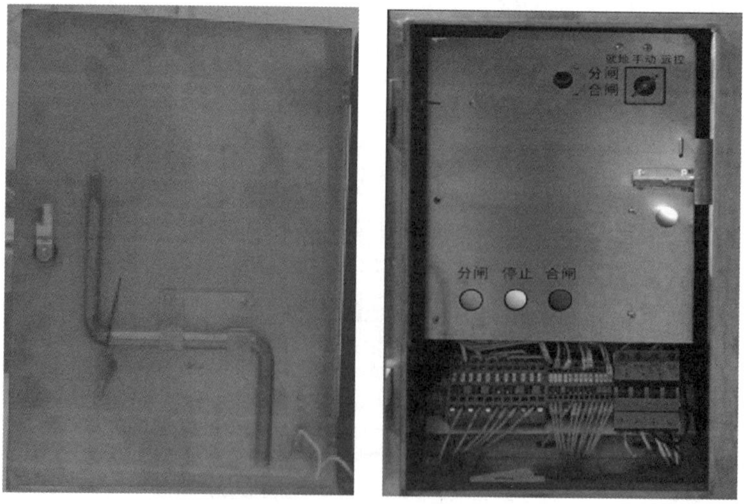

(a) (b)

图 4-109 电动操动机构

2. 带接地刀闸隔离开关的操作规范

高压开关柜中的接地开关除采用合理、可靠的闭锁功能以外，操作人员仍必须严格执行电力行业标准《电力安全工作规程 发电厂和变电站电气部分》(DL/T 408—2023)，采取安全的组织措施和技术措施，严格执行操作票制度、工作许可证制度等各项规章制度，只有这样，才能杜绝误合、误分接地开关，确保人身安全和用电安全。

隔离开关断开时，需要先断开主刀闸，然后再闭合接地刀闸；隔离开关闭合时，需要先断开接地刀闸，然后闭合主刀闸。要特别注意的是，严禁接地刀闸闭合时，强行闭合主刀闸。否则会形成比较大的短路电流，造成很严重的后果。

带接地刀闸隔离开关(图 4-110)的操动机构箱配有主刀闸机构箱和接地刀闸机构箱，这两个机构箱可以都是电动的机构箱，当然也可以是一个电动机构箱，一个手动机构箱。电动操动机构的控制方式有就地控制、手动控制和远方控制三种。就地控制就是在隔离开关所在地进行控制操作，电动机构箱采用电动控制方式。手动控制也是在隔离开关所在地对隔离开关进行控制操作，也就是只是采用手动摇把控制隔离开关的操作。远方控制是在远方控制隔离开关操作，一般控制端在调度中心或者变电所控制室。手动操动机构箱的控制方式，只能使用摇把(操作手柄)完成隔离开关的分合操作。

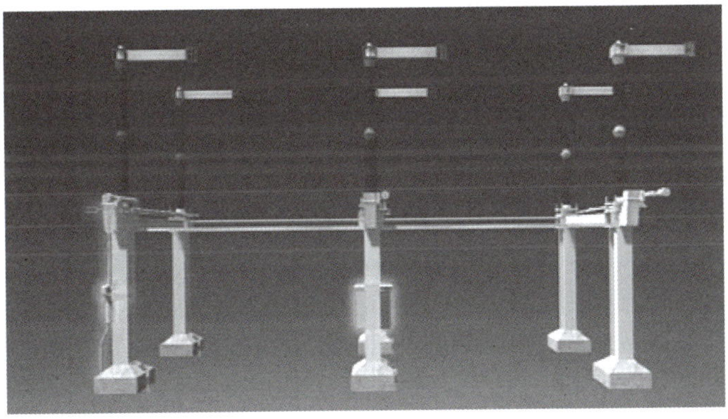

图 4-110　带地刀的隔离开关

技能训练

如何操作带接地刀闸的隔离开关？

____

____

____。

任务评价

学生评价：____

____

____

____。

教师评价：____

____

____

____

____

____。

巩固提升

一、单选题

1. 电流频率为 50 Hz，大地电导率为 $10^{-3}(\Omega\cdot cm)^{-1}$ 时，等效深度是（　　）。

A. 295 m　　B. 932 m　　C. 930 m　　D. 2 949 m

2. 下列属于"导线—地回路"自阻抗计算公式的是（　　）。

A. $0.145\lg\frac{D_g}{R_{eq}}(\Omega/km)$　　B. $(r+0.05)+j0.145\lg\frac{D_g}{R_{eq}}(\Omega/km)$

C. $0.05+j0.145\lg\frac{D_g}{d_{12}}(\Omega/km)$　　D. $z_1-\frac{z_{12}^2}{z_2}(\Omega/km)$

3. 下列属于"两导线—地回路"之间互阻抗计算公式的是（　　）。

A. $0.145\lg\frac{D_g}{R_{eq}}(\Omega/km)$　　B. $(r+0.05)+j0.145\lg\frac{D_g}{R_{eq}}(\Omega/km)$

C. $0.05+j0.145\lg\frac{D_g}{d_{12}}(\Omega/km)$　　D. $z_1-\frac{z_{12}^2}{z_2}(\Omega/km)$

4. 下列属于单线铁路牵引网阻抗计算公式的是（　　）。

A. $0.145\lg\frac{D_g}{R_{eq}}(\Omega/km)$　　B. $(r+0.05)+j0.145\lg\frac{D_g}{R_{eq}}(\Omega/km)$

C. $0.05+j0.145\lg\frac{D_g}{d_{12}}(\Omega/km)$　　D. $z_1-\frac{z_{12}^2}{z_2}(\Omega/km)$

5. 下列属于两条钢轨构成的"导线—地回路"等效阻抗计算公式的是（　　）。

A. $\frac{r_g}{2}+0.05+j0.145\lg\frac{D_g}{\sqrt{R_{eq\cdot g}d_g}}(\Omega/km)$　　B. $r_j+0.05+j0.145\lg\frac{D_g}{R_{eq\cdot j}}(\Omega/km)$

C. $0.05+j0.145\lg\frac{D_g}{d_{12}}(\Omega/km)$　　D. $z_1-\frac{z_{12}^2}{z_2}(\Omega/km)$

6. 下列属于承力索与接触线距离计算公式的是（　　）。

A. h　　B. $h-\frac{1}{3}f_c$　　C. $h-\frac{2}{3}f_c$　　D. $h-f_c$

7. 我国铁路采用的标准轨距尺寸是（　　）。

A. 1 435 mm　　B. 1 676 mm　　C. 1 524 mm　　D. 1 067 mm

8. 标幺值法短路计算时，通常基准值选取（　　）。

A. 基准阻抗　　B. 基准容量　　C. 基准电压　　D. 基准电流

9. 下列属于单相接地短路复合序网图的是（　　）。

A. 正序、负序和零序串联　　B. 正序、负序和零序并联

C. 正序、负序并联，零序独立　　D. 正序、负序串联，零序独立

10. 下列属于两相接地短路复合序网图的是(　　)。

A. 正序、负序和零序串联　　B. 正序、负序和零序并联

C. 正序、负序并联，零序独立　　D. 正序、负序串联，零序独立

11. 下列属于两相短路复合序网图的是(　　)。

A. 正序、负序和零序串联　　B. 正序、负序和零序并联

C. 正序、负序并联，零序独立　　D. 正序、负序串联，零序独立

12. 下列属于单相接地短路边界条件的是(　　)。

A. $\dot{U}_{ka}=0, \dot{I}_{kb}=0, \dot{I}_{kc}=0$　　B. $\dot{U}_{kb}=\dot{U}_{kc}, \dot{I}_{ka}=0, \dot{I}_{kb}+\dot{I}_{kc}=0$

C. $\dot{U}_{kb}=\dot{U}_{kc}=0, \dot{I}_{ka}=0$

13. 下列属于两相接地短路边界条件的是(　　)。

A. $\dot{U}_{ka}=0, \dot{I}_{kb}=0, \dot{I}_{kc}=0$　　B. $\dot{U}_{kb}=\dot{U}_{kc}, \dot{I}_{ka}=0, \dot{I}_{kb}+\dot{I}_{kc}=0$

C. $\dot{U}_{kb}=\dot{U}_{kc}=0, \dot{I}_{ka}=0$

14. 下列属于两相短路复合序网图的是(　　)。

A. $\dot{U}_{ka1}+\dot{U}_{ka2}+\dot{U}_{ka0}=0, \dot{I}_{ka1}=\dot{I}_{ka2}=\dot{I}_{ka0}$　　B. $\dot{U}_{ka1}=\dot{U}_{ka2}, \dot{I}_{ka1}+\dot{I}_{ka2}=0, \dot{I}_{ka0}=0$

C. $\dot{U}_{ka1}=\dot{U}_{ka2}=\dot{U}_{ka0}, \dot{I}_{ka1}+\dot{I}_{ka2}+\dot{I}_{ka0}=0$

15. 下列属于正序等效定则 $I_{k1}^{(n)}=\dfrac{\dot{E}_{eq}}{j(X_{\Sigma1}+X_{\Delta}^{(n)})}$ 单相接地短路附加阻抗的是(　　)。

A. $X_{\Sigma2}+X_{\Sigma0}$　　B. $X_{\Sigma2}$　　C. $\dfrac{X_{\Sigma2}X_{\Sigma0}}{X_{\Sigma2}+X_{\Sigma0}}$　　D. 0

16. 下列属于正序等效定则 $I_{k1}^{(n)}=\dfrac{\dot{E}_{eq}}{j(X_{\Sigma1}+X_{\Delta}^{(n)})}$ 两相接地短路附加阻抗的是(　　)。

A. $X_{\Sigma2}+X_{\Sigma0}$　　B. $X_{\Sigma2}$　　C. $\dfrac{X_{\Sigma2}X_{\Sigma0}}{X_{\Sigma2}+X_{\Sigma0}}$　　D. 0

17. 下列属于正序等效定则 $I_{k1}^{(n)}=\dfrac{\dot{E}_{eq}}{j(X_{\Sigma1}+X_{\Delta}^{(n)})}$ 两相短路附加阻抗的是(　　)。

A. $X_{\Sigma2}+X_{\Sigma0}$　　B. $X_{\Sigma2}$　　C. $\dfrac{X_{\Sigma2}X_{\Sigma0}}{X_{\Sigma2}+X_{\Sigma0}}$　　D. 0

18. 下列属于正序等效定则 $I_{k1}^{(n)}=\dfrac{\dot{E}_{eq}}{j(X_{\Sigma1}+X_{\Delta}^{(n)})}$ 三相短路附加阻抗的是(　　)。

A. $X_{\Sigma2}+X_{\Sigma0}$　　B. $X_{\Sigma2}$　　C. $\dfrac{X_{\Sigma2}X_{\Sigma0}}{X_{\Sigma2}+X_{\Sigma0}}$　　D. 0

19. 下列属于 $I_{k}^{(n)}=m^{(n)}I_{k1}^{(n)}$ 单相接地短路电流比例系数的是(　　)。

A. 3　　B. $\sqrt{3}$

C. $\sqrt{3}\sqrt{1-\dfrac{X_{\Sigma2}X_{\Sigma0}}{(X_{\Sigma2}+X_{\Sigma0})^2}}$　　D. 1

20. 下列属于 $I_{\mathrm{k}}^{(n)}=m^{(n)}I_{\mathrm{k1}}^{(n)}$ 两相接地短路电流比例系数的是(　　)。

A. 3　　B. $\sqrt{3}$

C. $\sqrt{3}\sqrt{1-\dfrac{X_{\Sigma2}X_{\Sigma0}}{(X_{\Sigma2}+X_{\Sigma0})^2}}$　　D. 1

21. 下列属于 $I_{\mathrm{k}}^{(n)}=m^{(n)}I_{\mathrm{k1}}^{(n)}$ 两相短路电流比例系数的是(　　)。

A. 3　　B. $\sqrt{3}$

C. $\sqrt{3}\sqrt{1-\dfrac{X_{\Sigma2}X_{\Sigma0}}{(X_{\Sigma2}+X_{\Sigma0})^2}}$　　D. 1

22. 下列属于 $I_{\mathrm{k}}^{(n)}=m^{(n)}I_{\mathrm{k1}}^{(n)}$ 三相短路电流比例系数的是(　　)。

A. 3　　B. $\sqrt{3}$

C. $\sqrt{3}\sqrt{1-\dfrac{X_{\Sigma2}X_{\Sigma0}}{(X_{\Sigma2}+X_{\Sigma0})^2}}$　　D. 1

23. 下列不属于牵引变电所牵引负荷侧短路的是(　　)。

A. 一臂母线接地短路　　B. 异相母线短路

C. 异相母线接地短路　　D. 三相母线短路

24. 国家对牵引网电压的要求牵引变电所牵引侧母线电压额定值是(　　)kV。

A. 27.5　　B. 29　　C. 25　　D. 20

25. 国家对牵引网电压的要求，牵引变电所牵引侧电压最大值为(　　)kV。

A. 27.5　　B. 29　　C. 25　　D. 20

26. 国家对牵引网电压的要求受电弓电压额定值为(　　)kV。

A. 27.5　　B. 29　　C. 25　　D. 20

27. 国家对牵引网电压的要求受电弓电压最小值允许值是(　　)kV。

A. 27.5　　B. 29　　C. 25　　D. 20

二、多选题

1. 下列属于导线等效半径计算公式的是(　　)。

A. $R10^{-\frac{x_{\mathrm{int}}}{0.145}}$　　B. $R\times \mathrm{e}^{-\frac{1}{4}\mu_{\mathrm{r}}}$　　C. αR

2. 下列属于单线铁路牵引网实际电流回路等效回路的是(　　)。

A. 接触网—钢轨和大地回路　　B. 接触网—地回路

C. 牵引网—地回路　　D. 钢轨网—地回路

3. 下列属于双线铁路牵引网实际电流回路等效回路的是(　　)。

A. 上行接触网—地回路　　B. 下行接触网—地回路

C. 牵引网—地回路　　D. 钢轨网—地回路

4. 下列属于简单悬挂牵引网阻抗组成的是(　　)。

A. 接触线　　B. 两条钢轨　　C. 承力索　　D. 加强导线

5. 下列属于单链型悬挂牵引网阻抗组成的是(　　)。

A. 接触线　　B. 两条钢轨　　C. 承力索　　D. 加强导线

6. 下列属于造成双线牵引网阻抗计算结果不同的可能原因是(　　)。

A. 末端并联或分开供电或全并联供电　　B. 导线类型

C. 钢轨规格　　D. 接触网组成

7. 三相短路计算时,通常计算(　　)。

A. 短路电流周期分量有效值　　B. 短路冲击电流

C. 三相短路功率　　D. 两相短路容量

8. 对称分量包括(　　)。

A. 正序分量　　B. 负序分量　　C. 零序分量　　D. 对称分量

9. 三相短路计算时,通常计算(　　)。

A. 短路电流周期分量有效值　　B. 短路冲击电流

C. 三相短路功率　　D. 两相短路容量

10. 开关柜是(又称成套开关或成套配电装置)的手车位置有(　　)。

A. 工作位置　　B. 试验位置　　C. 检修位置

三、填空题

1. 单线牵引网最大电压损失为牵引网单位等效阻抗乘以________之和。

2. 牵引变电所的电压损失主要指________产生的电压损失。

3. 牵引供电系统的阻抗包括________和________。

4. 三相 YN,d11 牵引变电所两臂电流相同时,________的电压损失更大一些。

5. 断路器的常用操动机构有________、________、________、________、________。

6. RN2 型专用熔断器作电压互感器短路保护,其熔体额定电流为________ A。

7. 序网络独立的条件是________、________。

8. 电流互感器二次侧的额定值一般为________ A,电压互感器二次侧的额定值为________ V。

四、判断题

1. 根据卡尔松经验公式,频率为 50 Hz 时,大地的等效电阻应该为 0.05 Ω/km。(　　)

2. 电压降落是指元件或者设备首端电压与末端电压的绝对值之差。(　　)

3. 电压损失又称电压损耗,是指元件或设备首端电压与末端电压的相量之差。(　　)

4. 3 个区间的单线铁路带电概率低于 0.35,4 个区间的单线铁路带电概率低于 0.25 时,都可以忽略第二个区间的负荷。(　　)

5. 电流分界点通常有两种情况,一是机车电流由相邻两段的线路供给情况;一是相邻两段线路中有一段线路中的电流是零。原因是当两边电流均流入该点时,该点电位最低(类似水往水位低处流)。(　　)

6. 双线铁路单边分开供电电压损失计算只需考虑自阻抗的压降。(　　)

7. 双线铁路单边末端并联供电电压损失计算不仅要考虑自阻抗的压降,还要考虑互阻抗的压降。(　　)

8. 熔断器和熔体是一回事。(　　)

五、简答题

1. 简述牵引供电系统阻抗计算的目的和影响因素有哪些。

2. 简述串电容补偿的投退操作顺序。
3. 改变供电臂电压水平的措施有哪些?
4. 简述电弧产生的过程和电弧熄灭的方法。
5. 简述一般开关电气设备选型方法。
6. 试绘制出电流互感器的各种接线方式,并说明应用。
7. 如何选用电流互感器?如何选用电压互感器?它们的使用注意事项分别有哪些?
8. 如何选用断路器?如何选用熔断器?
9. 简述高压开关柜的“五防”。
10. 简述牵引变电所倒闸作业要遵守的原则和倒闸操作的安全操作步骤。

项目 5

牵引供电系统二次设备运行维护

项目描述

二次回路是对一次回路进行控制、指示、监测和保护的电路。学习和掌握二次回路及二次设备的运行维护方法和流程是铁道供电技术人员的必备技能。本项目主要学习二次回路的基础知识、高压开关控制及信号回路的运行维护、中央信号系统的运行维护、测量装置与绝缘监视装置的运行维护、操作电源的运行维护等内容，使相关人员能从事二次回路的安装、调试、故障分析与处理等工作。

项目知识点和技能点思维导图

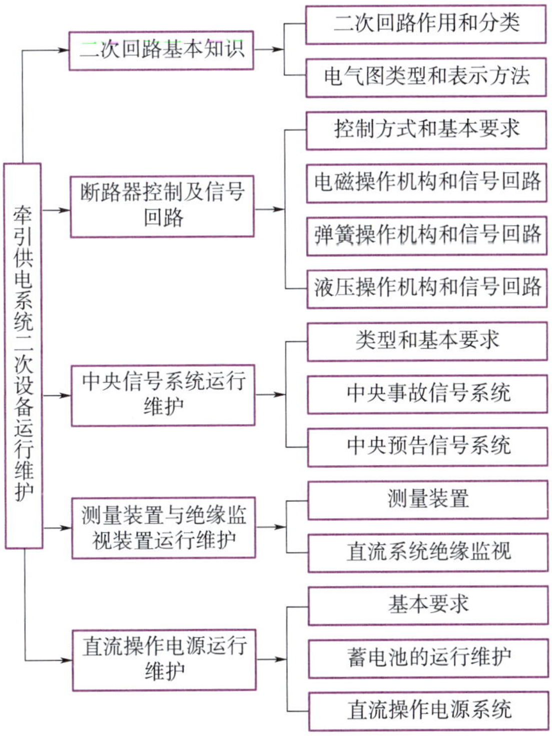

图 5-1　项目 5 知识点和技能点思维导图

任务1　二次回路的基本认知

学习目标

知识目标

1. 了解二次回路的作用及分类；
2. 熟悉电气图的电气符号和表示方法。

技能目标

1. 具备二次回路识图的基本技能；
2. 具备一定的查阅相关国家标准、行业标准的技能。

素质目标

1. 培养查阅文献资料的能力；
2. 培养良好的团结与沟通协作能力。

预习任务

1. 搜集《铁路电力牵引供电设计规范》(TB 10009—2016)中二次回路的有关规定；
2. 收集二次回路新旧图形和文字符号；
3. 查找二次回路相关的图纸。

任务导入

二次回路是牵引供电系统的重要组成部分，直接关系到一次系统的安全、稳定、经济运行，及设备故障的自动保护。

本任务通过常用图形和文字符号，以及二次回路图纸，了解二次回路的作用、电气图的种类、电气图的符号、电气图的表示方法、常用图纸，最终达到识图和绘图的目的。

知识链接

一、二次回路的作用和分类

二次回路主要用于监测一次设备的工作状态、控制调节一次设备的运行状态和对一次设备故障实现保护等功能，以保证牵引供电系统的安全、稳定和经济运行，以及便于操作管理。二次回路功能示意如图 5-2 所示。

二次回路按照工作电源性质可以分为直流回路和交流回路，其中交流电流回路一般由电流互感器供电，交流电压回路一般由电压互感器供电。

二次回路按照用途可分为断路器控制(操动)回路、中央信号回路、测量和监视回路、继电保护和自动装置回路。

二、电气图类型和表示方法

1. 电气图类型

用于二次回路的电气简图主要有四种：概略图、功能图、电路图和接线图。牵引变电所中

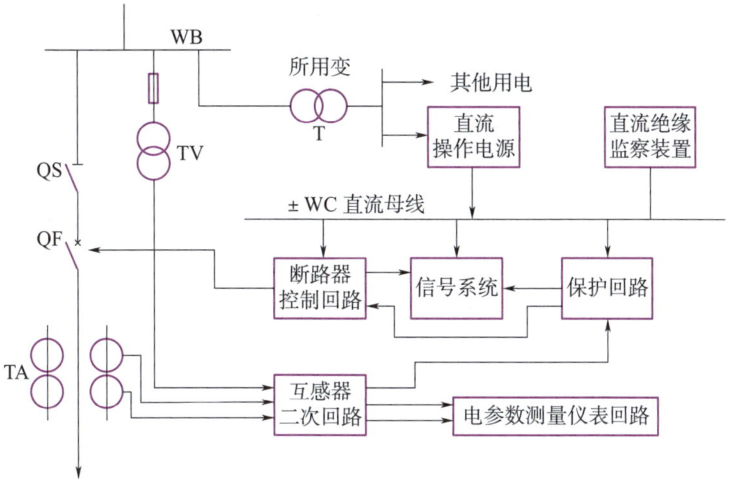

图 5-2　二次回路功能示意

常用的图纸主要有原理图、展开图、盘后安装接线图、端子排图及二次设备布置的屏面布置图等。

(1)概略图

概略图是采用方框、单线等表示形式，表示系统、分系统、成套装置、设备、软件中各项目之间的主要关系和连接的简图。系统图是采用单线表示多线或多相系统的概略图。概略图表征了主要内部项目的主要特征、主要关系和主要连接，而不是全部组成、全部特征和全部关系，可作为编辑功能图、电路图等的依据，也可作为教学、培训、操作和维修的基础文件。

(2)功能图

功能图是用理论或理想的电路来详细表示系统、分系统、成套装置、设备、软件等的功能特性，而不必涉及功能如何实现的简图。比如等效电路图是专用于分析和计算电路详细物理特性或状态的一种功能图。表征功能特性的细节，而不考虑功能是如何实现的。可用于系统或分系统的设计，也可用于教学或训练中说明工作原理。

(3)电路图

电路图表示系统、分系统、成套装置、设备、软件等项目实际电路的简图。电路图采用按功能布局排列的图形符号表征实际电路的各元件和连接关系，而不需要考虑项目的尺寸、形状或位置，可作为编制接线文件的依据等。

(4)接线图

接线图表示一个装置或设备连接关系的简图。接线图主要有表示一个结构单元内的连接关系的单元接线图，表示不同结构单元之间连接关系的互联接线图，表示一个结构单元的端子和该端子上的外部连接的端子接线图，提供导线的识别标记、两端位置，以及特性、路径和功能等信息的电缆图。接线图表征了连接点位置、线缆种类、代号、铺设走向、端头处理和线缆长度等详细信息，可用于设备装配、安装时的布线、布缆、接线检查和维修之用。

2. 电气符号

电气图中的元件、部件、组件、设备、线路等一般是采用图形符号、文字符号和项目代号来表示。图形符号、文字符号和项目代号可看成是电气语言中的“词汇”。阅读电气图，首先要了解和熟悉这些符号的形式和含义。

(1)图形符号

根据国家标准《电气简图用图形符号　第1部分:一般要求》(GB 4728.1—2022)、《电气简图用图形符号　第2部分:符号要素、限定符号和其他常用符号》(GB/T 4728.2—2018)、《电气简图用图形符号　第7部分:开关、控制和保护器件》(GB/T 4728.7—2022)等电气简图用图形符号相关国家标准,将电气图形符号分为11类。图形符号均是按无电压、无外力作用的正常状态表示的,即在非激励或不工作的状态或位置。例如继电器、接触器的线圈未通电,断路器、隔离开关未合闸,按钮未按下、行程开关未到位等。

(2)文字符号

在电气图中,一般在图形符号旁边标注相应的文字符号,以区别不同的设备、元件,以及同类设备或元件中不同功能的设备或元件。

文字符号分为基本文字符号和辅助文字符号,基本文字符号分为单字母和双字母符号。字母符号用拉丁字母将各种电气设备、装置和元器件划分为23大类,每大类用一个专用单字母符号表示,即设备的种类代号。双字母符号是由一个表示种类的单字母符号和另一个字母组成,其组合形式是以单字母符号在前,另一个字母在后的次序列出。只有当单字母符号不能满足要求,需要将大类进一步划分时,才采用双字母符号,比如Q代表开关,断路器QF,隔离开关QS。辅助文字符号是用以表示电气设备、装置和元器件以及线路的功能、状态和特征的,通常由英文单词的前一两个字母构成。辅助文字一般放在基本文字符号的后面,构成组合文字符号,也可单独使用。如"ON"表示接通,"OFF"表示关闭。文字符号的组合形式一般为:基本符号+辅助符号+数字序号。例如:第3组熔断器,其符号为FU3;第2个继电器,其符号为KA2。

(3)项目代号

项目是指在电气图上用一个图形符号表示的基本件、部件、组件、功能单元、设备、系统等,如电阻器、继电器、发电机、断路器等。项目代号用于识别图、图表、表格中和设备上的项目种类,并提供项目的层次关系、实际位置等信息的一种特定的代码。

完整的项目代号由4个代号段组成,每个代号段都用特定的前缀符号,高层代号段前缀符号为"=",类代号段前缀符号为"-",位置代号段前缀符号为"+",端子代号段前缀符号为":"。一个项目可以由一个或几个代号段组成。

3. 电气图的表示方法

(1)电路图的表示方法

在电气图中,连接线或导线可采用多线、单线或混合表示法。

多线表示法是指每根连接线或导线各用一条图线表示的方法。该法能详细地表示出各相或各线的情况,尤其是在各相或各线不对称的情况下。

单线表示法是指两根或两根以上的连接线或导线只用一条图线表示的方法,主要用于三相或多线对称的情况。

混合表示法是指在同一图中,一部分采用单线表示法,另一部分采用多线表示法。

(2)电气元件的表示法

电气元件在电气图中,可根据需要,分别采用集中表示法、分开表示法和半集中表示法。

集中表示法把一个元件各组成部分的图形符号绘制在一起的方法。各组成部分用机械连接线（虚线）互相连接起来，且连接线中表示法必须是一条直线。

半集中表示法把一个元件某些组成部分的图形符号在简图上分开布置，并用机械连接线表示它们之间关系的方法。机械连接线可以弯折、分支和交叉。

分开表示法把一个元件各组成部分的图形符号在简图上分开布置，并仅用项目代号表示它们之间的关系。

(3)图线的布置

表示导线、信号通路、连接线等的图线一般为直线，即横平竖直，尽可能减少交叉和弯折。图线的布置通常有水平布置和垂直布置两种方式。

①水平布置是将设备和元件按行布置，使得其连接线成水平布置。

②垂直布置是将设备和元件按列布置，连接线成垂直布置。

(4)电路或元件的布局

在电气图中，电路或元件的布局方法有功能布局法和位置布局法两种。

①功能布局法只考虑元件功能关系，而不考虑实际位置的布局方法，是按照因果关系将各功能组从左到右或从上到下布置，每个功能组的元件集中布置，按一定工作顺序排列。

②位置布局法是元件符号位置按实际位置布局的方法。

(5)连接线去向和接线关系的表示法

表示连接线的去向和接线关系的方法有连续和中断表示法。

①连续表示法是将连接线头尾用导线连通的方法。

②中断表示法是将连接线在中间中断，再用符号表示导线的去向。当穿越图面的连接线较长或穿越稠密区域时，去向相同的线组可采用中断表示法，允许将连接线中断，在中断处加相应的标记。

技能训练

11类电气图形符号有哪些？

____

____。

任务评价

学生评价：____

____

____

____。

教师评价：____

____

____

____

____

____。

任务2　高压断路器控制及信号回路运行维护

学习目标

知识目标

1. 掌握高压断路器的控制方式和操动机构，并能对不正常情况进行分析判断，及时采取有效措施进行处理；
2. 熟悉对断路器控制的基本要求和控制开关的通断控制；
3. 掌握电磁、弹簧和液位操动机构控制和信号回路。

技能目标

1. 能够识别电磁、弹簧和液位操动机构控制和信号回路图；
2. 具备断路器控制和信号回路的操作、调试、排故的基本技能。

素质目标

1. 了解二次回路及设备安装、调试及运行维护的相关知识，培养"安全第一"的生产意识和遵章守纪的工作习惯，培养安全操作的职业素养，锻炼责任担当意识；
2. 培养学生查阅行业规范和文献资料的职业习惯，不断学习新技术、新工艺、新规范、新标准，培养终身学习的习惯；
3. 培养良好的团结与沟通协作能力。

预习任务

1. 搜集《铁路电力牵引供电设计规范》(TB 10009—2016)中断路器控制回路的有关规定；
2. 收集各类断路器的控制和信号回路图；
3. 搜集并阅读27.5 kV真空断路器弹簧机构说明书。

任务导入

高压断路器在结构上具有专门的灭弧装置，具有开关和保护双重作用。高压断路器不仅能控制主电路正常通断操作，还可控制短路故障的开断操作。断路器是如何实现这些控制操作的呢？

知识链接

一、断路器的控制方式和基本要求

1. 高压断路器控制方式

高压断路器按控制操作执行地点不同，可分为就地控制、距离控制(屏控)和远动控制。

就地控制是在一次电气设备安装地点直接控制。距离控制(屏控)是在主控制室内对变电所的一次电气设备集中控制。距离控制按其实现方法的不同可分为一对一控制方式和集中选控方式，一对一控制方式是一套控制设备只能控制一台断路器，有人值班的变电所一般采用距离控制方式，集中选控方式是一套控制设备可选择控制多台断路器。远动控制又称遥控，即在

远离变电所的调度端对变电所(执行端)电气设备进行控制。无人值班的变电所,一般采用遥控方式。

2. 对断路器控制电路的基本要求

为保证变电所设备的安全运行和方便运行人员监视,断路器控制回路需满足可利用控制开关手动分闸与合闸,事故时又可自动分闸并给出事故音响和闪光信号;能反映断路器状态的位置信号和自动合、分闸的不同显示信号;正常分、合闸完毕自动解除命令脉冲切断分、合闸回路;分、合闸电流脉冲一般应直接作用于断路器的分、合闸线圈,但电磁操动机构合闸线圈电流很大(35～250 A左右),须通过合闸接触器接通合闸线圈;应能监视控制电源及分、合闸回路的完好性(对二次回路短路或负荷进行保护);具备防止多次分、合断路器的"跳跃"措施。

3. 断路器的操动机构

为实现对高压断路器的控制,需要配备相应的操动机构。根据操动机构动力来源不同,操动机构可分为手动操动机构(CS)、电磁操动机构(CD)、弹簧操动机构(CT)、液压操动机构(CY)、电动机操动机构(CJ)、气动操动机构(CQ)等。电磁操动机构是靠电磁力进行合闸的机构。弹簧操动机构是靠预先储存在弹簧内的位能来进行合闸的机构;弹簧储能时耗用功率小,合闸电流小。液压操动机构是靠压缩气体(氮气)作为能源,以液压油作为传递媒介来进行合闸的机构;其合闸电流小,而且压力高、传动快、动作准确、出力均匀。电动机操动机构是利用电动机和齿轮机构传递能量的机构。气动操动机构是以压缩空气储能和传递能量的机构;其功率大、速度快,但结构复杂,需配备空气压缩设备,只应用于空气断路器上。合闸电流也较小。

4. 控制开关

控制开关是实现断路器分闸和合闸操作,就地和远方操作切换,以及距离控制的操作元件。可由运行人员直接操作,发出分合闸命令脉冲,使断路器分合闸。

LW5型控制开关操作转换过程有三个位置,即"合位""分位""零位"(中间竖直位置)。控制开关平时处于"零位",将控制开关手柄沿顺时针方向旋转45°达到"合位"时,SA的1—3触点闭合,发出合闸命令脉冲。操作完毕后控制开关在内部弹簧力的作用下,自动沿逆时针方向旋转45°返回到中间"零位",SA的1—3触点断开。分闸操作时,将控制开关手柄沿逆时针旋转45°,SA的2—4触点闭合,发出分闸命令脉冲。操作人员手松开后,控制开关手柄自动恢复到中间"零位",SA的触点2—4断开。分合控制开关触点图标见表5-1。

表5-1　分合控制开关触点图标

位置名称	旋钮位置	1—3	2—4
合位	↗	●	—
零位	↑	—	—
分位	↖	—	●

注:"分位"(T)和"合位"(C)开关转到此位时以小黑点表示触点的接通状态,短杠表示触点不接通。

控制开关操作转换过程有"远方"和"就地"两个位置。将控制开关手柄沿顺时针方向旋转到"远方"时,SA的1—3触点闭合。将控制开关手柄沿逆时针旋转到"就地"时,SA的2—4触点闭合。远方就地控制开关触点图标见表5-2。

表 5-2　远方就地控制开关触点图标

位置名称	旋钮位置	1—3	2—4
远方	↗	●	—
就地	↖	—	●

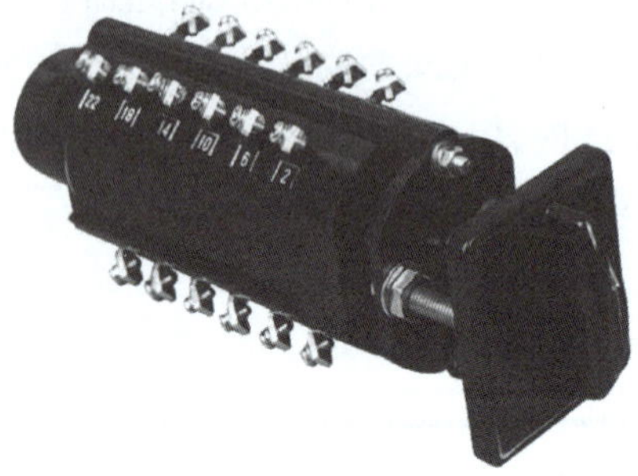

图 5-3　LW2 型六位万能转换开关外形

LW2 型六位万能转换开关如图 5-3 所示。控制开关操作转换过程有六个位置，即“预合(PC)”“合闸(C)”“合后(CD)”“预分(PT)”“分闸(T)”“分后(TD)”。该控制开关的触点与手柄结构如图 5-4 所示。触点图表是用于表明控制开关的操作手柄在不同位置时触点盒内各触点通断情况的图表。该控制开关的触点与手柄状态表见表 5-3。该控制开关的触点与手柄状态如图 5-5 所示。

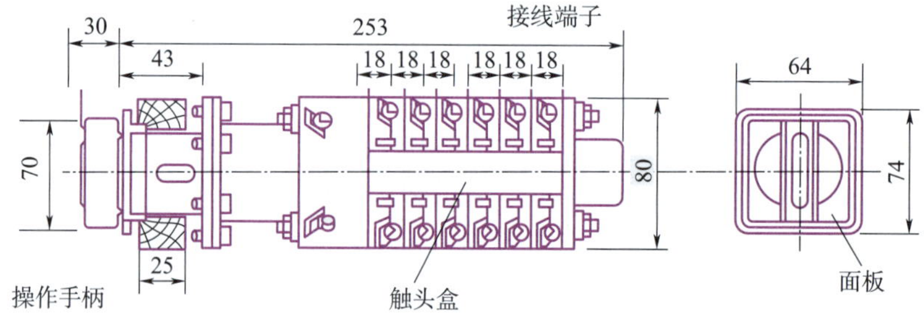

图 5-4　LW2 型控制开关的结构示意(单位:mm)

表 5-3　LW2 型控制开关部分触点与手柄状态表

位置	旋钮	1—3	2—4	5—8	6—7	9—10	9—12	11—10
跳闸后	←	—	●	—	—	—	—	●
预备合闸	↑	●	—	—	—	●	—	—
合闸	↗	—	—	●	—	—	●	—
合闸后	↑	●	—	—	—	●	—	—
预备分闸	←	—	●	—	—	—	—	●
分闸	↙	—	—	—	●	—	—	●

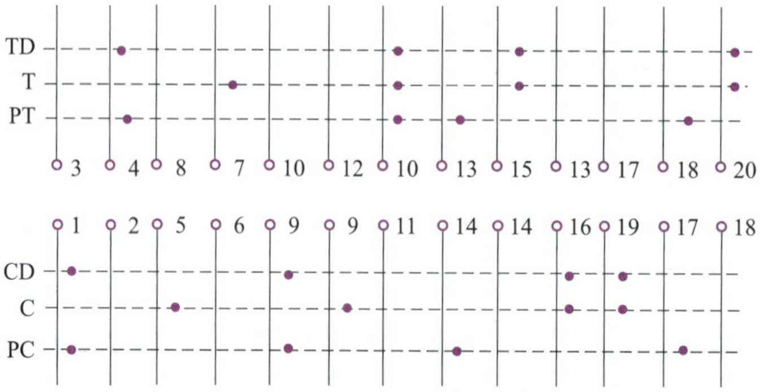

图 5-5　LW2 型控制开关触点与手柄状态

为了看图方便，将控制开关的 6 个位置用 6 条虚线表示。图 5-5 中最上面的虚线代表“分后（TD）”，第二条虚线表示“分位（T）”，第三条虚线表示“预分（PT）”，第四条虚线表示“合后（CD）”，第五条虚线表示“合位（C）”，最下面的虚线表示“预合（PC）”，并以小黑点表示接点的接通状态，即虚线上有黑点表示开关转到此位置时该接点接通，反之不接通。

二、电磁操动机构控制及信号回路

电磁操动机构是靠电磁力进行合闸的机构，电磁操动机构合闸电流大，可达几十安至数百安，因此合闸回路不能直接利用控制开关触点接通，必须采用合闸继电器。其控制及信号回路展开图如图 5-6 所示。

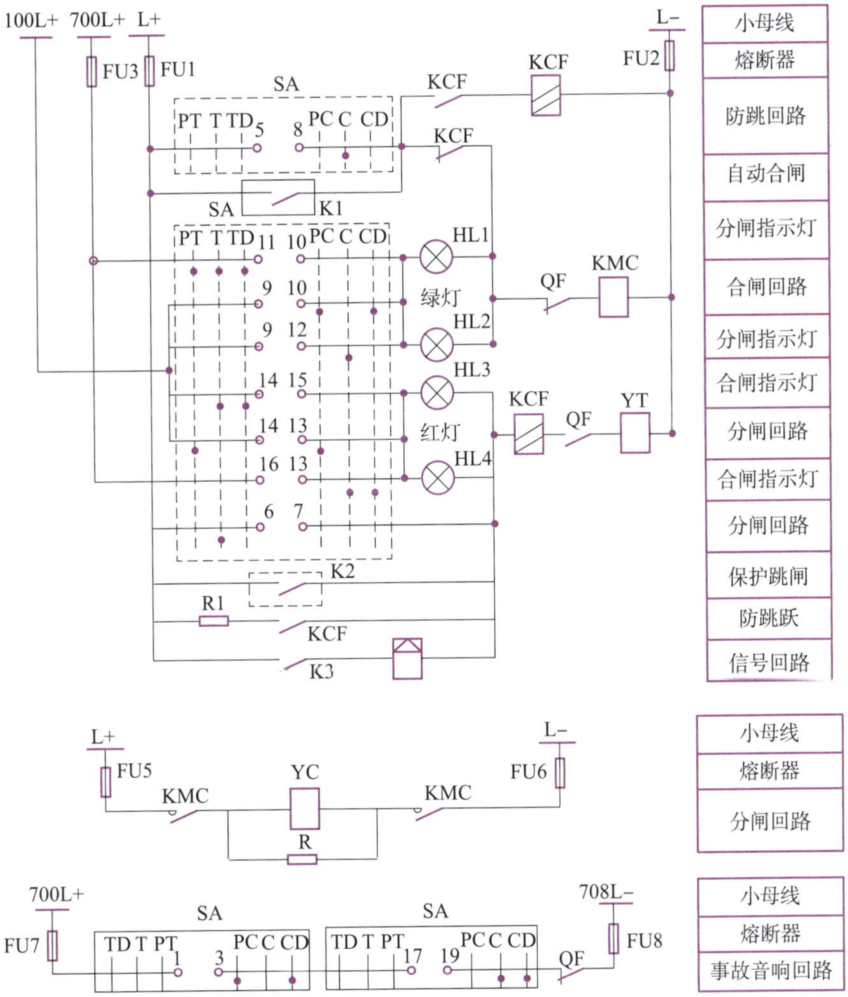

L+、L-—控制小母线和合闸小母线；100L+—闪光小母线；708L—事故音响小母线；700L+—信号小母线（正电源）；700L-—信号小母线（负电源）；SA—控制开关；HL1、HL2—绿色信号灯；HL3、HL4—红色信号灯；FU1～FU6—熔断器；R—放电电阻；KCF—防跳继电器；KMC—合闸继电器；YC、YT—合闸线圈和分闸线圈。

图 5-6　电磁操动机构控制及信号回路展开图

1. 分闸状态

断路器正常处于分闸位置时，控制开关处于“分后”位置，信号小母线（正电源）700L＋经控制开关 SA 的 11—10 点亮绿色指示灯 HL1(HL2)，经断路器常闭触头 QF 和合闸继电器 KMC 线圈接至信号小母线(负电源)L－。由于指示灯分压作用，不足以使合闸继电器 KMC 线圈动作。指示灯发绿色发平光，对分闸状态起监视作用。若合闸回路故障或断线，绿灯将熄灭。

2. 手动合闸

在合闸回路完好的情况下，将控制开关 SA 顺时针旋转 90°置于“预合”位置，闪光小母线 100L＋经 SA 的 9—10 接通绿色闪光指示灯 HL1(HL2)，提醒运行人员核对操作对象是否有误。核实无误后，将 SA 顺时针旋转 45°后置于“合闸”位置，SA 的 5—8 接通，合闸继电器 KMC 线圈电压达到额定值，KMC 常开触点闭合，接通小母线(正电源)L＋至小母线(负电源)L－的合闸回路，YC 合闸线圈得电，断路器闭合，断路器常闭触点 QF 断开合闸回路，常开触点 QF 和 SA 的 16—13 闭合红色指示灯 HL3(HL4)回路，SA 的 9—10 和 10—11 断开绿色指示灯 HL1(HL2)回路，绿灯熄灭。松开控制开关 SA 自动恢复至“合后”位置，指示灯发红色发平光，对合闸状态起监视作用。

3. 手动分闸

在分闸回路完好的情况下，将控制开关 SA 沿逆时针旋转 90°置于“预分”位置，闪光小母线 100L＋经 SA 的 13—14 接通红色闪光指示灯 HL3(HL4)，提醒运行人员核对操作对象是否有误，核实无误后，将 SA 沿逆时针旋转 45°置于“分闸”位置，SA 的 6—7 接通，红色指示灯 HL3(HL4)被短接，红灯熄灭，分闸线圈 YT 电压达到正常额定电压，断路器 QF 分闸，断路器常开触点 QF 闭合，常闭触点 QF 断开，常闭触点 QF 和 SA 的 11—10 闭合绿色指示灯 HL1(HL2)回路。松开控制开关 SA 自动恢复至“分后”位置，指示灯 HL1(HL2)发绿色发平光，对分闸状态起监视作用。

4. 自动跳闸

当一次系统发生故障，继电保护回路动作，控制开关 SA 的触点 14—15 和红灯（带附加电阻）被短接，跳闸线圈 YT 电压达到额定值，断路器跳闸。同时，控制开关 SA 为“合后”位置。由闪光小母线 100L＋经 SA 的 9—10 接通绿色闪光指示灯 HL1(HL2)，经断路器常闭触点 QF 和合闸继电器 KMC 接至负电源 L－。同时，控制开关的触点 SA 的 1—3 和 SA 的 17—19 闭合，接通事故跳闸音响信号回路，发事故音响信号。因此，当控制开关 SA 处于“合后”位置，同时绿灯 HL1(HL2)发闪光，并伴有事故音响信号，表明断路器是自动分闸。

5. 自动合闸

当自动装置合闸后，SA 的 11—10 和绿灯被短接，合闸继电器 KMC 线圈电压达到额定值，KMC 常开触点闭合，接通合闸回路，断路器合闸。同时控制开关处于“分后”位置，闪光小母线 100L＋经 SA 的 14—15 接通红色闪光指示灯。因此，当控制开关手柄处于“分后”位置，红灯 HL3(HL4)发闪光，表明断路器是自动合闸。

6. 断路器防“跳跃”

若断路器合闸后，控制开关 SA 的 5—8 或自动装置触点(图 5-6 中未画出)被粘住，此时又存在一次回路故障，继电保护动作，会导致断路器多次分闸、合闸，这就是断路器的“跳跃”现象。断路器的“跳跃”会造成断路器损坏甚至引发爆炸。因此控制回路必须增加断路器的“跳跃”措施。防跳继电器 KCF 有两个线圈，一个是电流启动线圈，串在跳闸回路，另一个是电压自保持线圈，经 KCF 常开触点并在合闸回路，常闭触点 KCF 串在合闸回路中。

当利用控制开关 SA 的触点 5—8 或自动装置触点合闸时，如合在短路故障上，继电保护动作。防跳继电器 KCF 的电流线圈动作，并保持到跳闸结束。常开触点 KCF 闭合，若存在 SA 的 5—8 或自动装置触点被粘住问题，防跳继电器电压线圈得电自保持，常闭触点 KCF 断开，切断合闸回路实现“防跳”。

7. LW5 型手动控制开关电磁操动机构

采用 LW5 型控制开关的电磁操动机构控制及信号回路如图 5-7 所示。顺时针旋转 45°为合闸操作（ON），手松开即自动返回（复位），保持合闸状态。逆时针旋转 45°为分闸操作（OFF），手松开即自动返回，保持分闸状态。图 5-7 中 SA 两侧的箭头（→）指示 SA 手柄自动返回的方向。

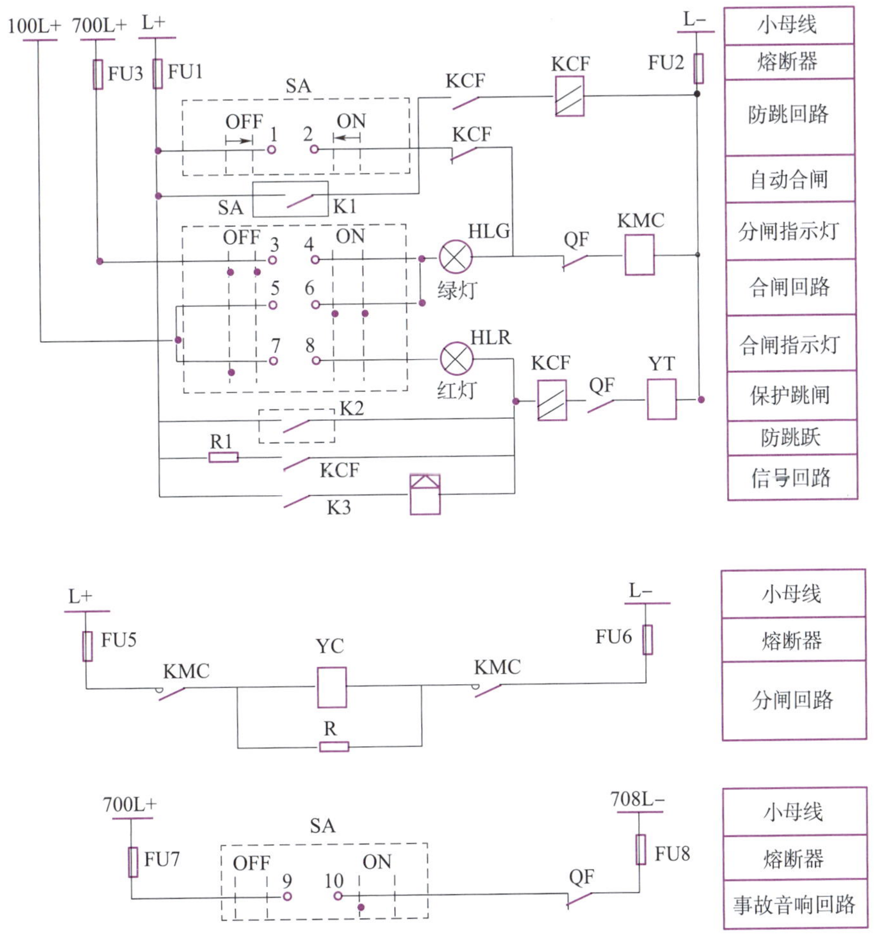

图 5-7 电磁操动机构控制及信号回路

合闸时，将控制开关SA的手柄顺时针旋转45°。SA的1—2触点接通，合闸接触器KMC通电，其触点KMC闭合，使电磁合闸线圈YC通电，断路器合闸。控制开关SA自动返回，SA的1—2触点断开，QF的辅助常闭触点断开，切断合闸回路；同时QF的辅助常开触点闭合，红灯HLR点亮。

分闸时，将控制开关SA的手柄逆时针旋转45°，SA的7—8触点接通，跳闸线圈YT通电，断路器分闸。控制开关SA自动返回，SA的7—8触点断开，断路器辅助常开触点QF断开，切断跳闸回路；SA的3—4触点闭合，QF的辅助常闭触点闭合，绿灯HLG点亮。

由于指示灯兼有监视分、合闸回路完好性的作用，长时间运行，耗能较多。为减少操作电源中储能电容器能量的过多消耗，灯光指示单独使用小母线700L+，用来接入指示灯。

练一练

1. 绘制断路器处于分闸位置时的工作回路。

2. 绘制断路器手动合闸动作过程的工作电路。

3. 绘制断路器自动分闸动作过程的工作电路。

4. 分析断路器手动合闸动作过程中可能出现的信号异常，分析并排除故障。

三、弹簧操动机构控制及信号回路的运行维护

弹簧操动机构解决了电磁操动机构合闸电流过大的问题，且具有动作速度快、工作稳定，储能过程中电动机电流不大（几安培）的优点。其缺点是部件较多，制造工艺要求高，检修难度大，本体输出力特性与断路器负载特性配合较差等。运行维护相对于液压操动机构简单，因此得到了广泛应用。

图5-8为弹簧操动机构控制电路，断路器控制原理与电磁操动机构类似，与电磁操动机构相比，少了合闸继电器，多了弹簧储能机构和电机控制回路。

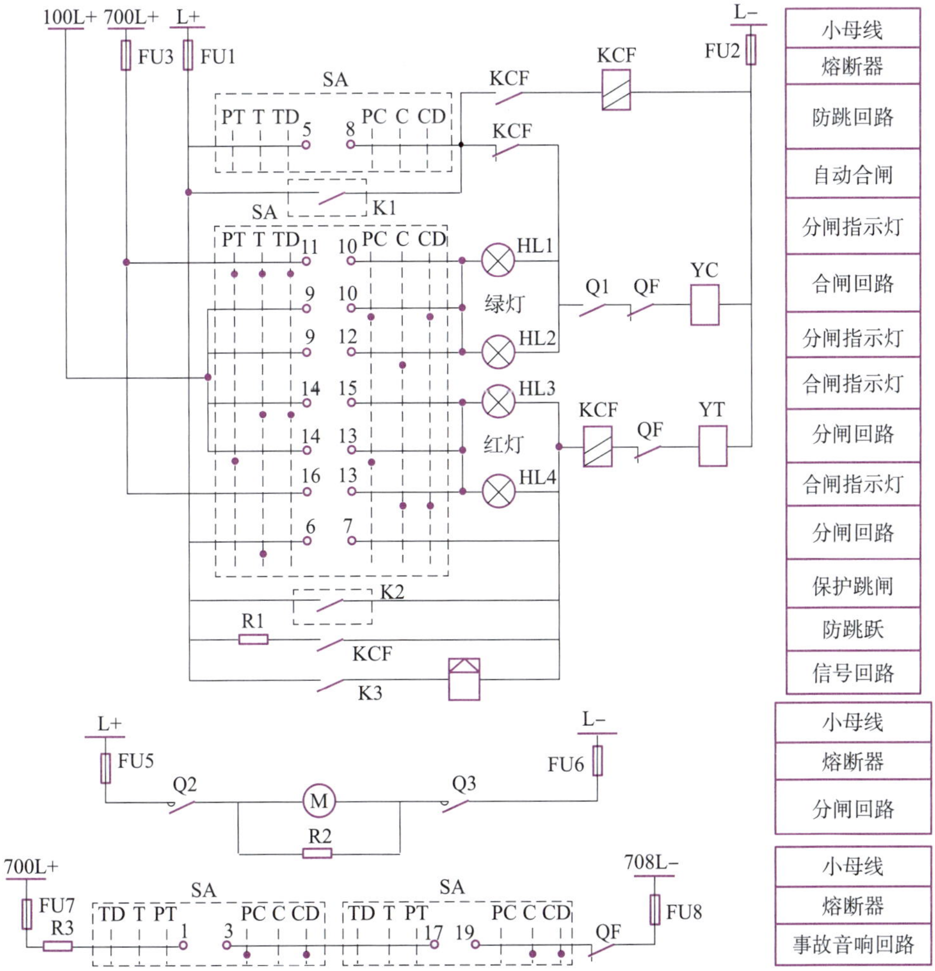

图5-8 弹簧操动机构控制和信号电路

图 5-9 为按钮控制的弹簧操动机构控制电路，其中 M 为储能电动机，断路器一旦合闸，弹簧弹力释放，则行程开关 S4、S5 闭合，电动机启动储能，储能结束，S4、S5 断开，电动机停止，同时 S6 闭合，S1 闭合，储能指示灯 HL3 点亮。未储能时，则 S1 断开，将无法进行合闸操作。

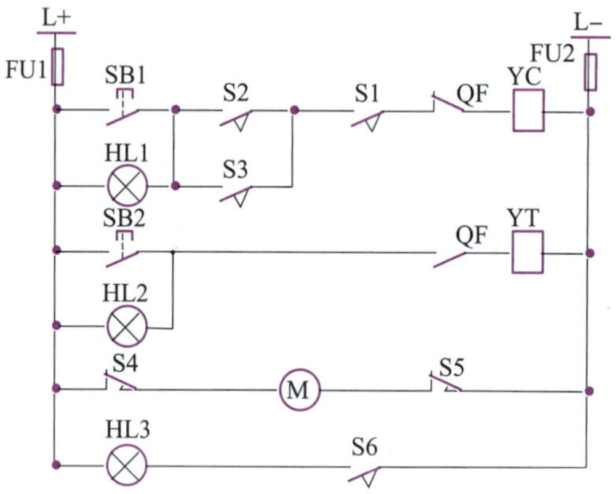

图 5-9 弹簧操动机构控制电路

S2 和 S3 分别为手车断路器工作位置开关和试验位置开关，断路器只有在工作或者试验位置时才能完成合闸操作。

练一练

1. 绘制弹簧操动机构工作位手动分闸和合闸工作回路。

2. 绘制弹簧操动机构手动储能和试验位合闸动作过程工作电路。

3. 绘制断路器弹簧机构自动分闸和自动储能动作过程的工作电路。

四、液压操动机构控制及信号回路的运行维护

110 kV 及以上的断路器，由于操作功率大，大多采用液压操动机构。与前两种机构控制过程及信号显示不同的是，在控制电路中增加了液压系统的压力监视部分。液压系统是靠液压油泵自动控制压力的液压油传递能量。液压系统的压力正常与否直接影响断路器动作的可靠性，因此正常油压应控制在一定范围之内。表 5-4 为液压操动机构接点压力表。图 5-10 为液压操动机构控制电路。

表 5-4 液压操动机构触点压力表

触点名称	动作压力/MPa	说明
KVP1	23.5	油泵停止
KVP2	21	油泵启动
KVP3	19	压力降低信号
KVP4	18.5	合闸闭锁
KVP5	17	分闸闭锁
1KVP	26	压力异常闭锁
2KVP	13	

当液压机构漏油或其他原因造成油压低于 21 MPa 时，压力接点 KVP2 闭合，接触器 KM2 动作，常开触点闭合，油泵电机启动增压，接触器常开触点 KM2 闭合，点亮光字牌 HL3，给出油泵运行信号。

若油压继续降低，低于 19 MPa 时，KVP3 触点闭合，点亮光字牌 HL1 给出油压降低信号；当油压降低到 18.5 MPa 以下时，KVP4 触点闭合，将禁止合闸；当油压降低到 17 MPa 以下时，KVP5 触点闭合，将禁止分闸。

若油压还继续降低，低于 13 MPa，2KVP 触点闭合，油泵增压已不能实现增压，中间继电器 K1 动作，常闭触点断开，切断油泵电机的启动回路，同时其常开触点闭合，通过光字牌 HL2 给出压力异常闭锁信号。

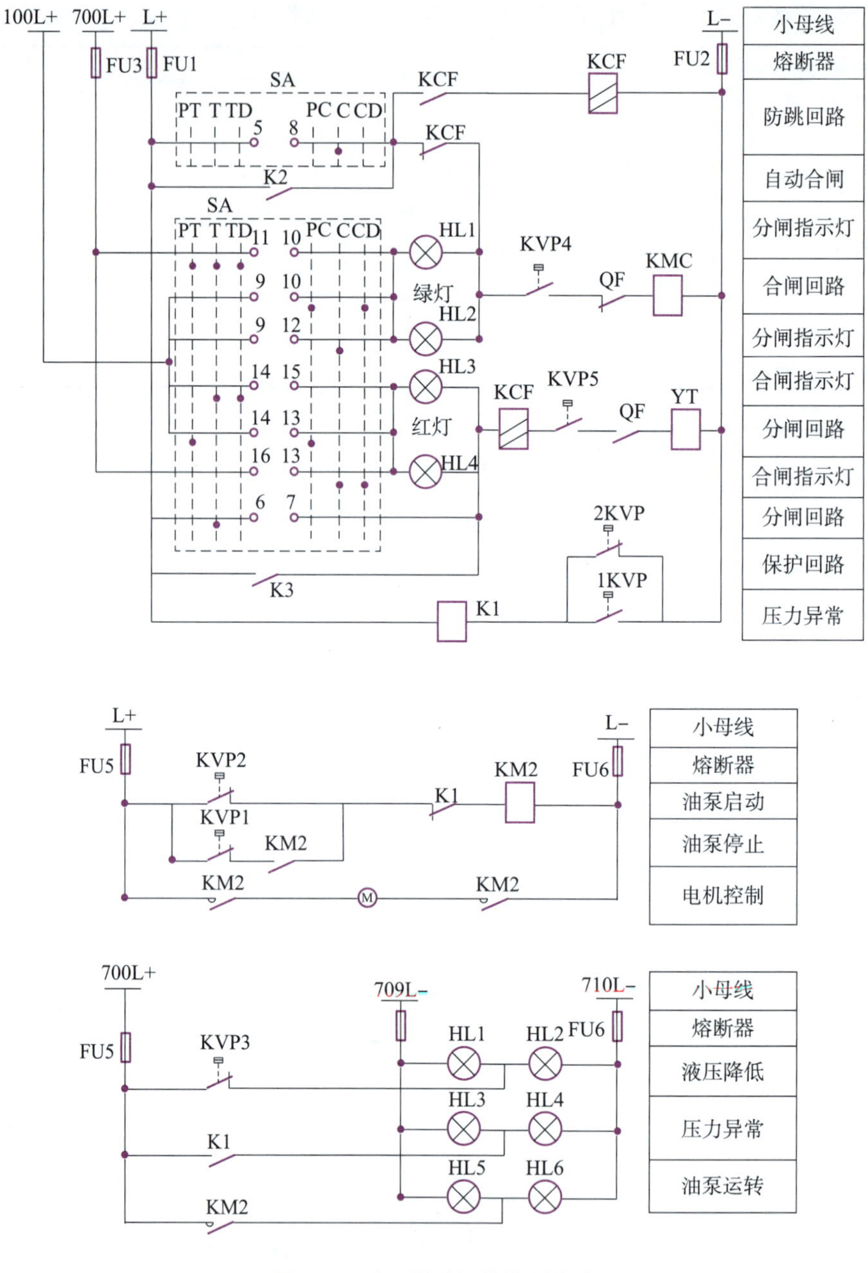

图 5-10　液压操动机构控制电路

油泵电机增压的过程中，KVP1 触点和 KM2 常开触点闭合。当压力升高到 21 MPa 时，KVP2 触点断开，此油泵电机仍然处于增压状态，当压力升高超过 23.5 MPa 时，KVP1 触点断开，油泵电机停止。

若压力高于 26 MPa 时油泵电机仍然运行，1KVP 触点会闭合，使中间继电器 K1 动作，其常闭触点会切断接触器 KM2 线圈回路，油泵电机停止，同时光字牌 HL2 点亮，发出压力异常闭锁信号。

技能训练

1. 绘制液压机构手动合闸动作过程工作回路。

2. 绘制液压机构手动分闸动作过程工作回路。

3. 绘制液压机构自动分闸动作过程工作回路。

任务评价

学生评价：____。

教师评价：____。

任务3　中央信号系统运行维护

学习目标

知识目标

1. 掌握中央信号回路的分类和基本要求；

2. 熟悉中央信号装置的功能。

技能目标

能够识别中央信号的类型。

素质目标

1. 了解二次回路及设备安装、调试及运行维护的相关知识，培养“安全第一”的生产意识和遵章守纪的工作习惯，培养安全操作的职业素养，锻炼责任担当意识；

2. 培养学生查阅行业规范和文献资料的职业习惯，不断学习新技术、新工艺、新规范、新标准，培养终身学习的习惯；

3. 培养良好的团结协作，沟通协作能力。

预习任务

1. 搜集《铁路电力牵引供电设计规范》(TB 10009—2016)中中央信号回路的有关规定；

2. 收集各类中央信号回路图。

任务导入

运行中的变电所可能处于故障或不正常运行状态，中央信号装置能够发出事故和预告信号，提醒运行人员及时注意。

知识链接

一、中央信号回路的类型和基本要求

1. 中央信号回路的类型

(1)根据信号回路用途分，中央信号主要包括位置信号和中央信号。

①正常运行时，位置信号用于反映开关设备的状态，指示断路器的分、合闸位置和隔离开关的分、合闸位置。

②中央信号主要包括中央事故信号和中央预告信号。中央事故信号是指发生系统故障时断路器跳闸，发出事故音响信号，并点亮对应断路器灯光位置信号；中央预告信号是一次或二次运行设备偏离正常运行状态时，发出预告音响信号，并点亮光字牌显示出异常状况的性质和内容。事故音响信号使用的是电笛(或蜂鸣器)，预告信号使用的是电铃。

(2)按音响信号复归方式分，中央信号主要包括就地复归和中央复归。

①就地复归是在电气设备安装所在地进行个别信号单独复归。就地复归又分为手动复归、自动延时复归等。手动复归是值班人员在相应配电盘上进行复归。自动延时复归是事故

信号发出后，经一定时间的延时，电路自动复归有关信号。

②中央复归是在主控室内中央信号盘上集中复归。

(3)按音响信号动作性能分，中央信号主要包括能重复动作和不能重复动作。

①重复动作是指第一次故障出现时音响信号解除，灯光信号未复归，即第一个故障并未排除时，又出现事故或不正常工作状态，中央信号装置仍能按要求发出音响和灯光信号。

②不能重复动作是第一个故障并未排除时不能连续发出音响信号，而只有第一个故障排除后，才能发出后续故障音响信号。冲击继电器是实现重复动作的主要元件。

2. 中央信号回路的基本要求

对信号回路的基本要求包括信号回路动作准确可靠，信号回路反应速度要快，声光信号明显，即不同性质信号之间应有明显区别，信号动作与没动作应有明显区别。

二、中央事故信号系统

中央事故信号是指电力系统发生事故后发出的信号。值班人员或自动化装置必须尽快、准确地采取有效措施限制事故发展，并将已经发生事故的设备单元进行隔离，以保证其他设备继续运行。

1. 中央事故信号装置的功能

(1)引发电力系统事故的原因很多，主要包括：

①感应雷和直击雷对变配电所设备产生的过电压和雷击事故。

②大风和水灾造成输电线路倒杆，断线引发的短路、接地事故。

③电气设备的绝缘能力降低、老化而造成的电击穿短路、接地事故。

④高压断路器操动机构失灵或损坏而引发的事故。

⑤继电保护及自动装置的误动作而引发断路器误动、拒合、拒断事故。

⑥绝缘支持瓷瓶，绝缘瓷套管脏污破损而造成的接地和短路事故。

⑦输入、馈出电缆头绝缘损坏而造成的短路、接地事故。

⑧所用变压器，直流电源故障所引发的事故。

⑨运行人员误操作或违反操作规程所造成的事故。

⑩变电所设备维护不及时或检修质量不高，变电所设备存在严重缺陷带病运行而引发的事故。

(2)当发生下列断路器自动跳闸的情况时，变电所应发出中央事故信号：

①线路或电气设备发生故障，由继电保护装置动作跳闸。

②继电保护或自动装置误动作跳闸。

③控制回路故障误跳闸。

2. 中央事故信号装置的要求

(1)当断路器事故跳闸时，无延时发出事故音响信号，同时使相应断路器的位置指示灯闪光或亮白灯。

(2)事故时应立即启动远动装置，发出遥信。

(3)事故音响信号应能手动复归或自动复归。

(4)事故时应有指明继电保护和自动装置动作情况的光信号和其他形式信号。

(5)能自动记录发生事故的时间。

(6)事故时，应能启动计算机监控系统。

(7)事故音响、灯光信号装置应能进行完好性检查试验。

三、中央预告信号系统

中央预告信号是指电力系统出现异常情况后发出的信号。值班人员或自动化装置需要立即采取有效措施对异常情况进行处理，否则会发展成事故。

1. 中央预告信号装置的功能

中央预告信号是变电所中电路或电气设备出现异常状态的信号，包括以下内容：

(1)各种电气设备的过负荷。

(2)各种带油设备的油温升高或超过极限。

(3)交流小电流系统接地故障。

(4)各种电压等级的直流系统接地。

(5)各种液压或气压机构压力异常，弹簧机构的弹簧未拉紧。

(6)用 SF_6 气体绝缘设备的 SF_6 气体密度或压力异常。

(7)各种继电保护和自动装置的交、直流电源断线。

(8)断路器的控制回路断线。

(9)电流互感器和电压互感器的二次回路断线。

(10)继电保护和自动装置的信号继电器动作未复归。

(11)其他一些值班员需要了解的运行状态也可以发出中央预告信号。

当变电所中电路或电气设备出现故障状态时，值班人员通过中央预告信号装置应立即处理并及时记录，防止事故发生。

2. 中央预告信号装置的要求

(1)中央预告信号出现时，应能瞬时或延时发出与中央事故信号区别的音响信号，同时有灯光信号指出不正常运行内容。

(2)能手动复归或自动复归音响信号，显示故障性质的灯光信号应保留，直至故障排除。

(3)中央预告信号装置应具有重复动作的功能。

(4)中央预告音响、灯光信号装置应能进行完好性检查试验。

技能训练

中央信号系统有哪些用途？

____

____

____

____

____。

任务评价

学生评价：____

____

____

____。

教师评价：____

____

____

____

____

____。

任务4 测量装置与绝缘监视装置运行维护

学习目标

知识目标

1. 掌握测量仪表的配置原则；
2. 熟悉记录、处理测量仪表相关数据；
3. 掌握二次回路绝缘监视装置的运行维护方法。

技能目标

1. 具备测量仪表的安装及运行维护的基本技能；
2. 具备变电所二次设备的监测和运行维护的基本技能。

素质目标

1. 了解二次回路及设备安装、调试及运行维护的相关知识，培养“安全第一”的生产意识和遵章守纪的工作习惯，培养安全操作的职业素养，锻炼责任担当意识；
2. 培养学生查阅行业规范的职业习惯，不断学习新技术、新工艺、新规范、新标准，培养终身学习的习惯；
3. 培养良好的团结协作，沟通协作能力。

预习任务

1. 搜集《铁路电力牵引供电设计规范》(TB 10009—2016)中测量与绝缘监视的有关规定；
2. 收集各类测量和绝缘监视回路图。

任务导入

监视、测量回路是二次回路的重要组成部分，由各种电气测量仪表、监察装置、切换开关构成，通过测量表计和监察装置指示、记录数据，监视和测量一次设备的工作状态，为运行人员调节、控制设备提供参考，保障一次设备的安全和经济运行。

知识链接

一、测量装置

测量装置是各种监视性和计量性表计，通过电流互感器或电压互感器与一次系统联系起来。为便于运行人员的监视、观察与统计抄录，各种测量表计一般都装在控制室的控制、信号及计量等盘面上，有时也装在配电间隔内。

1. 分类

按测量表计的功能大致可分为监视性测量仪表和计量性测量仪表两类。

监视性测量仪表是对各种电气设备的运行状况或供电质量进行监视性的测量仪表，如电压表、电流表、功率因数表等。

计量性测量仪表是对供电运行要求的各种经济性指标进行计量性的测量仪表，如有功电能表、无功电能表等。

2. 测量表计设置的一般原则

(1)按测量用途不同，对表计的精确度有不同要求。用作计量性测量的表计精确度一般不低于0.5级。用作监视性测量的表计精确度一般在1～3级之间。

(2)无特别规定或必要，一般可不在高压侧进行计量性测量，尽可能减少设置高压仪用互感器。

(3)为了减少连接导线电阻对测量表计准确度造成的误差，表计应尽量设置在靠近互感器。

(4)为提高经济性又便于监视观察，应尽可能减少测量表计数量。

有功功率表、无功功率表用以对系统功率分配进行监视。有功电能表用来统计计算用电能耗。电压表用以监视母线或电源是否有电，并可衡量、监视供电电压的质量。牵引变电所部分测量表计及用途见表5-5。

表5-5　牵引变电所部分测量表计及用途

电路名称	测量表计配置	用　途
电源进线	三只或一只电流表，一只三相有功功率表	监视三相负荷大小、平衡情况及三相功率
主变压器	三只或一只电流表，三只单相(或一只三相)有功电能表，二只单相无功电能表，铁损与铜损表	监视负荷大小、平衡情况及计量电能消耗等
馈电线	一只电流表	监视负荷情况
110 kV母线	三只或一只电压表	监视母线电压
牵引侧母线	每相一只电压表	监视母线电压

二、直流系统绝缘监视

二次回路直流系统接线分布范围广，接线复杂且外露部分较多，易受外界环境因素影响，造成直流系统绝缘水平降低，甚至引发绝缘损坏发生接地故障。一点接地不会影响直流系统正常工作，但是非常危险，有可能发展成两点接地，引起控制、信号和保护回路误动作，甚至导致熔断器熔断，中断直流系统供电，造成严重后果。

1. 两点接地的危害

直流系统接地故障如图5-11所示，*B*点接地时不影响电路的正常工作，*A*点又接地后，L+—FU1—*A*—*B*—QF—YT—FU2—L−，导致YT线圈得电，造成断路器误分闸。*B*点接地后，*E*点又接地，将YT线圈短接，将可能导致断路器拒动，且会导致熔断熔断器。因此直流系统必须设置有足够灵敏且能连续工作的绝缘监视装置。

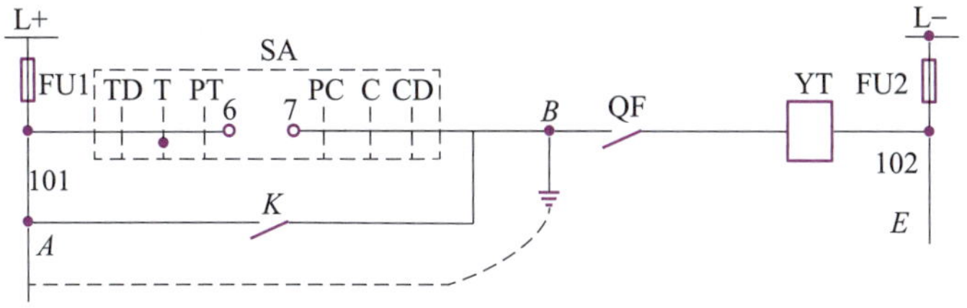

图 5-11　直流系统接地故障

2. 对直流系统绝缘监视装置的基本要求

(1)应能正确反映直流系统中任一极绝缘电阻下降。当绝缘电阻降至 15～20 kΩ 及以下时,应发出灯光和音响预告信号。

(2)应能测定绝缘电阻下降的极性(正极或负极),以及绝缘电阻的大小。

(3)应有助于绝缘电阻下降点(接地点)的查找。

3. 常规直流系统绝缘监视装置

(1)电压监视装置

直流绝缘电压监视装置如图 5-12 所示,电压过低时,低电压继电器 KV1 动作;电压过高时,过电压继电器 KV2 动作,点亮光字牌,发出中央预告信号。

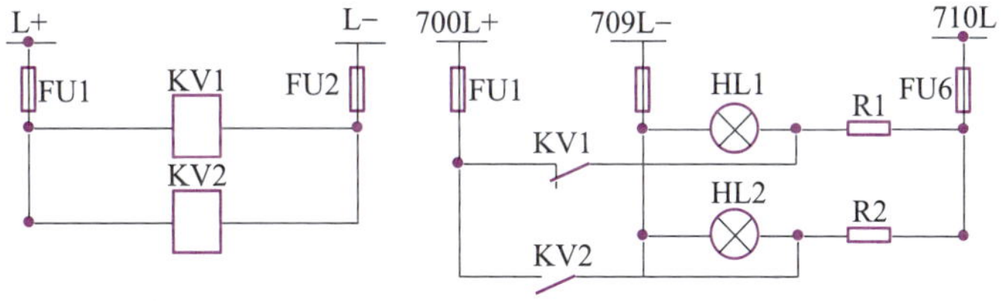

图 5-12　直流绝缘电压监视装置

(2)电磁型继电器构成的绝缘监视装置

电磁型继电器构成的直流绝缘监视装置如图 5-13 所示,直流系统绝缘监视装置由信号电路和测量电路两部分组成。图 5-13 中 R1、R2 与直流电源正、负极对地绝缘电阻 R+、R−组成直流电桥的四个臂。正常时,电桥平衡,K1 不动作。某极的绝缘电阻下降时,电桥不平衡,K1 中流过电流,K1 动作,点亮光字牌,发出预告音响信号。图 5-13 中 R3 为电位器,“V”是高内阻直流电压表。正常时,R3 触头位于中间,电桥平衡,欧姆值应该为∞。电阻计算式为

$$R_{(+)}=\frac{2R}{1-x}$$

$$R_{(-)}=\frac{2R}{1+x}$$

式中　x——电位器 R3 正极侧阻值比例系数。

正(负)极绝缘电阻下降时,切换 SA 并借助“V”的指示,即可判别接地极或绝缘电阻降低的电极。

(3)绝缘监视装置操作方法

①将操作开关 SA 切至“Ⅱ(负对地)”,使其接点 SA 的 2—4 接通,当“V”指示电压值为母

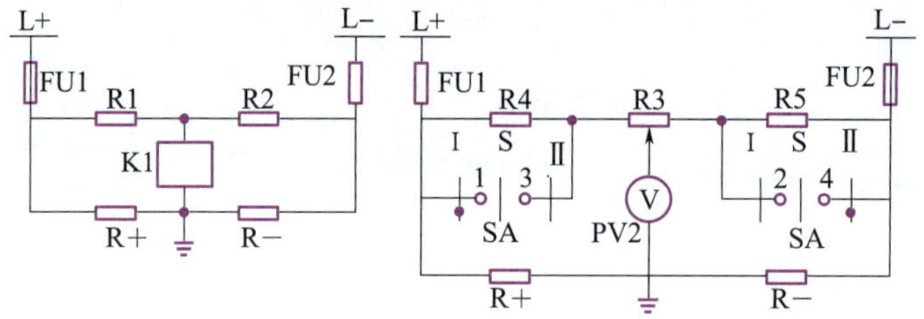

图 5-13 电磁型继电器构成的直流绝缘监视装置

线电压(220 V)时，则说明正极完全接地；当“V”指示小于母线电压时，则说明正极对地绝缘电阻下降。

②若将操作开关 SA 切至“Ⅰ(正对地)”，使其接点 SA 的 1—3 接通，当“V”指示电压值为母线电压(220 V)时，则说明负极完全接地；当“V”指示小于母线电压时，则说明负极对地绝缘电阻下降。

技能训练

1. 绘制单相电能表的接线图。

2. 绘制三相有功电能表的接线图。

3. 直流系统绝缘监视装置如何能判断出系统发生了接地故障？

____。

任务评价

学生评价：____

____

____

____。

教师评价：____

____

____

____

____

____。

任务5　直流操作电源运行维护

学习目标

知识目标

1. 了解直流操作电源的组成、原理和控制；
2. 掌握直流系统的蓄电池、充电装置等运行维护知识；
3. 了解操作电源的种类及应用，掌握操作电源系统运行维护的方法。

技能目标

1. 具备直流电源工作回路调试、操作及运行维护的基本技能；
2. 具备一定的查阅相关国家标准、行业标准的技能。

素质目标

1. 了解二次回路及设备安装、调试及运行维护的相关知识，培养“安全第一”的生产意识和遵章守纪的工作习惯，培养安全操作的职业素养，锻炼责任担当意识；

2. 培养学生查阅行业规范的职业习惯，不断学习新技术、新工艺、新规范、新标准，培养终身学习的习惯；

3. 培养良好的团结协作，沟通协作能力。

预习任务

1. 搜集《铁路电力牵引供电设计规范》(TB 10009—2016)中直流操作电源的有关规定；
2. 收集各类直流操作电源回路图。

任务导入

操作电源是为高压断路器控制回路、信号回路、继电保护及自动装置回路、事故照明及其他二次回路等提供所需的电源，因此可靠性要求很高，容量要求足够大，尽可能不受供电系统运行的影响。

知识链接

一、对直流操作电源的基本要求

(1)保证供电的可靠性,最好装设独立的直流操作电源,如蓄电池操作电源,以免交流供电系统故障时,影响操作电源的正常供电。

(2)具有足够的容量,能满足各种工况下负荷的需求。一次系统正常运行时,直流系统有额定电压输出,保证各种正常操作和监视。一次系统停电时,直流系统要求有额定电压输出,保证送电前的各种操作和监视。一次系统发生短路故障时,直流系统的输出电压和容量仍应满足保护装置动作及断路器分闸要求。

(3)具有良好的供电质量。正常运行时,操作电源母线电压波动范围小于5%额定值;事故时不低于90%额定值;失去浮充电源后,在最大负载下的直流电压不低于80%额定值;波纹系数小于5%。

(4)变电所的操作电源可分为直流操作电源和交流操作电源两大类。直流操作电压一般为DC 110 V或DC 220 V。交流操作电源一般为AC 100 V或AC 5 A。

二、蓄电池的运行维护

蓄电池是一种可以重复使用的化学电源,充电时,将电能转变为化学能储存起来,放电时,将储存的化学能转变为电能送出。蓄电池独立、可靠,不受交流电源影响,能重复使用,可以连接成蓄电池组,作为直流操作电源。牵引供电系统常用的蓄电池主要有铅酸蓄电池和镉镍蓄电池两种。

1. 铅酸蓄电池

随着技术发展,近年来逐渐采用阀控密封铅酸蓄电池(又称免维护铅酸蓄电池),它克服了原有开口式蓄电池的充放电时析出的酸雾污染、腐蚀严重,又需经常维护(补酸和水),以及充电时要排出氢氧的混合气体,有爆炸危险和强腐蚀性的缺陷。阀控密封铅酸蓄电池自放电电流小,25 ℃下每月自放电率2%以下,约为其他铅酸蓄电池的1/5～1/4。蓄电池寿命长,若在25 ℃浮充电状态使用,寿命可达10～15年。蓄电池大电流放电性能优良,特别是冲击放电性能极佳。但阀控密封铅酸蓄电池对温度的反映较灵敏,不允许过充和欠充,对充放电要求较为严格,要求有性能较好的充电装置,使用维护不当将严重缩短蓄电池的使用寿命。

(1)铅酸蓄电池原理

铅酸蓄电池的充放电总化学反应式为

$$PbO_2+2H_2SO_4+Pb \xrightleftharpoons{\text{放电}} PbSO_4+2H_2O+PbO_4$$

(2)充电特性

阀控密封铅酸蓄电池单体蓄电池开路电压为2.13～2.16 V。浮充电使用是其最佳运行条件运行时,蓄电池总是处于满容量状态,在此条件下运行,电池具有最佳的使用寿命和性能。极间与极间和极间与对地绝缘较好,自放电率较小。浮充电一般采用恒压限流方式,在环境温度为25 ℃时最佳浮充电压为2.23 V/单体,浮充电流小于2 mA/(A·h)。严格防止因浮充电不当,造成蓄电池容量失效故障。充电时间取决于放电深度、充电初始电流及环境温度,由于蓄电池对温度较为敏感，所以当温度升高时，需降低浮充电压，如温度升高 5 ℃，充电电压相应减少约 15 mV。

(3)放电特性

对固定容量(Ah)的蓄电池，其允许放电的电流数值与放电时间密切相关。阀控密封铅酸蓄电池电解液的密度大、浮充电压高，所以开路电压和初始放电电流大。在放电过程中，蓄电池放出的容量与放电倍率有很大关系，放电电流越大，所放出的容量越少；放电电流越小，所放出的容量越多。通常以标准温度(25 ℃)下 10 小时放电率的容量为阀控式密封铅酸电池的额定容量，新蓄电池在前 3 次循环内达到额定容量的 95%以上，即为合格。

(4)自放电性能

阀控式密封铅酸蓄电池长期储存时，会进入自放电状态，容量逐渐损失。开路电压同电池剩余容量密切相关，新电池的开路电压是 2.13～2.16 V/单体，储存 2～3 个月后，电池开路电压不应低于 2.1 V 单体(约相当于自放电损失 2%)，如果在 2.1～2.13 V/单体以上(约相当于自放电损失 1%)，则说明电池储存性能很好，如果在 2.1～2.13 V/单体，则说明电池存储性能较好。若低于 2.1 V/单体，则说明电池存储存性能较差。当电池长期储存不用时，为防止自放电引起的过放电现象，要定期对储存状态的电池进行补充电。

2. 镉镍蓄电池

(1)基本原理

镉镍蓄电池按不同使用要求，其结构形式分为密封型和开启型两种。按极板的制造工艺，则分为压接式和烧结式等。压接式密封型电池的容量(A・h)较小，如 GNY 型电烧结式或半烧结式极板多为大容量电池采用，且容量较大的电池多数为开启式结构。

镉镍蓄电池充放电总化学反应式为

$$Cd+2NiO(OH)+2H_2O \underset{充电}{\Longleftrightarrow} Cd(OH)+Ni(OH)_2$$

镉镍蓄电池放电和充电过程，分别是电池极板活性物质的化学变化过程和在外加电能作用下活性物质的还原过程。电池端电势的变化仅与活性结构成分的改变有关，与电解液 KOH 的浓度无关，这一点与常见的铅酸蓄电池不同。

(2)充放电特性

对固定容量(Ah)的蓄电池，其允许放电的电流数值与放电时间密切相关。蓄电池的容量单位为 Ah，碱性蓄电池的额定容量是指按规定的正常放电电流，在正常放电时间内(一般为 ≤5 h，CNG40 型为 4 h)，放电至终止电压(1 V)时所输出的容量(A・h)(单个镉镍蓄电池的额定电压均为 1.2 V)。

蓄电池(GNG 型)放电电压一般在 1.21～1.28 V 时最稳定，当放电电压低于 1.2 V 时，放电电压迅速下降，此时应对电池充电，否则电池电压不稳定。

蓄电池正常充电时间(GNG 型)为 6～7 h，充电完后端电压为 1.6 V。一般在 4 h 内电压处于稳定状态，4 h 以后充电电压会迅速上升，当充电电压升到 1.65 V 时表示充电已充足，如再充则处于过充电状态。

(3)放电倍率对放电特性的影响

蓄电池按短时允许最大放电电流和规定的正常放电时间(≤5 h)内正常放电电流比的大小，分为高倍率和中倍率放电型两种。高倍率放电型电池内阻小，瞬时放电倍率为 20～30 倍，适合电磁操动机构断路器的分、合闸操作。中倍率电池的大电流放电倍率为 3.5 倍左右。

当采用不同的放电电流，在同一时间内蓄电池的压降是不同的，放电电流越大则其压降越大。一般断路器的操动机构的动作时间小于 100 ms，合闸电流一般最大在 400 A 左右，断路器合闸所需蓄电池容量约为 20～40 A・h，断路器合闸过程是电池大电流急放电的过程，在合闸瞬间要求电池的压降要小，以免影响其他电气设备的正常工作。若电池在 400 A 瞬时放电时电压降低在 20%以内是允许的。

当镉镍蓄电池的放电至终止电压(1 V)时，应以等于或小于正常放电电流的正常充电电流充电。高倍率蓄电池以高倍率电流放电 0.35 s 的瞬间电压，规定为 1.04～1.12 V。镉镍蓄电池在低温下运行性能良好，当温度为－20 ℃～40 ℃时，其容量可达到额定容量的 50%～70%。

(4)自放电特性

镉镍蓄电池的自放电是电池在无外接负载而静止时的内部自行放电。其产生的主要原因是极板间隔材料有杂质，电解液不纯，充电完毕后部分活性物质不稳定等。自放电一般在充电后的最初几天内发生很快，以后变化很慢。过 1～2 月或放出 1/3 的容量后，就几乎不再发生自放电。

三、直流操作电源系统

直流操作电源系统由蓄电池组和整流装置构成，近年来，采用微机控制高频开关直流电源系统。该系统采用阀控密封铅酸蓄电池组和高频开关模块型充电装置。蓄电池、充电装置、负荷开关采用直流自动空气断路器，提高了切断直流回路短路电流的能力。直流绝缘监察装置和电压监察装置采用微机装置，提高绝缘监察的灵敏度和可靠性，充电装置、绝缘监察装置、电压监察装置等均有通信接口和触点接口，便于与调度所遥测、遥信、遥控系统接口。大多数均采用数字式液晶显示触摸屏显示。

1. 高频开关电源直流系统的组成

高频开关电源直流系统主要包括交流配电模块、直流配电模块、监控模块、充电模块、蓄电池组、调压模块等几个部分。高频开关电源直流系统原理框图如图 5-14 所示，采用控制、合闸母线分离的方式向系统供电。交流配电模块是对交流电源进行控制、保护、监测和输出(充电模块)。直流配电模块是将直流电源输送给直流负荷。监控模块用于对交流输入电源、充电模块、蓄电池组、调压模块及直流电源等进行数据监测、定值设定、越限报警等智能管理，此外设有通信接口单元，用以实现遥测、遥信、遥控和遥调。充电模块是将交流转变为直流，供给直流负荷使用，可根据负荷大小选择充电模块的数量。由于合闸母线电压较高，为保证控制母线在额定电压下正常工作，在两母线间装有调压模块。此外还包括信号装置、绝缘监视装置、报警装置等。

2. 直流系统的运行方式

高频开关电源直流系统正常运行在浮充电状态下，每隔 1～3 个月，微机控制充电装置自动转入恒流充电状态运行，当电池组电压达到均充电压值(2.3～2.4)V×N(单体电池个数)时，微机控制充电装置自动转入恒压充电状态运行，当恒压充电电流小于整定值时，微机控制充电装置开始计时，3 h 后微机控制充电装置自动转入正常浮充运行状态。

事故停电时，充电装置停止工作，蓄电池无间断地向控制母线送电。交流电源中断时间大

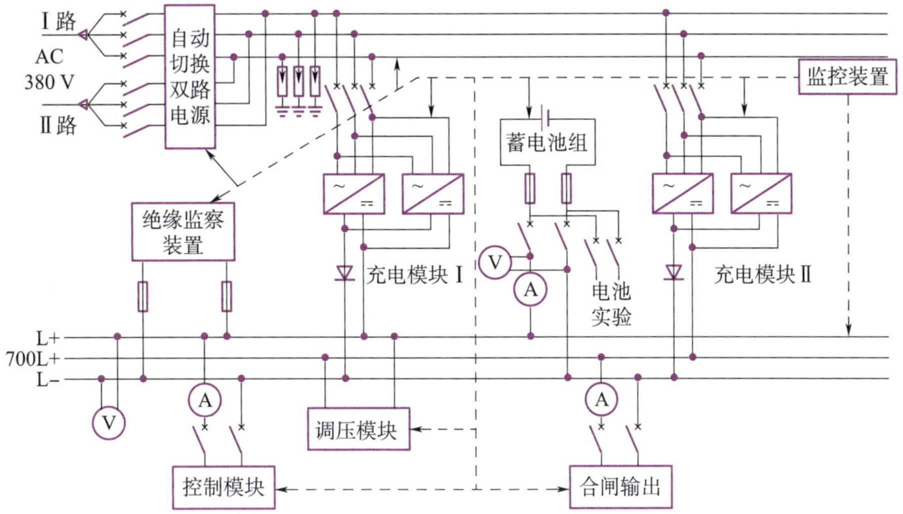

图 5-14　高频开关电源直流系统原理框图

于整定值(一般 1 h)后，蓄电池组供电总开关将自动断开。交流电恢复送电时，蓄电池组总开关会自动闭合，微机控制充电装置自动进入恒流充电状态运行。

在正常运行中，控制母线电压低于或高于额定电压的 10%时，欠电压或过电压保护会发出电压过低或过高的信号；直流母线绝缘电阻低于规定值时，绝缘监视装置会发出母线接地信号；直流系统短路时，过电流保护装置会自动动作。

技能训练

1. 自动切换双路电源的用途是什么？

。

2. 为什么把合闸母线和控制母线分开？

。

任务评价

学生评价：

。

教师评价：____

____

____

____

____

____。

巩固提升

一、单选题

1. 用方框、单线表示系统、分系统、成套装置、设备、软件中各项目之间主要关系和连接的简图是(　　)。

A. 概略图　　B. 功能图　　C. 电路图　　D. 接线图

2. 一般由互感器供电的回路属于(　　)。

A. 直流回路　　B. 交流回路　　C. 信号回路　　D. 控制回路

3. 用理论或理想的电路来详细表示系统、分系统、成套装置、设备、软件等的功能特性，而不必涉及功能如何实现的简图是(　　)。

A. 概略图　　B. 功能图　　C. 电路图　　D. 接线图

4. 表示系统、分系统、成套装置、设备、软件等项目实际电路的简图(　　)。

A. 概略图　　B. 功能图　　C. 电路图　　D. 接线图

5. 表示一个装置或设备连接关系的简图(　　)。

A. 概略图　　B. 功能图　　C. 电路图　　D. 接线图

6. 项目代号的特定前缀符号表示高层代号段的是(　　)。

A. "="　　B. "-"　　C. "+"　　D. ":"

7. 项目代号的特定前缀符号表示类代号段的是(　　)。

A. "="　　B. "-"　　C. "+"　　D. ":"

8. 项目代号的特定前缀符号表示位置代号段的是(　　)。

A. "="　　B. "-"　　C. "+"　　D. ":"

9. 项目代号的特定前缀符号表示端子代号段的是(　　)。

A. "="　　B. "-"　　C. "+"　　D. ":"

10. 断路器手动分闸时，指示灯发(　　)发平光，对分闸状态起监视作用。

A. 红色　　B. 绿色　　C. 黄色　　D. 白色

11. 断路器手动合闸时，指示灯发(　　)发平光，对合闸状态起监视作用。

A. 红色　　B. 绿色　　C. 黄色　　D. 白色

二、多选题

1. 二次回路按工作电源性质可分为(　　)。

A. 直流回路　　B. 交流回路　　C. 信号回路　　D. 控制回路

2. 二次回路按用途可分为（　　）。

A. 测量回路　B. 监视回路　C. 信号回路　D. 控制回路

E. 保护回路　F. 自动化装置回路　G. 直流回路　H. 交流回路

3. 二次回路的电气简图主要有（　　）。

A. 概略图　B. 功能图　C. 电路图　D. 接线图

4. 电气图中的元件、部件、组件、设备、线路等一般是采用（　　）来表示。

A. 图形符号　B. 文字符号　C. 项目代号　D. 位置代号

5. 电气元件的表示方法有（　　）。

A. 集中表示法　B. 分开表示法　C. 半集中表示法

6. 表示连接线的去向和接线关系的方法有（　　）。

A. 连续表示法　B. 中断表示法　C. 混合表示法

7. 电路图的表示方法有（　　）。

A. 多线表示法　B. 单线表示法　C. 混合表示法

8. 高压断路器按控制操作执行地点不同可分为（　　）。

A. 就地控制　B. 距离控制(屏控)　C. 远动控制

9. 下列属于对断路器控制电路的基本要求的是（　　）。

A. 可利用控制开关手动跳闸与合闸，事故时又可自动分闸并给出事故音响和闪光信号

B. 能反映断路器状态的位置信号和自动合、跳闸的不同的显示信号

C. 正常分、合闸完毕自动解除命令脉冲切断分、合闸回路

D. 合、跳闸电流脉冲直接作用于断路器的合、跳闸线圈，但电磁操作机构合闸线圈电流很大(35～250 A左右)，须通过合闸接触器接通合闸线圈

E. 应能监视控制电源及分、合回路的完好性(对二次回路短路或负荷进行保护)

F. 具备防止多次分、合断路器的“跳跃”措施

10. 根据操作机构动力来源不同，操动机构可分为（　　）。

A. 手动操作机构(CS)　B. 电磁操动机构(CD)

C. 弹簧操动机构(CT)　D. 液压操动机构(CY)

E. 电动机操动机构(CJ)　F. 气动操作机构(CQ)

11. 控制开关可实现（　　）。

A. 断路器分闸和合闸操作　B. 就地和远方操作方式切换

C. 距离控制操作

12. 断路器自动分闸时，指示灯发（　　）发（　　）光，对分闸状态起监视作用。

A. 红色　平　B. 绿色　平　C. 红色　闪　D. 绿色　闪

13. 断路器自动合闸时，指示灯发（　　）发（　　）光，对合闸状态起监视作用。

A. 红色　B. 绿色　C. 黄色　D. 白色

三、判断题

1. 控制开关操作转换过程有六个位置，分别是“预合(PC)”、“合闸(C)”、“合后(CD)”、“预分(PT)”、“分闸(T)”、“分后(TD)”。（　　）

2. 弹簧操动机构是靠电磁力进行合闸的机构，电磁操动机构合闸电流大，可达几十安至

数百安。 (   )

3. 电磁操动机构具有动作速度快，工作稳定，储能过程中电动机电流不大(几安培)的优点。缺点是部件较多，制造工艺要求高，检修难度大，本体输出力特性与断路器负载特性配合较差等。 (   )

4. 110 kV 及以上的断路器，由于操作功率大，大多采用液压操动机构，在控制电路中增加了液压系统的压力监视部分。 (   )

5. 事故音响信号使用的是电铃，预告信号使用的是电笛(或蜂鸣器)。 (   )

6. 按音响信号复归方式分，中央信号主要包括能重复动作和不能重复动作。 (   )

7. 按音响信号动作性能分，中央信号主要包括就地复归和中央复归。 (   )

8. 中央预告信号是指电力系统发生事故后发出的信号。值班人员或自动化装置必须尽快、正确地采取有效措施限制事故发展，并将已经发生事故的设备单元进行隔离，以保证其他设备继续运行。 (   )

9. 中央事故信号是指电力系统出现异常情况后发出的信号。值班人员或自动化装置需要立即采取有效措施对异常情况进行处理，否则会发展成事故。 (   )

10. 测量装置是各种监视性和计量性表计，通过电流互感器或电压互感器与一次系统联系起来。 (   )

11. 用作计量性测量的表计精确度一般不低于 0.5 级。用作监视性测量的表计精确度一般在 1～3 级之间。 (   )

12. 直流系统绝缘监视主要是用来监视直流回路的一点接地和两点接地，两点接地有可能引起控制、信号和保护回路误动作，甚至导致熔断器熔断，中断直流系统供电，造成严重后果。 (   )

四、简答题

1. 什么是操作电源？

2. 衡量电池性能指标的参数主要有哪些？

3. 什么是二次回路？

项目 6 牵引供电系统防护方案选择

项目描述

因交流电气化铁路牵引负荷是单相感性负载，且负荷采用了变流技术，当采用三相电力系统供电时，将在电力系统中引起负序电流、高次谐波（尤其是交—直型电力机车）、功率因数降低等不良影响，同时会对沿电气化铁路线路邻近的通信光缆或电缆线路、油气管道与油气库等产生一定的电磁干扰。本项目将深入研究以上这些问题，并提出相应的对策，以缩小不良影响。

项目知识点和技能点思维导图

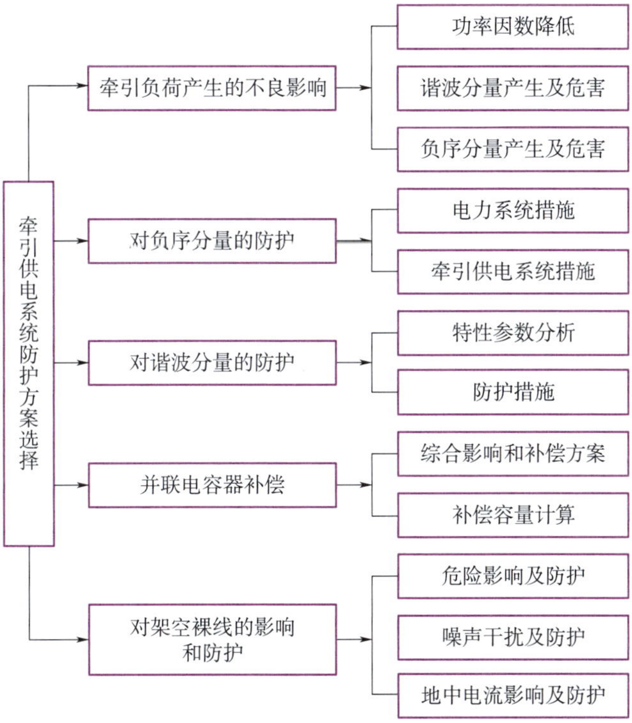

图 6-1 项目 6 知识点和技能点思维导图

任务1　牵引负荷产生的不良影响

学习目标

视频

牵引负荷产生的不良影响

知识目标

1. 掌握牵引负荷对电力系统的不良影响；

2. 了解牵引负荷在电力系统中产生功率因数、谐波分量、负序分量的原因。

技能目标

能具备一定的查阅相关国家标准、行业标准的技能。

素质目标

1. 通过事故案例，了解牵引供电系统对电力系统的不良影响的潜在风险，培养“安全第一”的生产意识和遵章守纪的工作习惯，培养安全操作的职业素养；

2. 培养良好的团结和沟通协作能力；

3. 培养学生查阅行业规范的职业习惯，不断学习新技术、新工艺、新规范、新标准，培养终身学习的习惯。

预习任务

1. 搜集《铁路电力牵引供电设计规范》(TB 10009—2016)中电气化铁路牵引供电系统防护的有关规定；

2. 收集牵引负荷造成不良影响的图片；

3. 查找电气化铁路牵引供电系统不良影响的防护措施。

任务导入

列车的安全稳定运行，离不开优质的电能，牵引负荷单相感性负载的特点和变流技术的采用对电能质量造成了一系列不良影响。

知识链接

牵引供电系统与电力系统供电示意如图6-2所示，电力系统通过公用电网向牵引供电系统提供安全、可靠、优质的电能，牵引供电系统要尽量减少对电力系统公用电网的不良影响。牵引供电系统对电力系统公用电网产生的不良影响主要有以下几方面。

一、功率因数降低

牵引供电系统与电力系统通过公共连接点(PCC)或供用电协议规定的电能计量点连在一起，该点也是电能质量的监测点。由于电力机车是阻感性负载，阻感性负载在牵引网中会降低功率因数，进而产生电能和电压损耗，造成牵引网电压降低，从而产生电压偏差。

电力牵引负荷的功率因数低，不仅使牵引变压器、输电线路等牵引供电系统设备的容量利用率降低，还会对电力系统产生一系列不良影响，具体如下：

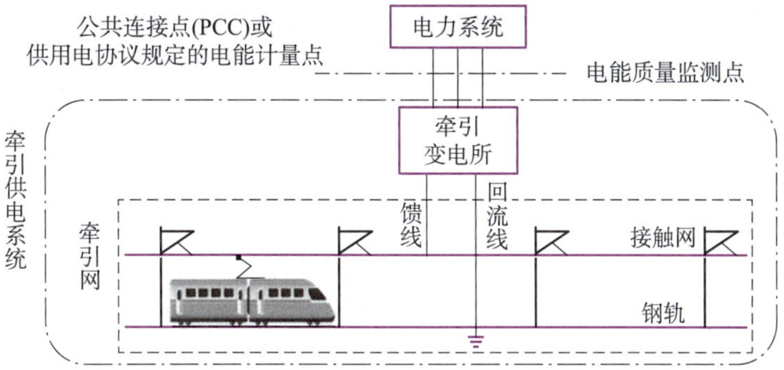

图 6-2　牵引供电系统与电力系统供电示意

(1)降低发电机组输出能力和输变电设备供电能力，使电气设备的效率降低，发电、输电、变电和配电成本增加。

电气设备的有功功率为

$$P = S\cos\varphi = \sqrt{S^2 - Q^2} \tag{6-1}$$

由此可见，电气设备低于额定或规定功率因数运行时，若视在功率不变，输送的有功功率将会减少，从而降低了发电设备的输出能力和输变电设备的供电能力，使电气设备的效率降低，发电、输电、变电和配电成本增加。

(2)增加输配电网络电能损失。

当电流流过输配电网络时，产生的有功功率损失为

$$\Delta P = 3I^2R\times10^{-3} = 3\left(\frac{P}{U\cos\varphi}\right)^2 R\times10^{-3} = \frac{3P^2R}{U^2}\cdot\frac{1}{\cos^2\varphi}\times10^{-3}\quad(\text{kW}) \tag{6-2}$$

由式(6-2)可知，有功功率损耗与功率因数的平方成反比。功率因数低，造成输电网络电能损失大大增加。

(3)增加输配电网络电压损失，造成电力用户供电电压不足。

当电流流过输配电网络时，产生的电压损失为

$$\Delta U = I(R\cos\varphi + X\sin\varphi) \tag{6-3}$$

由式(6-3)可知，电压损失与电流成正比，若功率因数低于规定值，在输送同等有功功率时，视在功率会增大，相应的电流也随之增大，从而使输电网络电压损失增大。

【例题】 基本电费和力调电费标准

某供电段共有 25 座牵引变电所，总安装容量为 80 万 kV·A(备用容量不计费，安装容量也指运行容量)，基本电价为 20 元/(kA·V)每月支付的基本电费为

80 万 kV·A×20 元/(kV·A)=1 600 万元

每年缴纳的基本电费为

1 600 万元×12=19 200 万元

据不完全统计，全国铁路有 48 个供电段，每个供电段牵引变压器平均安装容量为 50 万 kV·A，每年缴纳的基本电费为

50 万 kV·A×20 元/(kV·A)×12×48=57.6 亿元

全国牵引变压器数量多，总容量大，随着电气化铁路的而不断发展，全国牵引变压器的数量还在不断增加，因此基本电费是铁路运营企业的一大笔成本支出，提高变压器容量利用率，降低安装容量，减小电力系统资源占用，可以大大降低基本电费。

按规定电价计算出当月电费后，按照功率因数调整电费表规定的百分数增加或者减少电费。低于 0.9 时，每低 0.01，增加 0.5%电费；高于 0.9 时，每高 0.01，减少 0.15%电费。以 0.9 为标准值的功率因数调整电费表见表 6-1。

表 6-1　以 0.9 为标准值的功率因数调整电费表

减收电费	实际功率因数	0.90	0.91	0.92	0.93	0.94	0.95～1.00							
	月电费减少百分比/%	0.0	0.15	0.30	0.45	0.60	0.75							
增收电费	实际功率因数	0.89	0.88	0.87	0.86	0.85	0.84	0.83	0.82	0.81	0.80	0.79	0.78	0.77
	月电费减少百分比/%	0.5	1.0	1.5	2.0	2.5	3.0	3.5	4.0	4.5	5.0	5.5	6.0	6.5
增收电费	实际功率因数	0.76	0.75	0.74	0.73	0.72	0.71	0.70	0.69	0.68	0.67	0.66	0.65	功率因素是 0.64 及以下，每降低 0.01
	月电费减少百分比/%	7.0	7.5	8.0	8.5	9.0	9.5	10.0	11.0	12.0	13.0	14.0	15.0	电费增加 2%

二、谐波分量产生及危害

1. 谐波的产生

电力系统三相电压和电流应该都是标准的正弦波，由于电力机车采用变流技术成为非线性负载，会使电压和电流的波形发生畸变，产生大量谐波分量。在电力系统中造成谐波污染。

一个非正弦周期函数利用傅里叶级数分解，可以分解出不同的谐波次数，以谐波次数为横坐标，各次谐波幅值为纵坐标，该函数称为幅值频谱。以各次谐波的初相角为纵坐标，则称为相位频谱。电力机车产生的谐波次数与整流设备的脉冲(相数)有关，机车电流波形一般介于矩形波和三角波之间。谐波电流含有率 $K_{\mathrm{i}}(\%)$ 一般表示为

$$K_{\mathrm{i}}(\%)=\frac{I_n}{I_1}\times 100\% \tag{6-4}$$

式中　I_n——n 次谐波电流的幅值；

I_1——基波电流的幅值。

谐波电压含有率 $K_{\mathrm{u}}(\%)$ 一般表示为

$$K_{\mathrm{u}}(\%)=\frac{U_n}{U_1}\times 100\% \tag{6-5}$$

式中　U_n——n 次谐波电压的有效值；

U_1——基波电压的有效值。

电压波形综合畸变率 $K_{\mathrm{j}}(\%)$ 一般表示为

$$K_{\mathrm{j}}(\%)=\frac{\sqrt{\sum_{n>1}^{\infty}U_n^2}}{U_1}\times 100\% \tag{6-6}$$

2. 谐波的危害

谐波对电力系统的不良影响是多方面的，谐波可能引起电力系统内的谐振，比如谐波电流

可能引起电力系统内的并联谐振，引起谐波电压放大，进而损坏设备，或者引起电力系统内的串联谐振，引起元件过电流，造成元件过热。

谐波电流流入同步电机三相定子绕组，产生旋转磁场，引起振动扭矩；谐波电流流入同步电机三相定子绕组时，增加定子绕组和定子铁芯的附加电能损失和发热；引起同步电机转子励磁绕组的附加发热；引起同步电机阻尼绕组过热，以致损坏。

谐波电流在感应电动机内会产生谐波功率损失，主要是铜损；当谐波电流增大时，其铁芯齿部磁饱和增大，使基波电抗 X_1 和谐波电抗 X_n 都减小，使得谐波功率损失增大。此外，磁饱和也会引起励磁阻抗和基波负序阻抗减小，使谐波功率损失增大。在感应电动机的端电压和基波负序电压一定时，励磁电流和负序电流引起的铜损也会增大，造成附加发热增大。

对变压器、电容器和串联电抗器的影响，主要是增加电容器和串联电抗器额外的电压、电流和温升。在变压器内产生铁芯磁滞损耗，使变压器噪声增大；还会引起附加铁损和铜损，使变压器总电能损失增大，容量利用率降低。

高次谐波对电气计量仪表，特别是电能计量仪表影响较大。因为功率表计量出的值没有受高次谐波和功率因数影响产生误差的限制措施。

由于电源电压波形畸变使控制信号相位变化，引起相位控制的设备发生误控；还会影响电子计算机等电子产品正常工作；影响电视机、收音机等视听效果，产生噪声和图像闪动。

三、负序分量产生及危害

1. 负序分量的产生

正常电力系统的三相电源是对称，由于电力机车为单相负载，引起电力系统三相负荷不平衡，使得电力系统电压和电流不对称，从而在电力系统中产生大量负序分量。

$$\begin{cases}\dot{I}_{A1}=\dfrac{1}{3}(\dot{I}_A+a\dot{I}_B+a^2\dot{I}_C)=\dfrac{1}{\sqrt{3}}\dot{I}\angle-30^\circ\\ \dot{I}_{A2}=\dfrac{1}{3}(\dot{I}_A+a^2\dot{I}_B+a\dot{I}_C)=\dfrac{1}{\sqrt{3}}\dot{I}\angle 30^\circ\\ \dot{I}_{A0}=\dfrac{1}{3}(\dot{I}_A+\dot{I}_B+\dot{I}_C)=0\end{cases} \tag{6-7}$$

图 6-3 中单相负荷接于电力系统，从式(6-7)可以看出单相负荷在电力系统中引起的正序和负序电流大小相等、相位相反、零序电流为零。由于牵引供电系统对电力系统造成的不平衡电流，在电力系统中产生负序电流，但没有零序电流。

2. 负序分量的危害

由于负序分量的存在，造成设备传输的视在功率大于负荷需要的视在功率，因此负序分量占用了设备的资源，造成设备的容量利用率下降。单相负荷电流在三相系统电路中产生的电能损失为正序和负序电流电能损失之和，因此负序会引起电力系统引起电能损失。

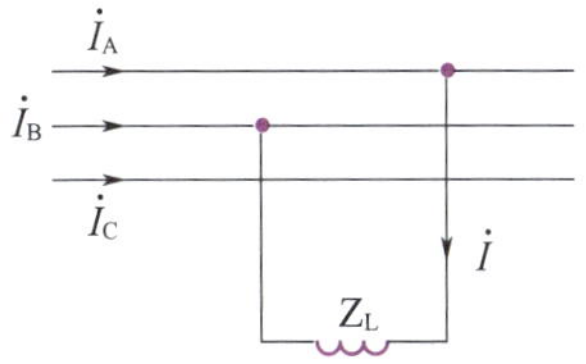

图 6-3 单相负荷示意

负序电流经过同步发电机的定子绕组时，形成同步转速旋转的负序旋转磁场，方向与转子的旋转方向相反，因此定子负序电流所产生的负序旋转磁场对转子有两倍同步速的相对速度，负序旋转磁场将以两倍同步转速切割转子，在转子中就感应出两倍频率的电流，在励磁绕组、阻尼绕组，以及整块转子的表面感应倍频电流，这些电流会产生相应的损耗和发热，破坏转子部件的机械强度，以及因温升过高而影响励磁绕组的绝缘强度，导致转子烧损。负序旋转磁场产生两倍工频的附加交变电磁转矩，同时作用在转子转轴和定子机座上，从而引起附加的两倍工频频率的振动，长时间的振动还将引起金属疲劳和机械损坏。

负序电压的存在会在异步电动机中将产生负序电流，因异步电动机的负序阻抗很小，很小的负序电压会产生较大的负序电流，与额定负载时的正序电流叠加，会使定子和转子绕组局部过载，引起绕组铜损局部增大，致使绕组因局部过热而烧毁。同时，负序电流在定子绕组中产生的反向旋转磁场，会在转子铁芯中产生涡流，增加铁损，造成转子发热，并产生反向制动转矩，降低电动机的出力和过载能力。

以负序电流或负序电压为动作条件的继电保护和自动装置，当遭受到大量负序入侵时，在谐波的共同干扰下，造成保护误动作，引起供电的中断，降低供电的可靠性。负序电流的存在还会对通信线路和计算机系统等弱电回路产生干扰。

四、电能质量的保障

鉴于牵引供电负荷对电力系统的不良影响，该如何改善这种状况？这就需要供用电双方共同努力来维持好电能质量，降低电力系统和牵引负荷的不良影响。

技能训练

牵引负荷对电力系统造成的影响以及产生这些影响的原因有哪些？

____

____

____。

任务评价

学生评价：____

____

____

____。

教师评价：____

____

____

____。

任务 2　电气化铁路对负序分量的防护

学习目标

知识目标

1. 熟悉牵引变电所换接相序的基本要求和应考虑的原则；

2. 掌握减小负序分量的措施；

3. 掌握单相 I,i 和单相 V,v 联结牵引变压器换接相序的接线方法。

技能目标

1. 具备换接相序接线的基本技能；

2. 具备绘制单相 I,i、单相 V,v、三相 YN,d11 等联结牵引变压器换接相序接线图的基本技能；

3. 具备一定的查阅相关国家标准、行业标准的技能。

素质目标

1. 培养良好的团结和沟通协作能力；

2. 培养学生查阅行业规范的职业习惯，不断学习新技术、新工艺、新规范、新标准，培养终身学习和细心细致做事习惯。

预习任务

1. 搜集《铁路电力牵引供电设计规范》(TB 10009—2016)中电气化铁路牵引供电系统防护的有关规定；

2. 收集牵引负荷负序分量不良影响的图片；

3. 查找铁路系统针对负序分量不良影响的防护措施。

任务导入

牵引供电系统与电力系统是通过公共连接点进行电能质量监测的，因此维持好电气化铁路供电系统的电能质量需要供用电双方共同来努力。

1. 电力系统在保证电能质量方面采取的措施

(1)在发电厂或枢纽变电所安装特殊同步调相机

同步调相机允许承受负序电流的能力较大，负序阻抗较小，吸收负序电流时不存在相位选择问题，还具有良好的防振性能。同步调相机还可以吸收部分高次谐波，而且不会引起共振。但是不足的是基建投资大，占地较多。

(2)临时性的过渡措施

针对负序电流增大可以将某些线路、变压器、电抗器投入或退出运行，以减少流入承受负序影响能力较弱，或承受负序影响过重的设备，但这只能是临时性和过渡性的措施。

(3)接入较大容量电力系统的措施

针对可能存在较大负序电流的牵引负荷，可以在设计时直接接入具有较大容量的电力系统，因为容量较大电力系统受负序影响的可能性要小一些。

2. 牵引供电系统在保证电能质量方面采取的措施

(1)采用电流不对称度低的平衡变压器，比如 Scott 联结牵引变压器、三相两相平衡变压器等。

(2)对相邻牵引变电所的牵引变压器进行换接相序。换接相序就是将各相邻牵引变电所牵引变压器的一次侧各端子轮换接入电力系统中的不同相。在使用轮换相序接入电力系统时，使不同变电所产生的负序电流能够部分抵消，以削弱电气化铁路产生的负序电流。

知识链接

一、牵引变电所换接相序的基本要求

1. 保证三相负荷的对称性

把各牵引变电所的单相牵引负荷接入电力系统不同的相，使三相负荷尽量对称，确保电力系统三相电流大致对称。

2. 所间同相，所内不同相

YN，d11 和 V，v 等联结的两相邻牵引变电所间两供电臂一般设为同相，所内两供电臂为不同相，便于实现末端并联供电，并尽量减少接触网的电分相和电分段数量，利于高速行车，还便于实现越区供电或两边供电，即两所间同相，所内不同相。从图 6-4 所示的 YN，d11、V，v 联结牵引变电所分布图可以看出来，两相邻牵引变电所，所间同相，所内不同相。

3. 两所间不同相，所内同相

由于单相 I，i 联结牵引变电所变压器只能提供一相电，两相邻单相联结牵引变电所只能是所间不同相，所内同相。从图 6-5 所示的单相 I，i 联结牵引变电所分布图中可知单相联结变电所，两所间不同相，所内同相。

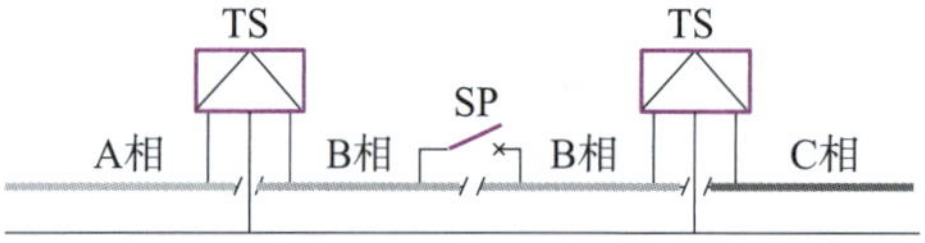

图 6-4 YN，d11、V，v 联结牵引变电所分布

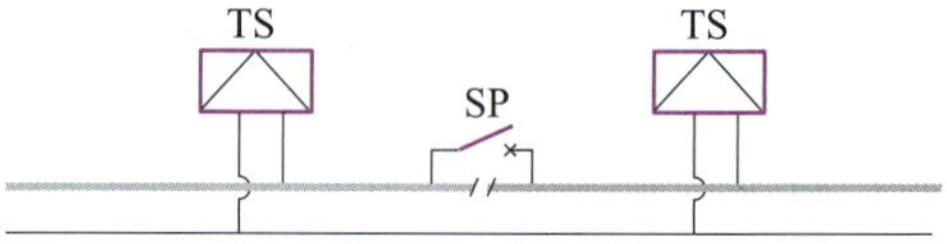

图 6-5 单相 I，i 联结牵引变电所分布

4. 相邻不同相供电臂电压相位差为 60°

相邻不同相供电臂的分相绝缘器两端电压相位差设为 60°，分相绝缘器两端的电压等于牵引网电压，避免出现$\sqrt{3}$倍牵引网电压值。

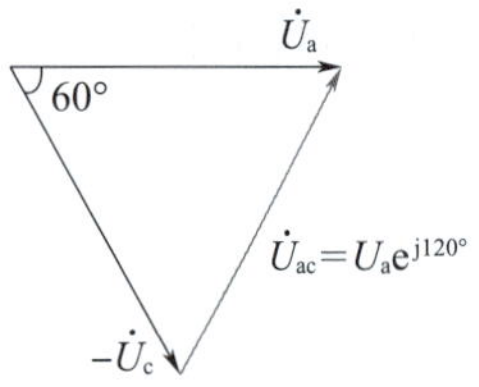

图 6-6 相邻两供电臂相位关系

由图 6-6 所示的相邻两供电臂相位关系相邻不同相供电臂的分相绝缘器两端电压相位差为 60°时，分相绝缘器两端的电压等于牵引网电压。

5. 重负荷臂作为超前相

三相 YN，d11 联结牵引变电所换接相序，应考虑将重负荷臂作为超前相，以降低牵引变电所的电能和电压损耗，同时将轻、重负荷臂交替轮换。

练一练

重负荷臂作超前相的原因是什么呢？

____

____

______________________________。

6. 合理选择依次换接相序和对称换接相序

依次换接相序是前三个牵引变电所与后三个牵引变电所采用依次连接方式。对称换接相是前三个牵引变电所与后三个牵引变电所采用对称连接方式。一般单边供电方式(一边供电)采用依次换接相序,而两边供电方式一般采用对称换接相序。

7. 供电臂为同相

相邻电气化铁路汇合处,若不单独设牵引变电所,则考虑各供电臂为同相。

二、单相 I,i 联结牵引变电所换接相序

单相 I,i 联结牵引变压器仅有一个绕组,因此只能接于电力系统的某个线电压(即接于电力系统的 AB、BC 或 CA),且两相邻单相联结牵引变电所是所间不同相,所内同相。

1. 由 3 台单相 I,i 联结牵引变压器构成一个完整循环

图 6-7(a)中 3 台单相牵引变压器构成了一个完整的电压循环,所接相序分别是三个正序线电压 U_{AB}、U_{BC} 和 U_{CA},由图 6-7(b)可知,正序线电压之间的电压差是线电压的$\sqrt{3}$倍,这样的接线使得分相绝缘器耐压高,所以不可取。

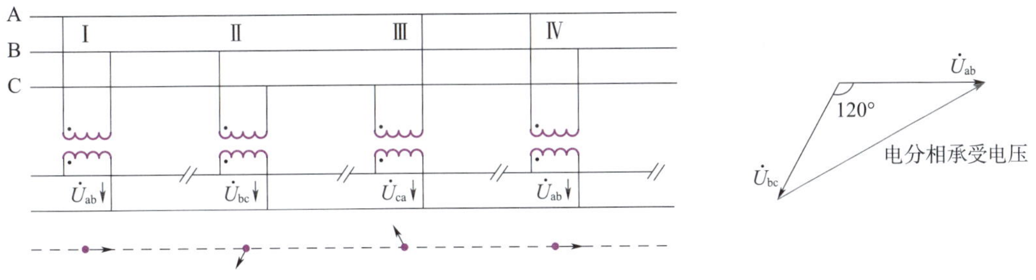

(a) 3台单相I, i联结牵引变压器换接相序

(b) 相邻单相I, i联结牵引变压器换接相序电压相量图

图 6-7　3 台单相 I,i 联结牵引变压器换接相序

2. 由 6 台单相 I,i 联结牵引变压器构成一个完整循环

单相 I,i 联结牵引变压器按电压对称要求,规定供电臂电压顺序为 U_{ab}、U_{ab};$-U_{ca}$、$-U_{ca}$;U_{bc}、U_{bc};$-U_{ab}$、$-U_{ab}$;U_{ca}、U_{ca};$-U_{bc}$、$-U_{bc}$;U_{ab}、U_{ab} 等。且满足两相邻变电所所间供电臂电压不同相,所内两供电臂同相。

(1)单相 I,i 联结牵引变电所依次换接相序

图 6-8(a)是单相牵引变压器换接相序后,变压器二次侧电压相量的关系图。由图 6-8(a)可知,两相邻正电压 U_{ab}、U_{bc}、U_{ca} 之间相角差是 120°,两相邻负电压 $-U_{ab}$、$-U_{bc}$、$-U_{ca}$ 之间的相角差也是 120°,但是两相邻正负电压 U_{ab}、$-U_{ca}$、U_{bc}、$-U_{ab}$、U_{ca}、$-U_{bc}$ 之间的相角差是 60°,这样就保障了两相邻所供电臂不同相时分相绝缘器的电压等于牵引网的电压。从图 6-8(a)相量图中可以看到任意相邻的电压相位差都是 60°,也就是任意两相邻侧牵引变电所的压差都等于牵引网的电压。因此变电所换接相序连接时可以按图 6-8(a)电压相量图顺时针依次换接相序,也可以按照图 6-8(a)电压相量图逆时针依次换接相序。

根据单相 I,i 联结牵引变压器接线惯例,接触网和轨(地)之间电压是接触网指向轨(地),单相变压器二次侧首端(同名端)接供电臂,尾端接轨(地)。1 台单相 I,i 联结牵引变压器构成

了一个单相 I,i 联结牵引变电所，依据图 6-8(a)电压相量图顺时针依次换接相序，6 台单相牵引变电所依次换接相序如图 6-8(b)所示，此时两相邻所供电臂不同相时电压是一正一负，因此两相邻供电臂不同相时的分相绝缘器电压等于牵引网的电压。

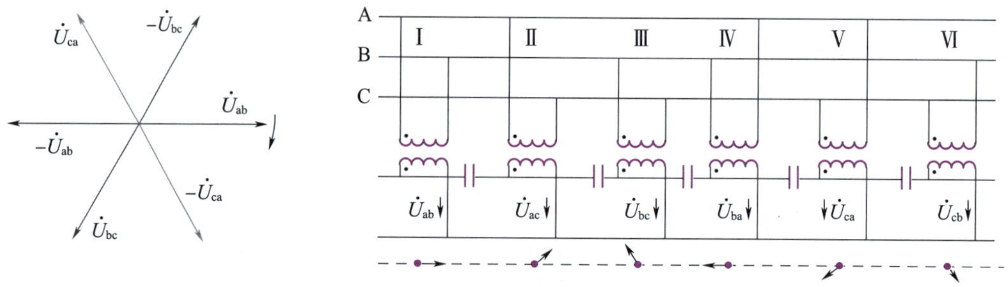

(a) 6台单相I，i联结牵引变压器换接相序电压相量图　　(b) 6台单相I，i联结牵引变压器依次换接相序

图 6-8　6 台单相 I,i 联结牵引变压器依次换接相序

(2)单相 I,i 联结牵引变电所对称换接相序

对称换接相序是前三个牵引变电所与后三个牵引变电所是对称关系，从图 6-9 中可知前三个变电所与图 6-8(b)所示依次换接相序的前三个牵引变电所一样，而后三个与前三个对称，也就是图 6-9 所示的Ⅲ和Ⅳ、Ⅱ和Ⅴ、Ⅰ和Ⅵ变电所接线分别相同。

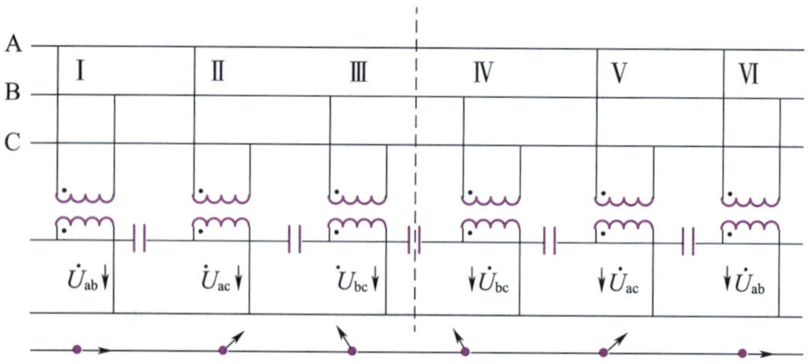

图 6-9　6 台单相 I,i 联结变压器对称换接相序

小组讨论

单相 I,i 联结牵引变电所由几台单相变压器构成？如何进行换接相序？

三、单相 V,v 联结牵引变电所换接相序

单相 V,v 联结牵引变压器按电压对称要求，规定供电臂电压顺序为 U_{ab}、$-U_{ca}$，$-U_{ca}$、U_{bc}，U_{bc}、$-U_{ab}$，$-U_{ab}$、U_{ca}，U_{ca}、$-U_{bc}$ 等，且满足两相邻牵引变电所所间供电臂同相，所内供电臂不同相。单相 V,v 联结牵引变电所同样按照图 6-8(a)相量图顺时针或者逆时针方向依次换接。

1. 单相 V,v 联结牵引变压器连接方式

图 6-10(a)中两台单相牵引变压器一次侧绕组尾端接在一起，二次侧同样是尾端接在

一起，图 6-10(b)中两台单相牵引变压器一次侧尾端都与电力系统的同一相相接，另外两个首端分别与电力系统剩余的两相相接；两台单相牵引变压器的二次侧同样是尾端一起接轨(地)，而另外两个首端分别接左右两个供电臂对应的母线。这便是单相变压器一次侧绕组尾端同相的接线方式。

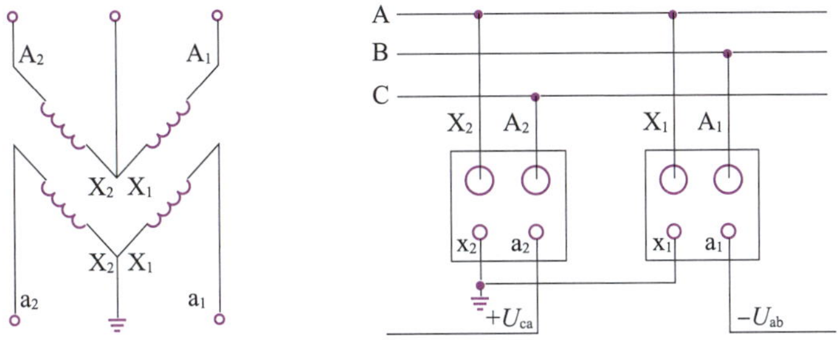

(a) 一次侧绕组尾端同相绕组连接示意　(b) 一次侧绕组尾端同相接线

图 6-10　两台单相 V,v 联结牵引变压器一次侧绕组尾端同相接线方式

图 6-11(a)中两台单相变压器一次侧绕组首端连接在一起，而二次侧依然是尾端接在一起，图 6-11(b)中两台单相变压器一次侧首端都与电力系统的同一相相接，另外两个尾端分别与电力系统的剩余两相相接；两台单相牵引变压器的二次侧却是尾端一起接轨(地)，而另外两个首端分别接左右两个供电臂对应的母线。这便是单相变压器一次侧绕组尾端同相的接线方式。

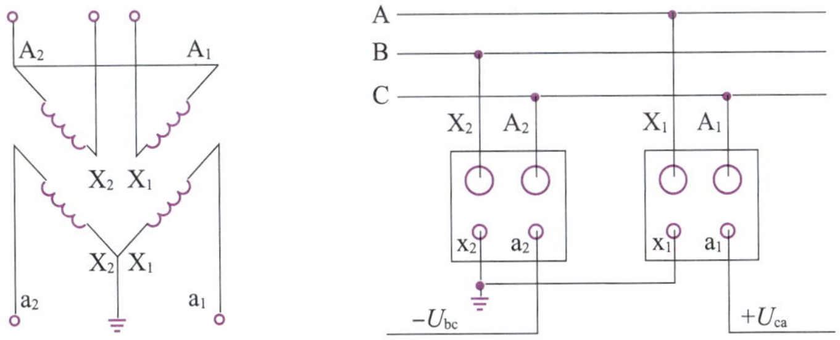

(a) 一次侧绕组首端同相绕组连接示意　(b) 一次侧绕组首端同相接线

图 6-11　两台单相 V,v 联结牵引变压器一次侧绕组首端同相接线方式

2. 单相 V,v 联结牵引变电所换接相序

(1)单相 V,v 联结牵引变电所依次换接相序

图 6-12 相量图是单相 V,v 联结牵引变压器换接相序后，变压器二次侧电压相量的关系图。由图 6-12 可知，任意两相邻电压 U_{ca}、$-U_{ab}$、U_{bc}、$-U_{ca}$、U_{ab}、$-U_{bc}$、U_{ca} 之间的相角差均是 60°，保障了两相邻所供电臂不同相时分相绝缘器的电压等于牵引网的电压。因此单相 V,v 联结牵引变电所换接相序连接时，可按图 6-12 电压相量图顺时针依次换接相序，也可以按照图 6-12 电压相量图逆时针依次换接相序。不同于单相 I,i 联结牵引变电所，单相 V,v 联结牵引变电所所内两供电臂不同相，所间供电臂同相。

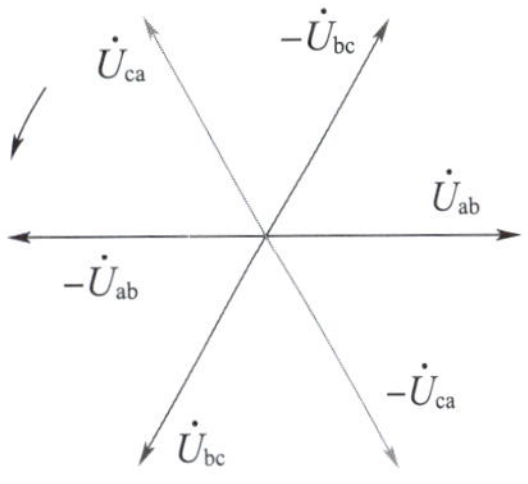

图 6-12　12 台单相 V,v 联结牵引变压器换接相序电压相量

根据单相 V,v 联结牵引变压器接线惯例，接触网和轨(地)之间电压是接触网指向轨

（地）。单相变压器二次侧首端（同名端）接供电臂，尾端接轨（地）。两台单相 V，v 联结牵引变压器构成了一个单相 V，v 联结牵引变电所，依据图 6-12 电压相量图逆时针依次换接相序，12 台单相 V，v 联结牵引变压器依次换接相序如图 6-13 所示，此时两相邻变电所供电臂不同相时电压一正一负，两相邻供电臂之间分相绝缘器电压等于牵引网的电压。

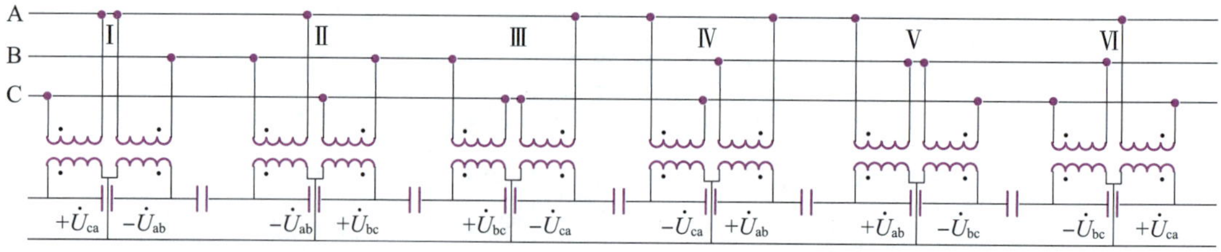

图 6-13　12 台单相 V，v 联结牵引变压器依次换接相序

图 6-13 中牵引变电所Ⅰ的两台牵引变压器二次侧尾端一起接轨（地），另外两个首端分别接左右供电臂对应的母线，左供电臂接 U_{ca}，右供电臂接 $-U_{ab}$，公共相 a 相，因此对应变压器一次侧左侧绕组尾端与右侧绕组尾端接 A 相，变压器一次绕组是尾端同相，左侧绕组首端接电力系统 C 相，右侧绕组首端接电力系统 B 相。因为所间供电臂要求同相，牵引变电所Ⅱ的两台牵引变压器二次侧左供电臂接 $-U_{ab}$，右供电臂接 U_{bc}，公共相是 b 相，因此对应牵引变压器一次侧左侧绕组首端与右侧绕组首端接 B 相，牵引变压器一次绕组是首端同相，左侧绕组首端接电力系统 A 相，右侧绕组首端接电力系统 C 相。

牵引变电所Ⅲ、Ⅳ、Ⅴ和Ⅵ接线都是依据图 6-12 相量图接线。图 6-13 中换接相序时，牵引变电所是一个尾端同相牵引变电所一个首端同相牵引变电所交替出现。

（2）单相 V，v 联结牵引变电所对称换接相序

对称换接相序是前三个牵引变电所与后三个牵引变电所是对称关系，由图 6-14 可知，前三个牵引变电所与图 6-13 所示依次换接相序的前三个牵引变电所一样，后三个与前三个对称，图 6-9 所示的Ⅲ和Ⅳ、Ⅱ和Ⅴ、Ⅰ和Ⅵ牵引变电所接线分别相同。

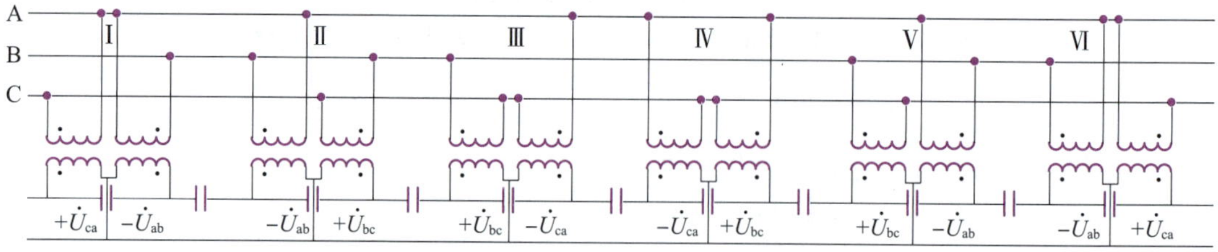

图 6-14　12 台单相 V，v 联结牵引变压器对称换接相序

小组讨论

依次换接相序和对称换接相序各有什么规律？应用有何不同？

____

____

______________________________。

练一练

单相 V,v 联结牵引变压器依次换接相序如图 6-15 所示，下列单相 V,v 接线的 6 个牵引变电所采用的是依次换接相序，试补充完整各供电臂的供电电压，并画出下列 6 个牵引变电所一次侧的接线。

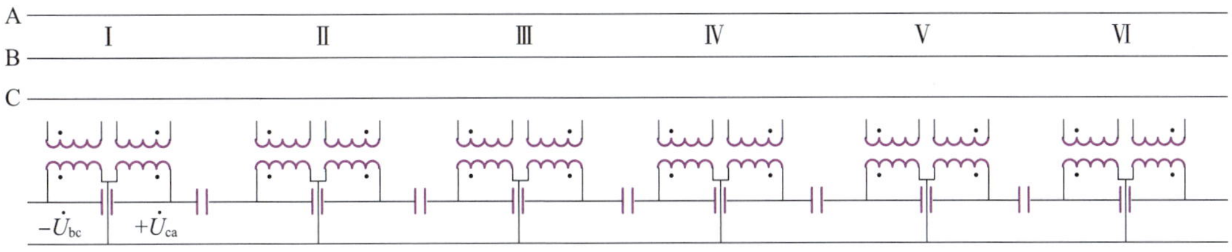

图 6-15　12 台单相 V,v 联结牵引变压器依次换接相序

四、三相 YN,d11 联结牵引变电所换接相序

1. 三相 YN,d11 联结牵引变压器端子标志

变压器一次绕组端子用大写字母来表示，图 6-16 中绕组的首端用 A、B、C 表示，尾端用大写的 X、Y、Z 来表示的。二次绕组端子用小写字母表示，绕组首端用 a、b、c 表示，尾端用 x、y、z 表示。从图 6-16 可知，牵引变压器一次侧采用中性点接地的星形接线，二次侧采用三角形接线。图 6-17 为三相 YN,d11 联结牵引变压器接线端子号。

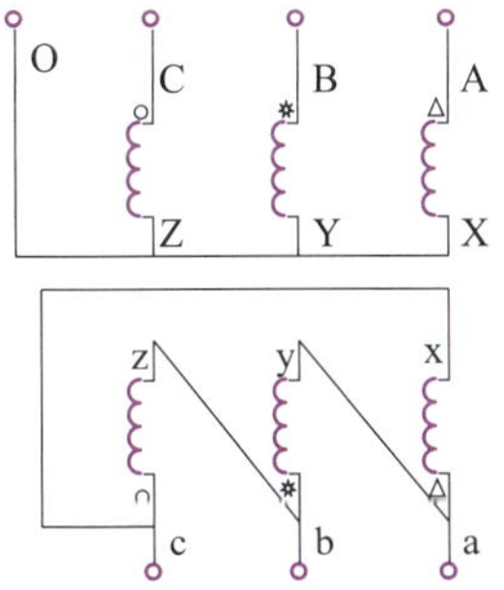

图 6-16　三相 YN,d11 联结牵引变压器接线

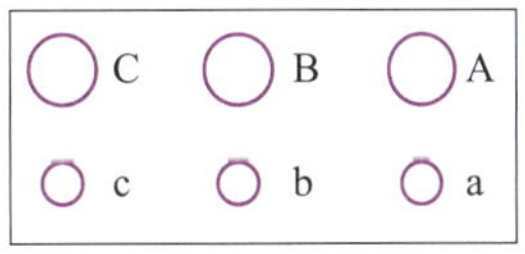

图 6-17　三相 YN,d11 联结牵引变压器接线端子号

2. 三相 YN,d11 联结牵引变压器接线规则

三相 YN,d11 联结牵引变压器二次侧的 c 端子接地，a 端子接“＋”电压供电臂，b 端子接“－”电压供电臂，一次侧与电力系统相接，如图 6-18 所示。

3. 利用换接相序电压相量图实现电力系统接线

(1)三相 YN,d11 联结牵引变电所依次换接相序

图 6-19 是三相 YN,d11 联结牵引变压器换接相序后，变压器二次侧电压相量的关系图。由图 6-19 可知任意两相邻电压$-U_c$、U_a、$-U_b$、U_c、$-U_a$、U_b、$-U_c$之间的相角差均是 60°，保障了两相邻所供电臂不同相时分相绝缘器的电压等于牵引网的电压。因此三相 YN,d11 联结牵引变电所换接相序连接时，可按图 6-19 电压相量图顺时针依次换接相序，也可以按照图 6-19 电压相量图逆时针依次换接相序。三相 YN,d11 联结牵引变电所所内两供电臂不同相，所间供电臂同相。

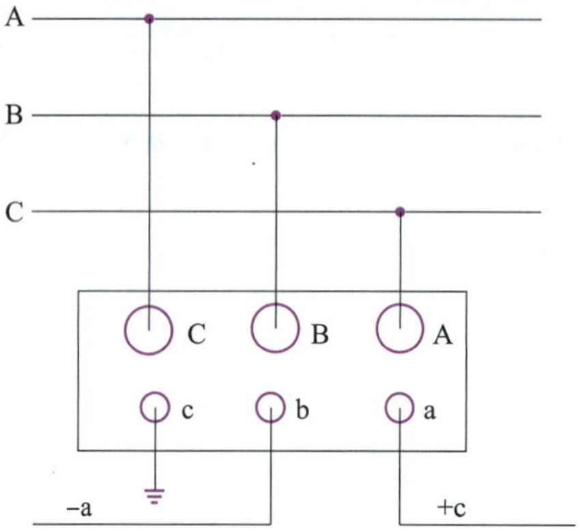

图 6-18　三相 YN,d11 联结牵引变压器接线规则

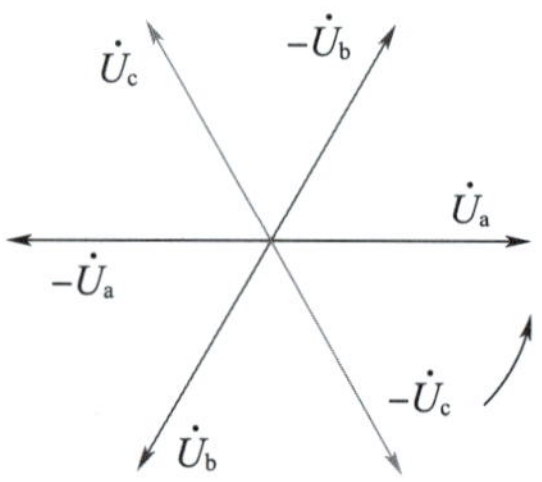

图 6-19　三相 YN,d11 联结牵引变压器换接相序电压相量

依据图 6-19 的电压相量图逆时针依次换接相序，6 台三相 YN,d11 联结牵引变电所依次换接相序如图 6-20 所示，两相邻供电臂之间分相绝缘器电压等于牵引网的电压。图 6-20 中三相 YN,d11 联结牵引变压器二次侧的供电臂电压依次是$-U_c$、U_a；U_a、$-U_b$；$-U_b$、U_c；U_c、$-U_a$；$-U_a$、U_b；U_b、$-U_c$。

图 6-20 中牵引变电所Ⅰ二次侧 c 端子接轨(地)，a 端子接 U_a"＋"电压供电臂，b 端子接$-U_c$"－"电压供电臂，一次侧 A 端子接 U_A，C 端子接 U_C，B 端子接剩余相 U_B。因为所间供电臂要求同相，牵引变电所Ⅱ二次侧左供电臂接 U_a，右供电臂接$-U_b$，即 a 端子接"左供电臂＋"电压 U_a，b 端子接右供电臂"－"电压$-U_b$，一次侧 A 端子接 U_A，C 端子接 U_B，B 端子接剩余相 U_C。牵引变电所Ⅲ、Ⅳ、Ⅴ和Ⅵ二次侧接线均是依据图 6-19 相量图完成接线，而一次侧是根据二次侧接线确定接线，A 端子接 a 端子所接"＋"电压相，C 端子接 b 端子接"－"电压相，B 端子接剩余相。

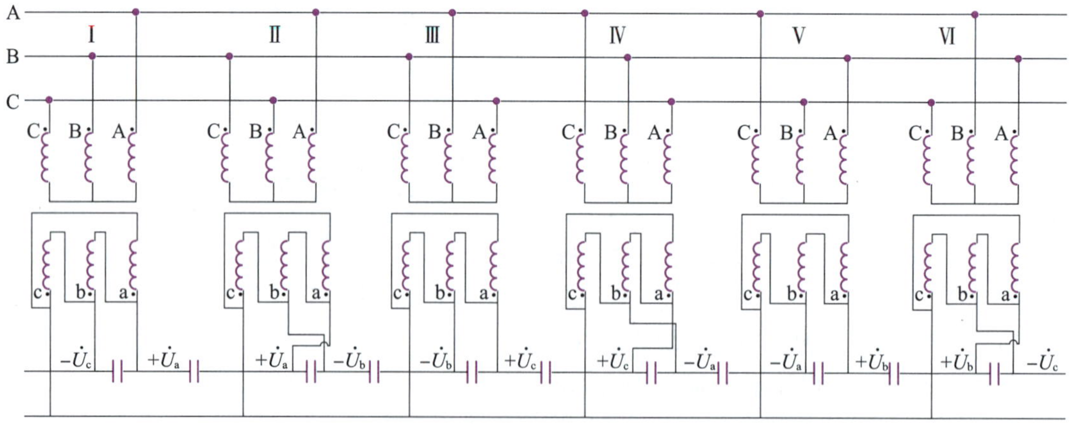

图 6-20　6 个三相 YN,d11 联结牵引变电所依次换接相序

(2)三相 YN,d11 联结牵引变电所对称换接相序

对称换接相序同样是前三个与后三个牵引变电所是对称关系，从图 6-21 中可知，前三个牵引变电所与图 6-20 中依次换接相序前三个牵引变电所的接线一样，后三个与前三个对称，因此牵引变电所Ⅲ和Ⅳ、Ⅱ和Ⅴ、Ⅰ和Ⅵ是接线一样。

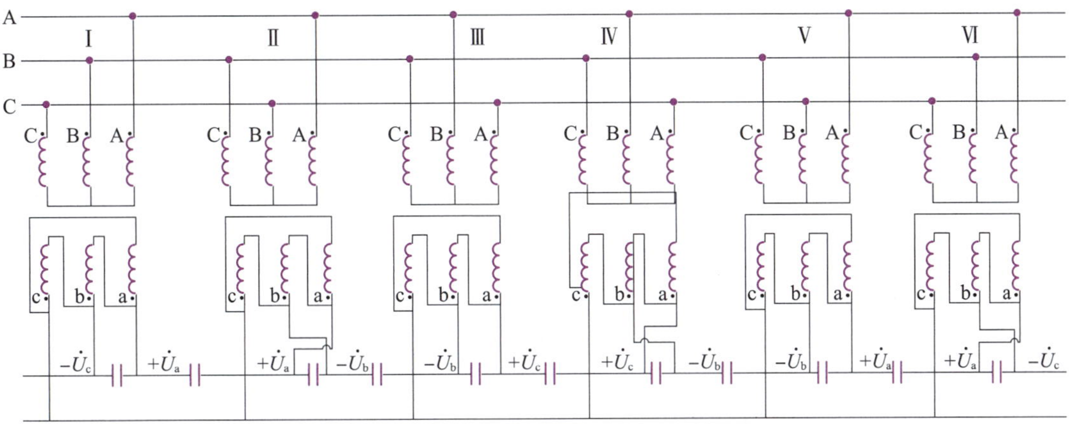

图 6-21　6 个三相 YN,d11 联结牵引变电所对称换接相序

4. 利用 YN,d11 联结牵引变压器展开图实现与电力系统接线(拓展)

(1)三相 YN,d11 联结牵引变压器展开图绘制

绘制变压器展开图时，由于变压器二次侧是三角形接线，按照牵引网电压规定和接线惯例，一般电压是上正下负标法，牵引网供电臂在上、轨(地)在下，因此通常将变压器二次侧画成倒三角形。按照变压器二次侧接线规则要求 c 端子接轨(地)，a 端子接“＋”电压供电臂，b 端子接“－”电压供电臂，根据接线电压正负标出左右供电臂端子号。变压器一次侧与二次侧对应相平行，同名端一致，且接线方式为星形，根据一、二次侧对应相平行和星形接线关系绘制出一次侧接线，并标出同名端、端子号和相序。

由图 6-22(a)可知，牵引网左供电臂电压是 c 相正电压，电压由接触网供电线指向轨(地)，因此对应的变压器二次侧端子号为 a。按照变压器规格化定向规则，变压器二次侧按发电机进行规格化定向，因此左供电臂的电流是由该供电臂流出，同名端为接触网供电线所接端子。牵引网右供电臂电压是－a 相负电压，电压依旧是由接触网供电线指向轨(地)，因此负电压绕组对应的变压器二次侧端子号为 b，同名端为轨(地)所接端子。按发电机进行规格化定向，右供电臂实际电流应该由该轨(地)流出，供电臂流回。按照变压器二次侧接线规则，接轨(地)端子应对应 c 端子。因此变压器二次侧 c 端子与电力系统 a 相对应一个端子，a 端子与电力系统 c 相对应一个端子，b 端子与电力系统 b 相对应一个端子。图 6-22(a)根据一、二次侧对应相平行和星形接线关系绘制出一次侧接线，并标出同名端、端子号和相序。图 6-22(b)便是变压器一、二次侧实际接线图，与图 6-22(a)展开图的接线对应。

(2)三相 YN,d11 联结牵引变电所换接相序

图 6-23 中牵引变电所Ⅰ与图 6-22(b)牵引变电所接线一致，变电所Ⅱ左供电臂电压是－a 相，右供电臂电压是 b 相，因此牵引变压器 c 端子接轨(地)，a 端子接右供电臂，b 端子接左供电臂。根据牵引变压器二次侧接线绘制展开图 6-23(b)可知，牵引变压器一次侧 C 端子与电力系统 A 相对应一个端子，A 端子与电力系统 B 相对应一个端子，B 端子与电力系统 C 相对应一个端子。同理可知，牵引变电所Ⅲ一次侧 C 端子与电力系统 C 相对应一个端子，A 端子与电力系统 B 相对应一个端子，B 端子与电力系统 A 相对应一个端子。

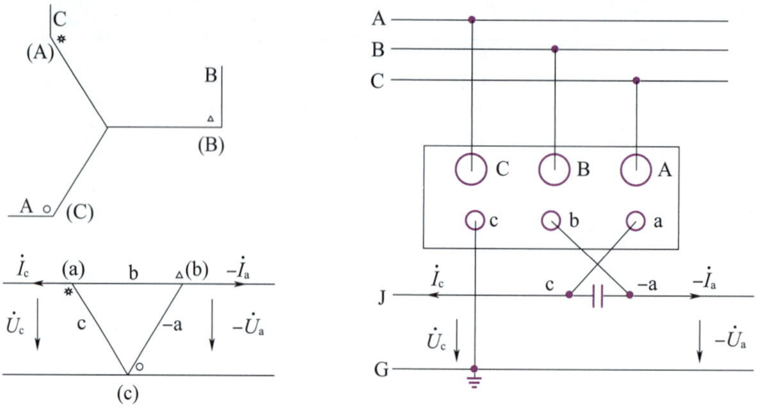

(a) 三相YN，d11联结牵引变压器展开图　　(b) 三相YN，d11联结牵引变压器接线

注意：图 6-22(a)中"()"内字母为端子号，"()"外字母为电力系统相序。

图 6-22(b)中矩形框内字母为端子号，线路上字母为电力系统相序。

图 6-22　三相 YN,d11 联结牵引变压器展开图和接线

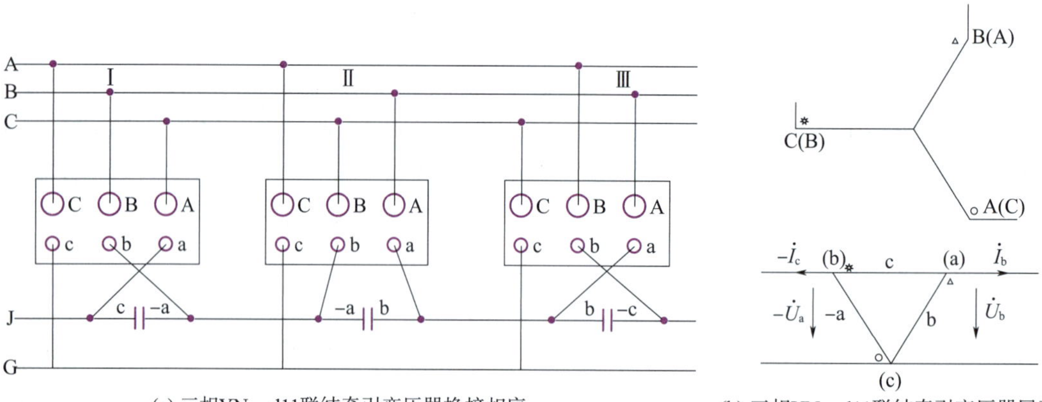

(a) 三相YN，d11联结牵引变压器换接相序　　(b) 三相YN，d11联结牵引变压器展开图

图 6-23　3 台三相 YN,d11 联结牵引变压器换接相序

练一练

1. 根据图 6-23 所示的 3 台三相 YN,d11 联结牵引变电所换接相序，试画出图 6-24 所示的 3 台牵引变电所一、二次侧的接线。

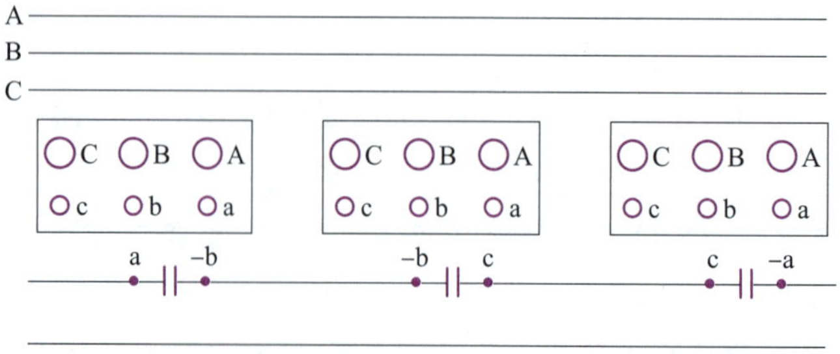

图 6-24　3 台三相 YN,d11 联结牵引变电所换接相序

2. 三相 YN,d11 联结和单相 V,v 联结牵引变电所换接相序有何异同？

____

____

____。

五、三相 V,v 联结牵引变电所换接相序

1. 三相 V,v 联结牵引变压器联结组别

图 6-25(a)所示的三相 V,v0 联结牵引变压器一次侧两绕组首尾相连，对应二次侧绕组同样首尾相连，因此一、二次侧对应线电压相位相同，三相 V,v 联结组别是 V,v0。图 6-25(b)是三相 V,v0 联结变压器与电力系统接线，一次侧两绕组首尾相连端子接电力系统某一相，剩下两个端子接电力系统剩下两相，对应二次侧首尾相连端子接轨(地)，剩下两端子接左右供电臂对应母线。

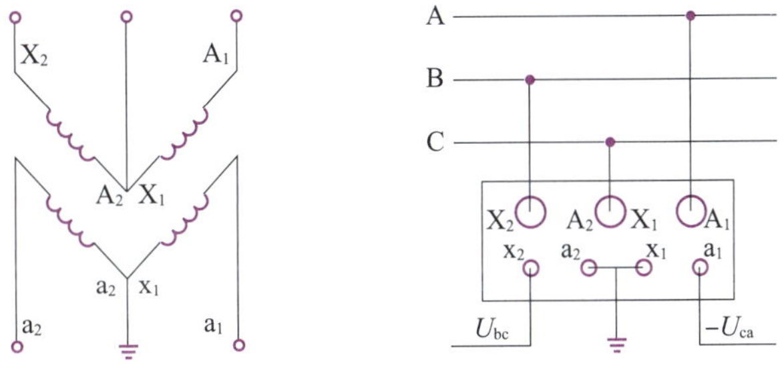

(a) 三相V,v0联结牵引变压器展开图　　(b) 三相V,v0联结牵引变压器接线

图 6-25　三相 V,v0 联结牵引变压器展开图和接线

图 6-26(a)所示的三相 V,v6 联结牵引变压器一次侧两绕组首尾端子相连，但是对应二次侧绕组另外端子的首尾相连，因此一、二次侧对应绕组接法相反， 、二次对应线电压相位相反，三相 V,v 联结组别是 V,v6。图 6-26(b)是三相 V,v6 联结牵引变压器与电力系统接线，一次侧两绕组首尾相连端子接电力系统某一相，剩下两个端子接电力系统剩下的两相，对应二次侧绕组另外端子首尾相连接轨(地)，剩下两端子接左右供电臂对应母线。

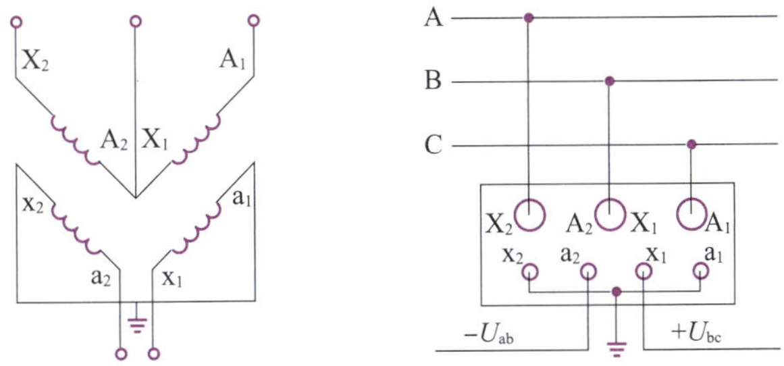

(a) 三相V,v6联结牵引变压器展开图　　(b) 三相V,v6联结牵引变压器接线

图 6-26　三相 V,v6 联结牵引变压器展开图和接线

2. 三相 V,v 联结牵引变电所换接相序

(1)三相 V,v 联结牵引变电所依次换接相序

三相 V,v 联结牵引变压器按电压对称要求,规定供电臂电压顺序为 U_{ca}、$-U_{ab}$,$-U_{ab}$、U_{bc},U_{bc}、$-U_{ca}$,$-U_{ca}$、U_{ab},U_{ab}、$-U_{bc}$,$-U_{bc}$、U_{ca} 等,且满足两相邻牵引变电所所间供电臂同相,所内供电臂不同相。三相 V,v 联结牵引变电所同样按照图 6-27 电压相量图顺时针或者逆时针方向依次换接。

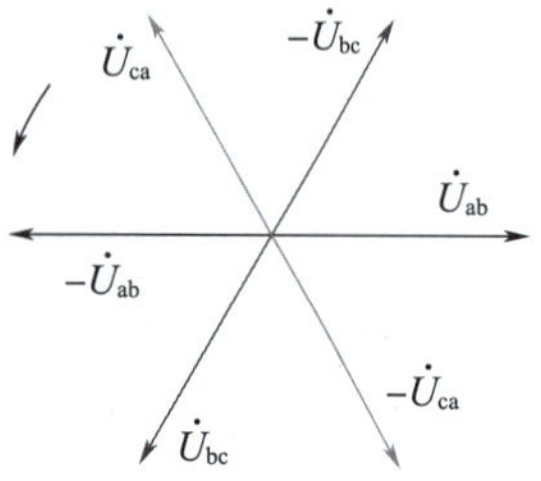

图 6-27　6 台三相 V,v 联结牵引变压器电压相量图

根据三相 V,v 联结牵引变压器接线惯例,接触网和轨(地)之间电压是接触网指向轨(地)。三相 V,v 联结牵引变压器二次侧首尾相连端子接轨(地),剩余首端和尾端分别接左右供电臂。依据图 6-27 电压相量图逆时针依次换接相序,6 台三相 V,v 联结牵引变电所依次换接相序如图 6-28 所示,此时两相邻变电所是 V,v0 与 V,v6 交替出现。

图 6-28 中牵引变电所Ⅰ是 V,v0 联结牵引变压器首尾相连端子接轨(地),另外两个首端分别接左右供电臂对应母线,左供电臂接 U_{ca},右供电臂接 $-U_{ab}$,公共相 a 相,因此对应变压器一次侧首尾相连端子接 A 相,左侧绕组端子接电力系统 C 相,右侧绕组端子接电力系统 B 相。因为所间供电臂要求同相,牵引变电所Ⅱ是 V,v6 联结牵引变压器,二次侧左供电臂接 $-U_{ab}$,右供电臂接 U_{bc},公共相是 b 相,因此对应变压器一次侧首尾相连端子接 B 相,左侧绕组端子接电力系统 A 相,右侧绕组端子接电力系统 C 相。

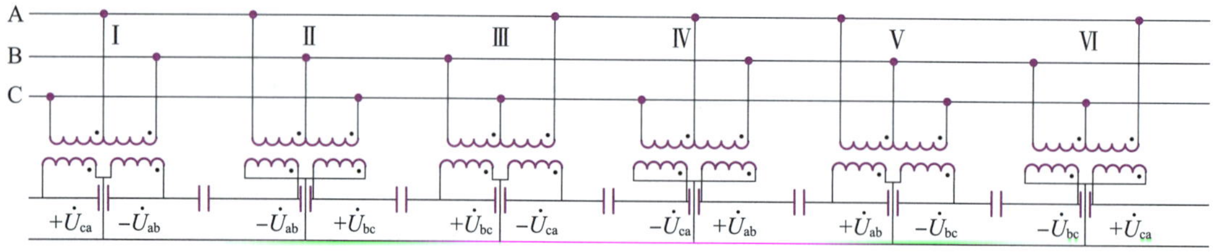

图 6-28　6 个三相 V,v 联结牵引变电所依次换接相序

牵引变电所Ⅲ、Ⅳ、Ⅴ和Ⅵ接线都是依据图 6-27 相量图接线。图 6-28 中换接相序时,两相邻变电所是 V,v0 与 V,v6 交替出现。

(2)三相 V,v 联结牵引变电所对称换接相序

对称换接相序同样是前三个与后三个变电所是对称关系,从图 6-29 中可知前三个变电所与图 6-28 中依次换接相序前三个牵引变电所的接线一样,后三个与前三个对称,因此牵引变电所Ⅲ和Ⅳ、Ⅱ和Ⅴ、Ⅰ和Ⅵ是接线一样。

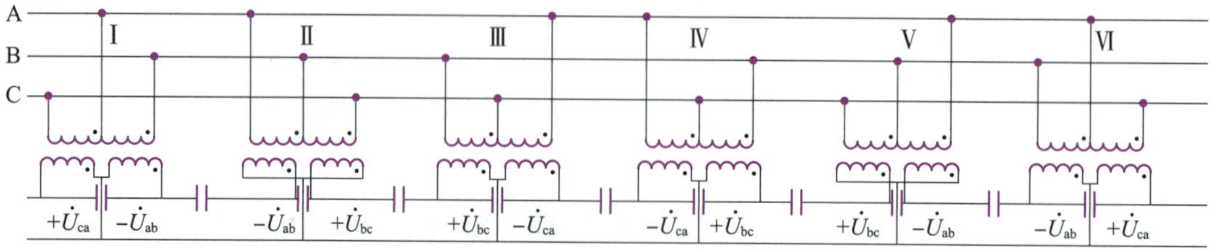

图 6-29　6 个三相 V,v 联结牵引变电所对称换接相序

技能训练

1. 图 6-30 所示为三相 V，v 接线的 6 个牵引变电所采用的是依次换接相序，试画出图 6-30 所示的 6 台牵引变电所一、二次侧的接线。

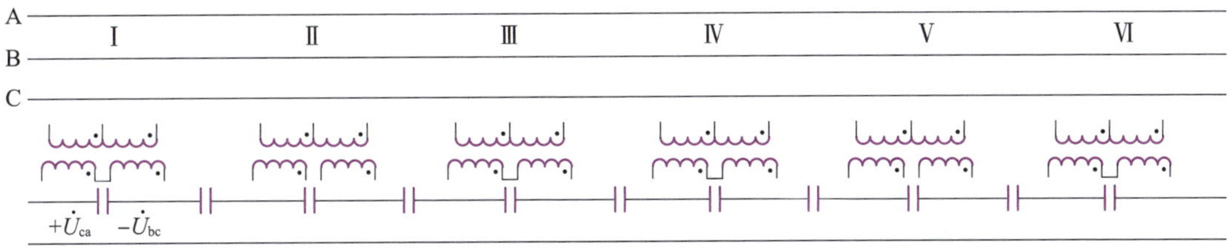

图 6-30 6 个三相 V，v 联结牵引变电所依次换接相序

2. 三相 V，v 联结和单相 V，v 联结牵引变电所换接相序有何异同？

________________________________。

任务评价

学生评价：________________________________。

教师评价：________________________________。

任务 3 电气化铁路对谐波分量的防护

学习目标

知识目标

1. 了解电气化铁路对谐波分量的防护措施；
2. 熟悉谐波分量的相关规定和标准。

技能目标

具备一定的查阅相关国家标准、行业标准的技能。

素质目标

1. 培养良好的团结和沟通协作能力；

2. 了解谐波的潜在安全隐患，培养“安全第一”的生产意识和遵章守纪的工作习惯，培养安全操作的职业素养；

3. 培养学生查阅行业规范的职业习惯，不断学习新技术、新工艺、新规范、新标准，培养终身学习的习惯。

预习任务

1. 搜集《铁路电力牵引供电设计规范》(TB 10009—2016)中谐波分量的有关规定；

2. 收集谐波不良影响的图片；

3. 查找电气化铁路牵引供电系统针对谐波防护的措施。

任务导入

交—直型电力机车就是一个谐波源，谐波对电力系统有诸多不良影响，国家标准《电能质量　公共电网谐波》(GB/T 14549—1993)中对电气化铁路的谐波电压限值和谐波电流允许值都有相关规定，所以必须采用措施，尽量减小谐波对公共电网的影响。

知识链接

一、公共电网中谐波电压限值和谐波电流允许值

鉴于电气化铁路是由标称电压为 110 kV 或 220 kV 公用电网供电的，交—直型电力机车在理论上产生的特征谐波电流为奇次波，这里将国家标准《电能质量　公用电网谐波》(GB/T 14549—1993)中与电气化铁路相关的内容摘要如下：

1. 谐波电压限值

标称电压为 110 kV 的公用电网谐波电压(相电压)限值：电压总谐波畸变率为 2.0%，各次谐波电压含有率奇次为 1.6%。

2. 谐波电流允许值

标称电压为 110 kV 的公用电网中，公共连接点(用户接入公用电网的连接处)的全部用户向该点注入的谐波电流分量(方均根值)，不应超过表 6-2 规定的允许值。

表 6-2　注入公共连接点的谐波电流允许值

标称电压/kV	基准短路容量/(MV·A)	谐波次数 n 和谐波电流允许值 I_{np}/A											
		3	5	7	9	11	13	15	17	19	21	23	25
110	750	9.6	9.6	6.8	3.2	4.3	3.7	1.9	2.8	2.5	1.4	2.1	1.9

当公共连接点处的最小短路容量不同于表 6-2 基准短路容量时，按式(6-8)修正表 6-2 中的谐波电流允许值：

$$I_n = \frac{S_{k1}}{S_{k2}} I_{np} \tag{6-8}$$

式中　S_{k1}——公共连接点的最小短路容量，MV·A；

S_{k2}——表 6-2 中基准短路容量，MV·A；

I_{np}——表 6-2 中第 n 次谐波电流允许值，A；

I_n——S_{k1} 情况下的第 n 次谐波电流允许值，A。

同一公共连接点的每个用户向电网注入的谐波电流允许值，按此用户在该点的用电协议容量与其公共连接点的供电设备容量之比进行分配，即在公共连接点处第 i 个用户的第 n 次谐波电流允许值 I_{ni}(A)按下式计算：

$$I_{ni}=I_n\left(\frac{S_i}{S_t}\right)^{1/\alpha} \tag{6-9}$$

式中　I_n——按式(6-8)换算的第 n 次谐波电流允许值，A；

S_i——第 i 个用户的用电协议容量，MV·A；

S_t——公共连接点的供电设备容量，MV·A；

α——相位叠加系数，其取值方法为：当谐波次数 n 分别为 3、5、7、11、13，其余(正整数)次时，相位叠加系数依次对应为 1.1、1.2、1.4、1.8、1.9、2.0。

标称电压为 220 kV 的公用电网可参照 110 kV 执行，查表 6-2 注入公共连接点的谐波电流允许值时，220 kV 基准短路容量取 2 000 MV·A。

二、减少谐波影响的措施

为了减少谐波影响，可采用以下几项措施：

1. 在交—直型电力机车牵引变电所牵引侧装设并联电容补偿装置

并联补偿参数以滤掉 3 次谐波电流为主，此时补偿参数应满足：

$$\frac{X_{L1}}{X_{C1}}=k\frac{1}{n^2} \tag{6-10}$$

式中　X_{L1}——并联电容补偿装置中与电容器组串联的电抗器的工频感抗；

X_{C1}——并联电容器补偿装置中电容器组的工频容抗；

k——可靠系数，一般取 1.08～1.2；

n——牵引负荷中最低次等主要谐波电流次数。

引入大于 1 的可靠系数 K，可以防止并联电容补偿装置回路阻抗为电容性而与电力系统发生 n 次及以上各次谐波的并联谐振；还可以防止并联电容补偿装置本身回路电容与电感发生串联谐振。当 $n=3$ 时，并联电容补偿装置的补偿度为

$$\alpha=\frac{X_{L1}}{X_{C1}}=(1.08\sim1.2)\times\frac{1}{3^2}=0.12\sim0.13 \tag{6-11}$$

为了提高并联电容补偿装置滤掉 3 次谐波电流的能力，减轻对电力系统的谐波影响，将可靠系数取小一些为好。如 $k=1.08$，则 $\alpha=0.12$，此时滤波效果会更好。

2. 尽可能采用交—直—交型电力机车

因为交—直—交型电力机车采用了技术先进的主电路(关键部件牵引变流器包括脉冲整流器和逆变器)与控制电路能消除接触网侧电流中的谐波分量，并使基波电流与接触网电压保持同相位。使负荷特性的谐波频谱加宽，谐波电流含量大大降低，功率因数提高，可达 0.98 以上，满负荷时一般接近 1。

3. 电力系统增容

采用容量更大的电力系统，比如 220 kV 和 330 kV 等电源电压，调整电力系统运行方式等。

技能训练

减少谐波影响的措施有哪些？

____

____

____。

任务评价

学生评价：____

____

____。

教师评价：____

____

____。

任务4　并联电容补偿装置

学习目标

知识目标

1. 掌握并联电容补偿装置的作用、原理、方案和主接线等；
2. 熟悉功率因数的标准和提高措施。

技能目标

1. 具备并联电容补偿装置运行维护和检修的基本技能；
2. 具备一定的查阅相关国家标准、行业标准的技能。

素质目标

1. 培养良好的团结和沟通协作能力；
2. 培养学生查阅行业规范的职业习惯，不断学习新技术、新工艺、新规范、新标准，培养终身学习的习惯；
3. 了解并联电容补偿装置的潜在安全隐患，培养“安全第一”的生产意识和遵章守纪的工作习惯，培养安全操作的职业素养具备较强的责任心和团结合作精神。

预习任务

1. 搜集《铁路电力牵引供电设计规范》(TB 10009—2016)中并联电容的有关规定；
2. 查找铁路系统并联电容器方案、作用等相关内容。

任务导入

牵引供电系统与电力系统通过公共连接点(PCC)或供用电协议规定的电能计量点联系在一起，从而实现两系统间电能质量的相互约束。

电气化铁路所采用交—直型电力机车时功率因数一般较低，较低的功率因数会对电力系统产生诸多不良影响，按电业部门要求，电气化铁路牵引负荷在牵引变压器高压侧的月平均功率因数应达到0.90以上，因此需要采取措施，进行适当的无功补偿。

为此需要了解无功补偿的作用、原理、方案及补偿装置等，熟悉无功补偿方法，以达到电业部门对牵引负荷功率因数的要求。

知识链接

一、功率因数

1. 电力牵引负荷的功率因数

交—直型电力机车作为主要电力牵引负荷时功率因数比较低，由于电力机车交流侧电流波形畸变，以及整流换相过程中重叠导通角的影响，使功率因数一般为0.80～0.85左右。

由于牵引网阻抗影响，牵引变电所牵引负荷侧的功率因数还要降低0.01～0.05，一般为0.80～0.84，通常取0.80～0.82。

由于牵引变压器阻抗影响，其高压侧功率因数还要降低0.05，只有0.75～0.79，通常取平均值0.77～0.78。

2. 功率因数标准与考核

按电业部门要求，电气化铁路牵引负荷在牵引变电所电源侧的月平均功率因数应达0.90以上。高者获奖，低者受罚，即以功率因数0.9为标准值进行考核。

3. 提高牵引负荷功率因数的措施

(1)提高用电自然功率因数。

采用交—直—交型电力机车提高负荷功率因数；改善牵引网的阻抗特性，包括减小牵引网单位阻抗值和阻抗角，限制供电臂长度等；合理选择牵引变压器容量，提高其容量利用率。

(2)在牵引变电所牵引侧装设并联电容补偿装置。

二、并联电容补偿

1. 并联电容补偿的作用和原理

(1)提高功率因数

并联电容补偿工作原理如图6-31所示。

补偿前功率因数为

$$\cos\varphi=\frac{P}{S}=\frac{I^2R}{\sqrt{(I^2R)^2+(I^2X)^2}}=\frac{R}{\sqrt{R^2+X^2}} \tag{6-12}$$

补偿后功率因数为

$$\cos\varphi=\frac{P}{\sqrt{P^2+(Q-Q_C)^2}}=\frac{R}{\sqrt{R^2+X'^2}} \tag{6-13}$$

(2)吸收谐波电流，具有滤波作用

合理设计 X_L 与 X_C 的匹配关系，nX_L-X_C/n 与电力系统谐波阻抗性质一致(同为感性)，使牵引负荷中的一部分谐波电流流入并联电容补偿装置，进而减少了这一部分波电流流入电力系统。

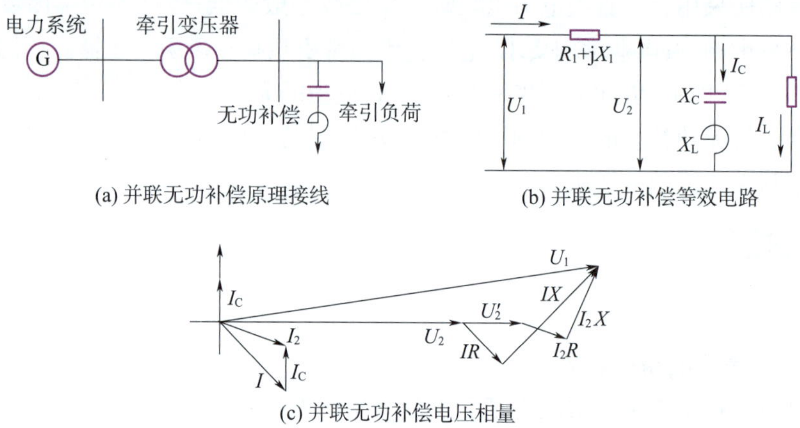

图 6-31　并联电容补偿工作原理

(3)改善电力系统电压质量,提高牵引变电所牵引侧母线电压

在图 6-32 所示的并联电容补偿工作原理中,如果电源电压 U_1 保持不变,则补偿前和补偿后的电压分别为

$$\dot{U}_1=\dot{U}_2+\dot{I}(R+\mathrm{j}X);\dot{U}_1=\dot{U}'_2+\dot{I}_2(R+\mathrm{j}X') \tag{6-14}$$

依据式(6-14)可知

$$\dot{U}_2=\dot{U}_1-\dot{I}(R+\mathrm{j}X);\dot{U}'_2=\dot{U}_1-\dot{I}_2(R+\mathrm{j}X') \tag{6-15}$$

在式(6-15)中,因为 $I_2<I$,并联电容器后 X' 减小,即 $X'<X$,$I_2(X-X_C)<IX$,因此,$U'_2>U_2$,即提高了牵引变电所牵引侧母线电压,减少了电压损失,改善了电力系统电压质量。

(4)减少电力系统的电能损失

并联电容补偿装置提供的容性电流,不仅提高了牵引负荷的功率因数,使流经电力系统和牵引变压器的电流小于补偿前的电流值。电能损失与电流平方成正比,显然会减少电力系统电能损失。

2. 并联电容补偿方案

按并联电容补偿装置在牵引变电所牵引侧两相的安装容量,主要有三种补偿方案:

(1)牵引侧滞后相集中补偿(对 YN,d11 联结牵引变压器而言)。

(2)牵引侧两相等容量补偿。

(3)牵引侧两相不等容量补偿。

这三种补偿方案,可根据实际情况,经过经济技术(功率因数的平衡、滤波效果、降低牵引变压器压损等)比较后确定。

通常为取得补偿和滤波的综合效果,优先采用两相补偿方案,能滤掉两供电臂牵引负荷中的部分谐波电流。考虑两供电臂不同相位,三相 YN,d11 联结牵引变电所实行两相不等容量补偿,即根据两臂负荷大小确定总补偿容量后,采取滞后相多补、超前相少补进行两相的合理分配。在总补偿容量不变的前提下,力求各相功率因数趋向平衡,避免超前相牵引母线电压升得过高。

3. 并联电容补偿装置主接线与综合补偿容性无功功率计算

图 6-32 是并联电容补偿装置的两种主接线,图 6-32(a)用于非 AT 供电方式牵引变电所,

图 6-32(b)用于 AT 供电方式的牵引变电所。

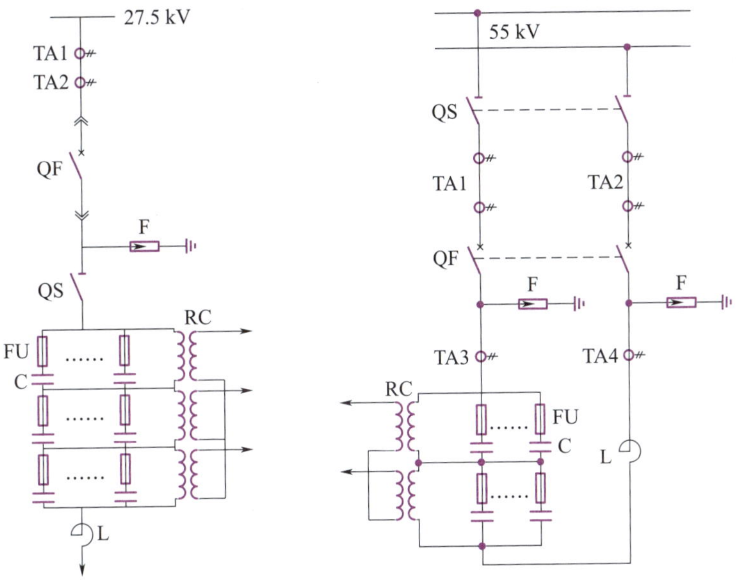

(a) 非AT供电方式并联无功补偿接线　　(b) AT供电方式并联无功补偿接线

图 6-32　并联电容补偿主接线

并联无功补偿主接线的主要设备和作用如下：

(1)并联电容器组 C：主要用于无功补偿，与串联电抗器匹配，能够滤掉部分谐波电流。

(2)串联电抗器 L：主要用于限制断路器合闸时的涌流和分闸时的重燃电流，与电容器组匹配，能滤掉部分谐波电流，还能防止并联电容与供电系统发生高次谐波并联谐振，还能在发生短路故障(如牵引侧母线短路)时避免电容器组通过短路点直接放电，保护电容器不被损坏，此外，还可以抑制牵引母线瞬时电压降低为零。

(3)断路器 QF：投切和保护并联电容补偿装置。

(4)隔离开关 QS：在检修维护并联电容补偿装置时形成明显断电点。

(5)并联电容器用放电线圈(简称放电线圈)RC：在并联电容器组退出运行时放电。还可兼做并联电容器组差电压保护用的电压互感器。

(6)电流互感器 TA1～TA4：实现电流测量和继电保护。

(7)避雷器 F：用作过电压保护。

(8)熔断器 FU：用作电容器单元保护。

并联电容补偿装置的容性无功功率为

$$Q_C = UI_{C1} = \frac{U^2}{X_{C1} - X_{L1}} \tag{6-16}$$

式中　U——牵引侧母线额定电压，kV；

I_{C1}——流入并联电容补偿装置的基波电流，A。

4. 其他

交—直—交型电力机车采用了技术先进的主电路(关键环节是牵引变流器)和控制电路，可消除接触网侧谐波电流，并使基波电流与接触网电压保持同相。使负荷特性谐波频谱加宽，谐波电流大大降低；功率因数大大提高，可达 0.98 以上，满负荷时一般接近 1，因此电气化铁路全线采用交—直—交型电力机车时无须设置并联电容补偿装置。

技能训练

1. 并联电容器补偿有哪些综合作用？

____

____

____。

2. 并联电容补偿方案有哪些？

____

____

____。

任务评价

学生评价：____

____

____。

教师评价：____

____

____。

任务 5　牵引供电系统对架空裸线的影响和防护

学习目标

知识目标

1. 了解牵引负荷对架空裸线及通信线路的不良影响；
2. 掌握牵引网对临近架空裸线及通信线路的防护对策。

技能目标

1. 具备对牵引网的危险影响和杂音干扰防护设备运行维护和检修的基本技能；
2. 具备一定的查阅相关国家标准、行业标准的技能。

素质目标

1. 了解牵引供电系统对架空裸线的影响与对策的相关知识，培养“安全第一”的生产意识和遵章守纪的工作习惯，培养安全操作的职业素养；
2. 培养学生查阅行业规范的职业习惯，不断学习新技术、新工艺、新规范、新标准，培养终身学习的习惯；
3. 培养良好的团结和沟通协作能力。

预习任务

1. 搜集《铁路电力牵引供电设计规范》(TB 10009—2016)中对通信线路影响和防护的有关规定；

2. 收集对通信线路不良影响的图片；

3. 查找铁路系统针对通信线路影响的防护措施。

任务导入

牵引网是一种特殊形式的单相工频交流高压输电线路，因高压电场的静电感应会对架空裸线产生静电感应，因接触网中交变电流的交变磁场会产生磁场效应，因此在接触网临近的架空裸线中会感应较高电压，使接于该线路的设备绝缘受到破坏，危及设备和人员安全，同时也会在邻近的通信电缆中感应出噪声干扰信号，影响通信质量。

本任务通过研究危险影响、杂音干扰影响等影响因素，采取合理措施尽量减小带电牵引网对周围通信线路或架空裸线的危险影响和杂音干扰，掌握必要的防护措施，减少对设备或人员的伤害，提高运维人员的安全操作意识。

知识链接

牵引供电系统回流需要通过钢轨和大地回流，地中分流造成了地面电气相量之和不为零，对铁路沿线架空裸线或弱电系统产生电磁干扰和静电感应，尤其对于铁路通信系统可能会造成较大的影响。

一、带电接触网电场和磁场影响对架空裸线影响的原因和分类

1. 牵引网对沿线邻近架空裸线产生影响的原因

牵引网是一种特殊的单相工频交流高压输电线路。直接供电方式牵引网的送电导线是接触网，回流导线是轨道和大地。牵引(或短路)电流的一部分经轨道流入大地，另一部分沿轨道流回牵引变电所。沿轨道的电流沿铁路线路又相继流入大地，之后又相继由地中流入轨道。即轨道中电流先多后少，最后又多；地中电流则是先少后多，最后又少。在负荷点(或短路点)与牵引变电所之间的中段，轨道中电流仅剩感应电流，地中电流占据了大部分，地中电流是杂散的又称杂散电流。直接供电方式牵引网地面上电流极不平衡，接触网流过的交流电流将在其周围空间产生很强不能被平衡的交变磁场，接触网所带高压电也会在其邻近空间产生高压电场。因此，直接供电方式牵引网会对沿线邻近的架空裸线产生比较大的影响。

2. 牵引网沿线临近导线影响的研究重点

随着通信技术现代化和通信线路电缆化，尤其是光缆通信线路的大量采用，易受电磁干扰的架空裸线(如铜线、铁线、铜包钢线等)在现代通信中作为通信传输线基本已经退出运行。屏蔽电缆芯线因屏蔽能很好地防电磁干扰；光纤通信由于通带宽，抗电磁干扰好，且保密性好，中继距离长，在有线通信中已居首要地位。因此通信技术现代化和通信线路光缆化，通信系统抗干扰能力大大加强，对外界电磁场的屏蔽要求已相应地大大降低。

《铁路电力牵引供电设计规范》(TB 10009—2016)3.2.3 对于牵引网供电方式选用应符合的规定包括：综合铁路、公共电力系统等通过技术经济因素比选确定，可采用直接供电方式、带

回流线的直接供电方式、自耦变压器供电方式(AT 供电方式)。可见牵引网沿线邻近导线影响的重点不再是通信线路。

裸线是指没有绝缘材料包裹的金属导线。带电接触网对沿线邻近架空裸线影响主要涉及电气化铁路车站、双线或多线区段停电的接触网、正馈线、馈电线、加强线,架空地线、回流线、保护线(PW 线)与避雷线,以及停电的铁路电力线路(如自动闭塞和贯通电力线路)等。

3. 牵引网对架空裸线产生影响的分类

(1)按影响性质分类

静电影响是接触网所带高压电场引起的静电感应,又称电场影响。

电磁影响是由接触网中交流电流产生的交变磁场引起的电磁感应,又称磁场影响。

(2)按影响程度分类

危险影响是在接触网沿线邻近架空裸线中感应的电压较高,使连接与设备绝缘受到破坏,甚至危及接触这些裸线设备和人员的安全。

噪声干扰影响是在接触网沿线邻近通信线缆中感应的噪声电压,干扰通信设施正常工作,进而降低通信质量。

二、危险影响

1. 静电感应影响

当接触网上有高压电压时,在临近空间中产生高压电场,使得空间各点形成一定的电位,位于电场中的导体相应的出现带电现象,因此位于电场中的架空裸线也会出现带电现象,即接触网电场对架空裸线产生静电感应电压影响,在架空裸线所处位置产生感应电压。

2. 电磁感应影响

因接触网中未能平衡交变电流产生交变磁场影响,在平行接近或斜接近的架空裸线上会产生感应电动势,由于感应电动势是沿着架空裸线各点纵向分布,感应电动势又称纵电动势。但对人身和设备产生直接危害的是对地电压和电流,对地电压和电流与纵电动势的关系,随着架空裸线对地绝缘或端点接地等情况不同而有所不同。

同时,有一类临近导体的感应电流产生的磁场与接触网电流产生的磁场作用相反,起反磁或者屏蔽作用,使架空裸线受接触网电磁感应影响得到一定的削弱,这一类临近导体称为屏蔽导线。如轨道、电缆的外皮和毗邻芯线等。工程上一般用屏蔽系数来衡量,即

$$\text{屏蔽系数}=\frac{\text{有屏蔽作用时综合感应电势}}{\text{没有屏蔽作用时感应电势}}$$

电磁感应影响计算,应考虑接触网正常工作状态和接触网短路故障状态。迄今我国交流电气化铁路实行一边供电,因此,所谓“接触网正常工作状态”是指以一边供电方式进行供电,这种影响是一种“长时间影响”。而“接触网短路故障状态”多指接触网绝缘部分闪络、击穿等情况,此时,馈电线断路器可在小于 0.5 s 的时间内切断接触网电流,故这是一种“短时间影响”。

接触网短路故障状态虽然是短时间的,但是对架空裸线的电磁感应影响在有些情况下却相当严重。接触网短路将在架空裸线中感应出很高的纵电动势。而且这种电动势在离铁路 100 m 以外的架空裸线中仍具有可观的数值。

将架空裸线受电磁感应影响的区段称为接近段。该接近段若与接触网平行架设,则称为

“平行接近”，如图 6-33(a)所示，两线路间的距离称为平行接近距离，该接近段的长度称为平行接近长。若该接近段的接近距离有均匀地增加或减少(即接近距离的变化超过平均值的 5%时)，则称为斜接近，如图 6-33(b)所示。

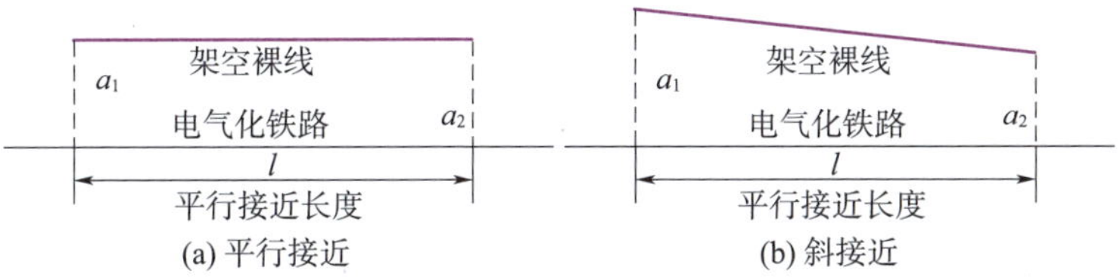

图 6-33 架空裸导线与接触网接近(l 为斜接近段的平行接近长度)

架空裸线从接触网一边跨至另一边称为“交叉跨越”，以距接触网为 50 m 的两点为交叉跨越地段的界限，如图 6-34(a)所示。交叉跨越地段内以线路急剧改变方向点为交叉跨越地段的界限，如图 6-34(b)和(c)所示。

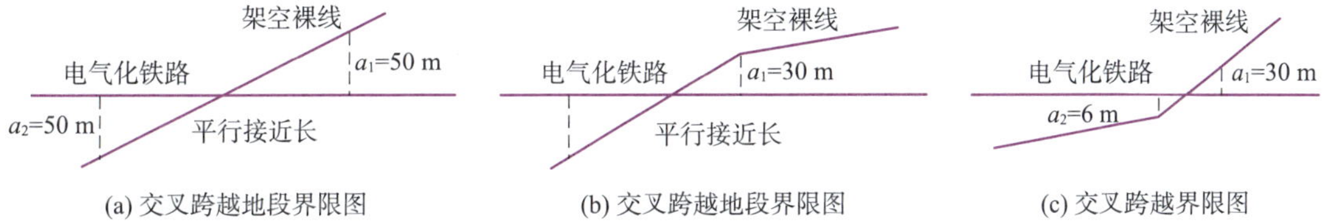

说明：图(a)以距接触网 50 m 两点为交叉跨越地段界限；图(b)和图(c)以交叉跨越地段内线路急剧改变方向点为交叉跨越地段界限。图中 a_1 和 a_2 是斜接近段的接近距离，斜接近平均距离为 $\sqrt{a_1a_2}$。

图 6-34 架空裸线与接触网交叉跨越

如果两条电气化铁路平行接近，或斜接近，或交叉跨越，当其中一条接触网带电，另一条接触网停电时，停电接触网就相当于架空裸线与带电的接触网平行接近，或斜接近，或交叉跨越。带电接触网对停电接触网(相当于架空裸线)造成影响。电气化铁路(含单线、双线、多线等)、铁路电力线路(含自动闭塞、贯通电力线路等)、电(光)缆线路等，与电气化铁路接近或跨越时都有类似情况出现。

3. 危险电压和危险电流的标准

(1)危险电压的计算

在同时存在静电感应影响和电磁感应影响时，总感应电压应为两种影响的感应电压的相量和。在计算总感应电压时，一般应考虑最严重情形，即对架空裸线的静电感应影响和电磁感应影响应同时考虑。

近似计算时，按负荷功率因数为 1 考虑，则得总感应电压为

$$U_{\Sigma}=\sqrt{U_{\mathrm{M}}^2+U_{\mathrm{S}}^2}\quad(\mathrm{V})\tag{6-17}$$

式中 U_{M}——电磁感应电压；

U_{S}——静电感应电压。

(2)危险电压和电流的标准

为确保维护、操作人员人身安全和设备安全，应规定通信电(光)缆线路受影响的标准。危

险影响主要取决于危险电压可能产生的通过人体的电流、电压及其作用时间。危险电压作用的时间越短，对人身安全影响越小。因此对接触网正常工作和短路故障时的允许标准不同。

人体阻抗与外加电压、皮肤干燥程度有关，表 6-3 列出了人体总阻抗和外加电压的关系。

表 6-3　人体总阻抗和外加电压的关系

外加电压/V	人体总阻抗平均值/Ω
50	10 000
100	4 000
500	1 200
1 000	1 100

国际电报电话咨询委员会(CCITT)对允许通过人体的最大电流规定不得大于 15 mA，因此，此时的允许电压为

允许电压＝允许通过人体的最大电流(15 mA)×人体总阻抗平均值

根据《通信线路工程设计规范》(GB 51158—2015)的规定，危险电压和电流的允许值可综合归纳为：

①在接触网正常工作状态下，通信电(光)缆线路金属构件上的感应纵电动势不应大于 60 V。

②在接触网短路故障下，通信电(光)缆线路金属构件上的感应纵电动势或地电位升不应大于通信电(光)缆绝缘保护外层介质强度的 60%。

③当人体同时触及受感应影响的通信电(光)缆线路金属构件与地的情况下，通过人体的电流不得大于 15 mA。

三、噪声干扰影响

交—直型电力机车采用晶闸管整流装置，实现了无级调压，却导致接触网中产生大量的高次谐波分量，而对音频回路造成噪声干扰。因电力机车是全波整流，理论上波形中仅含有奇次谐波，且幅值应随着谐波次数的增大而衰减，由于牵引供电系统和电力机车组成了一个具有固定谐振频率的回路，实测表明谐振频率主要分布在 13～27 次谐波频率范围内。双线铁路的谐振频率位于第 19～21 次谐波频率之间，单线铁路的位于第 23～25 次谐波频率之间。这些谐波频率均处于人耳最为敏感的音频频段，因此，在音频回路中会产生噪声干扰影响。

《高速铁路设计规范》(TB 10621—2014)11.6.1 规定，牵引供电系统对有线通信设施的危险影响、杂音干扰影响的计算方法及容许值，应符合《电信线路遭受强电线路危险影响的容许值》(GB 6830)等技术标准的有关规定。

(1)根据《通信线路工程设计规范》(GB 51158—2015)规定，音频双线电话回路噪声计电动势允许值(噪声干扰影响允许值)应符合下列规定：

①县至县及以上的电话回路应为 4.5 mV。

②县电话部门至县以下电话部门的电话回路应为 10 mV。

③业务电话回路应为 7 mV。

(2)根据《铁路通信设计规范》(TB 10006—2016，J 451—2016)规定，铁路电话回路噪声计电动势允许值(噪声干扰影响允许值)应符合下列规定：

①铁路调度电话回路应为 1.25 mV。

②铁路一般电话回路应为 2 mV。

四、地中电流影响

牵引供电回路的地中电流对电气化铁路沿线的地下金属管道、电缆和与地连通的金属件等设施的安全运行及维护会产生很大影响，因此在牵引变电所、开闭所、分区所和自耦变压器所接地装置的设计、运行与接地电阻确定时是重点考虑的因素之一。在各种牵引网供电方式中，直接供电方式吸流效果最差，即地中电流占接触网电流的比例最大。

1. 牵引供电回路的地中电流

在交流电气化铁路牵引供电系统中，牵引电流经轨道、大地和回流线流回牵引变电所，因此大地中会存在回流电流。电力机车的一部分电流经轨道流入大地，另一部分电流则沿轨道流回牵引变电所。沿轨道的电流沿途又相继泄入大地，之后又相继由地中流上轨道。因此，地中电流先少后多，最后又少；沿轨道的电流先多后少，最后又多。地中电流的分布特点如图 6-35 所示。地中电流是沿轨道逐渐入地，又逐渐流上轨道。接近轨道的地中电流密度大，远离轨道的地中电流密度小，这是交流电流的集肤效应，大地电导率愈大，集肤效应愈显著。大地电导率随地质、土壤含水量和土壤盐分的不同而不同。特别是当地下有金属管道或金属线缆时，地中电流将更多地集中沿金属管路流通。

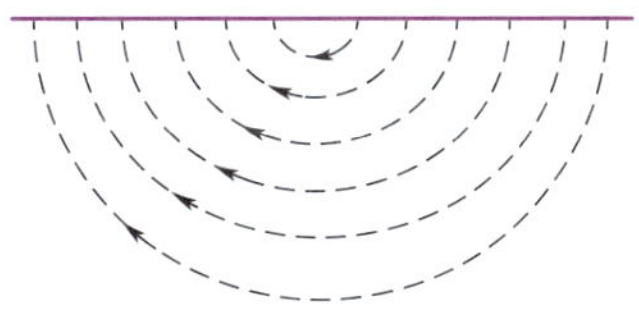

图 6-35　地中电流的分布特点

在实际工程中，牵引变压器牵引侧接地端子通常一条支路与轨道连接，一条支路与牵引变电所接地网连接，造成地中电流分布在牵引变电所附近发生畸变，大量地中电流不是沿轨道流回牵引变压器，而是趋向由接地网流回牵引变电所主变压器。这与牵引变电所接地网的接地电阻和轨道与地之间的过渡电阻大小有关。牵引变电所接地网的接地电阻和地回路(大地)电阻值相近，而轨道与地之间的过渡电阻值则往往较大。因此，特别是当地面干燥，轨道与地之间过渡电阻加大时，大量地中电流将不返回钢轨而由牵引变电所的接地网流回主变压器。

2. 地中电流的分布规律

运行经验表明，地中电流的分布具有以下规律。

(1)单线铁路轨道电流为接触网电流的一半多一点，地中电流约为接触网电流的一半少一点，这是单线牵引网中经接地装置流回牵引变电所的电流的上限。

(2)双线铁路轨道电流约为供电臂上、下行接触网总电流的 2/3 多一点，地中电流约为 1/3 少一点，这是双线牵引网中经接地装置流回牵引变电所的电流的上限。

(3)地中电流一般与轨道电流不同相，轨道电流稍微超前于接触网电流，而地中电流稍微滞后于接触网电流。

3. 地中电流的不良影响

地中电流流经地下金属管道、电缆的金属外皮，以及与地连通的金属件时，使金属温度升高，将加速金属的腐蚀。由于地中电流流经这些金属物产生电压降，使这些金属物出现对地电压，当电压超过规定值时，将危及操作人员的安全，甚至还可能引起火花，致使油气等易燃物引燃。上述影响越靠近电气化铁路越明显。

牵引电流经轨道入地时使轨道产生对地电位，大量地中电流经由接地网流回主变压器时，也会对牵引变电所接地装置、地下电缆和金属管道等产生不良影响。

五、防护措施

《高速铁路设计规范》(TB 10621—2014，J 1942—2014)11.6 电磁干扰防护规定，受牵引网电磁干扰而需要防护的设施，除了有线通信设施以外，还有机场导航台、对空情报雷达站及地震台等无线电台站等弱电系统，还有油气管道和油气库等，以及对应的防护措施。

1. 对通信电(光)缆线路受接触网的电磁干扰影响的防护

实践和计算表明，如果电气化铁路采用直接供电方式牵引网向电力机车供电，通信电(光)缆线路(弱电系统，下同)在牵引网电磁影响范围以内，为了保证通信电(光)缆线路正常工作和人身、设备的安全。必须对电气化铁路邻近的通信电(光)缆线路采取有效的防护措施，使其所受到的危险电压影响和噪声干扰影响，都降低到规定允许值以内。

(1)通信电(光)缆线路可采用的防护措施

在有线通信传输线已经采用电(光)缆的全局中，选用的防护措施如下：

①在选择电(光)缆路径时，应与既有的电气化铁路保持足够的防护距离，当与之接近时，应计算在电(光)缆金属构件上产生的危险影响和电话回路中产生的噪声干扰影响，不应大于容许值。

②电(光)缆线路与电气化铁路交叉跨越时，宜垂直通过；在难以垂直通过的情况下，其交越角度不应小于 45°。

③光缆接头处两侧金属构件不应电气连接，也不应接地。

④当上述措施不能满足防护要求时，可增加光缆绝缘外护层的介质强度，采用高强度非金属加强芯或无金属构件的光缆。或者将非屏蔽架空电缆改为屏蔽电缆，将电缆放入钢管内。

⑤对既有的电(光)缆线路，可增设屏蔽导线，或改迁路径。

⑥在与电气化铁路平行接近地段进行电(光)缆施工或检修时，应将电(光)缆的金属构件作临时接地。

(2)电气化铁路可采用的防护措施

下列第①～第④项是对通信电(光)缆线路有效的防护措施；第⑤、第⑥项是对电气化铁路人员、设备安全必需的防护措施。

①采用带架空回流线的直接供电方式。

②采用自耦变压器供电方式

③限制供电臂的长度。这样可以限制供电臂对通信光(电)缆线路影响的安培千米，从而减小对通信光(电)缆线路的危险电压影响。

④对采用的电力机车(动车组)类型，所产生的谐波特性是否导致噪声干扰影响，应进行评估，并应有预案。

⑤受影响的停电作业的接触网或铁路电力线路等，必须采取相应的安全措施：如在停电作业范围两端乃至多端均须接地线，两组接地线间距不得大于 1 000 m；当停电作业范围超过 1 000 m 时，需增设接地线；停电作业范围以内，接触网或铁路电力线路等需要断开时，必须事前在断开点采取旁路接地措施等。

⑥某些金属建筑物如铁桥、支柱、信号机、金属护栏、管道等，若在距离电气化铁路 10 m

范围以内，必须妥善接地。

2. 减少地中电流不良影响的措施

减少地中电流不良影响的措施有：沿电气化铁路区段敷设电缆时，一般都须采取措施将电缆金属外皮对地绝缘。为了降低轨道对地电位，必要时在站场将轨道接地。对于原有的难以改建的地下金属管道、接地网或接地装置，以及电缆等，则采取设法减少地中电流的措施，如采用带回流线的直接供电方式和AT供电方式等。

技能训练

1. 带电接触网对临近架空裸线的主要影响有哪些？

____

____

____。

2. 带电接触网对临近架空裸线危险影响的标准有哪些？

____

____

____。

3. 降低对临近架空裸线影响的防护措施有哪些？

____

____

____。

任务评价

学生评价：____

____

____。

教师评价：____

____

____。

巩固提升

一、单选题

1. 电力系统通过（　　）与牵引供电系统相互关联。

A. 公用电网　　B. 供用电协议规定的电能计量点

C. 牵引变电所　　D. 牵引网

2. 一个非正弦周期函数利用傅里叶级数分解，可以分解出不同的谐波次数，以谐波次数为横坐标，各次谐波幅值为纵坐标，该函数称为（　　）。

A. 幅值频谱　　B. 相位频谱　　C. 信号回路　　D. 控制回路

3. 换接相序时相邻不同相供电臂电压相位差一般为（　　）。

A. 120°　　B. 180°　　C. 60°　　D. 90°

4.(　　)是前三个牵引变电所与后三个牵引变电所采用依次连接方式。

A. 依次换接相序　B. 对称换接相序　C. 换接相序

5.(　　)是前三个牵引变电所与后三个牵引变电所采用对称连接方式。

A. 依次换接相序　B. 对称换接相序　C. 换接相序

6. 根据单相I,i联结牵引变压器接线惯例,接触网和轨(地)之间电压是(　　)指向(　　)。

A. 接触网　轨(地)　B. 轨(地)　接触网

7. 根据单相V,v联结牵引变压器接线惯例,接触网和轨(地)之间电压是接触网指向轨(地)。单相变压器二次侧(　　)接供电臂,(　　)接轨(地)。

A. 首端　尾端　　B. 首端(同名端)　首端(同名端)

C. 尾端　尾端　　D. 尾端　首端

8. YN,d11接线牵引变压器二次侧(副边)的c端子接(　　),a端子接(　　),b端子接(　　),一次侧与电力系统相接。

A. "—"电压供电臂　接地　"+"电压供电臂

B. "+"电压供电臂　接地　"—"电压供电臂

C. 接地　"+"电压供电臂　"—"电压供电臂

D. "—"电压供电臂　"+"电压供电臂　接地

二、多选题

1. 并联电容补偿方案有(　　)。

A. 牵引侧滞后相集中补偿　　B. 牵引侧两相等容量补偿

C. 牵引侧两相不等容量补偿

2. 牵引网对架空裸线产生影响按影响性质分,包括(　　)。

A. 静电影响(电场影响)　　B. 电磁影响(磁场影响)

C. 危险影响　　D. 噪声干扰影响

3. 牵引网对架空裸线产生影响按影响程度分,包括(　　)。

A. 静电影响(电场影响)　　B. 电磁影响(磁场影响)

C. 危险影响　　D. 噪声干扰影响

三、判断题

1. 由于电力机车是阻感性负载,阻感性负载在牵引网中会降低功率因数,进而产生电能和电压损耗,造成牵引网电压降低,从而产生电压偏差。(　　)

2. 牵引变电所换接相序时都是所间同相,所内不同相。(　　)

3. 牵引变电所换接相序时都是所间不同相,所内同相。(　　)

4. 牵引变电所换接相序时,需要将重负荷臂作为超前相。(　　)

5. 牵引变电所换接相序时,需要将重负荷臂作为滞后相。(　　)

6. 相邻两供电臂相角差是60°,是为了保障两相邻所供电臂不同相时分相绝缘器的电压等于牵引网的电压。(　　)

7. 三相V,v0联结变压器一次侧两绕组首尾端子相连,对应二次侧绕组同样首尾相连,因

此一、二次侧对应线电压相位相同，三相V，v联结组别是V，v0。　(　　)

8. 三相V，v6联结变压器一次侧两绕组首尾端子相连，对应二次侧绕组另外端子的首尾相连，因此一、二次侧对应线电压相位相反，三相V，v联结组别是V，v6。　(　　)

9. 沿轨道电流先少后多，最后又少；地中的电流先多后少，最后又多。　(　　)

四、简答题

1. 牵引供电系统对电力系统公用电网产生的不良影响主要有哪些？

2. 电力牵引负荷的功率因数低，对电力系统产生哪些不良影响？

3. 谐波的危害主要有哪些？

4. 负序分量的危害主要有哪些？

5. 电气化铁路对负序分量的防护措施主要有哪些？

6. 牵引变电所换接相序的基本要求有哪些？

7. 并联电容补偿的作用有哪些？

8. 牵引供电系统对架空裸导线的防护措施有哪些？

参 考 文 献

[1] 谭秀炳. 电气化铁道牵引供电系统[M]. 5 版. 成都:西南交通大学出版社,2019.
[2] 中国国家铁路集团有限公司工电部. 铁路电力[M]. 北京:中国铁道出版社有限公司,2022.
[3] 中国国家铁路集团有限公司工电部. 铁路牵引变电[M]. 北京:中国铁道出版社有限公司,2022.
[4] 刘让雄. 电气化铁路供电系统运行与管理[M]. 2 版. 北京:中国铁道出版社有限公司,2023.